三神
삼신과 한국사상

三神
삼신과 한국사상

초판 1쇄 발행 | 2004년 6월 26일

지은이 | 智 勝
발행인 | 김학민
발행처 | 학민사

등록번호 | 제10-142호
등록일자 | 1978년 3월 22일

주소 | 서울시 마포구 대흥동 150-1번지(우편번호 121-089)
전화 | 02-716-2759, 702-3317
팩시밀리 | 02-703-1494

홈페이지 | www.hakminsa.co.kr
이 메 일 | hakminsa@hakminsa.co.kr

ISBN 89-7193-154-X(03200), Printed in korea

잘못 만들어진 책은 구입하신 서점에서 바꿔드립니다.
값은 표지에 있습니다.

三神

삼신과 한국사상

글 · 지승 智勝

학민사

머 리 글

이상한 일이다. 새벽 예불을 끝내고 책상에 앉은 것이 언제인데 아직 한 줄도 쓰지 못하고 있다. 해 뜰 무렵에 소란스럽던 산새 소리도 이제 들리지 않는다. 이 잘난 글 조각에 머릿글 따위가 왜 이리 풀리지 않는가.

그러니까 스물 세 해 전, '삼신피'의 원고가 조선편을 지나 해방 이후 살림을 이야기할 단계였다. 그 때 내 손을 붙들면서 만류하는 시인이 있었다. 십오년 전에 타계한 박정만 형이었다. 그 무렵 별스럽지도 않은 필화사건에 연루되어 사흘 밤 사흘 낮을 개마냥 두들겨 맞은 경험이 있던 그는 나를 잃고 싶지 않다면서 아주 적극적이었다. 곁에 있던 이상열 시인도 열심히 거들었다.

때는 전두환의 시절이었고, 모든 것이 그들의 총칼 밑에서 굽죄어들고 있었으니, 잘못된 역사를 말하려는 내가 무모하게 보였을 것이다. 그러나 나는 그럴 수가 없었다. 또 이제까지의 많은 이야기는 오늘이라는 현실을 드러내기 위한 준비작업에 지나지 않았는데, 정작 본론을 생략한다는 게 있을 수 없는 일 아닌가.

역사는 사람의 살림이다. 배고픈 채 짓밟히던 바닥 상것들이 민중이라는 이름으로 깨어나서, 제 투표에 의해 대표자를 뽑고, 노조를 결성하고, 위아래가 따로 없이 한물지는 오늘의 사회가 한 단계 올라선 것은 사실이다. 문민정부가 국민정부로 다시 참여정부로 한 걸음씩 진보하고도 있다. 한 사람 보스에 의한 독재시대, 군벌이 정치를 농단하던 시대도 멀어지는 것이 사실이다. 그러나 무엇인가 여전히 불안하다. 더딘 걸음으로 진행되는 이 흐름을 역전시킬 가능성 또한 여전히 자라고 있는 탓에서다.

국회는 대의정치라는 미명 아래 자기 패거리들의 집단이익을 꾀하는 권모술수의 난장판이 돼가고, 지방자치 또한 몇몇 토호들의 세력 마당으로 판이 짜여간다. 도덕과 인애로 하나되는 화합이 아니라 분열과 혼란 속에서 각자가 제 이익에만 몰두하는 쪽으로 열심히 달린다. 이것이 우리가 바라던 세상은 분명 아니다.

해방 이후 신사조의 물결이 이 국토를 휩쓸면서 세력을 얻은 것은 기독교다. 따라서 그때까지의 기성 종교는 급격히 빛을 잃거나 그 물결에 매몰되는 불운을 만난다. 우주와 생명과 사람의 살림을 통짜배기로 인식해오던 동양의 관념들이, 일체 것을 세분화하고 쪼개어 나누면서 이분법으로 인식하는 서양사조에 밀리기 시작했다는 이야기다.

일찍이 천체를 관측하여 정확한 태음력을 만들었고, 그 책력 속에 24절기를 기록해서 계절의 움직임을 동시적으로 정밀하게 파악했던 동양의 위대한 과학은 설익은 서양과학에 의해 미신으로 치부되면서 사회적 감각들이 급격하게 변화하기 시작했다. 무엇보다 교과서가 서양의 전통을 과대 선전하면서 물질만능을 부추긴 것이 큰 원인이었을 것이다.

그 때로부터 사회 각층의 혈관과 신경선 노릇을 하게 된 것이 언론이다. 그런데 역사의 복을 타지 못한 우리는 그 대목에서도 불행의 씨를 배태해야 했다. 일제시대에 창간되어 민족정기를 말살하는 데에 앞장서 왔던 「조선일보」 따위들이 민족지를 자처하면서 못된 독재정권의 시녀 노릇으로 발을 벗은 것이다.

필요 이상의 교육열 때문에 학력 인플레를 만들어버린 한국의 현실에서 젊은 지성들이 제 노릇을 못하고 보이지 않는 손에 조종당하는 꼭두각시가 되는 것도 바로 잘못된 언론의 힘이다. 생각이 있는 사람이라면 우리네 본래의 도덕이 무너지고 서양인들의 법에 의해서 국가가 경영되는 이 현실을 개탄할 것이다.

삼팔선이라는 철조망은 국토의 허리에만 걸린 것이 아니라 민족의 가슴 가슴에 걸린 형제 사이의 부끄러움의 징표요 지성의 이마에 찍힌 형벌의 인두자국이다. 그러나 이 현실을 이대로 가져가자는 세력은 도처에 건재한다. 이른바 보수로 위장한 친일세력이다. 광주를 희생양으로 잡아서 그 피를 마시고 정권을 찬탈한 군부 쿠데타에 열심히 충성심을 보이고, 국토의 자존을 욕되게 하거나 민족의 역사를 더럽힌 자들을 한사코 옹호하면서, 거기서 떨어지는 부스러기로 제 집단의 배지를 불려온 수구 언론을 나는 그래서 미워한다.

박정희 시절의 민청학련 사건에 관련된 덕분에 27년 만에 대학을 졸업했다는 김학민 사장이 이 책을 맡은 것이 그저 우연만은 아닐 것이다. 길섶의 아주 작은 풀꽃조차도 우주의 리듬을 타고 피고 지는 것이라면 이 책 또한 어떤 섭리에 의해서 독자를 찾아가는 것이리라.

단기 4337년 4월
지 승

차 례

제 1 부

삼신신앙의 정화, 신라의 화랑도

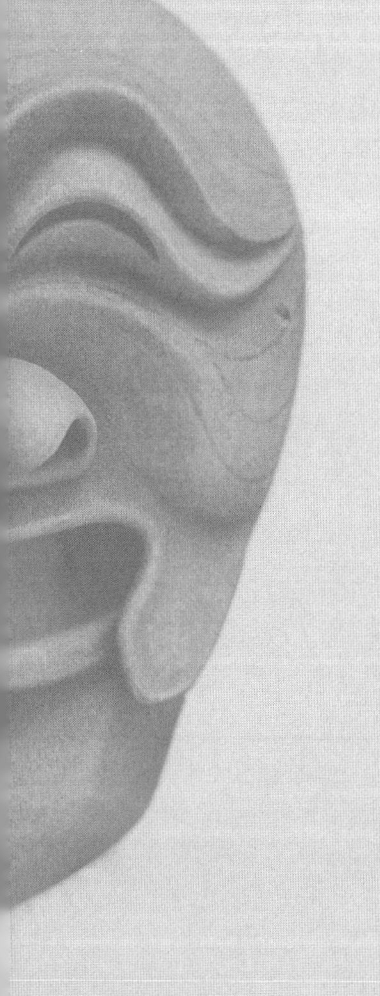

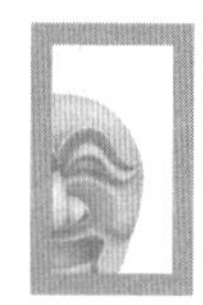

01
정토불교淨土佛教

천년 신라의 역사는 삼신정신을 바탕한 낭가(郎家)와 불교와 유교의 세 끈이 심지를 이룬다. 전체적으로 꼬여서 나타나는 이 세 개의 심지를 가닥을 골라내어 그 행위와 결과에 대한 내용을 일정하게 묶어 내자는 것이 이 자리의 과제다.

먼저 불교를 살펴보자. 착실한 뜻에서는 삼국통일 이전서부터 각 국에 수용된 불교를 살펴 가는 것이 순서일 것이다. 그러나 불교사를 말하자는 것이 아니므로 대충 어슷비슷하게 나타나는 그것들을 신라 한 편에다가 묶는 것도 한 방법이 되리라 본다.

삼국 중에서 불교를 먼저 수용하는 것은 고구려다. 그때가 서기 372년으로 소수림왕 2년에 해당한다. 전진(前秦)의 왕 부견(符堅)이 순도(順道)와 아도(阿道)에게 불상과 불경을 보낸 것이다. 그런데 소수림왕은 불교를 종교적 생각에서가 아니라 문화적인 정책에서 받아들이고 있었다. 그 까닭은 130년 전의 동천왕 때로 거슬러 올라가야 설명이 된다.

국경을 연하고 있는 위나라에서 갑자기 관구검의 무리가 쳐들어오는 바람에 서울이 함락된 적이 있었다. 그리고 대대로 보존되어 오던 역사책과 각종 문헌을 약탈당하게 된다.

관구검이 노린 것은 영토가 아니라 서책이었던 것이다. 그것은 전쟁의 동기가 고구려의 문화 말살에 있는 것임을 뜻한다. 동천왕 때까지만 해도 고구려는 아직 강력한 국가체제를 갖추지 못하고 있었다. 한족(漢族)들이 어떤 생각에서 고구려 문화와 사회성장을 방해하려 했을까는 자명한 일이다.

일시적 침략이나 게릴라적인 전략이라면 모르거니와 나라끼리의 장기적 대결에서는 그 승패가 언제나 문화의 총체에서 찾는 국민적 역량이 문제가 된다. 현명한 소수림왕은 처음부터 이 점을 놓치지 않았던 것이다. 그리하여 대담한 문화정책을 펴 대학을 세워 유교 교육을 본격화시키는 한편, 불교 수입까지를 획책했다.

대세를 관망해 볼 때, 중국과의 대결은 이미 노골화된 셈이다. 이기기 위해서는 기초부터 다져가야 한다. 그렇게 해서 소수림왕 2년을 고구려 불교 수입의 정년(定年)으로 잡게는 되었지만, 실제에 있어서는 그 이전에 불교가 고구려에 들어왔다고 보는 것이 통설이다.

『해동고승전(海東高僧傳)』이나 『양고승전(梁高僧傳)』에 보면, 동진(東晋)의 승려 지둔도림(支遁道林 : 314~66)이 당시 고구려 사람 도인(道人)에게 축찬(竺贊 : 法深)의 도덕을 칭찬한 글을 보냈다 한다. 이것은 고구려에 불교도가 있었다는 한 증표가 되지만, 중국과 국경을 맞댄 채 민간 사이의 교역을 허락하던 당시의 상황으로 볼 때, 소수림왕 이전에 이미 불교를 믿었거나 이해한 이들이 있었으리라는 짐작은 어렵지가 않다.

백제는 그로부터 12년 후인 서기 384년, 곧 침류왕 때에 인도 승려 마라난타(摩羅難陀)가 동진에서 들어와서 왕의 궁중에 머물렀다는 것을 그 효시로 꼽는다.

또 신라는 그보다 훨씬 늦은 527년을 불교 수입의 원년으로 친다. 그때가 법흥왕 14년 되던 해다. 손바닥만한 국토에서 정치권이 좀 다르다고 이럴 수가 있을까? 더구나 언어와 법속이 같은 사람들끼리.

그러나 그것이 신라의 불교 첫대면은 아니다. 미추왕 2년(263)에 고구려 승려 아도(阿道)가 왔다가 뜻을 이루지 못했고, 눌지왕 때에 묵호자란 이가 고구려에서 왔으나 일선군(一善郡) 모례(毛禮)의 집 뜰에 굴을 파고 숨어살다가 처음 나온 향(香)의 소용처를 가르쳐 준 후 홀연히 가 버렸다. 비처왕 때에 묵호자(墨胡子)로 보이는, 그러나 아도(阿道)라는 이름을 가진 이가 시자(侍者)와 동행해 왔다가 역시 모례 집의 땅굴 속에 숨어 지내다가는 이룬 것 없이 가 버렸다.

이상은 『해동고승전』에 나와 있는 고기(古記)의 내용이거니와, 그 외에도 두 세 사람의 사문(沙門)이 신라에 잠입해 들어왔다가 지방민들의 손에 순교(殉敎)를 했다는 흔적이 있다.

얼른 보아도 드러나는 것이지만, 도대체가 불교 수입에 관한 기록이라는 것이 우왕좌왕해서 믿을 수가 없다. 『삼국사기』나 『삼국유사』에도 고구려 소수림왕 2년(372)을 불교 수입의 첫 해라고 공인하고 있으면서, 그보다 1백여 년이 빠른 미추왕 2년(263)때 고구려 중이 신라에 왔다는 건 무언가? 그래 놓고도 260년 가까이 늦은 법흥왕 때에야 불교를 시작했다니 상식으로 이해가 안되는 점들이다.

이것은 우리가 암량해서 이해하고 넘어가야 될 부분인 것이다. 그런 기록에 일일이 마음 쓰다가는 얻은 것 없이 정신만 피곤해질 뿐이다. 차라리 눈을 댄다면, 백제나 고구려와 달리 왜 신라에서는 여러 차례씩 불교를 배척한 흔적을 가졌느냐가 문제될 것이다.

고구려는 처음부터 정치적 뜻이 있었으므로 불경과 불상을 모신 중들이 사신을 따라 버젓이 입국을 했고, 백제도 낯선 외국 중을 왕이 환영하여 궁중에 머물게 했다는 것을 보면, 처음부터 불교를 잘 알고 이해한 사람들의 짓이었다고 어림잡을 수가 있다.

그렇게 보면 신라에서만 처음부터 힘이 들었던 것이 된다. 법흥왕 때의 기록을 보면, 왕과 소수의 대신은 불교를 이해하고 수용할 뜻이 있었는데, 궁중의 더 많은 대신들의 반대 의견에 부딪쳐 받아들일 수가 없었다 했다. 그래서 독실한 불교신자였고 부처님의 위신력도 믿는 염촉(厭髑)—이차돈(異差頓)—이 왕과 짜고 순교함으로써 비로소 대중의 뜻이 움직였다고 되어 있다.

왜 신라에만 유독 힘이 들었을까? 피상적인 의견이겠으나, 두 가지 이유에서였을 것이다. 첫째는 불교 같은 외래 종교를 필요로 하지 않는 기성의 종교가 이미 있었을 것이고, 둘째는 그들의 보수적 기질이 문제였을 것이다.

기성의 종교라면 말할 것도 없이 삼신신앙을 바탕한 무교(巫教)이다. 이것은 삼국이 다 같은 처지였을 것이다. 그러나 백제나 고구려에 있어서는 그때의 민중들로 하여금 새로운 뜻을 가진 새 종교에의 요구같은 것이 그들의 불교수용 태도 속에 들어 있었다고 보여진다.

고구려 왕이 정책에 의해서 불교를 들였다고 하지만, 따지고 보면 결국은 민중의 요구에 응한 것이 된다. 백성이 수용하지 못하겠다는 것을 왕 혼자서 했다는 것은 요령부득이기 때문이다. 왕은 언제라도 민중의 뜻 위에 서는 자이다. 현명한 군주일수록 더욱 그런 법이다. 소수림왕이 새로운 문화정책을 위해 불교를 도입했다는 핑계는 기성의 종교가 무엇으론가 퇴색해 있다는 것을 전제하지 않는 한 쉽게 납득이 안된다.

그러나 새 종교라고 해서 반드시 외래종교만을 뜻하느냐 하면 그렇지는 않다. 기성의 종교라 해도 새로운 해석에 의하여 민중을 더 높은 차원으로 끌고 갈 힘만 있으면 그것이 새 바람을 일으키는 새 종교가 된다. 문제는 민중의 의식이 더 높은 차원, 새로운 세계로 진화해 가는 것을 붙잡아 이끄는 데 있기 때문이다. 그런데 삼신신앙은 불행히도 그 짓을 못하지 않았는가 싶다.

그런 새로운 요구의 분위기는 백제의 불교수용 태도에서 훨씬 진하게 나타난다. 마라난타는 동진에서 바다를 건너온 한낱 외국 승려에 불과하였다. 이 할일 없는 외국 중이 무엇 때문에 굳이 백제에까지 흘러왔을까? 그런데 국가적인 사절도 아닌 한 사람의 거무틱틱한 외국 중을 한 나라의 왕이 맞이하여 궁중에 있게 하고 예경(禮敬)했다고 하는 것은, 그들이 이미 사전 언약이 되어 있었을 가능성이 크지만, 거기에는 사상의 낡은 껍질을 벗는 민중들의 요구가 동시적으로 비쳐진다. 백제는 문빙과 상관없이 그 이전부터 불교를 믿어왔기가 쉽다.

그러나 신라인들의 보수적 성격은 대체로 새 것에 흥미를 느끼기보다 이미 가지고 있는 것에 애정이 더 많은 사람들이다. 그것이 자칫하면 낙후성이나 후진성으로 말해질 위험도 있지만, 그런 뜻보다는 역시 낯선 것과 쉽게 친하지 않으려는 무뚝뚝한 성격으로 말하는 것이 옳다.

그렇더라도 문헌으로 보는 불교의 배척은 장기간에 걸쳐 지나치다 할 정도로 심한 것이 있다. 또 문헌 위로 올라오지 못하고 당연하게 매몰되어 버린 사건은 얼마나 많을 것인가?

이름이 다르고 연대에 약간씩 차이가 나기는 하나 묵호자와 아도는 내용들이 비슷하고 문구의 설명으로 보아서 형색이 비슷했다고 하니, 대개 종잡아 한 사람이 아니었을까 생각들을 한다. 또 그것을 전하는 사람의 의견도 상당히 그런 쪽으로 생각하는 의도가 없지 않다. 한 사람의 행적이었다고 해도 그렇고, 각각 다른 사람의 행적이더라도 그렇고, 신라인이 불교와 중을 탐탁하게 여기지 않았다는 것에는 차이가 없다.

누구든지 한 번쯤은 들었음 직한 이야기를 더 이상 뒤적이고 있을 흥미는 없으나, 그것은 신라인의 기질이 좀체 새 것을 허용할 줄 몰랐다는 것으로밖에 이야기가 되지 않는다. 그런 기질은 자연 창조적이기보다는 보수성이 강한 것이므로 우선 뚫기가 힘들어서 그렇지 일단 통해지고 나면 다시 그것을 놓을 줄 모르는 성향이 되어서 나타난다. 보수적인 성격은 보수적인 만큼 자기 것을 많이 아끼고 생각하는 동안에 그것을 가일층 발전시키는 장점이 있어서다. 그런 것이 뒷날 화랑도로 나타나기도 했겠지만, 처음에는 소수의 의견에 좌지우지 자주 끌려 다녔음직한 일이다.

그런 과정이 지난 후의 신라 초기의 불교는 우선 왕권과 결탁하는 호국불교의 색채가 농도짙게 나타난다. 또 저변의 민간층은 민간층대로 삼신신앙을 바탕한 정토불교(淨土佛教)로써 불교를 받아들이고 있었다. 어느 쪽을 보든지 신라인의 기질이 그 바닥에 두껍게 깔리는 짓들이다. 이제 그것을 조목을 나누어 간략하게 적어 보자.

호국불교(護國佛教)

신라불교가 처음 수용의 싹을 틔울 때부터 왕권과 결탁했다는 것은 비난에 앞서 불가피한 점이었던 것으로 긍정해야 할 것이다. 그것은 이차돈을 순교시킨 법흥왕이 그 13년만에 왕위를 내놓고 중이 되었다는 것과 연관지을 때 그럴 수밖에 없는 일이다.

그는 출가하여 법운(法雲)이란 불명을 가졌다. 왕후 박씨도 따라서 중이 되었다 한다. 이차돈을 억지죽음시키고 불법을 펴 간 그의 가슴 속에 오고갔을 오만가지 생각은 그만두고라도, 한 나라의 왕이 홀연히 중이 되었다는 것은 그 당시의 상류층 젊은이들에게 출세가 무엇이라는 것을 가르친 지표로서 지목됨직한 일이다.

그 무렵 신라 고승들의 출신 성분에 왕가의 사람들이 많았다는 것이 그것을 말하는 것이다. 왕가의 사람들이 많았다는 건 곧 왕족 불교와도 통한다. 그들이 출가자라고는 하나, 혈연에 얽힌 세속적 관계를 떨치지 못한 인간의 정이 있다는 것도 사실이다. 자연 자기네 혈족의 안위와 보호에 마음을 썼으리라는 것도 짐작되는 터인데, 왕권(王權)이 곧 국권(國權)이 되던 그때의 사회윤리로 보아서 왕권보호가 그대로 국권보호로 장려되었을 것도 필연의 사실이다.

거기에 신라왕들의 대대적인 불교적 관심은 국민의 세금과 피땀의 노동을 사찰 건립과 불탑(佛塔) 조성에다 막대하게 할당했고, 사회적으로도 높은 신분을 가진 승려들은 자장(慈藏)이나 원광(圓光)같은 일부층이 더욱 왕권과 가까와짐으로써, 불교의 방향을 아주 호국 쪽으로 굳힌 결과를 만들었다 할 것이다.

승보불교(僧寶佛敎)

그러나 그들 중에는 출가자로서 본래적인 불교 명분과 가까우려고 애쓴 이들이 있었다. 소위 승보(僧寶)가 무엇이라는 것을 후세에까지 인식케 한 큰 불사가 그때에 이루어진 것이다.

이 대목은 얼핏 보아 별 것이 아닌 듯이 생각될 수도 있다. 그러나 승려에 대한 관념을 사회적으로 분명히 해 두었다는 것이야말로 불교의 생명을 위해서 우선적인 것에 해당한다.

승려는 언제라도 머리 깎고 먹물옷 입는 불교수행자 이상의 것이 되는 일은 없다. 그러나 부처님 이래의 모든 조사법맥(祖師法脈)이 반드시 승단(僧團)을 통해서만 이어져 왔다고 할 때, 그들에게는 단순한 겉차림 이상의 의미가 있는 것이다. 그래서 불보(佛寶)와 와 법보(法寶)와 승보(僧寶)는 삼보(三寶)라 하여 나누지 않고 하나로 꼽는다.

이 위대한 몫의 지위를 자칫 잘못 인식할 수도 있던 그 당시의 사회

분위기에서 틀림없이 옳게 붙잡아 맨 분은 의상(義湘) 스님이다. 세상은 흔히 원효의 대중불교만을 이야기하고 의상의 후배 육성에 대한 공로는 빠뜨리지만, 원효의 파격적 행동은 그 배후에 의상의 지엄한 승단이 버티어 있고 자장의 서릿발같은 계율이 살아 있었으므로, 그것 때문에 나타난 후광(後光)이라는 것을 알아야 한다. 깨뜨릴 수 없는 것을 깨뜨려서 그것을 더욱 완성해 주었기 때문에 원효가 위대했던 것이다. 그런 뜻이 아니고라도 의상의 승단 구축은 정당하게 평가되어 제 값을 받고 넘어가야 될 것이다.

그 무렵 신라의 종교적 분위기는 삼신신앙의 정신이 모든 사람의 뇌수에 깊이 뿌리 박혀 있어서, 어떤 것도 일단 그 표준으로 가늠했고 그런 척도로써 수용하던 때였다. 이차돈이 순교시 잘린 목에서 흰 젖이 한 길이나 치솟고 하늘과 땅이 함께 놀라 해가 빛을 잃고 물고기와 자라가 뛰었다고 하나, 이 땅의 사람으로서는 오히려 삼신의 노여움으로 생각하기 십상이었고, 그런 감각 차원에서 불(佛)의 위신력(威神力)을 받아들인 것뿐이다.

그런데 만약 불교 안에 바른 견해와 바른 수행으로 다져 가는 의상 무리의 승단이 없었던들 신라 민중은 승려를 외국 무당 정도로 대우했을 것이고, 승단도 그런 민중의 감각에 휘말리기가 쉬웠을 것이다. 의상이 없었던들 어찌 신라 불교가 승단으로서 대표될 수 있었으며, 자장과 원효가 또한 중일 수 있었으랴.

당연한 이야기지만, 의상이 신라 불교의 그만한 버팀목이 된 데에는 단순히 귀족 출신의 승려란 이유에서만은 아니었다. 그의 당나라 유학은, 그 당시 종남산(終南山) 지상사(至相寺)에 주석하면서 화엄학(華嚴學)의 종장(宗長) 노릇을 하던 지엄(智儼)을 만나게 했고, 마침내 지엄의 화엄세계를 덮어 누를 만큼 공인되었던 수행의 깊이에 있었다.

그는 귀국한 뒤 태백산 아래에 부석사(浮石寺)를 창건하고 해동 화엄종의 초조(初祖)가 되었다. 그때 모여든 제자가 3천 명이라 하거니와 특별히 '상문십덕(湘門十德)'이라 하여 오진(悟眞)·지통(智通)·표훈(表訓)·진정(眞定)·진엄(眞儼)·도융(道融)·양원(良圓)·상원(相願)·능인(能仁)·의적(義寂) 등을 따로 친다. 의상이 승보(僧寶)의 터에 초석이 되었다면, 그들은 기둥이 되고 지붕이 된 거목의 영웅들이었기 때문이다.

의상은 단순히 교학(敎學) 지도에만 힘쓴 것은 아니었다. 잠시도 놓지 못하는 수행 속에는 민족에 대한 우애와 연민도 동시적으로 자라고 있었다. 그래서 당나라 유학 당시, 당나라가 신라에서 온 사신을 가두고 신라를 치려고 획책했을 때, 목숨을 걸고 본국에 그 사실을 알려 당의 군사를 막게 했고, 귀국 후에는 문무왕이 변방요새에 성을 쌓으려는 것으로 보고 다시 "치자(治者)가 덕이 있고 유능하면 땅 위에 금을 긋고 경계를 표시하여도 넘나들 백성이 없으나, 치자가 도(道)를 잃으면 철성(鐵城)을 쌓아도 소용없다"는 글을 왕에게 보내어 성 쌓는 일을 중지케 한 적이 있었다.

몇 줄의 글을 적은 편지 한 장으로 국가의 거사를 멈추게 하였다는 사실만을 보더라도 그의 인품과 당시 사회에 끼친 덕망의 정도, 그리고 민중을 아껴 준 속뜻을 짐작할 수가 있을 것이다.

대중불교(大衆佛敎)

어느 사회를 막론하고 사회는 가진 자와 못 가진 자가 있게 마련이고, 배운 자와 못 배운 자가 섞이게 마련이다. 무식하고 가난한 자들은 자연히 바닥구조를 이루게 되고, 배우고 넉넉한 자들은 그들대로 만들어지는 문화권이 지배층이 된다.

어찌 보면 손과 발이 각기 제 직분을 가지고 제자리에 놓이는 것처럼, 이런 층층의 사회구조야말로 저절로 된 생명의 현상일지도 모른다. 그러나 사회관계에서는 손과 발의 관계처럼 그렇게 단순하지가 않아서, 노상 그것 때문에 말썽이 되고 그것으로부터 온갖 문제가 일어난다.

인체의 손발은 저라는 것을 잊은 채 만나기 때문에 서로를 모르는 자유를 가지지만, 사람 사이의 관계는 저를 알고 남을 알기 때문에 평화가 없어서이다. 그래서 지배층과 서민층은 제 속에서 상대를 미워하는 갈등의 삶을 만들어 간다.

뜻을 떠나서 보는 데서야 승단불교와 호국불교가 다를 것이 없는 것이고, 서민층에 뛰어든 대중불교가 그와 같은 한 점 값에서 더할 것이 없는 게 사실이다. 그들은 녹아야 할 곳에서 녹아 없어진 제 원력의 소금이었기 때문이다.

그러나 중생의 입맛은 시절 따라 다르게 마련이어서 치우친 제 욕심으로 대중불교를 칭찬하고 넘어간다. 뜻으로 보았든 맛으로 보았든, 그것은 그것대로의 까닭이 있을 것이다. 그 까닭이 어디에서 왔을까?

신라의 서민불교는 처음부터 정토불교(淨土佛敎)였다는 데서 이 땅 사람들은 두고두고 입맛을 다시는 것으로 보인다. 그것은 이 민족의 삼신감각에 기가 막히도록 맞아 떨어진 맛이라는 뜻이다.

아닌 게 아니라, 신라 대중의 정토불교야말로 이 땅 사람으로서 가장 해냄직한 불교였다는 생각이 든다. 파미르고원에서부터 이 땅을 찾아온 단군의 후예, 그 사람들만이 할 수 있던 불교가 신라 통일을 전후하여 아름답게 벌어졌던 것이다. 긴 설명보다 그럴 만하다고 생각되는 몇 사람의 행적을 골라서 살펴보자.

> 석혜숙(釋惠宿)은 화랑 호세랑을 좇았는데, 나중에는 국선(國仙) 구감공의 무리가 되었다. 어느 날 구감공이 교외에 사냥을 나갔다가, 고기를 굽고

지져 서로 먹을 때에 문득 자기 다리의 살을 베어 바치면서 이르기를 "처음에 생각하기를 공은 인인(仁人)이라, 능히 자기를 미루어 물건에까지 미치리라 하여 따랐습니다. 지금 공이 좋아하는 바를 살펴보니, 오직 살육을 탐하고 타(他)를 해하여 자기를 기를 뿐이니, 어찌 인인군자(仁人君子)의 할 바이겠습니까? 우리의 무리가 아닙니다"하고는 옷을 떨치고 가 버렸다.

공이 부끄럽고 이상히 여겨 조정에 돌아와 아뢰었다. 진평왕이 듣고 사자를 보내어 맞아오게 했다. 혜숙은 일부러 여자의 침상에 누워 자는 것을 보이매 사자가 더럽게 여겨 돌아서서 7,8리를 오다가 길에서 혜숙을 만났다.

사자가 갔다 오는 곳을 물으니, 말하기를 "성중 시주의 집에 칠일재(七日齋)를 하러 갔다가 끝마치고 온다" 했다. 시주의 집을 조사해보니 그것이 사실이었다. 얼마 후에 혜숙이 죽어서 마을 사람들이 이현(耳峴) 동쪽에 장사지냈다. 그때에 고개 넘어서 오던 사람이 도중에 혜숙을 만났다. 가는 곳을 물었더니 "이곳에 오래 살았었다. 다른 곳에 가서 유람코자 한다"하고 인사한 후 반(半) 리쯤 가서 구름을 타고 가 버렸다.

장지에 도착해 보니 사람들이 아직 흩어지지 않고 있었다. 사유를 말한 후 괴이쩍게 여기고 무덤을 헤쳐 보니, 오직 짚신 한 짝이 있을 뿐이었다.

석혜공(釋惠空)은 천진공의 집에 고용살이하던 노파의 아들이다. 그가 일곱 살 때에 공이 종기병을 앓았는데, 백약이 무효여서 사경을 헤매는 일이 생겼다. 혜공이 "내가 낫게 할 수 있다"하고 방에 들어가 아무 말 없이 상하(床下)에 앉아 있었는데, 조금 있다가 종기가 저절로 터져 병이 낫게 되었다. 그러나 천진공은 우연한 일로 알아 이상하게 여기지 않았다.

또 하룻날 저녁은 혼자 생각하기를, 내일 날이 밝으면 혜공을 이웃 관아에 보내어 빌려 준 매를 가져오도록 하리라고 마음먹었는데, 이튿날 아침 혜공은 천진공이 말하기도 전에 매를 내어 놓았다. 그제야 공은 크게 놀라고 깨달아 "성인이 제 집에 의탁하신 것을 모르고 비례(非禮)가 많았습니다. 이후로는 스승이 되어 저를 인도해 주십시오"하고 내려가 절을 하였다.

이미 본색이 알려졌으므로 출가하여 절에 거주하였다. 혜공은 늘 미친 것처럼 술 취하여 삼태기를 메고 거리에 다니면서 가무(歌舞)한 까닭에, 사람들은 부궤(負簣)화상이라 불렀다. 또 그가 사는 절은 부개사(夫蓋寺)라 하였으니 삼태기의 향언(鄕言)이다.

만년에는 항사사(恒沙寺)—지금 경북 영일 땅의 오어사(吾魚寺)—에 가서 있었다. 그때 원효가 제경(諸經)의 소(疏)를 찬하고 있었는데, 매양 법사에게 가서 질의하고 서로 희롱하였다. 하루는 둘이서 냇물에 나가 물고기를 잡아먹다가 돌 위에서 똥을 누고, 혜공이 가리키며 "네 똥은 내 고기다" 하였으므로, 그 후 절 이름을 오어사(吾魚寺)라 하였다.

어느 때 구감공이 산에서 놀다가, 혜공이 길옆에 죽어 넘어져서 시체가 부어터지고 구데기가 났음을 보고 슬퍼하다가 성내에 돌아왔는데, 혜공이 시중에서 대취하여 춤추는 것을 보았다.

또 신인조사(神印祖師) 명랑(明朗)이 금강사를 새로 창건하고 낙성회를 베풀었을 때 고승들이 다 모였으되 오직 법사만이 보이지 않았다. 랑(朗)이 향을 사르고 정성껏 기도하니 조금 있다가 공이 왔다. 그때에 큰 비가 내렸으나 그의 옷은 젖지 않았고, 발에는 흙이 묻어 있지 않았다. 명랑에게 말하기를 "은근히 부르기에 왔노라" 하였다.

이상은 『삼국유사』에서 뽑은 것이거니와, 『송고승전(宋高僧傳)』 속에 적힌 원효전(元曉傳)에서 보는 대안(大安)도 대중불교의 선구적 역할로서 뺄 수 없는 인물이다.

그는 형상이 특이했는데, 항상 장터거리에 살면서 동발(銅鉢)을 두드리고 "대안(大安)! 대안!"하고 외치기 때문에 대안이라 불렸다. 그때 용궁에서 가져왔다는 금강삼매경(金剛三昧經)을 차례로 맞추어 정리해 내라는 왕명을 받고, 대안은 궁궐 따위에 들어가지 않겠다면서 경(經)을 가져오게 하여 장바닥에 주저앉아 경권(經卷)을 완성시켜 주었다 한다.

다음으로 원효를 들어 보자. 새삼스러운 일이지만 신라의 민중불교를 말하는 데 있어서 누구보다 원효를 빠뜨려서 될까? 어떤 뜻에서 원효는 개인이 아니다. 그만큼 원효가 신라 불교 속에 차지하고 있는 비중은 크다. 그 원효는 이 땅 민족의 기질을 바탕하여서 건져낸 총화(叢花)로서의 원효라는 사실 때문이다. 그러기 때문에 그는 자기 시대만일 것이 아니라, 그 후의 모든 불교사를 넘어와서 지금 우리들과도 만나고 있고 앞으로의 불교사 속에도 그만은 멈추지 않고 흘러갈 항구적인 존재인 것이다.

어느 때 육당은 "인도 불교는 서론적(序論的)이고 중국 불교는 각론적(各論的)인데, 한국 불교는 결론적(結論的)이다"라는 의미의 말을 한 적이 있다. 확실히 그 말은 옳다. 그리고 한국 불교를 결론불교라 했을 때, 우리는 왜인지 그 말을 원효와 연관지으면서 이해해야 될 것 같은 기분이 든다. 원효야말로 불교를 완성했던 해동(海東)의 종장(宗長)이 아닐까?

이 글을 읽을 만한 사람으로서 원효를 모를 사람은 없을 것이다. 그러므로 원효의 행적을 두고 중언부언하는 것도 쓸데없는 짓이라 여겨진다. 그렇다고 아무 것도 드러나지 않은 상태에서 이야기를 해 간다는 것도 덜 맞는 짓이 아닐까? 여기에 그 대략만을 적어 낸다.

원효의 속성은 설씨(薛氏)이니 어렸을 때의 이름은 서당(誓幢)이다. 그의 어머니가 유성(流星)이 품에 들어오는 꿈을 꾸고 그를 낳았다고 한다. 장성하매 시절의 풍속을 따라 화랑에 입문하였으나, 생각한 바가 있어 29세에 출가하여 중이 되었다.

한때 영취산의 낭지(朗智)스님에게 배운 적이 있고, 그 무렵 지통(智通)과도 사귀었으나 영민한 그는 일정한 스승을 따라 배운 적이 없다고 되어 있다. 어느 때는 의상과 둘이서 당나라 유학의 길에 올랐다가 중도에서 혼자 돌아왔다. 무덤가에서 자다가 목이 말라 물을 찾아 마셨는데, 아침에 보니 해골에 담긴 물이었다. 갑자기 속이 뒤집혀 구역질을 하다가 문득 활연대오(豁然大悟)했다.

한 생각 일으키면 오만가지 법이 그로부터 나오고, 한 생각 버리면 일체 법도 쉰다.(心生則 種種法生 心滅則 種種法滅) 우주가 다 마음의 꽃이요, 만법이 내 생각의 번뇌라(三界唯心 萬法唯識) 하신 말씀이 어찌 나를 속이랴.

그는 새삼스럽게 당나라까지 가서 구할 법이 따로 없음을 알았다. 그래서 오던 길로 되돌아 선 것이다.

그 후 원효의 행각에는 일정한 틀이 없었다. 술과 고기를 사양하지 않았고 시정(市井)의 잡배와 섞이기를 예사로 했다. 승문(僧門)에서는 당연히 이 파계승을 추방했지만, 그렇거나 말거나 원효는 자유로왔다. 내키는 대로 다니면서 중생의 오뇌를 수렴했고, 그것을 자기 속의 수행으로 녹여 내고 있었다.

하룻날은 춘색(春色)이 동해, "누가 나에게 자루 없는 도끼를 빌려주려나, 내가 하늘을 떠받칠 기둥을 찍어내려는데(誰許歿柯斧 我斫支天柱)"하고 외치고 다녔다. 자루 빠진 도끼란 여자가 가진 생명문을 상징하는 소리였다. 그러나 아무도 그 뜻을 헤아리지 못했다.

마침 태종왕이 그것을 전해 듣고, 과부 딸 요석공주를 내어줄 생각을 했다. "누가 스님을 모셔 오너라. 어진 사람을 낳아 주신다면, 나라에 그보다 다행스런 일이 없을 것이다." 그리하여 요석궁에 들어가 밤을 새웠고, 공주는 열 달만에 설총을 낳았다.

그 후부터 원효는 먹물 옷과 함께 중이란 이름을 벗어 던졌다. 그리고는 속복(俗服)을 입어 소성거사(小姓居士) 혹은 복성거사(卜姓居士)로 자처했다. 우연히 광대들이 놀리는 큰 바가지 하나를 얻었는데, 그 바가지를 포교하는 도구 삼아 두드리고 다니면서 무애가(無碍歌)를 부르고 무애무(無碍舞)를 춤추었다. 그렇게 천촌만락(千村萬落)을 돌아 골목마다 누비면서 나무아미타불(南無阿彌陀佛)을 가르치고 다녔다. 그렇게 엉터리로 살다간 원효가 남긴 저술은 수백 권에 이르는데, 많이 없어지고 전해오는 일부가 불교의 심오한 진리를 꿰뚫은 명전(名典)들로 꼽히고 있다.

그가 지은 『발심수행장(發心修行狀)』은 달덩이처럼 드러나는 만고의 명문이고 대승기신론(大乘起信論)에 달은 소(疏)는 대승사상의 요체를 가장 명쾌하게 집어낸 것이다. 중국에서도 해동소(海東疏)라 하여, 원효스님의 소(疏)가 아니고는 대승사상을 알 수 없다고 할 정도이다. 그 외에도 『금강삼매경론』이라든가 『화엄경종요』, 『법화경의종요』, 『열반경』, 『능엄경』, 『반야삼매경』, 『무량수경』 등 대소승의 온갖 경전에 주석을 단 것이 책의 제목만으로도 수십 종이고 경전의 수는 수백에 이른다.

그러나 그가 승단을 위해 일한 것을 친다면 무엇보다도 십문화쟁론(十門和諍論)부터 말해져야 할 것이다. 십문(十門)은 그 무렵 들어서 나누어지기 시작한 불교교단 속의 종파들을 의미한다. 그것이 열 갈래나 되었던 것이다. 종파가 나뉘기 시작했다는 것은 좋게 말하면 발전의 가능성이겠지만, 나쁘게 말하면 지리멸렬의 파국의 소식이다. 또 신흥 종교를 맞이하게 된 국가적 처지로 보거나, 교단 자체의 형편으로 보아도 종파가 나뉘고 있다는 것은 여러 가지로 치명적인 것이었지 득될 것이 없었다. 문제는 자못 심각했다.

그런데 원효가 이들 종파의 가장 풀어내기 어려운 시비거리 열 문제를 골라 조리정연한 논법으로 풀어서 십문화쟁론을 꾸며내 준 것이다. 그것이 통교(統敎)운동에 핵심이 되었던 것은 말할 것도 없다.

만약에 그 일에 원효가 없었더라면, 그리하여 불교가 끝내 오리가리[지리멸렬(支離滅裂)] 찢어지는 결과가 되었더라면 나라 꼴이 무엇이 되었을까? 언제 생각하더라도 불교를 위해서 민족이 있어야 할 이유는 없다. 그러나 이 민족 속에 통일된 종교가 없었다면, 그 후에 오는 수십 차례의 외국 군대를 어떻게 막아내며 막연한 비결문이나 도참설을 따라 흩어지는 국민여론을 무엇으로 통일시키며, 또 온갖 착취와 수탈에 시달리는 민중의 설움이 무슨 희망을 붙잡고 배겨냈을까?

생각하면 아찔한 노릇이다. 그러나 이런 이야기는 기왕지사의 일이라 덮어 버린다 하더라도 광대의 바가지로 무애가와 무애무를 연출했다는 데서는 가슴 울리는 감회가 없을 수가 없다.

광대의 바가지라니 무엇을 말하는가? 『삼국유사』에는 그렇게 적어 놓았으나, 이 광대란 술어는 오늘 우리들이 이해할 관념이 아니라, 그 당시 민간 사이에 전해 오던 우리 사람들의 유희(遊戱)와 기예(技藝)를 말한 것이기가 쉽다. 그것이 『삼국사기』 이후 중국인의 법속(法俗)이 쏟아져 들어와 상류층에서 천하게 여기게 되자 자연 그런 표현이 되었을 것이다. 바가지는 장구나 북같은 고급스런 도구를 가질 수 없는 서민층의 소박한 한 오락도구의 수단이다.

원효가 무애가를 추었다 하나 무애(無碍)는 불교 화엄경의 어휘를 빌었을 뿐이요, 이 사람들이 본래로 가무(歌舞) 속에서 살아온 민족임을 생각하면, 원효의 춤과 노래는 불교적이기보다 무교적이라는 것이 옳을 것이다.

원효만일 것이 아니라 앞에 적은 혜숙과 혜공의 경우에도 불교적인 틀거리로 이해하기보다는 그저 이 땅 본래의 호흡과 가락으로 무위하게 보아주는 것이 그들의 진면목에 보다 가까울 것이다. 그들에게 시공을 초월한 신통력이 있는 것이거나, 그런 이야기를 별 생각 없이 담고 있는 『삼국유사』의 태도는 처음부터 불교적일 것이 아니라 무교적 성향으로 나타난다.

왕이 불러도 가지 않고 향리(鄕里)의 전원에 묻혀 초연하게 사는 혜숙의 태도는 얼핏 도가(道家)의 무위한 생활을 연상케 하고 일부러 여자 침상에서 자는 체하여 혐오감을 유발케 했다는 점도 불교의 불음계(不淫戒)보다는 제사와 경사에 여자를 꺼리는 무속의 금기가 먼저 떠오른다.

구담공의 불인(不仁)과 살육을 책망하는 태도도 불교의 불살생(不殺生)보다는 그때까지 죽이는 것을 꺼리고 살아 온 이 사람들의 생활습관으로 보는 것이 순서일 것이다. 도대체 불교가 들어온 것이 몇 해나 되었다고 그것을 불교적 습관으로 볼 것인가?

성급한 이야기가 되겠으나 당나라까지 유학을 갔다 온 최치원이 화랑도를 두고 나라에 현묘(玄妙)한 도(道)가 있은 결과라 했다. 원효는 오어사(吾魚寺)에 머물면서 여러 경전의 소(疏)를 달 때, 의심나는 것은 더러 혜공에게 물었다 했다.

혜공이 누구인가? 스치듯이 살펴보았지만 그를 불교의 사문(沙門)이라기보다 이 산하대지(山河大地)에 걸릴 것이 없이 살고 간 이 땅 위의 한 무애도인(無碍道人)으로 쳐 주는 것이 더 자연스럴 노릇이다. 가득 마시고 취하여 삼태기를 맨 채 노래하고 춤추었다는 것을 보면, 미친 사람 같은 행적에 있어서 원효보다 윗수였지 결코 아래로 칠 위인이 아니다. 그것이 불교의 표현을 쓴다면 무애의 춤, 무애의 노래가 아니고 무엇인가? 석혜숙이 구담공을 나무랄 때, 우리 무리가 아니라고 했다지 않나? 우리 무리라니, 불쑥 튀어나온 그 말이 불교와 무교 중 어느 쪽을 두고 한 말일까?

하나의 목표 완성은 그것 이상의 크고 높은 목표를 바라볼 때 그 속에서 저절로 이루어지는 것이라야만 옳게 되는 법이다.

장터 거리에 주저앉아 그 심오하고 난해한 금강삼매경을 꾸려 주었다는 대안은 그 당시 사람조차도 이름을 모르는 떠돌이 중이었다. 말이 좋아 중이지, 깊은 산 속에 오두막을 치고 살면서 뱀을 잡아다 먹고 산 거지 땅꾼이다.

그가 젊은 원효를 꿰어차고 드나든 곳은 거지굴과 시장 뒷골목과 쌈패들이 횡행하는 색주가였다. 살생을 하지 말라느니 무엇을 금하라느니 하는 따위의 계율은 향내나는 절간에서나 논하는 것이었지 중생의 한숨과 비리(鄙俚)가 난무하는 번뇌의 산 도가니에서는 그것에서의 율법과 적응수단이 산 계율이 될 수밖에 없다.

번뇌와 보리(菩提)가 둘이 아니고 부처와 중생이 근본에서 하나라는 사무사(事無思)의 화엄 이치는 그런 무애의 수행에서만 체득이 가능한 법이다. 그리고 그런 무애적 수행을 다져 가는 뒤쪽에는 그보다 더 크고 위대한 정신의 바탕이 없고는 완성될 수 없는 법이다.

원효와 대안의 핏대 속에는 불교보다 더 크고 값진 가능성이 뛰고 있었으므로, 그것에 의해 그들의 화엄 세계는 이루어졌던 것이다.

그들의 삼태기 춤과 바가지 춤은 동시에 같은 피가 흐르고 있는 신라 민중의 감각을 불러 깨우는 한 방편이었던 것이다. 방편인 줄도 모르고 써먹고 간 무심한 방편이다.

그리하여 골목마다 장터마다 거지와 더벅머리 아이들에게까지 불교가 퍼진 것이다. 주야음주 연일가무(晝夜飮酒 連日歌舞)하던 사람들의 피는 그들의 삼태기 춤과 바가지 춤에서 뜨겁게 일렁이고 일어났을 것이다.

달라진 것이 있다면 대감님, 검님하던 것이 나무아비타불로 바뀌어진 것 뿐이다. 나무아미타불을 많이 부르면 죽어 극락에 간다고 가르친다. 관세음보살을 많이 부르면 이 세상 소원이 이루어진다고 가르친다. 놀기 좋아하고 축원하기 좋아하던 사람들이니, 그것도 비는 것이고 축원하는 것으로 생각되었을 것이다.

얼핏 보아 이름만 달라진 것이지, 형식이나 내용은 그대로인 것처럼 보인다. 그러므로 거리낄 것도 쑥스러울 것도 없다고 생각된다. 원효는 그런 기분을 이해한 만큼 놓치지 않고 이용했을 것이다. 그러나 나무아미타불이나 관세음보살은 덮어놓고 비는 축원이나 덕담하고 다르다.

그것을 곰곰히 생각해 보면 의미와 낙처(落處)는 전혀 엉뚱한 곳에 놓인다. 나무(南無)는 귀의(歸依)라는 뜻이고, 아미타불은 서방정토-극락-의 부처님이다. '나무아미타불' 이라고 부르면 '아미타불 부처님께 귀의한다' 는 말이 된다. 그러나 아미타불은 무량수불(無量壽佛), 혹은 무량광불(無量光佛)로 번역되니 시간——수(壽)——과 공간——광(光)——에 있어서 영원하다는 뜻이다.

나의 현재를 중심으로 시간과 공간이 무한대하게 펼쳐지는 것——이 상징적인 술어는 영원한 삶, 곧 내 자신의 영생(永生)이란 의미 외에 다른 것이 아니다. "내가 영생하겠다. 내가 영생하겠다" 는 말을 나무아미타불로 가르친 것 뿐이다.

관세음보살도 그렇다. 보살의 자비정신은 적자(赤子)를 쓸어 안는 어머니의 애민(哀愍)한 정에 비길 수 있다. 의미는 보살에 있을 것이 아니라 관세음(觀世音)에 있다. 이 관(觀)이라는 글자는 견(見)이나 간(看)하고 다르다. 눈으로 보는 것을 말하지 않고 마음으로 뜻으로 보는 것을 나타낼 때 쓰는 글자다. 그래서 세음(世音), 즉 세상의 소리를 관(觀)한다는 뜻이 된다.

세상의 소리는 생명세계의 온갖 중생이 뱉아내는 번뇌의 소리를 지칭한다. 번뇌의 이 세상을 사는 중생들이 내는 소리를 뜻으로 가슴으로 들어주는 자비정신을 발휘하겠다는 것이 관세음보살이 된다. 결국 타(他)에 대한 의지가 아니라 내 속의 심성의 계발이다. 관세음보살과 나무아미타불은 그렇게 짝을 이루는 한 켤레의 말일 뿐이다.

단군 시절부터 줄곧 제사에만 의존해 오던 그때의 사람들에게 신에의 의지가 아닌 인간에의 의지, 그것도 자기 자신에게 귀의하는 이 불교적 방법은 여러 가지로 다행스럽고 적절한 것이었다. 인간은 마침내 인간 외의 것과는 기약할 수가 없는 존재이기 때문이다. 물론 이런 의미와 내용이 그 시절 사람으로서는 너무 어려웠을 것이고, 설명을 한대도 못 알아들었기가 쉽다.

그러나 인간의 심성은 신령한 것이어서, 잘 모른다 하더라도 되풀어서 자꾸 반복하다 보면 마침내 바탕이 울려서 통해지게 되어 있다. 원효는 그것을 믿었으므로 조롱박을 들고 다니면서 그다운 포교를 했던 것이다.

또 원효의 시대가 불교사에서 가장 순수하게 신심(信心)이 치솟았다는 것도, 그의 그런 노력과 방법이 잘 맞아떨어진 데 있음이다. 삼태기나 박이 다 서민층의 살림도구였다는 것이 주효했다고 볼 수 있다.

02 화랑도花郎道

화랑도에 관한 언급은 차라리 맡겨지는 과제라는 것이 옳을 것이다. 신라의 역사를 말하는 사람으로서 (어느 쪽의 이야기를 하든) 화랑의 이야기만은 뺄 수가 없을 것이기 때문이다. 그만큼 화랑정신은 신라에 있어서 어느 쪽과도 통하는 신경줄이 된다.

지금까지 화랑에 관한 이야기는 많은 사람이 해 온 셈이다. 그러나 어느 것 하나 "이것이다"하고 내놓을 만한 것이 없었다는 것도 우리가 아는 사실이다. 여기서 말하는 것도 그것 이상이라는 것은 아니다.

그쪽에 대한 열성과 노력이 그다 깊지 못했던 것을 스스로가 안다. 그러나 화랑의 이야기는 신라 역사에 수용되는 신라시대의 한 모습으로만 말할 것이 아니라, 단군시대부터, 아니 그 이전의 선사시대부터 시작되는 태고의 뿌리에 줄거리를 대야 된다는 생각을 가지고는 있다. 아마 그것만은 옳게 생각했을 것으로 여긴다. 기록이 없는 시대에 비롯되어 면면히 이어 온 정신이기는 하지만, 그래도 어디 한 군데 뿌리가 될 만한 전거(典據)를 찾는다면, 환인 천제의 홍익인간에서부터 시작해야 되리라고 본다. 그렇게 맥을 잡으면, 이 민족 반만년 역사 속에 시절 따라서 다르게 나타났던 화랑의 여러 모습들이 그때그때의 호칭과 함께 나타난다. 나의 관점으로는 그 이상의 도리가 없다.

단군조선과 기자조선의 2천 년 동안에는 '선배' 혹은 '선비'로 불리웠다는 것이 저 지나인들의 고서(古書)인 굴원의 『초사(楚辭)』와 사마천의 『사기(史記)』, 그리고 반고의 『한서(漢書)』 등에 적혀 있다. 그것들에는 음을 취하여 '선인(仙人)'으로 되어 있다. 옛 수두교도의 무리를 일컫는 말인데, 삼국시대까지 그렇게 불리운다 했다. 이것은 단재 선생이 『조선상고사』에다 밝혀 넣은 공적이다.

신라가 통일 이전에 화랑도라는 청년단체를 기르고 있었지만, 고구려에도 같은 때 조의선인(皂衣仙人)으로 기록된 화랑단체가 있었다. 그것이 어떤 것이었는지 단재 선생의 기록을 옮겨 보자.

> 고구려의 강성은 선배제도의 창설로 시(始)한 바, 창설한 연대는 전사(前史)에 전치 아니하였으나, 조의(皂衣)라는 명칭이 태조본기(太祖本紀)에 처음 보인즉, 그 창설이 태(太)·차(次) 양(兩) 대왕(大王) 때 됨이 가능하다.
>
> '선배'는 이두문으로 '선인(先人)' '선인(仙人)'이라 쓴 바, 선(先)과 선(仙)은 선배의 '선' 음을 취한 것이며, 인(人)은 선배의 '배'의 뜻을 취한 것이니, 선배는 원래 '신수두'교도의 보통명칭이러니, 태조 때에 와서 매세(每歲) 3월, 10월 신수두 대제(大祭)에 모든 군중을 모아, 혹 칼로 춤추며, 혹 활도 쏘며, 혹 앙감질도 하며, 혹 턱걸이도 하며, 혹은 강수(江水)를 깨고 물 속에 들어가 물싸움도 하며, 혹 가무(歌舞)를 연(演)하여 그 미덕을 보며, 혹 큰 사냥을 행하여 그 성과의 많고 적음을 보아 여러 가지 내기에 승리하는 자를 선배라 칭하고, 선배된 이상에는 국가에서 녹(祿)을 주며 그 처자를 먹여 가옥(家屋)에 누가 없게 하고, 선배된 자는 각기 대(隊)를 나누

어 한 집에서 자며 한 자리에 먹고, 앉으면 고사(故事)를 강(講)하거나 학예를 습(習)하거나 하고, 나가면 산수(山水)에 탐험하거나, 성곽을 쌓거나, 도로를 닦거나, 군중을 위하여 강습하거나 하여, 일신(一身)을 사회와 국가에 바쳐 모든 곤고를 사양치 않으며, 그 중에서 선행과 학문과 기술이 가장 뛰어난 자를 뽑아 스승으로 섬기어, 일반의 선배들은 머리를 깎고 조백(皂帛)을 허리에 두르고, 그 스승은 조백으로 옷을 지어 입으며, 그 스승 중에 상수(上首)는 '신크마리' 혹 '두대형(頭大兄)' 혹 '대대형(大大兄)'이라 칭하며, 그 다음은 '마리' 혹 '대형(大兄)'이라 칭하며, 최하는 '소형(小兄)'이라 칭하고, 전쟁이 일면 신크마리가 그 전부의 선배를 모아 스스로 일단을 조직하여 싸움에 다달아, 이기지 못하면 전사할 것을 작정하여 죽어 돌아오는 자는 인민이 이를 개선하는 자와 같이 영행(榮幸)으로 보고, 패퇴하면 이를 타기(唾棄)하므로 선배들이 가장 전장에 용감하며, 고구려 당시에 각종의 지위를 거의 골품(骨品)으로 얻어 비천한 자가 높은 자리에 오르지 못하나, 오직 선배의 단체는 미천이 없어 학문과 기술로 개인의 지위를 정하는 고로 인물이 그 중에서 가장 많이 산출되었다.

신분의 상하제도가 비교적 분명했을 그 당시에 조의선인만은 신분의 귀천을 따지지 않고 실력 본위로 등급을 정했다는 것이 고구려인다운 솔직성으로 보임직하다. 『삼국사기』에 의하면 고구려 관공직은 12등급으로 나뉘는데, 그 다섯 번째 관직 이름이 조의현대족(皂衣顯大足)이라 했다. 이 조의(皂衣)는 곧 선인(仙人)인데 나라 정치를 맡아 보다가 3년만에 한 번씩 바뀌나, 정치를 잘하면 그렇지 않았다고 되어 있다.

그러나 이 이상의 자세한 것을 볼 수는 없다. 『화랑사화(花郞史話)』나 『화랑세기(花郞世紀)』같은 좋은 책들이 당나라 장군 이적(李勣)의 손에 불살려지고, 또 견훤이 망하면서 백제의 많은 책들은 잿더미가 되어 버렸다.

『동국여지승람』을 엮던 15세기까지만 해도 화랑에 대한 기록이 아주 없지만은 않았던 모양인데, 지금에 와서는 그것들마저 자취를 감추고 말았으니 오늘의 우리는 귀떨어진 문적(文籍)을 놓고 곱씹어 생각하는 도리 외에는 방법이 없는 것이다.

전적(典籍)은 없으나 백제에도 무엇인가 있었을 것이다. 이런 생각을 가지는 데에는 백제인도 같은 핏줄의 자손이었다는 것과 삼국 중 가장 솜씨가 좋고 창조적인 미술품이 대개 백제인들의 유물이라는 점, 그리고 그 후 고려와 조선을 겪으면서 나타나는 그 지방의 독특한 문화현상이 삼국시절이라고 해서 묶여 있었을 리 없다는 추측으로 해서이다.

있었다면 그 지역 주민의 협동적 기질이 잘 발휘된 어떤 것이었을 것이다. 백제의 화랑단체를 '두레'로 보는 의견들이 있는데, 그럴 만한 것으로 여겨진다. 두레는 농촌 사회의 상호협력과 감찰(監察)을 목적으로 형성된 촌락 단위의 협동체를 일컬음이다. 지금도 시골에서는 '두레풀'이니 '두레삼'이니 '두레품'이니 하여 여러 사람이 모여 한 덩어리지는 것을 두레로 부른다. 그것이 농촌의 일손과 연관되어서 백제지방의 것으로 생각된다기보다는, 호남의 무형문화가 호서나 영남과는 달리 개별적인 데도 협동적이며 자발성을 갖는 데 이유가 있어서이다.

물론 이런 것은 한 개인의 추측에 불과하다. 나타나 있지도 않은 것을 가지고 이러니 저러니 하는 것은 처음부터 덜된 소리일지도 모른다. 그러나 화랑은 신라만의 특산물이 아니다. 그것만은 알아야 한다. 지나치게 시야를 좁혀 삼국통일을 위한 도구책 쯤으로 생각하게 만드는 금세기의 오류는 반복되지 말아야 되며 고쳐져야 될 것이다.

신라가 화랑을 발족시키는 것도 진흥왕 때 문득 서둘러 하는 것은 아니다. 그 전부터 이미 그에 대한 움직임이 있었고, 비슷한 단체들이 민간에 있다는 것이 문헌에 비치고 있다. 『여지승람』에 의하면, 법흥왕 1년에 얼굴과 행실이 단정한 사내아이들을 가려 뽑아 풍월주(風月主)라 부르고, 선비들을 구해 제자로 삼아 효성과 우애와 충성과 신의에 힘썼다고 한다.

진흥왕에 들어와서 그 37년(576)에 비로소 국가 규모로 나타나기는 하나, 화랑 이전에 원화(源花)라 하여 두 여자를 중심으로 젊은 사내 3백여 명을 모이게 한 것이 있었다. 방법은 달랐지만 속뜻은 같은 것이다. 처음 동기는 임금과 신하가 모두 사람됨을 알 수 없음을 고민한 나머지, 끼리끼리 떼지어 놀게 하고 그 속에서 행동을 관찰하여 쓸모있는 사람을 뽑아 쓰기로 한 것이다. 그러나 이 계획은 두 여자의 시기와 질투로 인하여 그 해로 파산되고, 다시 생각한 것이 미모의 남자를 데려다 곱게 꾸며 무리로 하여금 좇게 하는 방법이었다.

『삼국사기』의 기술에 의하면 당장에 도중(徒衆)이 구름처럼 모여들었다 했으니, 그것이 무엇인지를 모르는 사람들이었다면 그런 반응을 보였을 리가 없다. 민중으로서도 잘 아는 것이고 기다린 것이었기 때문에 그렇게 모여들었을 것이다.

진흥왕 23년조의 기록에도, 가야국을 정벌할 때 사다함이 큰 공을 세웠다 해 놓고 사다함의 무리가 이미 스스로 모인 민간단체라는 말을 하고 있다. 단체의 기록은 소수이지만 내용에 있어서는 훨씬 풍부했으리라는 것도 생각됨직한 일이다.

진흥왕이 화랑도를 기른 것은 국가 흥왕(興旺)에 있었다. 그것은 국민의 건전한 기풍 조성이 먼저 꼽힐 것이다. 화랑의 본 이름을 풍월도(風月道)라 했다는 데서 우선 그 뜻이 드러난다. 풍월도의 풍(風)은 고어(古語)로 새길 때, '발함' '배람' 혹은 '바램' 이고 월(月)은 '달' 이고, 도(道)는 '길' 이다. 그래서 '발달길' , 혹은 '배달길' 이 된다. 말하자면 이두문적기다.

그것은 단군 시절의 법속(法俗)에 대한 동경을 나타낸 것이고, 거기에 돌아가려는 일종의 복고적 의미가 포함된다. 그래 풍월주(風月主)라고 하면 배달님이 되고, 풍월교(風月教)라고 하면 배달교를 뜻한다. 화랑은 처녀 대신에 세운 중심 인물이 미모의 소년이었다는 데서 붙여진 외부적 별칭이지, 그렇게 부르라는 이름이 아니다. 부를 때는 '배달님' 이다.

화랑의 종교적 근거를 불교와 무교로 비등한 비중을 잡지만, 불교는 그때 막 치솟는 사회분위기의 기분을 빈 정도일 뿐이고 근간이 되는 것은 무교이다. 가뜩이나 보수적인 신라인들 기질이 방금 입수한 불교가 무슨 짓을 할 만큼 정신적인 작용을 하게 했다는 것도 말이 안된다.

흔히 화랑의 세속오계를 들어 그것이 불교에서 나간 불교적 계율이라 하지만 그도 잘못 본 것이다. 문제는 그 계율을 스님이 말한 데서 그리된 것 같으나, 지레 짐작이다. 『삼국유사』의 본기록에는 어느 구석에도 불교적 계율이라는 근거도 없고 흔적도 없다.

圓光曰 佛教有菩薩戒 其別有十 若等爲人臣者 恐不能堪 今有世俗五戒 一曰事君以忠 二曰事親以孝 三曰交友有信 四曰臨戰無退 五曰殺生有擇.

원광이 말하되 불교에는 보살계란 것이 있어서 특별히 열 가지를 치지만, 사람의 신하된 자가 능히 감당하지 못할까 두렵다. (그것보다) 이제 세속오계가 있으니, 첫째는 임금을 섬기되 충성으로써 하라는 것이고, 둘째는 어버이를 섬기되 효도로써 하라는 것이고, 셋째는 벗과 사귀되 신의를 두라는 것이고, 넷째는 전장에 나가면 물러서지 말라는 것이고, 다섯째는 생명을 죽일 경우 골라서 하라는 것이다.

이것이 귀산과 추항에게 주었다는 화랑의 계율이다. 그 무렵 원광은 중국에서 불교 유학을 마치고 온 터였으므로, 젊은 식자층에서 한창 선망의 대상이 되고 있었다. 귀산과 추항도 그런 호기심과 존경심으로 찾아가 "좋은 말씀을 주시면 평생의 계율로 삼겠습니다" 하고 청한 것이다.

그러자 원광은 불교 안에 보살계가 있지만 출세간의 것이라 실천이 어려울 터이니, 차라리 그전부터 있어 온 세속오계를 지키라고 권한 것이다. 그 덕목이 경천(敬天)과 숭조(崇祖)와 애인(愛人)인 것으로 보아 원래로 있던 것임이 의심되지 않는다.

화랑도의 기능으로서는 풍류와 가무를 먼저 친다. 그것은 화랑도의 소식을 전하는 모든 문헌들이 하나같이 말하는 바다. 그 노래와 춤은 단순한 오락이 아니라 종교적 의미를 가진 행위였을 것이다. 고대의 영고(迎鼓)·동맹(東盟)·무천(舞天) 등의 제사형태가 노래와 춤으로 진행되었다는 것이 화랑도의 수행과정에서 참작되지 않았을 리 없다.

또 그런 과거사에 대한 참작이 아니더라도 화랑은 저절로 가무로써 일어섰을 것이다. 가무라면 그들로서도 왜인지 모를 본능에 끌리는 짓이었을 것이기 때문이다. 여기에는 보태야 할 설명이 있다.

노래와 춤은 모든 예술과 창조적 행위에 있어서 가장 밑둥이 되고 씨가 되는 부분이다. 신라 문화를 말하는 사람들이 왕왕 미술품과 공예적 기술만을 들어 찬탄하는 것을 보지만, 그것은 현품(現品)이 전해진다는 큰 이유 때문일 것이다. 그러나 미술보다는 음악의 지위가 높고 앞서 있었다는 것을 알아야 한다.

우륵의 가야금과 백결선생의 비범한 음악, 산적을 감화시킨 영재(永才) 스님의 향가, 그보다도 일괴(日怪)를 향가로 물리쳤다는 월명사(月明師)의 전설과 혜성이 노래로 소멸됐다는 융천(融天)의 이야기가 무엇을 말하는 것일까? 또 처용의 노래와 춤은 무엇이며, 적군이 물러나고 병이 낫고 가뭄에는 비가 오고 비 올 때는 개며 바람을 가라앉히고 물결은 평온하여졌다는 만파식적(萬波息笛)의 뜻은 어찌된 것일까?

물론 이것은 전설이지 실제적 기록은 아닐 터이다. 그러나 전설은 전설인 채 전설의 진실이 있는 것이니, 그때 사람들이 얼마나 음악을 중시하여서 천재지변까지 좌우할 수 있다고 믿었을까이다. 중시했다는 건 언제라도 그만한 이해와 기량을 갖는 사람들만의 이야기다.

화랑의 수행기능을 가무(歌舞)라 했지만, 그 중에서도 노래와 악기 다루기가 틀림없이 우선되었을 것이다. 그들의 행장(行狀) 속에 거문고나 비파 따위의 악기가 심심찮게 등장하는 것을 볼 때 그렇다.

또 화랑단체의 이름을 풍류도(風流徒)니 풍월도(風月道)니 했다는 것으로 보아, 오늘에도 고전악이나 아악을 풍류라 하는 것은 그런 고전적 의미에서가 아닐까? 그렇다 할 전거는 없으나 그런 연관이 있을 것만 같은 생각이 든다.

이 나라는 무엇보다 산수가 아름답다. 산자수명(山紫水明)이란 표현이 그대로 걸맞는다. 앉으나 서나, 가나 오나 아름다운 산수 속에 잠겨서 노니는 사람들이라, 자연 그 기운 · 정신이 살 속에 배어들어 그 산이 만든 소리로 말을 하고, 그 물에 비낀 멋을 가지고 마음에 느끼는 표현을 삼는다. 우리네 말이 부사와 형용사에서 뛰어나고 주어마저 술어로 수식하는 수단이 되는 것도 그런 까닭에서일 것이다.

가뜩이나 놀기 좋아하고 감수성 예민한 꽃같은 사내들의 한 떼가 명산대천과 심확유곡(深壑幽谷)을 찾아들어 거칠 것 없이 쏘다녔다면, 어찌 호연한 기상이 길러지지 않으며 느끼어 일어나는 감회가 없었으랴.

그렇게 일어나는 발분(發奮)의 감회야말로 왜인지 모르는 생명의 홍취가 되고, 그 홍에서 맛과 멋이 저절로 터져 익어서 노래가 되었을 것이다. 노래는 춤으로 이어지고 그런 춤사위의 미태와 기교는 신라미술의 모든 것에서 볼 수 있는 선(線)의 흐름이 되어서 나타난다.

월명의 〈도솔가〉나 융천의 〈혜성가〉만일 것이 아니라 전해지는 신라 향가의 대부분이 제례(祭禮)와 관련된 주술적 노래였다는 데서, 화랑도의 노래 역시 그런 범주와 분위기를 벗어나지 못했으리라는 생각이다.

딴은 이런 방증(傍證)이 아니더라도 생활규범이 종교적 간섭으로 이루어지던 그 시절로서야 화랑도 같은 국가단체가 오락적인 노래나 불렀으리라고 생각하는 사람은 없을 것이다. 그들은 분명 신령과의 교제 방법으로 노래와 춤을 썼을 것이고, 그렇게 얻은 신령과의 합일, 곧 신비하고도 황홀한 영적 교류 상태에서 얻은 영감으로, 인간사회의 길흉화복 내지 운명을 조절해 가는 엄숙한 종교가였을 것이며 무사(巫師)들이었을 것이다.

나는 진흥왕이 화랑을 뽑기 전에 원화(源花)라 하여 미모의 처녀를 골라 남자의 중심에 세웠다는 것에서 단순한 사기 문제나 진취적인 효과만일 것이 아니라 필연 종교적 생각에서 그랬지 않았을까 하는 생각을 가진다. 왜냐하면 그때의 화랑들이 무사 곧 무당이었다면, 그 무당적 기능은 언제라도 남자보다 여자가 우수하다는 것이 통례이기 때문이다.

이 점에 대해서 조금 살펴보고 넘어가자. 단군 살림에서 보아 온 대로, 단군은 하늘의 뜻을 인간 위에 펴는 무당임금이었다. 그는 인간의 생명과 함께 뭇 중생의 생명을 함께 주관하는 생명의 주도권을 쥐는 자다.

그런데 거기서 더 소급해 올라가면 원초적인 무당은 여자였을 것으로 추측된다. 여자가 생명을 낳는다는 이유로서다. 그러나 생명이 어떻게 해서 태어난다는 것을 터득하는 순간 여자는 남자의 근육과 횡포에 눌리게 된다. 그때의 제사 방법이 어떤 것이었을 지는 모르나 처음에 여자가 주(主)가 되고 남자가 종(從)이 되던 것이, 순서가 뒤바뀌어 남자가 주(主)가 되고 여자는 종(從)이 되었을 것이다. 그러다가 남자가 아주 제단을 점거해 버리고 여자를 제외시켰을 것이다.

그 이유가 무엇이었을까? 혹시 생명이 태어나는 현장의 피비린내와 번거로움을 차차 금기로 여기게 되고, 신(神)도 그것을 꺼린다는 생각이 들어서는 아니었을까? 그러나 여자가 가진 그런 약점이 무당의 세계에서는 강점일 수가 있다. 실제 여자는 섬세한 근육 뿐만 아니라, 느낌과 생각도 섬세하고 작은 일에도 놀라는 일이 허다하다. 그런 만큼 신과의 교류가 속히 이루어지고, 심성이 여린 여자일수록 엑스타시가 크다는 것도 사실일 터이다.

미모의 처녀를 큰 뜻을 기르는 사내들 가운데 꽂아 둔 것은 아마도 이런 이유거나 이런 이유에 가까울 것이다. 그것은 그 뒤의 화랑이 미소년을 중앙에 심은 체제였다는 것과도 통하는 논리다. 여자가 남자보다 앞서 있는 무당에서라는 뜻은 아니다. 생명의 신비와 남녀 사이의 비밀스러움을 아는 자의 옳은 배려라는 뜻에서다.

생명이 감기고 풀리는 음양학의 원리에서도 강(强)은 언제나 약(弱)에서 나온다. 한낮의 밝음이 새벽의 여명에서 시작되는 것처럼 동(動)은 정(靜)에서 나와지는 식의 논리다. 그러므로 밤 · 낮이 서로 다르기 때문에 짝을 이루어 하루인 것처럼 강은 약과 더불어서만 하나인 것이다. 강한 것이 강한 것끼리 만나면 서로가 상관없는 것이 되거나 불필요한 부딪침이 있을 뿐이다. 그것은 연속의 흐름이 아니라 경직의 끝이다. 강한 사내가 서 있는 무대 뒤에 늘 연약한 여자가 서 있는 것도 그런 원리에서다.

그래서 화랑은 부드러워지기 위해서 명산대천을 찾아 나선다. 일체의 생각을 쉬고 출세주의 따위의 욕망도 버려, 심신이 저절로 자연과 하나되는 명쾌한 수련을 쌓을 때, 어떤 것도 초개같이 볼 수 있는 씩씩한 기상이 배양되는 것이다.

사람은 자기를 버릴 때에 강해지는 법이다. 자기를 버린다는 것은 자연과의 합일을 의미한다. 그리하여 인간이 자연이 될 때, 그 완성된 세계는 이 세상의 종교나 상식으로 어림할 수 없는 신인(神人)이 된다. 화랑의 목표는 거기에 있었을 것이다.

최치원이 「난랑비서(鸞郎碑序)」에 쓴 것도 분명 그런 탄식이다.

나라에 현묘(玄妙)한 도(道)가 있으니 그 이름은 풍류(風流)이다. 교(敎)를 만든 근원은 선사(仙史)에 자세히 실려 있거니와, 그 핵심은 유(儒)·불(佛)·선(仙) 삼교를 포함하고, 중생을 교화하는 것이다. 이를테면 집에 들면 부모에게 효도하고, 벼슬하면 나라에 충성하는 것은 노(魯) 사구(司寇) 공자의 지(旨)요, 무위(無爲)의 사(事)에 처하고 불언(不言)의 교(敎)를 행하는 것은 주(周) 주사(柱史) 노자의 종(宗)이요, 모든 악한 일을 행하지 않고 착한 일 만을 수행하는 것은 축건태자(竺乾太子) 석가의 화(化)다.

삼신신앙에 대한 근본적인 이해가 없는 사람들로서는 여러가지 추측과 다른 말을 이끌어댈 만한 뜻의 내용이다. 이 뜻은 뒷날 최제우를 기다려서 다시 한 번 반복이 된다.

물계자(勿稽子)란 사람이 있었다. 10대 내해왕 때 사람이니, 화랑도를 창설한 진흥왕은 아직 세상에 태어나기도 전이었다. 그때에는 아직 화랑이나 풍월도란 이름조차도 없던 시절이다. 그는 나라에 큰 싸움이 있을 때마다 공적이 으뜸이었지만, 논공행상에서는 늘 빠졌다. 옆사람이 안타까와하여 그 부당함을 말했으나 "공을 취하려고 이름을 다투고 나를 나타내려고 남을 덮는 것은 지사(志士)의 하는 바가 아니다"하고 잠잠했다.

내해왕 20년에 다시 이웃나라가 쳐들어와서 국경이 위태롭게 되었는데, 나가 싸워 또 큰 공을 세웠다. 이번에도 그의 공로는 말해지지 않았다. 물계자가 오히려 그 처에게 이르기를 "내가 아직 몸을 잊고 목숨을 다하는 용맹이 없었으니 불충이 심한 것이다. 이미 불충으로 임금을 섬기고 누를 선인(先人)에게 끼쳤으니 어찌 효라고 하겠는가? 이미 충, 효를 잃었으니 무슨 낯으로 다시 세상에 서겠는가?" 하며, 머리를 풀어 헤치고 거문고를 메고 산 속에 숨어 거문고를 타고 곡조를 지으며 다시 세상에 나오지 아니하였다.

그런데 물계자가 싸움에 임하는 태도를 보면 심상치 않은 것이 있다. 그는 칼을 쓰기 전에 먼저 자리에 앉아서 숨을 고루었다. 그럴 때의 모습은 너무 차분하고 고요해서 모든 것을 잊은 것 같았다. 그리고는 "살려지이다"라는 기도를 여러 번 되풀어 한 다음 노래를 불렀다. 노래가 끝나면 이어 춤을 추었다. 춤이 끝난 다음 비로소 칼을 쓰는 것이었는데, 반드시 영험했으므로 따르는 무리가 모두 그와 같이 했다.

누가 생각하든 이런 태도는 괴이쩍다고 여김직한 것이다. 그러나 이런 기록이 전해지고 있어서 우리에게는 무당들의 단체 수행으로서의 신라 화랑 면목이 조금이나마 더 가깝게 드러난다. 화랑의 수행 덕목과 수행의 방법이 여기서 얼비치고 있고, 불효 · 불충으로 '선인' 에게 누를 끼쳤다고 한 선인이 누구를 지칭한 것인가를 생각하면, 단군 이래의 숨줄이 그에게서 재현되는 것이 감지되는 것이다.

또 이것은 화랑도의 활동이 활발해진 이후의 이야기다. 47대 헌안왕이 궁중에서 자리를 베풀었는데, 그 자리에 열 다섯 살 되는 응렴(膺廉)이 국선화랑으로 참석하게 되었다. 왕이 문득 응렴에게 묻기를 "네가 여러 곳을 다니는 가운데 착한 사람을 본 적이 있느냐?"하고 물었다. 응렴이 곧 대답하되, "웃사람으로서 겸손하여 남의 밑에 앉고, 부자인데도 옷을 검소하게 입고, 세력이 있으되 위엄을 쓰지 않는 자를 보았습니다" 했다. 왕이 기특하게 여겨 사위를 삼아 보위를 물려 주니 이 분이 48대 경문왕이다.

이런 것은 화랑의 유학(遊學) 목적이 어디에 있다는 것을 설명하는 작은 이야기에 불과하다. 선진(先進) 당(唐)의 문화에 흠뻑 취했다가 온 최치원같은 이로서도 그토록 찬사를 아끼지 않았을진대는, 화랑의 실제에 얽힌 이야기는 결코 이까짓 정도가 아닐 것이다. 더 높고 뚜렷하고 내놓을 만한 것이 있었을 것이다.

신라가 문화의 융성기를 맞아 한창 국운이 치솟고 있을 때, 현실을 긍정적으로 보는 당시의 귀족층들은 불교 중에서 특히 자기들 취향에 맞는, 미륵불[하생신앙(下生信仰)]을 화랑도와 연관지으면서 수용한 것이 있었다.

그들의 기분에 의하면, 도솔천의 미륵불이 이 세상에 하강하여 용화수(龍華樹) 밑에서 세 번 법회를 열어 280억 중생을 모두 제도하겠다는 법화경의 내용을, 화랑도의 출현이야말로 용화세계의 실현의 전조라고 해석하고 싶어한 것이다.

불교의 미륵불 신앙은, 대체로 뒤숭숭한 사회 분위기에서 이 세상의 말세론과 함께 새로운 세계에 대한 동경으로서 나타나는 희망적인 지표다. 그것이 민중의 사기가 한창 활기에 넘치던 때에 내세적 실현으로서 신봉되었다는 것은 그 후로는 다시 볼 수 없는 단 한 번의 사례이다.

생각해 보면 그런 희망 속에는 무교신화 속에 나오는 한울님이 당신 아들을 이 세상에 보내서 이상적 세계를 이룩했다는 것과 맞아떨어져 화랑이 그대로 미륵보살의 화신이어야 했던 것으로 풀이된다.

그 후 신라 말기에 이르러 국가의 힘이 쇠퇴해지자, 사람들은 국가니 왕조니 하는 연대적인 관심에서 벗어나 개인의 행복과 안전 쪽으로 관심이 쏠린다. 한 나라의 정치가 문란해지고 사회적으로 불안할 때에 늘 있는 현상이다. 거기에 유교정신까지가 배어들자, 집단적인 데서 탈피하려는 움직임은 더욱 가세된다. 그렇게 되자 화랑은 이런 시대적 추세에 응답하여 나서게 되니, 그것이 처용랑의 설화를 고비로 하는 무교의 불운한 전환기로 변해진다. 이 이야기는 뒤로 미루어 두자.

03 유교의 유입

신라 귀족층의 생활과 국가운영에 있어서 결정적인 영향을 끼친 것은 유교다. 본시 지나인의 학문이고 지나 풍토의 버릇이니 만치 우리에게는 반드시 맞는다 할 수 없는 것인데, 국토의 위치가 지나와 연대고 있는 까닭에 필연 연관을 가질 수밖에 없었고, 유교가 흘러들게 되어 마침내 민족을 망치는 큰 원인이 되는 데에 이르렀다.

기록으로 보아, 통일 이전부터의 삼국이 이미 유교를 숭상하고 있었고, 문화정책의 한 수단으로 장려되었었음을 알 수 있다. 고구려가 서기 372년 소수림왕 때에 불교 수입과 함께 유교 대학인 태학(太學)을 세웠다 했고, 백제는 그보다 앞서 285년에 이미 왕인(王仁)을 일본에 보내어 논어와 천자문을 가르쳤다 했다. 신라는 그보다 좀 늦게 신문왕 2년인 682년에 유교의 교육기관으로서 국학(國學)을 설립하였다고 되어 있다.

그러나 유교의 기록 역시 불교 기록 이상으로 애매하고 신빙도가 적다. 불교는 인도에서 중국을 거쳐오는 동안의 조건과 어려움이 설정되지만, 중국 본토에서 발생한 유교는 바람결에도 실려 올 수 있다는 이웃간의 용이점이 따르고 있어서일 것이다.

이미 단국 조선 때부터 위만이 왔다 가고 한사군이 설치되고, 그런 공적인 교류가 아니라 하더라도 사사로이 주고받은 저들과의 관계가 하나 둘이 아닐 터인즉, 그 연대를 어림잡는다면 훨씬 이전의 삼한 시절이나 열국 시절부터일 것이다.

그렇게 침음(沈陰)되어서 표면에 드러나지 않고 잠식해 있다가, 어느 때 사가(史家)의 붓 끝에 걸려서 기록되었을 것이다. 삼국의 유교에 대한 언급이 대체로 낯설지 않게 나타나는 것이 그런 연유에서가 아닐까?

그러나 삼국 시절의 유교는 아직 이렇다 하게 하는 짓이 없다. 그럴 수밖에 없을 것이 다수의 백성은 상고적(上古的)부터 물려 오는 정직한 법속이 있었으므로, 누구나 몸에 밴 자기 버릇을 지키는 것이 그대로 어질고 무던한 사회 기풍이었기 때문이다.

그때로서는 소위 지배계급의 귀족이나 상류층에서 공 · 맹을 논하고 자기네들만 소유한 문자의 자만에 빠져서, 잔뜩 우월감이나 키울 때다. 땅 갈아서 밥 먹고 어두우면 누워 잠자는 백성으로서는 그런 것이 있거나 말거나 몰라도 좋은 시절이기도 했다.

그러나 귀족 사이의 이런 문화가 그들에게 영향을 미치고 말 것은 필연의 이치이다. 백성은 그저 세금이나 내고 징병에나 뽑혀 다니면서 죽이 되는지 밥이 되는지 모르고 살 때, 상류층에서는 자기들끼리만 아는 말로 선왕(先王)의 법이 어떻고 선왕의 제도가 어떻고 하면서 수군거리더니, 마침내 그것을 한번 써먹어야 될 지경에까지 이르러 있었던 것이다. 그것이 김춘추의 당나라 외교로 이어지는 엉터리 통일이 되면서부터이다. 그 통일이란 것이 바로 유교가 이 국토에 심은 무서운 독(毒)의 결과였던 것이다.

그 무렵 신라와 백제와 고구려는 삼족정립(三足鼎立)의 형세로 국토를 점거하고 있으면서, 서로의 허실을 비상하게 노리고 있었다. 고구려에는 보장왕이 있었고, 백제에는 의자왕이, 신라에는 진덕여왕이 있어서 명목상 임금이긴 했으나, 신라에는 김춘추가 실권을 쥐고 있었고, 의자왕 밑에는 충신 성충(成忠)이 있었으며, 또 고구려에는 연개소문이 실제상의 권력을 잡던 무렵이었다.

이들은 서로간에 자기 나라의 이익을 꾀하기는 했지만, 하나적 관심은 점차 삼국통일에 초점을 맞추던 때이기도 했다. 또 이 민족이 그때까지 흘린 피로 보아서도 통일이란 숙원은 이루어질 만큼 의식들이 익어 가던 때였다.

그런데 이들 중에 하필 신라가 통일을 이루는 것이 바로 유교적인 것 덕분이었다는 뜻이다. 신라의 통일에는 겉으로 보아 나타나지 않는 숨은 이유가 있다. 그 이유란 것이 오늘 생각하면 그닥 내놓을 만한 것이 못 되는 김춘추 개인의 사원(私冤)에서 비롯된다. 당나라 군사는 김춘추의 한을 풀어 주고자 바다를 건너 온 사서(蛇鼠)의 무리였던 것이다. 그 전말을 훑어보면 대개 이러하다.

신라 선덕여왕 15년, 그러니까 진덕여왕이 아직 왕 되기 이태 전에 신라는 김유신을 앞세워 백제의 가잠성──지금의 괴산──을 대거 공략한 적이 있었다. 그러나 명장 계백이 지키고 있는 성이었으므로 좀체 승부가 결정되지 않았다. 이에 백제에서는 가잠성을 응원하러 간다 소문을 내놓고 수만의 군사를 움직여 가다 중간에서 길을 바꾸어 신라의 대야주(大耶州)──지금의 합천──를 불시에 공격하여, 성을 빼앗고 그곳 성주인 김품석(金品釋)과 그의 아내 소랑(炤娘)을 죽여 버리고 말았다.

그런데 품석의 아내 소랑이 바로 김춘추의 딸이었던 것이다. 김춘추는 평소에도 이 딸에 대한 애정이 각별했다고 한다. 그리하여 원한이 사무쳐서 딸과 사위의 복수를 결심하였고, 생각에 생각을 거듭하다 고구려의 연개소문을 찾아가 서로의 동맹을 제시했다. 그때는 서로간의 이익을 엿보아 국제간의 그런 동맹과 배신이 흔하던 무렵이었으므로 내걸 만한 미끼를 내걸어 본 것이다. 그런데 일이 안 되느라고 그때에 마침 백제에서도 성충(成忠)이 연개소문을 찾아와 화약(和約)을 요청하던 중이었다.

연개소문은 처음에 성충의 말을 들어 백제와 동맹을 생각하고 있었는데, 김춘추가 왔으므로 그의 말을 또 그럴싸하게 여겨 성충을 푸대접하는 기미가 보였다. 그것을 눈치챈 성충이 연개소문에게 가만히 글 몇 자를 적어 보냄으로써 연개소문은 성충 쪽으로 마음을 굳혔고, 김춘추는 도리어 궁지에 몰리게 되었다.

> 공(公)이 당과 싸우지 않으려면 모르거니와 만약 당과 싸우려 한다면 백제와 화(和)치 않으면 안될 것입니다. 왜냐하면 당나라가 고구려를 칠 때에는 군량미 운반의 불편으로 패하였으니 수(隋)가 그 명감(明鑑)이라, 이제 백제가 당과 연합하면 당이 육로인 요동으로부터 고구려를 침노할 뿐 아니라, 곧 배로 군대를 운반하여 백제로 들어와 백제의 쌀을 먹으면서 남쪽으로부터 고구려를 칠 것입니다. 그렇게 되면 고구려는 남북 양면으로 공격을 받아 위험하지 않겠습니까?
>
> 신라는 동해안의 나라로, 당의 운반조건이 백제만 못할 뿐 아니라, 신라가 일찍 백제와 동맹하여 고구려를 칠 때 백제를 속이고 죽령(竹嶺) 이외 고현(高峴) 이내의 십군(十郡)을 가로챈 것은 공(公)이 잘 아는 바가 아닙니까? 신라가 오늘에 고구려와 동맹할지라도, 내일 다시 당(唐)과 합하여 고구려를 엿보지 않는다고 어찌 믿으시렵니까?

이 편지 내용을 이해하는 데는 약간의 설명이 필요할 것이다. 그때 연개소문의 입장인즉슨, 구왕실을 들어엎고 새 왕을 세워 실권을 잡았다고는 하나, 잔존하는 구세력 속에는 앙앙불복(怏怏不伏) 틈만 보자는 무리가 있음을 아는 터요, 지방 호족들의 생각을 꼭 믿는다 할 수만도 없게 되어 있었다. 거기에 당은 당대로 고구려에 대한 감정이 좋질 않아서, 여차직 하면 쳐들어오려고 벼르는 것을 알고 있다. 이렇게 안팎으로 정리가 안된 형편이고 보니, 신라든 백제든 남쪽만이라도 믿어 두기 위해서는 어느 한쪽과의 동맹을 맺어두어야 했다.

또 죽령 이내의 10군 운운하는 것은, 오늘의 죽령과 제천 · 원주 · 횡성 · 춘천 등의 한강 이남지역으로서 삼국의 국경지대를 이루는 만치 때에 따라 소속이 일정하지 않던 지역들이다.

편지 속에서 이 땅이 거론되는 것은, 신라가 진흥왕 때에 백제와 맹약을 맺어 함께 고구려와 싸워 고구려에 속해 있던 이 땅을 얻어 놓고는 마음이 변해서 약속을 배반하고 그 10군을 취했던 것을 말하고 있는 것이다.

연개소문은 김춘추의 청을 물리치기만 한 것이 아니라, 고구려에서 도둑해 간 그 10군을 내놓으라고 윽박질러 가두어 놓기에 이르렀다. 그러나 김춘추로서는 왕도 아닌 주제에 땅을 돌려준다고 함부로 말할 수도 없어 전전긍긍하고 있었다.

외교의 성과는 그만두고 자칫하면 그 사슬에 걸려 죽게 될 판국이었다. 그렇게 노심초사하다가 꾀를 낸 것이 연개소문의 총신(寵臣) 선도해(先道解)라는 자에게 비단 한 필을 뇌물로 주고 살려달라고 빌기에 이르렀는데, 선도해가 가만히 책 한 권을 빌려 주었다.

읽어보니 고구려 민간설화로서, 남해용궁에 용왕의 약재감으로 잡혀갔다가 간을 밖에 두고 왔다고 속이고 빠져 나오는 토끼전 이야기였다. 이튿날로 김춘추는 연개소문에게 문제의 10군을 돌려준다는 약속을 하고 놓여나 고구려 국경을 넘어서 안전지대로 들어서자, 고구려 사신을 돌아보며 "땅은 무슨 땅이냐? 어제의 맹서는 살기 위한 거짓말이었다" 하고 토끼같이 도망쳐 버렸다.

그런 후에 몇 달을 속을 끓이고 답답해 하다가, 나중에는 바다를 건너가서 당 태종 앞에 엎드려 빌게 되었는데, 그 말이 그렇게 못나고 비열한 것일 수가 없다.

"소국(小國)이 상국(上國)에 조공을 바치고 싶으나 인방의 나라들이 길을 막고 있으니, 원컨대 길을 터서 조공을 바치게 하소서."

그러고도 저들의 비위를 맞추기 위해 법민(法敏)과 인문(仁文)의 두 아들을 당에 맡기어 본국의 의관을 벗기고 당의 복색을 하도록 하였다.

또 진흥왕 이래 가져왔던 신라의 제왕 연호를 버리고 당의 연호를 쓰며, 당 태종이 임의로 찬삭하여 만든 조선사(朝鮮史)에 관한 기록들이 멸시와 업신여김의 말이 많았건만, 또 그것을 모를 김춘추도 아니었건만, 그것을 그대로 가져다가 본국에 유포하여 그로부터 모화(慕華)의 병균을 퍼뜨려 놓은 것이다.

그러나 김춘추의 이런 열성있는 태도에도 당 태종은 이렇다 할 대답이 없었다. 백제와 고구려를 쳐부수기 위해 손을 잡자는 비겁자의 속뜻을 몰라주어서가 아니다. 너무 잘 알기 때문에 대답을 못하는 것이다.

그는 자기 앞의 수(隋)나라 양제가 113만이 넘는 큰 병력을 휘몰아 고구려에 쳐들어갔다가 살수 싸움에 잘못 걸려들어 겨우 2만 7천명이 도망쳐 왔다는 사실을 기억하고 있다. 그것이 아직 40년이 안된다. 그리하여 자신이 그 설원(雪寃)을 위해 안시성 싸움을 개시했으나, 엄청난 희생만을 치르고 돌아왔을 뿐이다. 그 싸움에서 다른 사람도 아닌 왕 자신이 눈에다 화살을 받아 현재 애꾸눈이 되어 있는 판이다. 중국 천하를 깔고 앉아 호령을 날린 것이 스무 해가 넘지만, 고구려 사람만은 함부로 건드릴 것이 아니라고 잔뜩 겁을 먹고 있었다. 그래서 대답을 할 수가 없었던 것이다.

그리하여 김춘추의 복수심은 가슴속에다 혼자 타는 불길로 묻어둔 채 7년이 지난다. 그러다가 그가 왕이 되었다. 왕이 되면서 처음 하는 짓이 아들 법민을 당나라에 사신 보내는 짓이다. 또 원병을 보내 달라는 청탁을 넣기 위해서다.

그때 당에서는 태종이 죽고 고종이 즉위했다. 이번에는 그러마고 허락이 내렸다. 젊은 고종이 특별히 겁이 없어서가 아니라, 그 무렵 고구려에는 연개소문이 죽고 나서 못난 아들들이 정권을 다투어 내부가 혼란스럽다는 것을 안 때문이다. 그리하여 소정방의 13만 무리가 바다를 건넌다.

백제문화와 그 근거를 송두리째 불태우라는 제 임금의 무서운 음모를 명령받고 온 것이다. 당연하게 그의 군대가 스친 곳에는 타고남은 재와 돌멩이 뿐이었다. 백제의 그 빛나던 문적(文籍)과 역사책들이 소정방에 의해 바닥을 보았다고 할 정도라면 다 한 말이다.

그 책임을 누구에게 지워야 될까? 제 원한에다 통일이란 이름을 걸어 당나라 군사를 불러들인 김춘추의 처사를 새삼 타박하자는 것은 아니다. 어차피 지나버린 일이고, 그 시절의 윤리로서야 개인을 위해 민중이 죽는 것쯤 그렇거니 치부해 버릴 수도 있다.

당나라 군대가 쳐들어온 뒤로 통일이란 것이 되기는 되었다. 그러나 만주의 넓은 들과 민족의 얼이 깃들던 둥지터를 다 잃어버리고, 대동강 이남의 손바닥만한 땅으로 바짝 줄어들어 버린 통일이다. 어느모로 보나 잃은 것이 많았지 얻은 것은 적다. 신라로서도 죽 쒀서 개 좋은 일을 시킨 꼴이 되었다.

처음에야 그리 될 줄을 미처 몰랐다고? 그러나 한 나라의 임금 노릇까지 한 자가 그만한 정도를 못 내다보고 했다는 것도 말이 안된다. 더구나 김춘추의 여러 행적으로 보아 미리 각오를 하고 저지른 일이었던 것을 의심할 수가 없다.

당나라 사람들이 태도를 고쳐 칼자루를 고쳐 잡고 본색을 드러내자, 임금입네 대신입네 하는 것들이 달래기에 급급했던 꼴쯤은 덮어 줄 수도 있다. 다만 애초에 졸가리가 다르고 근본이 다른 타 민족의 임금 앞에 엎드려서, 천박한 언사로 "내 집일이 시끄러우니 좀 도와주시오"라고 빌게 된, 그 좀스런 행동이 어찌 그리 쉽고도 당연하게 나왔느냐는 데에 문제가 있다.

그것이 바로 선왕의 도덕이 어떻고, 예법이 어떻고, 허구한 날 지나 민족의 것을 숭상하는 동안에 유교의 독이 배어든 결과인 것이다. 고구려가 백제와 손을 잡았을 것이 아니라 신라와 손을 잡았다 해도, 고립된 백제가 그들의 김춘추를 내어 당나라 구원을 요청하게 하지 않았으리라고는 장담할 수 없는 일이다. 백제에도 이미 유교의 독은 스며 있은 뒤이기 때문이다.

신라의 통일은 그런 기반 위에서 이루어졌기 때문에 흩어진 힘을 긁어모아 민족 역사를 치솟게 한 것이 아니라, 그 후의 당나라 문물 수입과 함께 아래 백성에게까지 독을 먹여서 이 날까지 내리막으로만 굴러 온 수난의 역사를 만들게 되었던 것 뿐이다.

역사상 적은 병력과 나쁜 조건을 가지고도 큰 것에 대항하여 기개를 보인 민족의 사례는 얼마든지 있다. 그런 점에서 외침이 많았던 이 나라의 역사를 개관해 볼 때, 유교 물을 마신 인물치고 용기와 담력을 보인 위인은 거의 없다. 어쩌다가 대낮의 별처럼 예외가 있었다 해도, 본래적으로 타고난 민족의 바탕에서 울려 나온 것이었지, 유교적 용기랄 수는 없었던 것이다. 오히려 유교는 외세 앞에 무릎을 꿇기가 일쑤였고, 문약한 평화론을 들어 문제가 생길 때마다 미봉책으로나 대치하는 식이었다.

잘 아는 일이지만 백제가 망할 때에 계백(階伯)이란 인물이 있었다. 평생을 싸움판에서 살다가 싸움판에서 죽은 무관이었지만, 이 인물을 그 당시의 상황에서 골라낼 수 있는 한국인의 전형이라 하여서 지나침이 없을 것이다.

계백에 대해서 전하는 것은, 아마 『삼국사기』의 열전 속에 들어 있는 몇 줄이 전부일 것이다. 그러나 같은 열전에 기록된 김유신에 대해서는 비교가 안될 정도의 많은 것이 과장되고 있다. 역사를 쓰는 사가(史家)의 특권이 그리 만들어서이다. 그래서 후세 사람들은 삼국의 명장이라면 김유신이 제일이고, 화랑이라면 관창이 최고인 것처럼 알지만, 계백이 결코 그들에 못지 않은 큰 화랑, 큰 영웅이었다는 것이 몇 줄의 행적에서나마 드러난다.

계백은 신라군 5만과 당군 13만을 단 5천의 병력으로 맞싸워 네 번씩이나 적을 퇴각시키고 있었다. 그것도 전략상 중요한 요새지인 백강(白江)과 탄현(炭峴)을 어리석은 문관들의 헛소리 때문에 적들로 하여금 건너오게 해놓고, 나무등걸 하나 가려진 것이 없는 허허벌판의 황산벌 싸움에서였다.

그는 싸움에 임하기 전부터 그것이 백제의 운명을 결정하는 마지막 싸움이 되리라는 것을 알고 있었다. 또 자기가 거느린 백제군의 주력 부대가 진다는 것도 알고 있었다. 그래서 아내와 자식들을 자기 손으로 목을 잘라 적의 노예가 될지도 모르는 치욕으로부터 매듭을 짓고 나오는 길이었다.

신라 화랑의 대명사처럼 불리는 관창은 바로 그 싸움에서 계백을 만난다. 아들을 희생하여 전군(全軍)의 사기를 얻어야겠다고 생각한 신라군의 품일(品日)은 아들에게 죽어 줄 것을 명령한 것이다. 그리하여 관창은 단기로 백제군 속에 돌입하였으나 곧 사로잡혔다.

늙은 계백은 그의 투구를 벗겨 보고 신라인의 용기를 칭찬했을 뿐, 관창을 되돌려 보내 주었다. 그때가 신라군을 세 번째로 퇴각시키면서의 일이다. 그러나 되돌려 보냈던 관창은 다시 창을 꼬나들고 네 번째 공격의 선두가 되어 奚아왔다. 이번에는 계백도 관창을 목 베어서 그 목을 말꼬리에 붙여 퇴각하는 신라군의 진중으로 보내었다.

아들의 머리를 받아 든 품일이 소매로 피를 씻으면서 "내 아들의 면목이 살아 있는 것 같다. 나라 일에 죽었으니 후회가 없을 것이다" 했다던가? 그리고 그것이 신라군의 사기를 높이는 단서가 되었다. 그리하여 계백은 다섯 번째로 공격해 온 신라군에게 마침내 패망하였다.

우리는 계백의 5천 명 결사대가 김유신의 5만 명 군대를 물리쳤다는 용감성을 말하자는 것은 아니다. 그 5천의 부하가 모두 나라의 운명을 알면서도 그 싸움에서 자기 목숨을 바쳐야겠다고 결심을 해 줄 만큼 부하를 길러 왔던 계백의 역량에 대해서 말하는 것이 더 옳을 것이다. 그것이야말로 부하를 통솔하는 윗사람의 참값인 까닭에서다.

그 다음, 용감한 소년 관창을 목 베어서 적 진중으로 돌려보내는 대장으로서의 아량이다. 그렇게 하는 것이 신라군의 사기에 어떤 결과를 준다는 것을 몰라서가 아니다. 잘 알고 있다. 아는 만큼 목을 보내는 것이 머뭇거려지기도 했을 것이다. 그러나 용감한 적장을 적장답게 대우해 주는 것이 이 편 대장의 자세라고 먼저 생각했을 것이다.

그것은 투구를 벗겨 보고 목을 못 자르던, 너그럽고 크던 마음씨 그대로의 표현이다. 못난 대장 같으면 아군의 진중에다 효수를 하거나, 성난 부하들로 하여금 적장의 목을 차 던지게 하여 일시적인 사기의 진작을 꾀했음 직한 일이다. 그러나 계백은 못난 대장이 아니다. 그러므로 지기는 지되 떳떳하게 지자는 생각이다.

아니, 계백의 마음은 이기고 지고 따위가 문제 아니었을지 모른다. 마치 다섯 번을 싸우되 다섯 번을 다 피하면서 싸움은 피차에 인민(人民)을 살상할 뿐이니, 그만 돌아가는 것이 좋지 않겠느냐고 적장에게 편지를 보내던 을지문덕처럼 그런 거연한 배포와 아량이 계백에게서 보이는 것이다.

그런 계백이 백강(白江)을 적에게 내주지 않고 탄현(炭峴)을 목 지키는 이점을 쥐고만 있었더라면 을지문덕같은 큰 공을 왜 못 세웠을까? 제 처자식의 목을 제 손으로 잘라 주면서 망국 후에 올 비운을 헤아린 사내라면, 그러면서도 털끝만한 흔들림이 없이 자기 직분과 처신에 대해 할 일을 다 하고 가는 사내라면, 그런 사내의 가슴속에는 전쟁이니 승부니 하는 것보다 몇 곱 큰 이상과 기개가 하늘을 떠받치고 있었지 않을까?

그런 이상과 기개는 우리네 삼신정신이 아직 순전(醇全)할 때 건지기가 쉬웠던 것들이다. 불교가 득세하면서 현실보다 내세를 자주 말하게 되고, 그런 맹점을 포착한 유교가 차차로 판을 치게 되자 우리의 기개는 줄어들고 이상은 먼 곳을 볼 줄 모르는 것이 되어 나타난다.

물론 내세를 위해 현실을 매도하는 불교의 결과나, 지나친 현실감각 때문에 오히려 불구적 현실을 만든 유교의 결과는 그 죄와 허물이 사람에게 있을 일이지 종교에 돌려질 것은 아니다. 그러나 그것들이 그런 결과로 나타나진 데에는 그 종교로서의 내용과 까닭이 먼저 있고 나서의 일이다. 그 종교의 내용과 버릇을 비교해 볼 때, 유교의 독소가 두드러지게 나타나더라는 것이 왜 거짓말일까?

새삼스러운 짓이 될지 모르지만, 삼신신앙이나 해 온 그 시절 민중이 불교를 쉽게 용납한 까닭이 어디에 있었을까?

첫째 불교는 인민의 상하를 나누는 일이 없다. 둘째 제도와 복색에 있어서 어떤 일치를 강요하지 않으며, 셋째 단(壇)과 제사를 허용하는 점이 있으며, 넷째 유무식(有無識)의 사람들이 모두 자유롭고 제 뜻에 맞도록 안주할 수가 있다는 등의 이유에서일 것이다.

거기 비하면 유교는 대조적일 정도로 만사에 획일화를 강조하고 나

선다. 의관(衣冠)에서부터 예악(禮樂) · 윤리(倫理)는 물론, 명분의 일체가 교(敎)의 중심이 되므로 표면까지 동화(同化)를 요구할 건 사실이다. 거기에 타교(他敎)를 배척하는 버릇까지가 있어서 삼신신앙같이 유화(柔和)한 것들은 유교의 간섭에 쉽게 따를 밖에 없다.

다른 건 다 그만두고 『삼국사기』의 복색편(服色篇)에서 한 구절만 빌어 보기로 하자.

> 신라 초기의 의복제도는 복색에 대한 고증이 없고 제 23대 법흥왕에 이르러 비로소 육부(六部) 사람의 복색에 대하여 높고 낮은 제도를 정하였으나, 이속(夷俗)을 벗어나지 못하였다. 진덕왕 재위 2년에 김춘추가 당에 들어가 당의 제도를 승습하겠다고 청하니 당 태종이 허락하고 겸하여 의대(衣帶)를 내려 주므로, 드디어 돌아와 시행하여 이속(夷俗)을 화속(華俗)으로 바꾸었다.

경덕왕에 이르면 조정의 대신들의 복장은 중국인 복색으로 바뀌어지고, 문물제도가 따라서 중국적이 된다. 유교의 득세는 이미 신라 때에 이루어졌던 것이다. 그리하여 보잘것없는 신라의 운명도 마감되고, 고려의 건국과 함께 유교의 독은 이 민족 사이에서 바야흐로 치성해지기 시작한다.

제 2 부

고려 호국불교의 명암

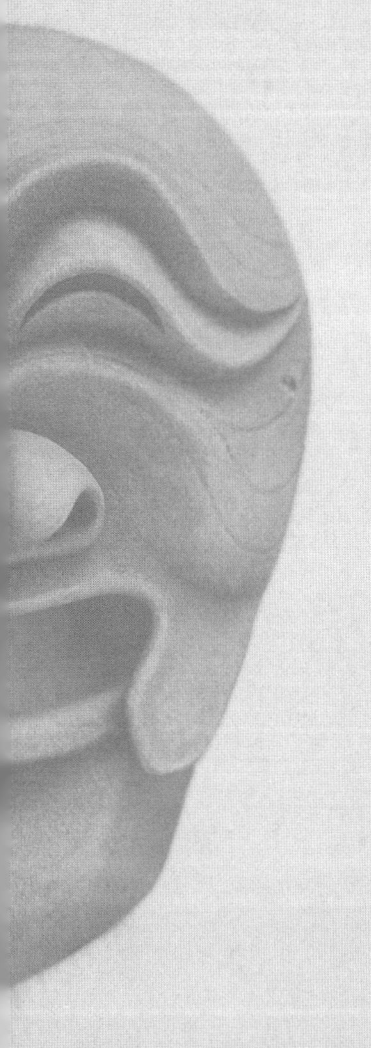

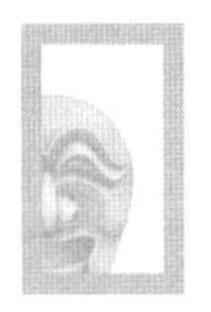

01 유교의 번성

고려를 세운 왕건 임금은 고구려의 옛 땅을 찾는 것이 소원이었다. 그리고 그는 고구려의 정신을 부활시키려 하였다. 그래서 고려의 국시는 유교도 불교도 아닌 무교였다. 그것이 후사(後嗣)들에게 남긴 「훈요십조」에서 나타난다. 얼핏보아 「훈요십조」는 불교를 진작하는 것처럼 보여진다. 그러나 그 속에 흐르는 저의는 오히려 불교를 이용하여 무교정신을 키워 보자는 것이었지, 불교를 키울 뜻이 아니다.

상식적으로도 왕건만한 임금이 불교가 신라 민중에게 무엇이었다는 것을 몰랐을 리 없는 이상 그 전철을 밟으려 했을 리가 없다. 그것이 아미타불이나 관세음의 정토불교가 결국 사치스런 승단의 경제력을 돕는 수단으로 전락하여 민중은 애꿎은 출혈을 했던 것 뿐이다.

그렇다고 갑작스럽게 불교를 내치거나 타누르게 되면 민중은 혼란을 일으킬 것이다. 가장 좋은 수는 불교를 이용하여 무교를 다시 살리는 방법이다. 왕건 임금은 그렇게 생각했던 것이다. 태조가 26년 4월에 대광

(大匡) 박술희(朴述熙)를 불러 친히 기록케 했다는 「훈요(訓要)」의 전문을 일단 보아 두자.

제1조, 우리나라의 대업은 반드시 부처님의 호위하는 힘을 입었다. 그러므로 선종(禪宗)과 교종(敎宗)의 절을 창건하고, 주지를 임명하여 분수(焚修)하여 각각 그 업(業)을 다스리도록 하라. 뒷세상에 간특한 신하가 정권을 잡아 중의 청탁을 따라 사원(寺院)을 다투어 서로 바꾸고 빼앗으면 꼭 이를 금지할 것이다.

제2조, 모든 사찰은 모두 도선(道詵)이 산수(山水)의 순하고 배역한 것을 추점(推占)하여 개창한 것이다. 도선이 말하기를 "내가 추점하여 정한 외에 함부로 더 창건하면 지덕(地德)을 손상시켜 왕업이 장구하지 못할 것이다" 했으니, 짐은 생각하건대, 뒷세상의 국왕 · 공후(公候) · 후비(后妃) · 조신(朝臣)들이 각기 원당(願堂)이라 일컬으면서 혹 더 창건한다면 크게 근심되는 바이다. 신라의 말기에 사탑(寺塔)을 다투어 짓더니 지덕을 손상시켜 망하게까지 되었으니 경계하지 않으랴.

제3조, 적자(嫡子) · 적손(嫡孫)에게 나라를 전하고 집을 전하는 것이 상례라 하지만 요(堯)의 아들 단주(丹朱)가 불초(不肖)하므로, 요는 순(舜)에게 선위했으니 실로 공심(公心)인 것이다. 무릇 원자(元子)가 불초하거든 그 형제 중에서 뭇 신하들이 추대하는 자에게 전하여 주어 대통(大統)을 계승하게 하라.

제4조, 우리 동방은 옛날부터 당의 풍속을 본받아 문물과 예악이 모두 그 제도를 준수하여 왔으나, 나라가 다르매 사람의 성품도 다르니 반드시 구차스럽게 같게 하려 하지 말라. 거란은 짐승의 나라이므로 풍속도 같지 않고 언어도 역시 다르니, 부디 의관(衣冠)제도를 본받지 말라.

제5조, 짐은 삼한산천(三韓山川)의 지리의 도움을 힘입어 대업을 성취하였다. 서경(西京)은 수덕(水德)이 순조로와 우리나라의 지맥(地脈)의 근본이 되니, 마땅히 사시(四時)의 중월(中月)에는 행차하여 백날이 넘도록 머

물러 나라의 안녕을 이루도록 하라.

제6조, 연등(燃燈)은 부처님을 섬기는 것이고, 팔관(八關)은 천령(天靈)과 오악(五嶽)·명산대천과 용신(龍神)을 섬기는 것이다. 뒷세상에 간특한 신하가 가감(加減)을 건의하는 자가 있으면 꼭 그것을 금지할 것이다. 나도 역시 당초부터 마음에 맹세하고 회일(會日)에는 국기(國忌)를 범하지 않았으며, 임금과 신하가 함께 즐겼으니 마땅히 삼가 이에 응하여 행할 것이다.

제7조, 왕이 신하와 백성의 마음을 얻기는 매우 어려운 일이다. 그 마음을 얻으려면 요점은 간하는 말을 따르고 참소를 멀리하는 데 있을 뿐이니, 간하는 말을 따르면 성스럽게 되며, 참소하는 말은 꿀과 같으나 믿지 않으면 참소가 저절로 그칠 것이다. 또 백성을 부리되, 시기에 맞추어서 부리고 부역을 가볍게 하고 납세를 적게 해 주며 농사짓는 일의 어려움을 알아주면, 스스로 민심을 얻어 나라가 부하고 백성이 편안해질 것이다. 옛 사람이 말하기를, 고소한 미끼가 있는 곳에는 반드시 고기가 몰려오고, 상(賞)을 중하게 주는 곳에는 반드시 훌륭한 장수가 있고, 활을 당기는 앞에는 반드시 새가 피하고, 인덕(仁德)을 베푸는 곳에는 선량한 백성이 있다고 하였으니 상벌이 정당하면 음양(陰陽)이 순조로울 것이다.

제8조, 차현(車峴)—차령산맥—이남과 공주강(公州江) 밖은 산형(山形)과 지세가 모두 배역하였으니 인심도 역시 그러하다. 그 아래의 주(州)·군(郡) 사람이 조정에 참여하여 왕후(王候)나 국척(國戚)과 혼인하여 나라의 정권을 잡게 되면, 혹은 국가를 변란하게 하거나, 혹은 백제의 통합당한 원망을 품고 임금의 거동하는 길을 범하여 난을 일으킬 것이며, 또 일찌기 관청의 노비와 진(津)·역(驛)의 잡척(雜尺)에 속했던 무리들이, 혹은 권세있는 사람에게 의탁하여 신역(身役)을 면하고 혹은 왕후나 궁원(宮院)에 붙어 말을 간사하고 교묘하게 하여 권세를 부리고 정신을 어지럽힘으로써 재변을 일으키는 자가 반드시 있을 것이니, 비록 그 선량한 백성일지라도 마땅히 벼슬자리에 두어 권세를 쓰지 말게 할 것이다.

제9조, 모든 제후와 뭇 관료의 녹(祿)은 나라의 크고 작은 것에 따라 이

미 제도를 정하였으니 늘이고 줄일 수는 없다. 또 고전(古典)에 말하기를 공적에 따라 녹을 제정하고 벼슬은 사정(私情)을 따라 주지 않는다 했으니, 만약 공 없는 사람이나 친척과 사사로이 친한 사람들로 헛되이 국록을 받게 하면 백성이 원망하고 비방할 뿐만 아니라, 그 본인들도 역시 복록을 길이 누리지 못할 것이니 꼭 이를 경계할 것이다. 또 강하고 악한 나라—거란—로 이웃을 삼고 있으니, 편안한 때에도 위태로움을 잊지 말 것이다. 병졸에게는 마땅히 보호하며 구휼(救恤)하고 부역을 참작하고 면제해 줄 것이며, 해마다 가을에는 용맹하고 날랜 인재를 사열(査閱)하여, 그 중에서 뛰어난 자는 적당하게 계급을 올려 줄 것이다.

제10조, 나라를 가지고 집을 가진 이는 근심이 없을 때에 경계를 하여야 할 것이니, 널리 경사를 보아 옛일을 거울삼아 오늘날 일을 경계하라. 주공 같은 대성(大聖)으로서도 무일일편(無逸一篇)을 성왕에게 바쳐 경계하였으니, 마땅히 그림을 그려 벽에 걸어 두고 출입할 적에 보고 살필 것이다.

「훈요」의 본문 중에 나오는 도선은 후세에까지 풍수지리설의 대명사처럼 불리우는 이다. 그는 중이었는데, 일찌기 왕건의 출생과 왕위설에 대해 예언을 한 적이 있었다. 그러나 그의 풍수지리설은 불교와는 하등의 관계도 없는 그 당시의 민간신앙이었음을 알 필요가 있다.

「훈요」의 여러 곳에 이 풍수설이 말해지는 것은, 풍수설이 그만큼 큰 힘을 지녔었던 탓이다. 그런데 태조의 우국심(憂國心)은 지나칠 정도로 각별한 것이었다. 그 결과 「훈요」의 제8조는 훗날 정도전과 이중환같은 이들에 의하여 전라도 사람을 배격하는 한 명분을 만들게 했고, 제5조는 인종 때 묘청이 난을 짓는 데 구실이 되기도 했다. 시끄러움을 야기시킨 대목들이다. 또 제4조가 당나라 문물을 배격하여 민족성 · 자주성을 드러낸 것이라 한다면, 제2조는 무질서하게 늘어날 수 있는 사찰의 수효를 미리 제한하여 주자는 속셈이라 할 것이다.

그런데 「훈요」의 모든 저의를 잘 드러내는 것은 제6조가 아닐까? 연등과 팔관회의 의식은 무슨 일이 있어도 가감될 수 없으며 모임은 실천되어야 한다고 못을 박고 있다. 그것은 임금과 신하는 물론 나라 안의 모든 국민들이 한 덩어리지자는 의미에서였다.

그 국민의 사기는 단순히 나라 안의 내부적 질서나 평화만을 위해서가 아니라, 때가 오면 잃어버린 북녘 땅으로 내몰아 갈 힘으로써 필요한 자원이기 때문이다. 그리하여 북쪽의 거란을 늘 경계하도록 다짐을 두었던 것이다. 그러다가 태조 25년 10월에 거란이 화친을 맺고자 청해왔을 때, 사신은 모두 섬으로 귀양을 보내고, 가져온 낙타 50마리는 모두 만부교(萬夫橋) 다리 밑에 매어 두어 굶어 죽게 했다. 그것은 백성들로 하여금 미리 각오를 갖도록 해 두자는 뜻에서였다.

그러나 「훈요」의 뜻은 왕의 죽음과 함께 흐지부지되고 4백 년 고려 국민의 의식 밑을 지하수로 흐르는 한(恨)이 되어 조선으로 넘어왔을 뿐이다. 태조의 뒤를 이은 맏아들 혜종과 둘째 아들 정종은 도량이 크고 뜻이 깊어 아버지의 뜻을 이을 만했으나 불행하게도 단명하여 재위의 기간이 2년씩에 불과했고, 4대 임금 광종이 26년의 재위 동안에 유교를 국시로 삼게 되니 그것이 고려의 정치방향의 터전으로 굳고 말았다. 그로부터 불교와 무교는 유교 세력에 내리내리 짓눌리는 꼴을 면치 못했던 것이다.

생각해 보면 불교가 유교에게 내몰린 것쯤 억울해 할 것은 없다. 그러나 단군 이래의 무교가 철부지같은 선비들의 횡포에 걸려, 수없이 도끼질을 당했다는 것이 원통한 것이다. 태조의 「훈요」 속에는 불교와 유교와 무교의 성격이 동시적으로 나타난다. 그러나 유교나 불교는 무교의 울타리 정도이고, 무교에 의해서만 민족의 기운이 일어설 것으로 태조는 내다보고 있었다.

천령(天靈)과 오악(五嶽) 명산대천과 용신(龍神)을 섬기는 것은, 그대로 이 사람들의 피 속에 흘러 온 경천숭조(敬天崇祖)의 한울님 사상이다. 자유분방하고 활달하여 가무로써 표현되는 이 제천의식이 깐깐하고 획일을 좋아하는 유교에 의해 자칫 저지되거나 가감될 염려가 있었던 것이다. 그리하여 간특한 신하의 입김이 작용할 것을 미리 염려했건만 태조의 염려는 훗날 현실이 되어서 「훈요」를 물거품으로 만들고야 말았다.

광종은 본래 유학을 숭상하여 후주(後周)와의 사이가 각별했고, 연호까지 빌어다 쓰며 방물(方物)과 사신을 교환하는 등 관계가 많았다. 그러다가 재위 7년에 후주에서 쌍기(雙冀)라는 이가 사신행렬에 끼어 왔다가 병을 얻어 얼른 돌아가지 못하게 된 것을 기화로 귀화인을 만들고 중책을 맡기자 신하 사이에 불평이 컸으나 모르는 척하고 있었다. 그런 2년 후에 쌍기의 의견을 채용하여 처음으로 과거제도란 것을 실시하여 일곱 명에게 급제를 주었다.

광종임금의 과거제도 실시는 역사적으로 두 가지 뜻을 내포한다. 첫째는 그때까지 세습적으로만 이어져 오던 지배체제에 서민층의 출세길이 트임으로써 인물 본위라는 새 기운이 배태되어 그것이 고려조에 한 활력소가 되었다는 것이요, 둘째는 그때로부터 모든 지배계급의 의식구조가 유교 일색으로 구색을 갖추게 되었다는 점이다. 또 불교와 무교를 배척하기 시작한 고려조의 비극은 이 두 번째 이유로부터 시작되었던 것이다.

광종의 과거제도가 있고부터 26년째 되던 해는 제6대 성종이 등극하던 해다. 성종은 등극을 하자마자 조정백관의 칭호를 유교식으로 고치고, 열 살 이상의 사내아이들은 반드시 모자를 쓰도록 영을 내렸다. 30년이 안되는 기간에 뿌리를 내린 유교의 획일주의가 그 횡포를 보이기 시작한 것이다.

그리고 6월에 최승로가 28조의 상소문을 올린다.(지금 전하는 것은 22조뿐이다) 그 내용이 정치와 경제 · 군사 · 문화는 물론 세상 풍속까지 자세히 열거하여 그 옳고 그름을 비판하였는데, 사리가 엄정하고 말이 이치에 맞아서 경세지책(經世之策)으로 내놓을 만한 것이었다.

그러나 어떤 것은 지나치게 유교적이어서 중국의 법속만을 옳다고 했기 때문에 자국민의 자존(自尊)을 모독했다는 비난을 면치 못하게 되어 있다. 또 이 상소문은 불교와 무교를 배척하는 쪽으로 초점을 맞추었다. 장황한 문구 중에서 일부만을 골라 본다.

우리나라에서는 봄에는 연등을 설치하고, 겨울에는 팔관을 베풀 사람을 많이 동원하고 노역이 심히 번다하오니, 원컨대 이를 덜어서 백성이 힘 펴게 하소서. 또 갖가지 우인(偶人)을 만들어 비용이 많이 들었음에도 한번 바치고 난 후에는 바로 부수어 버리니, 이것도 또한 심히 우스운 것입니다. 더구나 우인은 흉례(凶禮)가 아니면 쓰지 않는 것이므로, 중국의 사신이 그 전에 와서 이것을 보고 불상(不祥)하다고 하면서 얼굴을 가리고 지나쳤으니, 원컨대 지금부터는 이를 쓰지 말게 하소서. (제13조)

신이 듣건대 사람의 화복(禍福)과 귀천은 모두 날 때부터 타고났으니, 마땅히 순하게 받아야 될 것입니다. 하물며 불교를 높이는 자는 다만 내세의 인과(因果)만을 위하여 덕을 심을 뿐이므로, 현재의 응보에는 이익 있음이 적사오니, 나라를 다스리는 요점은 이에 있지 않을 것입니다. 더구나 삼교(三敎)──유·불·선──가 각기 업(業)으로 삼아 행하는 것이 있으니, 이를 혼합하여 통일할 수는 없습니다. 불교를 행하는 것은 몸을 닦는 근본이며, 유교를 행하는 것은 나라를 다스리는 근원이니, 몸을 닦는 것은 내생을 위한 밑천이며 나라를 다스리는 것은 곧 금일의 할 일입니다. 금일은 지극히 가까웁고 내생은 지극히 머니, 가까운 것을 버리고 먼 길을 구하는 것이 또한 그릇된 일이 아닙니까? (제20조)

『논어』에 "제게 해당된 귀신이 아닌데도 이를 제사지내면 아첨하는 것"이라고 했으며, 『좌전(左傳)』에는 "귀신은 그 족류(族類)가 아니면 흠향하지 않는다"고 했으니, 이른바 음사(淫祠)는 복이 없다는 것입니다. 우리 왕조는 종묘·사직의 제사가 아직 법대로 하지 않는 것이 많으면서, 그 산악(山岳)의 제사와 성숙(星宿)의 제사는 번거롭기도 합니다.… (제22조)

본래 사직(社稷)의 사(社)는 토지 신을 섬기는 것을 말하고, 직(稷)은 곡식의 신을 제사한다는 뜻이다. 중국도 우리와 함께 한때는 귀신에 대한 제사가 나라의 행사로서 거행되었기 때문이다. 그것이 인문의 시대가 되고 나서도 임금이나 왕권을 말할 때에는 으레 사직이니 종묘니 하는 이름 그대로 불려지는 것 뿐이다.

그런데 최승로는 유교적 제사만이 옳은 것이고, 정작 제사를 제사답게 지내는 우리쪽 제사는 음사(淫祠)라고 매도할 뿐 아니라 사당 안의 조상신까지도 하등의 관계가 없는 듯이 말하고 있다.

또 팔관회에 드는 비용의 지나침과 우인(偶人)에 대한 언급은 현실적 부조리를 직시하는 선비로서 우선 그럴 만하다고 보여진다. 그러나 그로서는 그런 짓이 왜 나와지는 것이며, 선왕(先王)은 어째서 그 짓에 대한 이유를 따지지 말라고 「훈요」에 적어 놨는지를 헤아리지 못하고 있다. 그런 안목은 말할 것도 없이 괴력난신(怪力亂神)을 말 못하게 한 유교적 감각에서 나온 것이었다.

또 한심한 것은, 불교는 내세를 위해 몸을 닦는 근본이며 유교는 현실을 다스리자는 것이 근본이라 했다. 이 절반밖에 설명이 안된 논리를 일단 맞는 것으로 간주해 준다 치자. 그런데 몸을 닦는 것과 나라를 다스리는 것이 각각인 것처럼 생각하는 것은 또 무엇인가? 유교에도 수신제가치국평천하(修身齊家治國平天下)라는 좋은 말이 있다. 몸을 닦는 것과 나라를 다스리는 것이 왜 둘일까? 더구나 이상은 멀고 현실은 가깝다는 말을 제 손수 하고 있으면서, 그러므로 먼 것을 버리고 가까운 것을 취하라는 논리는 또 얼마나 가소로운 것인가?

그런데 성종은 최승로의 상소문을 그대로 허락해 버렸다. 바야흐로 좋은 세상을 만드느라고 팔관회를 집어치우고 무기를 거두어서 농구를 만들며 중국을 본 딴 종묘사직도 세웠다. 또 문선왕(文宣王) 묘도(廟圖)를 가져오고 국자감을 세워 중국이 되려 하기에 겨를이 없었다.

이런 유교적 성세는 그 후 탄탄대로의 큰 길에 활개를 치면서 그 기반을 구축한다. 모든 것을 공맹(孔孟)의 예법에 맞도록 제도화하고 유교적으로 버릇화하면서 민중을 타고 앉은 지배세력은 기염을 뿜고 있었다.

그들의 복색은 이미 중국의 복색과 구별이 없게 되었으며, 제사는 물론 여타한 의식들이 중국적으로 되어 가고 있었다. 아래 백성들은 여전히 단군을 찾고 삼신을 섬기었지만 무식한 것들이란 어쩔 수 없는 거라고 잔뜩 깔보기나 할 뿐이었다.

그러기를 150년 가량 해오다가 한 사건이 터진다. 소위 묘청의 난이다. 묘청의 사건은 지금까지 역사 교과서에서 부당한 대우를 받아왔지만, 그것은 개인적 욕심에서가 아니라 짓눌린 민중의 기분을 가지고 터뜨린 역사적 분노라는 점으로 다시 살펴져야 할 문제다.

표면화된 적은 없었지만, 신라의 통일 이후로 민중은 가슴속에다 하나의 원한을 키우고 있었던 것이다. 그것은 잃어버린 땅, 곧 단군 이래의 조상들이 농사짓고 살던 백두산 너머의 만주 땅에 대한 그리움에서였다. 그러나 그들 위의 지배계급은 좀체 그런 원을 풀어 줄 것 같지가 않았다. 특히 유교가 판을 쳐 선비들 세상이 된 뒤로 그들은 중국을 무슨 종가나 되는 듯이 떠이고 있으면서, 말끝마다 공맹을 내세우고 선왕(先王)의 도(道)를 뇌까릴 뿐 한울님 · 신령님조차 차츰 우습게 아는 태도였다.

이러니 민중이 기분을 좋게 가질 리 없고, 마음으로 쌓이는 한이 없을 리 없다. 그러는 새에 바깥 세상은 여러 번 달라지고 있었다. 북쪽에 야만 거란이 힘을 길러 가지고 고려에 쳐들어왔던 것이다. 그때가 성종 13년으로 국자감을 세운 이듬해다. 국자감이 무언가? 태조 때부터 경학(京學)이란 것이 있어 교육제도로 운영되어 왔는데, 그것을 아주 철저하게 중국의 유교제도로 바꾸어 버린 교육 기관이다.

거란이 쳐들어온다고 소문이 들리자 조정의 유신들은 갑자기 허둥거리게 되었다. 병장기를 거두어다 농구를 만들었으니 변변한 군대 하나 길렀을 리도 없다. 그래 일껏 머리를 모으고 짜낸 의견이 평양 이북을 베어 바치고 비사후례(卑辭厚禮)로 화친을 빌어 보자는 것이었다. 그런 놈들이 좀더 있었더라면 국토가 아주 거란 손에 넘어가서 공맹이고 뭐고 끝장을 낼 뻔한 일이었다. 그러나 단군의 피는 아직 있어서, 이제부터라도 연등과 팔관회를 부활시키고 그 기세로 싸워 보자던 국수파 이지백과 서희, 강감찬같은 인물들이 세 치 혀만으로 적장과 담판을 하기도 하고, 알몸뚱이에 맨주먹 대항도 하여 어찌 어찌 죽을 힘을 써서 세 차례의 거란군을 몰아내게는 되었다.

그리고 나서 한 백 년쯤 국경이 조용하였는데, 이번에는 여진의 무리가 금(金)을 세워 황제를 칭하면서 화친하자고 사신을 보내 왔다. 그런데 그 화친서라는 것이 고려를 향해 아우의 나라라고 마구 반말을 갈겨 써 온 것으로 차마 읽어 나갈 수 없는 기막히는 것이었다.

거란에게 받은 환란과 수모를 거듭하고 싶지 않았다면, 백 년의 세월 동안 어떻게든 국력을 기르고 민중을 묶어 세워 한 번 큰 일을 경영했어야 했다. 그러나 백두산 너머의 옛 터 일은 아주 잊어버린 채 허구한 날 비열한 사대주의와 알량한 현상유지책에 헛기침만 늘어 온 조정의 대신이란 것들은 이번에도 공맹의 옷을 입고 모여 앉아서, 변방에서 싸우는 무관들의 세력이 이 기회에 혹시 커지지나 않을까 수근거리는 것이 고작이었다. 이러고도 고려가 잘 될 수가 있었을까?

여진은 본래 말갈의 한 종자로, 고구려 때에는 고구려에 속해 있다가 후에는 발해에 붙었었고, 거란이 발해를 쳐 없애자 다시 거란의 다스림을 받아 온 이름도 없는 것들이었다. 생활 재료를 얻기 위해 자주 동북방 변경을 노략하므로, 예종이 윤관을 시켜 한 번 혼줄을 내놓자 "하늘에 맹세하고 대대손손에 이르기까지 조공을 바치고, 고려 국경에다가는 감히 기왓장 하나라도 던지지 않을 터이니" 윤관이 빼앗은 아홉 성을 돌려달라고 애걸을 했던 무리다.

눈치밥이나 거두던 하인이 시류를 잘 타 힘을 얻어 천하를 넘보게 된 것도 생각하면 분통이 터질 일이거든, 이제 주인을 향해 아우라는 반말을 쓰며 머리를 쓰다듬으려 하니, 소견있는 사람으로야 창자가 뒤집힐 노릇이었다. 형편이 그쯤 되니, 우리도 기회에 한번 들고 일어나 북쪽으로 말을 내몰아서 잃어버린 구토(舊土)도 찾을 겸, 여진의 버릇을 고쳐주자고 나서는 사람들이 있게 되었다. 이들은 인종(仁宗)을 향해, 우리도 황제라 하고 중국 연호를 쓰지 말자고 했다.

이때의 북벌론의 중심 인물이 서경의 중 묘청과 정지상, 김수한, 김안, 윤언이 같은 사람들이었다. 그러나 썩은 선비들은 이번에도 갖은 수작으로 임금을 속이고 달래고 으르고 하여 어떻게든 가만 있도록만 하였다.

그러나 한 번 북벌론을 들은 민심은 벌집을 쑤신 듯이 뒤숭숭해졌다. 민중은 쓸데없는 허세와 착취만을 일삼는 그들 지배자들에게 불만이 있어 온 데다가, 그들의 선왕예법과 공맹지도(孔孟之道)에 대한 싫증과 반발이 자기들도 모르는 새에 내부에서 술처럼 괴고 있었던 것이다.

세상이 뒤숭숭할수록 쏟아져 나오는 것은 민간 사이의 속신(俗信)과 도참이게 마련이다. 그래서 마을에서 술집에서 거리에서 모여만 앉으면 수근거리게 되었다. 서울을 평양으로 옮긴다지, 큰 싸움이 터진다지, 만주 저 끝까지 나간다며, 정말 그렇다면 우리 신령님도 가만 안 계실 거다, 아주 중국놈 대강이를 밟아 버렸으면, 어디서 장수가 났다더라, 용마가 났다더라, 무슨 산이 며칠 째 운다더라…… 밑도 끝도 없는 말을 만들어 가며 민중의 피는 흥분하고 있었다.

신라의 통일 이후, 서민들의 사기는 내리 눌리기만 했던 것이다. 신라가 망하고 고려가 들어서 서울이 북으로 올라가면서 한때의 정신은 씻기는 듯했으나, 근본에서 본다면 아직 멀었다.

더우기 고려는 선비들의 유교 정치로 인하여 실제적으로 불편해진 것이 하나 둘이 아니었다. 불교조차 사치스런 귀족불교로 되어 유교와 함께 민중을 짜먹는 형편이니 백성은 머리 둘 곳이 없어지는 판이다. 말은 여진을 치기 위해서이고 북벌을 위해서라 했지만, 당장에 견딜 수 없는 이놈의 세상이 한 번 고쳐 되어야 한다고 별렀던 것이다.

그런 민중의 불평은 그것을 해 줄 사람을 암암리에 기다리게 되는 법이다. 그럴 즈음에 묘청 무리의 국수파가 민간 사이에 떠도는 도참설을 이용하여 민심을 부추기고 왕에게 권하여 서울을 평양으로 옮겨서 북진 정책을 실현해 보려 한 것이다.

서울을 평양 임원역(林原驛)에다 옮기기만 하면 그 땅의 명당 기운으로 인하여 36국이 우리나라에 조공을 바치러 온다고 선전했다. 이 서경 천도라는 것은 왕건 임금의 「훈요」 속에도 명시된 것이므로 더욱 그럴싸한 믿음을 갖게 할 수가 있었던 것이다.

인종(仁宗)도 얼마쯤은 국수파에 기울어져 임원에다 새 궁까지 지었다. 그러나 그것을 보고 필사적으로 반대하는 것은 유신(儒臣)들이다. 그들은 서울을 평양으로 옮기게 되면, 자기네는 세력의 발판을 잃을 위험이 클 뿐 아니라, 더구나 만일 만주를 쳐서 이기는 날에는 자기네 선비 따위는 목숨이 붙어 있지 못할 것이라고 생각해서였다. 그 동안 나라와 백성에게 지은 죄가 어떻다는 것을 제 놈들이 아는 까닭으로다.

그러므로 죽기로써 서경 천도를 못하도록 말려야 했다. 그러자면 명분이 있어야 된다. 그 명분은 역시 중국을 종가로 삼아서 공맹의 도(道)를 내세울 수밖에 없다. 그리하여 그 무렵은 거란의 사나움에 눌려서 강남에 움츠러든 채 병든 개 꼴을 하고 있는 한족(漢族)들의 예법과 문화를 드러내기 위해 구차스런 억지를 쓰느라 죽을 힘을 다하고 있었다.

이러한 유신의 중심 인물이 바로 저 『삼국사기』를 쓴 것으로 유명한 김부식이다. 그들은 황제 연호를 쓸 수 있는 것은 중원의 중국 임금뿐이라고 우겼다. 우리 같은 변방의 나라로서는 말도 안되는 소리라 했다. 여진같은 것들은 무식한 오랑캐의 소행이니, 그까짓 일에 동요될 것 없이 반도 안에서 지금대로 그냥 있자는 것이다.

생각하면 피가 치솟을 일이다. 어째서 중국이 꼭 이 나라의 종가가 되어야 하는지, 거란이나 여진같은 놈조차 힘을 길러 중원을 타고 앉는 판에 어째서 이 민족 이 사람들은 그 짓을 못해 보고 반도 안에 올챙이가 되어 스스로 오랑캐 민족으로 화속(華俗)이나 숭상해야 했는지 배알이 있는 사람이라면 분통이 터졌을 일이다.

이러한 모화(慕華)사상과 사대주의가 우리대로 살아야 할 단군 자손의 핏속에 왜 스며들어야 했을까? 그러나 따져 본대서 신통한 답이 나올 것도 아니다. 유신놈들은 자기네는 잘 살고 공부했고 세력 있으니, 나라야 어찌 되든, 민중이야 죽든 말든 현상유지책으로 가만히 엎드려 있자는 것뿐이다. 그리고 제 놈들의 자자손손에 이르도록 그 제도와 그 질서를 그냥 유지시켜 주자는 얕은 소견머리 외에 더 가진 생각이 없어서다.

그런 세상이라면 한 번 뒤집혀야 했고, 고쳐 되는 것이 마땅했다. 그래서 아무 것도 모르는 민중조차 도참설을 과신하여 들썩이고 일어난 것이다. 그런데 역사는 그렇게 되어 주지 않았다. 국수파가 지고 사대파가 이겼다. 김부식이 이기고 묘청이 진 것이다. 그로부터 민족 운명이 등뼈 부러진 꼴로 아주 유신들의 등신 나라가 되고 말았다.

02 민족의 뇌수를 파낸 『삼국사기』

묘청파는 어떻게 해서든지 임금을 평양으로 끌어내려 하였으나, 그 하는 짓이 너무 요사한 데다가 황당무계하여 유신들의 비난을 사기에 알맞았고, 인종도 그것 때문에 주저하고 있었다. 그런데 갑자가 서경에서 거사했다는 소문이 왔다. 서울에 있는 정지상이들은 전혀 모르고 있다가 소문이 오자 그 날로 김부식 일파에게 잡혀 죽었다. 싱겁고 어이없는 일이 아닐 수 없었다.

확실히 내부에 통일이 없었고, 서경에서 혁명군이 일어났다고만 하면 왕이 허겁지겁 달려와 자기네 계획은 이루어지리라고 믿은 묘청이 경거망동을 한 것이었다. 나라 이름을 대위(大爲)라 하고 원호(元號)를 천개(天開)라 하여 한동안 평안도와 황해도를 차지해서 버티었으나, 서경 토벌대장으로 내려온 김부식 일당에게 거덜이 나 버리고 말았다.

묘청의 난을 신채호 선생은 조선 역사 1천 년 이래의 제일 큰 사건으로 평했다. 그것은 이 난이 유파(儒派) 대 불파(佛派), 한학파(漢學派)

대 국풍파(國風派)의 싸움이었다는 점에서 그러하다. 이 싸움에 묘청이 지고 김부식이 이긴 것은 한국 역사가 보수적 · 속박적 사상에 정복되는 원인이 되었고, 사상적 종살이의 기반을 준 것이었다.

싸움은 끝났다. 역사의 흐름도 김부식이 유리한 고지를 점거한 것으로 매듭지어졌다. 그러나 민중의 판단은 김부식을 대적이라고 생각했을지언정 자기네 편으로 끌어들이지 않았다. 그리하여 그를 비난하는 여러 행적이 전해져 오고, 야비한 인격적 면모까지도 그냥 노출시켰다.

김부식은 원래 글을 잘해서 당대의 문장은 자기라고 저나 남이나 다 그렇게 알고 있었다 한다. 그런데 어느 때 정지상이 "琳宮擊磬罷 天色淨琉璃(임궁의 경쇠 소리에 하늘 빛은 유리가된다)"라는 글을 짓자, 마음에 혹하여서 그 구(句)를 달라고 하였으나 지상이 듣지 않았다. 속으로 불쾌하게 여겼는데, 한번은 또 지상이 "그대가 술 있거든 부디 나를 부르소서. 내 집에 꽃 피거든 나도 또한 청하오리. 그래서 우리의 백 년 세월을 술과 꽃 사이에서"라는 시조를 지어 보였다. 김부식이 이를 보고 '이놈이 시조도 나보다 잘한다' 하여 그런 일을 마음에 새겼다가 죽인 것이라고 했다.

윤언이에 대한 처사도 세상은 옳게 여기지 않는다. 언이는 예종 때 여진과의 관계에서 큰 공을 세운 윤관의 아들이다. 그에게는 아버지 못지 않게 더운 화랑의 피가 흐르고 있었다. 묘청이 북벌론을 주장하고 나설 때, 그도 내막을 알고 정지상 등과 함께 그 일을 찬성하였다.

그러나 묘청이 광망(狂妄)하여 동지들을 사지(死地)에 둔 채 의논도 없이 혼자 거사를 일으키니, 윤언이는 김부식을 도와 부장(副將)으로 서경 토벌에 나서게 되었다. 내용이야 어찌 됐든 그의 마음 속에 아이러니한 심사가 스쳤을 것이다. 그런데 논공행상을 하게 되었을 때에 누구보다 언이의 공이 드러났지만, 부식은 도리어 그를 정지상의 친구라 하여 몰아

죽이고자 하였다. 헌데 구실이 여러 가지로 모자랐으므로 결국 6년 귀양살이로 처우할 수밖에 없었다. 이런 위인이 지은 『삼국사기』이니 내용도 짐작이 될 일이다.

그는 무조건 중국 것이면 좋았고, 조선의 것은 싫었다. 공맹의 것은 무엇이든지 옳으면서 우리 것은 이속(夷俗)이라 하여 꺼렸다. 그의 생각에 장차 이 민족을 중국의 양아들로 입적이라도 시키고 싶었던 것일까? 중국이 우리 땅을 침범하면 토(討)자를 쓰고, 우리가 중국을 공격한 것은 구(寇)자를 썼다. 김부식은 대체 어느 나라 사람인가? 말이 안된다. 읽어나가는 살점이 벌벌 떨릴 일이다.

『삼국사기』가 만들어지던 무렵에 호종단(胡宗旦)이란 자가 있었다는 것을 기억해야 한다. 본래가 중국계 사람인데 중년에 귀화해서, 중국인을 높이던 그때의 습관을 따라 조정에서 쉬이 대관(大官)을 얻어 지냈다.

시절은 바야흐로 유교 일색이 되고 있었으므로 호종단의 키는 저절로 높아 갔다. 그런데 이 자가 아주 신바람이 나서 온 국토를 누비고 다니면서 여기저기 흩어져 있는 이 민족 정신 자료를 없애고 다니느라고 혈안이 되어 있었다. 우리의 제사 의식이나 풍속을 멸시한 건 물론이고, 그나마 전해져 오던 제단과 축탑(祝塔)들이 그의 손에 무참하게 헐려 버렸다.

그 중의 하나가 사선랑(四仙郞)의 빗돌사건이다. 사선랑은 『삼국사기』보다 2백 년이나 떨어지는 『고려사』에서조차 사성(四聖)으로 높인 영랑(永郞)과 안랑(安郞)·남랑(南郞)·술랑(述郞)을 말한다. 그들은 강원도 일대의 명산과 심산유곡을 찾아 노닐면서 가무의 무의식(巫儀式)을 통하여 몸과 마음을 자연에 합일해 간 위대한 혼들이었다. 이 빗돌이 전해졌던들 신라 화랑의 이야기가 보다 종교적이고 단군적임을 알 수 있었을 것이건만, 그만 호종단에 의해 깨뜨려 없어진 것이다.

그런데 이 호종단과 안팎으로 배가 잘 맞았던 자가 김부식이다. 호종단이 힘이나 쓰고 다니던 하수인이었다면, 김부식은 가만히 앉아 명령을 내리는 왕초였다. 그래서 『삼국사기』에는 애초에 사선랑의 이야기를 빼고 있다. 화랑의 연원인 『선사(仙史)』가 있었지만 그것조차 외면한 채 한 줄도 쓰지 않았고, 최치원의 「난랑비서(鸞郎碑序)」의 두어 마디와 사다함 등의 너댓되는 화랑 이야기를 그나마 싸움판 중심으로나 기록했을 뿐이다. 그것은 2백여 화랑의 큰 자취에 비하면 너무 모자란다. 그나마 유교와 대치할 것이 못 되도록 만든 것이니, 그것으로 어찌 화랑의 참 모습을 드러냈다 할까?

『삼국사기』에 대한 인식이 달라지기 시작한 것은 단재로부터이다. 단재는 방대한 문적들을 면밀하게 조사한 다음, 빈틈없는 고증을 들어서 그것이 어떻게 호도(糊塗)된 기록인가를 세상에다 공포하였다.

단재에 의하면, 김부식의 『삼국사기』는 제 또래 유생들의 입맛에나 맞게 된 모화주의자의 기록이지 교과서적인 정당성을 가진 책이 못 된다. 민족적 사실을 옳게 들어서 전하자는 의도는 애초부터 없었다. 하기는 묘청을 꺾고 나서 5년 되던 해에 책을 짓기 시작했으니, 국수파에 대한 분노 같은 것이 제 나름으로는 작용하기도 해서였을 것이다.

어쨌든 김부식은 이 땅이 중국 땅이 아니고, 이 민족이 중국 민족이 못 되는 것만이 한이었다. 그래서 중국적이 아닌 것—예를 들면 낭가(郞家)들의 사실이나 이두문으로 기록된 것들, 여타하게 민족의 뿌리될 만하다고 보여지는 것은 될 수만 있으면 기록에서 빼 버렸다. 어쩌다가 들어 있는 약간은, 이미 중국 문헌의 여러 곳에 나오고 있으므로 자기로서도 어쩔 수 없다고 판단된 일부뿐이었다.

또 유교상식으로 납득이 안되는 것도 잘라 없애기를 서슴지 않았다. 우선 건국신화같은 것이 빠져 있는 것도 그런 예에 속한다. 140년 후의 『삼국유사』에 어찌 어찌 실리는 건국신화마저 천지개벽에 대한 부분이

삭제된 채 뿌리없는 것으로 올라와 있는 것도 『삼국사기』의 독이 만들어 낸 결과가 아니면 무언가? 그러면서도 중국 고대의 임금들의 출생에 붙어 다니는 신화를 굳이 기록하여 추파를 던지는 것도 괴력난신을 말 못하게 한 선비들의 눈밑을 빠져 나오자는 꾀일 밖에 없다.

공맹 감각에 위배되는 것을 하찮게 여겼다는 건 기왕에 그렇다 치고라도, 저희들 고려 정권의 편리를 위해 고구려와 백제의 역사 내용을 함부로 줄이고 깎았다는 것도 짚으면서 넘겨야 될 문제다.

단재의 고증이 있기 전까지는, 삼국의 문헌이 모두 병화(兵火)에 없어져서 김(金)이 고증할 만한 문빙(文憑)이 부족하여, 『삼국사기』가 그렇게 되었다는 정도로 세상은 속고 있었다. 그러나 그의 사대주의가 역대의 병화보다 더욱 많은 사료를 없앴다는 것이 단재의 증언이다.

『삼국사기』 속에 나오는 서목(書目)만을 우선 열거하여도, 『해동고기(海東古記)』, 『삼한고기(三韓古記)』, 『고구려고기』, 『신라고기』, 『선사(仙史)』, 『화랑세기(花郎世記)』 등을 들 수 있다. 그 외에도 단군의 『신지비사(神誌秘詞)』라든가, 부여의 『금간옥첩(金簡玉牒)』, 고구려의 『유기(留記)』와 『신집(新集)』, 백제의 『서기(書記)』, 거칠부의 『신라사』 등속은 시기로 보아 김(金)의 손 닿는 데 있었을 것이라 한다.

그 외에도 신라나 백제 · 고구려와 발해의 고비유문(古碑遺文)이나 민간 사이의 전설이 많았으리라는 것도 사실일 터이다. 그런데 김(金)은 그런 문헌이나 자료를 거두어 보고, 자기의 취향에 맞는 것이면 적고 맞지 않는 것이면 없애 버리거나 일반의 눈이 닿지 않는 궁중에 깊이 감추어 둔 다음 자기의 지은 것만 세상에 보내어 이름을 날렸으니, 그것이 어찌 민족적 사실을 바로 드러낸 것일 수가 있을까?

더 기막히는 것은 조선의 강역을 바짝 줄이어 대동강이나 한강으로 국경을 정했으므로, 만주와 중원 일대에까지 세력을 뻗쳤던 구강(舊疆)을 무리하게 떠옮기어 내게 된 점이다. 그것이 후세의 사가(史家)로 하여금 역사에 오류를 일으키는 원인이 되고, 우리가 본래로 보잘것없는 민족이었다는 생각이 들게 한 근본이 된다.

유교가 정권을 잡기 시작한 것이 불과 한 세기 반인데, 그 동안 잘못 싹튼 해독의 씨가 이런 엄청난 결과로 나타난 것이다. 그런데 그로부터 140년 후에 『삼국유사』가 지어졌다는 것은 그 중에 다행이다.

생각해 보면 『삼국유사』는 식은 잿더미에서 불씨를 찾는 것만큼이나 자료되는 것이 어려웠을 것이다. 140년의 세월이라는 건 강산이 열 네 번이나 고쳐 변했다 할 만큼 유장한 세월이다. 그 세월을 유교의 획일주의가 모든 것을 들부수고 있었다는 것을 참작하면, 본래의 것은 실로 불구덩이를 기어 나온 버러지만큼이나 씨가 지고 난 뒤가 아니었을까?

그것이다. 유교가 비록 문화적으로 되었고 횡포의 성깔 또한 사납다 하지만 본래의 것이 잡초의 생명처럼 질겼던 것이므로, 그렇게 대강이를 짓밟히면서도 어느새 일어나고 일어나고 하여 140년의 세월을 견뎌서 일연의 손 위에 올라온 것이다.

그 『삼국유사』의 내용이 황탄하고 괴이하다 하여 후세의 안정복만한 사가로서도 그 책이 없어지지 않고 전해진 것을 탄식케 하였거든, 그런 황탄한 자료를 모으던 그 시절로서야 말해 무엇하랴.

책의 첫머리에 괴력난신을 말 못하게 한 성인의 가르침이 옳지만은 부명(符命)에 응하고 서징(瑞徵)을 받아 대업을 완수해 간 옛 제왕의 일이 이미 이러저러하게 있다고 해명을 한 의도는 무엇일까? 그것은 이 땅 사람들의 황탄한 전설이 또한 그것으로의 이유가 있어서라고, 선비들의 기분을 맞추는 구차한 눈웃음인 것이다.

그러고 나서도 『삼국유사』에는 『삼국사기』의 비위를 건드릴 만한 이야기는 일체 접어 버리고 있다. 그랬기 때문에 그 책이 그 무렵의 선비들의 코 앞을 용케 빠져 나올 수가 있었던 것이다. 자구(字句) 속에 없다고 하여서 이런 관계쯤을 모른 체할 수가 있을까?

『삼국사기』와 『삼국유사』의 중간 시기쯤에 안향(安珦)에 의해 주자학이 도입되었다는 것도 한국 유교나 선비사회에서는 빠뜨릴 수 없는 사건이다. 이 일은 유교사의 한 이정표같은 것이지만, 민족사로 보면 기념비라는 것이 옳다. 처음에는 별스럽지 않게 들어왔으나, 나중에는 나라일에 관계되어서 아주 망치는 결과를 낳고 만다.

그것은 주자학을 잘못 수용한 우리 사람들의 기질에 우선 문제가 있어서겠지만, 그 학문의 성격 자체가 양명학(陽明學)과는 크게 다른 데에도 문제가 있기 때문이다.

물론 주희(朱熹)의 시대와 양명(陽明)의 시대는 같지 않다. 그들 사이의 연대에는 무려 4백 년이라는 시차가 난다. 그러나 가령 주자의 시대에 왕양명이 나와서 서로의 의견을 주장했다 해도, 우리 사람들로서는 왕양명의 지행합일론(知行合一論)보다 삼강오륜의 봉건사회적 질서를 중시하는 주희의 이론 쪽이 더 솔깃하였을 것이다. 그것이 학문의 성격보다 수용의 기질이 우선 문제라고 한 까닭이다. 그러면 실제적으로 그들이 주장하는 학문의 차이점은 무엇인가?

유교세계의 전체 틀거리가 되는 『대학(大學)』에 소위 삼강령(三綱領)이란 것이 있어서, 이것이 여러 시대 학자들의 골머리를 앓게 만들어 왔다는 것은 앞에서 비친 바가 있다. "大學之道는 在明明德하며 在親民하며 在止於至善이라"하는 대목이다. 글자는 몇 안 되지만, 유교의 도덕관과 세계관이 이것 속에 포함되는 것이니 만치 해석에 있어서는 그리 간단하지가 않다. 원래 선유(先儒)들이 읽어 오는 뜻으로는 "대학지도(大學之道)는 명덕(明德)을 밝히는 데 있으며 백성을 친함에 있으며 지선(至善)에 머무는 데(그치는 데) 있다"고 되어 있다.

그런데 주자가 이 중에 친(親)이란 글자를 신(新)의 뜻으로 고쳐서 뜻을 바꾸어 버렸다. 백성을 친하게 하자는 것이 아니라, 새롭게 하자는 뜻으로 본 것이다. 그리고 그것이 4백 년 동안을 변경시킬 수 없는 철칙으로 굳어져 왔다.

대개 유교적인 가풍은 누구든지 똑똑하다고 보여지는 사람이 나와서 한번 의견을 정하면 그것에 대한 비판이란 것이 없다. 왜냐하면 그것이 부자 사이와 군신지간 같은 관계로 얽혀진 사회의 상호관계 내지 기본 질서를 깨뜨리는 죄목에 해당하기 때문이다.

그러기 때문에 유교는 무조건이 통하는 봉건체제 속에서나 쓸 수 있는 것이지, 민주주의 같은 횡적인 사회에서는 발전을 기대할 수 없는 저해 요소가 된다. 고약한 버릇이다. 그런데 이 고약한 버릇을 깨고 왕양명이 재해석을 내리게 되었다.

그는 주자가 고쳐 읽은 신(新)자를 원래의 친(親)자로 읽어야 옳다고 본 것이다. 주자의 생각으로는 "내가 내 속의 속알[덕(德)]을 밝히어, 그것으로 이웃[민(民)]을 가르쳐서 새롭게 하여, 마침내 지선—平天下—에 닿는 것"이었다. 그것이 주자 학문의 근본된 자리였으므로 그는 인생과 사물의 모든 것을 그 관점에서 파악하고 있었다. 거기에는 인식과 실천이 언제나 둘로 나타난다.

그러나 왕양명에 있어서는 그것이 둘이 아니다. 내가 내 속의 '속알'을 밝혀 가면, 거기에 이미 천하의 도덕과 이치가 저절로 드러나서 스스로 할 바가 무엇인 줄을 안다. 그 사람은 이웃을 새삼스럽게 가르쳐서 새롭게 하는 것이 아니라, 스스로 넘치는 연민의 정으로 이웃을 내 몸같이 예뻐하게—친(親)— 되므로, 그 속에서 이웃이 저절로 감화되어 새로 와진다고 했다. 그러므로 신민(新民)이 아니라 친민(親民)이라는 것이다. 재지어지선(在止於至善)—지선에 그치는 것이라고 할 때의 지선은 무엇을 말하며, 어느 자리를 가리키는 것일까? 지선은 '하나 된 데'를 말한다. 수신제가치국평천하(修身齊家治國平天下)라 할 때의 평천하가 그것이다. 내 몸과 천하가 둘이 아니라 하나라는 뜻이다. 다시 말하면 내가 내 속에 명덕(明德)[밝은 속알]을 갈고 닦아서 완성할 때, 이웃과 사회와 인류는 나로서 하나가 되는 자리다. 그것 하자는 것이 재지어지선(在止於至善)이다.

친(親)이 옳은지 신(新)이 옳은지는 단언하기 어렵다. 제 서서 보는 자리에 따라 옳은 이유가 있을 것이기 때문이다. 그러나 우리는 여기서 생각할 것이 있다. 인식과 실천이 둘로 나뉘는 경우와 나뉘지 않는 경우는, 인식의 과정에서도 주체와 대상이 나뉘고 있거나 나뉘지 않거나 한다는 점이다. 얼른 말하면 나와 나 아닌 것을 둘로 생각하는 경우와, 나와 나 아닌 것을 통으로 인식하는 경우의 차이다.

이것은 본질에서 이미 다른 방향을 보는 것인 만큼 가볍게 다룰 문제가 아니다. 마치 백두산 꼭대기에 떨어지는 두 개의 물방울이 근소한 차이 때문에 각각 동해와 서해로 흘러가는 것처럼, 그들이 만드는 사회적 공기나 제도 장치는 현격하게 다르게 되는 것이다.

결론을 말한다면 주자학이 절의(節義)와 명분만을 중시하여서 껍데기뿐인 형식으로 굳어지는 동안, 양명학은 실질을 숭상하여서 실질적 학문이 되었다는 것은 오늘의 유자(儒者)들이 고백하는 대로다.

그런데 안향에 의해서 씨를 받아 온 주자학은 고려 땅에 상륙하자마자 곧 뿌리를 내리면서 무성해 지기 시작했다. 무엇보다 백이정이나 우탁, 그리고 권부같은 굵은 제자들을 거두었다는 것이 성과일 것이다. 그리하여 백이정 문하에서 이제현과 이충좌가 나오고, 권부는 이곡과 이인복, 백문보를 길러 내었다. 또 이곡 문하에서 이색과 정몽주가 났고, 이색의 문하에서 김구용, 박상하, 이숭인, 박의중, 하윤, 윤소종, 정도전이 배출되었으며, 정몽주 문하생으로는 길재, 권근, 권우, 변계량, 조용 등이 쏟아져 나왔다.

이들에 의해서 고려 유교는 명실공히 주자학의 황금시대를 이루게 된다. 특히 권부에 의해 『주자대전(朱子大典)』이 편찬되었다는 것과, 정도전에 의해 『심기이편(心氣理篇)』 및 『불씨잡변(佛氏雜辯)』 등이 나오게 된 것도 기억할 만한 사건들이다. 이러한 저서들은 그 뒤의 유교 사회에 중요한 받침대가 되기 때문이다.

그런데 조선에 들어와서 양명학이 들어올 뻔한 적이 있었지만, 퇴계의 제자였던 유서애가 극구 반대를 해서 실패하고 만 것도 우연은 아닐 터이다. 임백호가 양명학을 좋아하다가 친구인 송우암에게 몰려 죽은 것도 단순한 당파 싸움의 희생만은 아니다.

줄기를 더듬어 뿌리를 만져 보면 이 민족 피의 기질이 어딘가로 주자학에 가까운 이유를 가진 것만 같아서 미리 해보는 소리다. 왜 우리는 좀더 실질을 움켜쥐지 못하는 사람들일까? 그것은 우리 사람들의 공통 분모가 한(漢)이 아니고 한(韓)이어서가 아닐까?

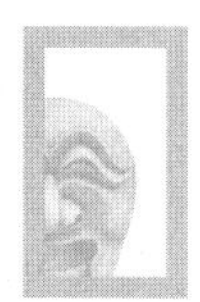

03
서민살림과 겉돈 귀족불교

고려 불교를 한 마디로 귀족불교라 한다면 무리가 없을 것이다. 교종이나 선종의 일정한 결과가 그러해서지만, 불교를 수용하는 자세에 있어서도 자비(慈悲)니 대승(大乘)이니 하는 말들은 기실 민중의 숨결과 닿지 않는 곳에서 겉돌았다는 감이 없지가 않다. 물론 그것이 그렇게 되고만 데는 그것으로의 내용이나 관계가 있을 터이다. 그러나 그것을 따져보기 전에 일단 이런 결과를 한 번은 긍정하면서 넘어가고 싶어진다.

종교라는 것이 한 사회의 특수계급을 먹여 살리는 관상품(觀賞品)이 아닌 이상, 그 쪽에 속하는 인사들은 언제라도 사회 대중의 삶에 대해 진지한 관심을 가져야 될 뿐 아니라 막히기 쉬운 그들 사이의 숨통을 늘 소통시켜야 될 의무도 따르는 법이다.

그런 의미 때문에 종교라는 칭호를 부여하는 것이며, 종교인은 존경과 예배를 받을 수가 있음이다. 또 그러기 때문에 민중이 주는 밥과 옷을 받을 명분이 서게도 된다. 그런데 고려 불교는 불행히도 그 대목에서 실패를 하고 말았던 것이다.

신라의 미술품들이 값지고 소중한 것이 많았다면, 고려 미술품도 그 못지 않게 볼 만한 것들이 많다. 그 중에서도 불교적인 것이 더욱 훌륭하고 양적으로나 질적으로나 우수하다는 것도 사실이다.

그러나 그런 미술품들이 나오는 뒷 그늘에는 허기진 배를 졸라매면서 쓰러져 간 민중이 있었다. 그런 민중들의 손으로 왕가와 귀족사회의 기호에 맞는 갖가지 미술품이 만들어졌었다는 것을 알아야 한다. 그런데도 불교는 민중 편에 서 준 적이 없었다.

물론 종교가 어느 한 편에 서 준다는 것 자체가 어폐가 있는 말이기는 하다. 또 그 시절의 윤리로서는 민중 따위가 착취나 수탈을 견디고 사는 것이 당연한 일이지, 그것이 불편하다고 생각하는 시절이 아니기도 했다. 그런 때이니 만큼, 선견(先見)했다는 승려들이 사회의 질서를 잘 간수해서 착취와 수탈의 관계에 무리가 가지 않도록 원만히 해 내야 할 책임이 있었던 것이다.

그러나 불교는 그들이 적자(赤子)처럼 쓸어안아야 될 서민 대중을 외면하기만 했다. 다섯 개 여섯 개나 되는 대본산에서 대승과 자비를 강론하는 소리가 끊이지 않았지만 한낱 공염불에 지나지 않았고, 아홉이나 되는 선문도량(禪門道場)에서 눈푸른 납자(衲子)가 그렇게 많이 쏟아졌건만, 그 속에서는 단 한 사람의 원효도 건질 수 없었다.

그것은 그들의 화두(話頭) 속에 대승(大乘) 사상의 자비가 처음부터 들어 있지 않았거나, 들어 있었어도 부처님의 참뜻에 맞는 실천적인 자비가 아닌 탓으로였다. 그런 그들의 수행은 교단의 이익에나 집중되게 마련이었고, 그런 편협한 수행승들이 있는 한 집권 세력과 결탁을 할 수밖에 없었던 것이다.

고려 풍토는 바야흐로 불교 풍토여서, 부처를 모른다 할 사람은 한 사람도 없을 정도였다. 또 중국에서 들어온 참선법이 한창 무성하게 치솟던 때이기도 했다. 자연 똑똑한 젊은이들이 출세를 위해서도 중이 되는 수가 많았다. 실제 왕자만도 16명이나 출가를 했던 것이 고려 불교의 상황이다.

그러나 고려 불교의 그런 큰 힘은 늘 별 볼일 없는 일에 쓰여지고 있었다. 좀 예외가 있다면 고려 대장경을 판각(板刻)했다는 것 정도이다. 그리고는 단청 칠한 절간 늘이기와 조탑(造塔) · 개금불사(改金佛事)가 고작이었다. 그런 대규모의 사원이 전국 곳곳에 세워질 때, 민중은 피땀을 흘리면서 그 주춧돌 밑에 깔려 갔다는 사실을 잊어서는 안된다.

신라 불교가 터 잡기에 치중된 불교였다면, 고려 불교는 그 터전에서 무엇인가를 한번 해볼 만한 조건의 불교였다. 그런데 그 조건을 가지고 겨우 단청집이나 때려짓고, 그 속에서 찾아오는 신도들의 재반이 불공이나 해 주는 풍각장이 정도로 마감을 하고 만 것이다.

그리고 수행을 한다는 스님들은 도고(道高)한 이론이 아니면 숫제 알아듣지도 못할 무자화두(無字話頭) 속에나 침잠하여, 민중과 담을 쌓고 살다 갔을 뿐이다. 왜 고려 불교 역시 신라적 전철을 탈피 못하고 말았을까? 거기에는 다음의 몇 가지 이유가 있어서이다.

우선 우리나라의 불교는 중국을 통해 들어오면서 중국 불교의 특질을 암량해서 수용했다는 점이다. 그리고 그 점에 있어서는 지금도 마찬가지이다. 혹자가 불교에 무슨 중국 특질이 있고 한국 특질이 있느냐고 할지 몰라서 약간의 설명을 붙이기로 한다.

지역에 따라 풍속이 다르듯이 민족에 따라 기질이 다른 것도 어쩔 수 없는 일이다. 불교가 본래 인도에서 일어났지만, 그것이 분포되는 지방에 따라 일정하지가 않고 각기 자기네 풍습 자기네 조건대로 수용하고 있다는 것도 아는 대로다.

인도의 불교는 본래 일체를 의심하는 사유 속에서 출발했다는 것이 인도적인 한 특징으로 간주된다. 그것은 샤카무니의 생·로·병·사에 대한 근본적 의심이나, 쟈이나교 내지 힌두교에서 갖는 일생의 수행을 통한 큰 의심은 다른 나라 국민으로서는 흉내도 못낼 한없이 지루하고도 먼 의심이다. 그들은 그렇게 하는 동안에만 인생의 의미를 부여하고, 근원적 깨달음과도 만난다. 왜냐고 더 이상 따지지 말라. 그저 그것이 인도의 한 특질이라고만 알면 된다.

그러나 중국으로 들어오면 깨달음에 접근하는 수행의 방법이 그렇지가 않다. 인도 사람들처럼 이것저것에 대한 의심을 한 덩어리로 묶어서 실오리를 풀듯이 그렇게 요령있게 풀어 가는 것이 아니라, 앞뒤도 없고 이유도 없는 무조건적인 의심 하나를 만들어 놓고, 그것과 씨름을 벌여서 그 의심을 해결할 때 동시적으로 일체의 의심도 풀어 버리는 그런 형식을 취한다. 이것이 바로 불가(佛家)에서 말하는 참선의 화두(話頭)라는 것이다. 본래 이 화두의 수행법은 인도에서 건너온 달마(達磨)에 의해서 소개되었다. 달마를 중국 선종의 초조(初祖)로 치는 것이 그런 연유에서다.

달마는 인도에서 태어나 인도의 반야다라존자(般若陀羅尊者)로부터 불법의 심인(心印)을 인가받지만, 자기의 인연처는 동토(東土)라 하여 먼 길을 마다 않고 중국으로 건너왔다 한다. 달마가 왜 하필 중국을 자기의 인연처라 했을까? 그것은 중국인의 기질이 달마 자신의 기질과 맞았기 때문이다.

달마가 뚫어 본 것은 중국인의 특질 바로 그것이었다. 그래서 숭산(崇山) 소림사(少林寺)에서 9년 동안이나 면벽(面壁)을 하는 인내를 보이면서, 중국 땅 전체에 참선법을 홍포(弘布)하고 만다. 끝내 성공을 거둔 것이다.

달마가 불원천리하고 달려와야 했던 중국인의 그 특질의 내용이 무언가? 그것은 역(易)과 노(老)·장(莊) 사상을 배출하여 키워 낸 그 풍토의 별난 독특성이다. 이 어쩔 수 없는 삼현학(三玄學)—역·노·장—적 버릇을 나는 중국 불교의 특질로 불렀다. 그리고 같은 한문의 문화권에서 살아온 우리들로서 이런 중국 불교의 특수 버릇을 그냥 묻혀 들여왔으리란 것도 어렵지 않은 추측이다.

그런데 이 중국적인 불교 속에는 인도 불교와 다른 근원적인 맹점이 개재되어 있다. 가령 어떤 문제를 만나면 그것을 인도인들의 버릇처럼 합리적으로 차근차근 푸는 것이 아니라, 무조건 화두하듯이 우격다짐으로 해결하려는 억지가 들어 있다는 점이다. 이것은 화두 수행에는 좋을지 모르지만, 사회적인 문제를 놓고 볼 때는 별 쓸모가 없다. 사회 생활은 선방(禪房)의 참선 수행이 아니기 때문이다. 이 점이 고려 불교만이 아닌 전체의 한국 불교를 대중사회로부터 고립시키는 큰 이유일 것이다.

이렇게 승단의 수행과 사회 대중이 호흡이 맞지 않고는 물과 기름처럼 융화가 안 될 건 뻔하다. 고려 불교가 이런 맹점을 지니고 있었기 때문에 그 좋은 교학의 이론을 가지고도 국가를 경영할 번듯한 의견 하나 못 내놓은 것이며, 화두납자(話頭衲子)가 처처에 쌓였건만 민중의 고통에는 약이 되지 못했던 것이다.

그 다음 이유로는 고려 국교가 불교였다고 하나 그것은 저변의 민중들을 두고 하는 말이요, 집권층이나 상류층에서는 유교학자가 대부분이었으므로 불교의 내용이 더욱 귀족적으로 되었다고 할 수가 있다. 이 점에 대해서라면 긴 말이 필요없을 것이다.

내용이 다른 두 개의 종교가 맞서고 있었다면, 서로가 경쟁심을 일으켜서 나타나지 않는 가운데 팽팽한 알력을 주고받았으리라는 건 자명한 노릇이다. 더우기 신라 불교의 덮을 수 없는 오류와 정토불교의 나약성을 취약점으로 안고 있는 고려 불교로서는 새 시대에 부응해야 할 명분을 세워내기에 초조했을 것이다.

더우기 조정의 선비 사이에는 벌써 불교를 몰아붙이는 풍토까지 치성해 간다는 것을 아는 터다. 어느 쪽을 바라보든 사세는 촉박해 있었다. 이런 고려 불교가 새 개혁을 시작한 것으로는 우선 염불과 간경(看經)에서 벗어나 참선을 진작한 것을 들 수가 있다. 그리고 교학에 대한 연구와 발달을 크게 진보시켰다는 점이다.

이런 교단 내부의 자체적 움직임이 신라 정토불교의 때를 벗기고 고려 불교를 정비하고는 있었지만 그것은 승단의 이익을 획책한 것에 불과했다. 그 속에는 민중을 동시적으로 구제해야 할 대중적 자비가 결여되었던 것이다. 당연한 결과였다. 왜냐하면 유교와의 관계의식이 커서 된 짓이기 때문이다. 어찌 보면 승보(僧寶)의 무량한 보시를 위해 터를 닦고 간 의상 스님의 주춧돌 위에 고려 불교는 승단만의 권위를 위한 호화판 누각을 짓고 만 것이다.

고려 불교의 초기에 교종은 계율종(戒律宗) · 열반종(涅槃宗) · 법상종(法相宗) · 법성종(法性宗) · 원융종(圓融宗)의 다섯 파다. 거기에 대각국사(大覺國師)가 나와서 천태종(天台宗)을 개창하면서 이 교파는 여섯으로 늘어난다. 그때는 앞서의 다섯 파들도 이미 명칭이 달라져서, 남산(南山 : 계율)종 · 자은(慈恩 : 법성)종 · 중도(中道 : 법상)종 · 화엄(華嚴 : 중도)종 · 시흥종(始興宗)으로 불리고 있었다.

그때까지만 해도 가장 힘을 쓰고 있던 파는 화엄종이다. 화엄종은 신라의 의상 스님이 부석사에서 화엄경을 강하면서 열린 것이니 만치 근본부터 튼튼한 맥을 가지고 있어서 안팎으로 볼 만한 것이 있던 쪽이다. 거기에 천태종이 보태지면서 교종의 쌍벽을 이루게 된다.

천태종은 원래 중국의 천태산의 이름을 따서 지은 이름이라 뒷세상으로 오면서 중국의 한 교파로 보려는 이들이 있었다. 그러나 천태라는 것은 이름이 그러할 뿐, 그 교조(教祖)는 분명 원효 스님에게서부터라고 당사자인 대각(大覺) 스님이 못을 박고 있다. 그 내용은 이렇다.

대각 스님이 처음 중국 송나라로 불교 유학을 갔을 때, 중국 천하의 여러 선지식을 친견(親見)하고 다니다가 절강성 천태산에 있는 국청사(國淸寺)에 들러서 지자(智者) 대사의 부도를 참배한 적이 있었다. 지자 스님은 당신 당대에 13파로 쪼개져서 시끄럽던 중국 불교의 교파들을 통일시키고 갔던 분이다. 그때에 대각 스님의 머리에 원효 이래로 통합되어 오던 불교가 고려에 와서 또 쪼개지고 있다는 현실이 떠올랐다. 그래서 고국에 돌아가면 반드시 천태(天台)라는 이름으로 고려 불교를 재통합하겠다는 서원을 부도 앞에서 했던 것이다. 천태종이라는 이름은 그렇게 시작되었을 뿐이다. 결코 지자 스님 쪽에서 받은 것이 있다거나 여타한 무엇이 끼어 있어서가 아니다.

이 천태종에 대해서는 중국 것과 가닥을 잘못 잡아서 왕왕 횡설수설하는 일들이 있으므로, 내친 김에 그 쪽의 맥을 살펴볼까 한다. 중국에서 천태종은 수나라 때 천태(天台) 지의(智顗) 선사가 법화경(法華經)을 중심으로 한 종파를 만들었는데, 천태산에다 본거지를 두었으므로 세상에서 천태종이라 불렀다. 그러나 아직은 이름만 걸고 있는 정도였다.

이 천태 선사는 혜사(慧思) 대사에게 심인(心印)을 전하고 가고 혜사는 다시 지자(智者)에게 법을 전한다. 그리고 지자가 다시 한번 법화삼매(法華三昧)의 묘리(妙理)를 세상에다 크게 떨치고 죽었다. 그러나 이때까지는 천태 선사의 종의(宗義)를 완성하기 전이니, 엄격하게 말하면 천태를 전했다기보다 법화를 전했다고 할 것이다.

대각 스님이 친견했다는 부도는 지자 스님의 부도이다. 천태종이 뚜렷한 종파로서 알려지게 되었던 것은 지자 스님의 제자인 제4조대에 이르러서이다. 그 4조인 장안(章安) 스님이 그때까지 애매모호하게 전해 오던 천태 선사의 장소(章疏)를 결집하여 교관(敎觀)을 명백하게 해 놓았던 것이다.

그런데 우리 쪽에서 저 쪽 중국의 천태와의 관련을 보게 되면 2조 혜사(慧思)가 법화경을 강(講)할 당시, 지자 스님과 함께 동문수학을 했던 현광(玄光) 법사가 신라에 돌아와서 그 법을 홍포한 적이 있었다. 고려에 들어와서도 파약(波若) 스님이 중국에 유학을 가 지자의 문하에서 16년을 배우다 거기서 죽은 일이 있었고, 정식 개종(開宗)이 된 후에도 제5조인 형계(荊溪) 대사에게서 배우고 온 법융(法融)과 이응(理應)·순영(純英) 세 사람이 천태종을 소개했다. 또 당나라 시절로 건너와서도 자린(子麟)이 천태를 전했고, 의통(義通)이 천태의 종풍(宗風)을 드날렸다는 기록이 있다. 그러나 모두 일정한 종단이 없이 한 짓들이라 그것이 꼭 천태종 소속이라고만은 할 수 없는 입장이었다.

대각 스님이 지자 대사의 부도 앞에서 서원을 발하고 돌아오던 그 무렵의 불교는 이미 본대로 다섯 개의 교파가 각기 자기들의 뜻을 주장하면서 난립하던 때다. 원효가 겨우 완성했던 통일 불교의 이념이 다시 망각된 채 국민의 생활과는 별 관계도 없는 교파들이 치성했던 것이다. 거기에 선적종(禪寂宗)이라 하여 전국 큰 산의 거찰을 아홉 개나 타고 앉은 소위 구산선문(九山禪門)이 있었다.

대각 스님 생각은 중구난방의 이것들을 다시 하나로 합쳐 보자는 것이었다. 그래서 천태종이란 이름을 내걸고 오파(五派) 종단을 설득했다. "구사(俱舍)를 배우지 않으면 소승(小乘)의 설(說)을 모르게 되고, 유식(唯識)을 배우지 않으면 시교지종(始敎之宗)을 모른다. 기신(起信)을 모르고는 종돈지지(終頓之旨)를 밝히지 못하고, 화엄을 못 배우면 원융(圓融)의 문에 들지 못하니, 오교(五敎)의 궁극에 달하자면 어찌 겸학(兼學)을 않을까 보냐?"

이미 송(宋)의 유학에서 각 파의 종사(宗師)에게 종지(宗旨)를 종횡으로 섭렵하고 온 대각으로서 그런 교단 사태쯤 수습할 자신이 있었으므로 이런 천태통일론을 주장했던 것이다. 그러나 화엄종이라면 쉬 수그러들지 않을 것 같았다. 이미 교세와 내용이 명실상부하게 익어 있었기 때문이다. 그리하여 우선 화엄 · 천태의 양(兩) 일승(一乘)을 주장하였다가, 그 후에 다시 최상승(最上乘)을 첨가하여 거기서 중점을 구하여 진승(眞乘)의 천태종을 창립한 것이다.

그런데 대각 스님의 이런 천태 종지(宗旨)의 이론은 원효 스님이 저술한 법화경 종요(宗要)에 이미 함장되고 있는 것들이었다. 그러나 그것 정도로써 원효 스님을 천태종 종조(宗祖)로 맥을 대는 것은 아니다.

본래 대각 스님의 가슴속에는 의상 스님과 원효 스님이 동시적으로 들어 있었다. 일승원교화엄종장(一乘圓敎華嚴宗長)인 의상이 어느 때라도 그의 생각에서 떠난 적은 없다. 또 송나라 유학 때만 해도 국청사에서 화엄학을 강론하여 큰 회상을 이루기조차 했던 것이다. 그러나 그것은 학문적 견지에서였다. 아무리 의상을 숭앙했다고 해도 그 점이 그것 이상의 무엇이 될 수는 없었던 것이다.

그러나 원효 스님에 대해서라면 처음부터 마음의 태도가 다르다. 들쑥날쑥한 신라 불교를 십문화쟁론(十門和諍論)으로 가지런하게 묶어 낸 실력자로서였고, 대승의 자비를 여지없이 실천해 낸 완성자로서의 진면목 때문이었다. 그 점에 대해서라면 자신의 수행과 노력으로는 닿을 수가 없다고 생각했던 것이다. 또 대각의 천태통일론이 고려 불교를 다시 묶어 그 후의 불교 면모가 일신되고 있으면서도, 그것이 끝내 귀족불교의 테를 못 벗은 것은 원인이 그 점에서 차이를 가졌었기 때문이다.

이상이 원효가 천태종의 종조로 되어 있는 까닭이고, 또 중국의 천태종과 우리 쪽 천태종이 확연히 달라 있는 내막이다. 그러나 대각국사가 새 종단을 조직하여 오교(五教)를 통합하기는 했어도, 그것이 귀족불교의 테두리를 깨게 한 것은 아니다. 그저 옷을 바꿔 입은 교학이 고려 말까지 지속되었던 것 뿐이다.

또 고려 불교가 민중에게 옳은 불교 노릇을 못하고 만 큰 이유 중의 하나는 선문의 납자들이 명분과는 달리 소승적인 한계를 벗어나지 못했다는 것을 들어야 한다. 이미 원효같은 거인의 발자국도 있고 하여 대승의 방향은 드러나 있었고, 교종파에서도 한결같이 대승을 강론하고 있었으므로 실천은 그다지 어려워 보이지를 않았는데 무엇이 잘못되어서인지 묘하게 어긋나고 있었다. 그것이 바로 중국을 거쳐오는 동안에 배양된 중국 불교의 특질을 그대로 수용한 영향이라는 것이다.

불교는 본래 깨달음을 목적으로 하는 종교이다. 부처를 믿어서 의지하고 거기서 오는 위안이나 평화를 보장받자는 것만이 아니라, 열심히 수행하여 내 자신이 부처가 된다는 데에 궁극적 뜻이 있다. 그러므로 절간의 승려는 부처가 되려고 애쓰는 사람들이지, 부처를 믿기 위해 온 사람들은 아니다.

그런데 스님들의 이 수행이란 것에는 여러 형태의 방식과 길이 있다. 반드시 원칙은 아니로되, 대개 경전을 읽고 염불을 하고 기도를 한다. 주력(呪力)의 방법도 있고 화두의 길도 있다. 선방의 납자라면 화두 공부를 하는 쪽이다. 화두는 여타의 수행 방법과 달라서 보고 느끼고 생각하는 것이 아니다. 자기 속에 만들어진 의심과 정면으로 마주앉아 그것을 타파하는 것이다.

여기에는 일정한 방향을 제시하는 무엇이 없으므로 그저 캄캄한 의심 속을 혼자 헤맬 뿐이다. 백척간두에 서 있다는 두려움에 와락 겁이 나기도 하고, 천 리나 두꺼운 바위벽을 만나 미칠 것 같은 답답함을 느끼게도 된다. 거친 숨을 골라 가누지 못하면 그대로 속병이 되고, 끓어오르는 상기(上氣)에 정수리가 터질 수도 있다. 생명의 캄캄한 소(沼)를 건너는 어려움이니 만치 죽기 아니면 살기다. 이것을 화두공부라 하고, 이런 공부의 태도를 참선이라 부른다.

그러나 참선과 화두는 둘이 아니다. 만약 참선이 무엇이냐고 질문받는다면 행(行)·주(住)·좌(坐)·와(臥)·어(語)·묵(默)·동(動)·정(靜)의 일체가 그대로 참선이라고 대답해야 옳다. 어느 것 하나 의심 아닌 것이 없기 때문이다. 그래서 화두는 생명의 실체를 체득하려는 도전이고, 참선은 생명의 실체에 이것과 저것의 구분이 따로 없는 현장 그 자체다. 거기에는 시간도 없고 공간도 없다. 그것이 초월되어 있는 상태이므로 무시선(無時禪)이고 무처선(無處禪)이다.

선방(禪房)이란 데가 이만한 의미를 삶아 내는 용광로라면 거기에 앉아 있는 스님들의 의식 속에 사회 대중에 대한 연민이 없대서야 안될 말이다. 거창하게 생명계 전체를 염려하는 중생적 자비도 좋지만, 그 속에는 먼저 나와 그 내가 포함되고 있는 인간 세계의 얽히고 설킨 부조리부터 해결하자는 구체적인 우애가 먼저 필요한 법이다. 그것이 아닌 참선은 마치 씨를 갖지 못한 열매와 같아서 아무런 생명력도 없는 모조품 외에 다른 것이 아니다.

참선법이 우리나라에 들어온 것은 대개 신라 말에 들어서다. 그때에도 구산선문(九山禪門)이란 것이 있기는 했지만, 그만그만하던 것이 진철(眞澈) 이엄(利嚴) 스님의 수미산파(須彌山派) 성립 이후 부쩍 성숙을 보이면서 완성되었던 것이다.

이엄은 누구인가? 그는 속성(俗姓)이 김씨로 12세의 나이에 중이 되었다가, 26세 때에 당나라에 들어가 운거도응(雲居道膺)의 문하에서 6년 동안 참선하여, 마침내 도응의 법인(法印)을 받아다가 고려에 폈던 사람이다. 그때가 서기 911년으로 신라 효공왕 15년이다. 그 해에 귀국하여 한창 이름을 날렸는데, 고려 태조가 듣고 모셔다가 우대했으며, 해주의 수미산에 광조사(廣照寺)를 지어 주석케 하니, 그로부터 수미산파가 선적종(禪寂宗)으로서 선종의 첫 이름을 가지게 되었다. 그의 문하에 처광(處光)·도인(道忍)·정능(貞能)·경숭(慶崇) 등 수백 인이 되었는데, 그들에 의해서 구산선문이 벌어진다. 그 구산은 다음과 같다.

가지산(迦智山) 보림사(寶林寺) : 전남 장흥군 소재
실상산(實相山) 실상사(實相寺) : 전북 남원시 소재
동리산(桐裡山) 태안사(泰安寺) : 전남 곡성군 소재
성주산(聖住山) 성주사(聖住寺) : 충남 보령군 소재
도굴산(闍崛山) 굴산사(崛山寺) : 강원도 강릉시 소재
사자산(獅子山) 흥령사(興寧寺) : 강원도 영월군 소재
희양산(曦陽山) 봉암사(鳳巖寺) : 경북 문경시 소재
봉림산(鳳林山) 봉림사(鳳林寺) : 경남 창원시 소재
수미산(須彌山) 광조사(廣照寺) : 황해도 해주시 소재

이런 큰 산에 버티고 앉은 참선 중은 몇 천 몇 만이었는지 헤아릴 수 없을 정도이고, 이름을 날린 큰 스님만도 여러 백 명에 이르고 있었다. 또이 불입문자(不立文字)의 참선에 의하여 고려 불교가 실제적 힘을 길렀던 것도 사실이다. 그러면서도 고려 서민층의 살림에는 이렇다하게 도움이 된 것이 없던 불교이다.

그렇다면 고려 불교는 민중의 고통이나 애환과는 전혀 무관한 불교였느냐? 고려 사회에는 없었어도 좋을 불교가 있어서 공연히 비싼 밥이나 축냈느냐 하면 물론 그런 것은 아니다. 지금까지의 이야기가 그런 쪽으로만 기울어져 왔던 것은 사실이지만, 그러나 그것은 고려 불교를 비판해

보자는 생각에서 일부러 부정적인 면만을 들어 말해 본 것이다.

비판의 눈을 접어놓고 긍정적으로 보려고 들면, 고려 불교는 교단의 재통합이나 구산선문(九山禪門)의 성과만으로도 대단한 진보요, 혁신적 면모라 할 만하다. 교단 자체의 발전만이라면 발전일 수도 있는 것이다. 그리고 그런 교단의 불교마저 없었더라면 그나마 고려는 더 어두운 나라였을 것이다. 또 한국 불교는 고려 때에 터를 굳혔던 것이 사실 아닌가? 오늘날의 팔만대장경이나 세계 최초의 금속활자만 해도 그런 불교적 영향이 아니면 안 되었을 것이고, 한국 불교의 정맥(正脈) 노릇을 하는 활구참선(活句參禪)도 그때에 터를 잡지 않았으면 놓쳤을 것들이다.

그러나 다소간 고려 불교를 칭찬해 준다 해도 이 자리의 입장으로서 역시 자리(自利)만을 구한 독선의 느낌을 씻을 수는 없다. 그 느낌이 무엇일까? 한 집안의 할아버지가 그 집안 질서나 형편을 돌보지 않은 채 폭군 아버지에게서 받은 용돈으로 무책임한 외유나 즐기고 만 것같은 정황인 것이다.

어떤 의미에서 한 가정의 살림은 돈을 벌어 오는 아버지가 하는 것이 아니라, 그 집안 정신적 꼭지가 되는 검스런 할아버지가 있으므로 되어 간다고 할 수 있다. 할아버지란 원래로 그 일을 하는 분이 아니든가? 그리고 종교가 사회 살림의 꼭지란 뜻을 가졌다면, 할아버지 노릇에 해당하는 것이 아니든가? 그런데 고려 불교는 불행히도 할아버지의 자격을 잃고 있었다. 그들이 새벽마다 부처님 앞에서 서원하는 중생 구제는 공허한 입버릇에 지나지 않았고, 백성을 쥐어짜 호강이나 누리는 정치 세력과 야합이나 하는 것이 전부였다.

고려 시대의 윤리는 토지라는 것을 백성이 소유하던 시대가 아니었다. 토지제도 자체가 왕토(王土)사상에 중심을 두고 있었으므로, 백성은 왕의 토지를 경작해 주고 거기서 얻어먹고 산다는 식이었다. 소유를 주장

할 수가 없었으므로 나라에 바치는 것이 자연 많았다.

그것이 후기로 들어와서는 권문세가들이 등장하여 전국 각지에 토지를 사유하는 풍속이 생겼으므로, 백성은 더욱 많아진 이름들의 세금과 그들 몫의 노역 의무에까지 시달려야만 되었다. 권문세가들은 나중에는 제 가신(家臣)은 물론이고, 대문만 부지런히 드나드는 친분만 맺어도 노역과 세금을 면제시켜 주었기 때문이다. 시절이 그러했으니, 그런 몫까지 떠맡는 농민의 어깨가 몇 곱씩 조세로 시달렸을 건 당연한 이치다. 그런 것이 마침내 고려 왕조를 무너뜨린 큰 원인이었던 것이다.

그런 것을 번연히 보고 있으면서 사찰 건립과 불상 조성에만 힘을 기울인 불교가 정치와의 야합이 아니면 무엇이며, 일체중생성불도(一切衆生成佛道)하자는 서원이 공염불이 아니고 무엇일까?

고려 불교의 그런 주책은, 고려 초기부터 거란이 침입해 오자 대장경을 판각하는 것으로 나타난다. 부처님의 가호를 입어서 거란을 물리쳐 보자는 생각에서다. 대장경이 완성되자 거란이 물러는 갔다. 대장경 불사 덕을 톡톡히 본 것이다.

그리고 나서 국가에 무슨 일이 있거나 변방이 시끄러우면, 나라에서는 으레 중들을 불러다가 푸닥거리하는 것이 상례가 되었다. 또 그 푸닥거리는 늘 영험했다. 이것이 소위 말하는 고려의 호국불교라는 것이다.

그 뒤 고종 때에 와서 다시 몽골군이 쳐들어 왔다. 서울을 빼앗긴 임금은 조정의 대신들과 함께 강화도로 피난을 갔다. 거기서 또 시작한 것이 대장경 불사다. 초판은 그 뒤에 온 난리에 불타서 없어지고, 그때 16년이나 걸려서 결실을 본 것이 지금 해인사에 보관된 고려 대장경이다.

그 대장경이 세계 어디에 내놓아도 손색이 없는 큰 자랑거리요, 그런 것을 남기게 된 고려 왕조는 두고두고 훌륭한 왕조로 칭송되지만, 그러나 그 경판이 말들어질 때의 형편이 어떠했다는 것을 알고도 그 경전을 자랑할 마음이 나질 사람이 몇이나 될까?

손바닥만한 국토에 들개같은 몽고병을 1,2천도 많을 것이어든 몇 십만을 풀어 노략하게 했으니, 그 만행이 어떠하며 그 참상이 어떠했을까? 일언이폐지하고 "몽골병이 한번 지나가자 개 · 닭이 씨가 없어졌다"는 한 마디면 그 정황을 알 수 있을 것이며, 또 "서울 대낮 거리에 가마솥을 걸어 놓고 젖을 베어 삶아 먹었다"는 한 줄이면 그 만행을 짐작하고도 남을 것이다. 좁은 반도가 그야말로 아비규환의 지옥판이었다.

그런데 강화섬 한 귀퉁이에 서울을 옮겨 놓고 대장경을 판각한다 하는 임금과 대신이란 것들은 그 정황에도 잔치를 벌이고 술잔을 권하며 백성을 향해 목재감을 들여라 돈을 들여라 하고 있었다. 거기에 목탁을 든 중들은 상감마마 천수만세, 중전마마 천수만세 따위로 목청 높여 빌면서 그런 호국에 땀을 흘렸을 뿐이다. 이것이 고려 대장경 너머에 가려진 뒷그늘의 역사이다.

들짐승같은 놈들 손에 붙잡혀 젖가슴이 도려내어진 그들은 대체 누구의 딸이며, 그 꼴을 보고도 주먹 한 번을 못 내지르고 치를 떨던 사내들은 누구의 백성일까? 대승정신을 외우고 자비를 논하던 불교의 교학은 그때에 무슨 생각을 했고, 자타일시성불도(自他一時成佛道)하자고 서원하던 선방의 납자는 무슨 짓들을 하고 있었던가?

나라가 편안하면 그럴 일도 없겠지만, 밖으로부터 오는 환란이 자주 있는데다가 착취와 수탈을 견디지 못한 백성이 늘 불안을 느낄 건 당연하다. 또 백성의 이런 불안과 심리적 분위기가 그대로 지배층과 맞통할 것도 사실이다. 그리하여 각종 명칭의 법회와 국태민안을 비는 행사들이 끊임없이 계속되었던 것이다.

우선 신라 때부터 전해 온 백고좌회(百高座會)──고승 1백 인을 모셔다가 법(法)을 설하는 큰 행사──가 호국적 의미에서 자주 열렸고, 연등과 팔관회도 불안한 사회 분위기를 타고 끊임없이 이어졌다. 모두 기복(祈福)·양재(禳災)·진병(鎭兵)·치역(治疫)·청경(請經)·참회(懺會)·수계(受戒)·반승(飯僧)·천도(薦度)·시식(施食)·기우(祈雨)·기청(祈晴) 등의 명목으로 행사되었던 것들이다.

이런 법회의 명칭을 굵은 것만 대충 꼽아 보면, 팔관회·연등회·화엄법회·무차대회·백고좌회·비로자나참회법회·무차수륙회·장경도량·소재도량·금광명경도량·오백라한도량·금강경도량·문두루도량·인왕도량·천제석도량·사천왕도량·우란분제·법화회·담선법회·용화회·백련회·문수회·보현도량·승법문도량·신중도량·공덕천도량·천병신중도량·화엄신중도량·약사도량 등등과 같이 무려 68가지나 헤아릴 수 있다.

이런 지나친 기복불교가 민중의 삶에 해독이 될지언정 보탬이 되지 못한다는 건 설명할 필요조차 없는 일이다. 또 그런 일이 거듭되는 동안에 늘어나는 것은 교단 자체의 세력일 것이며, 거기에 자연스럽게 스며든 것은 사회에서 제외시킨 범법자의 무리였다. 국토 변방에 수자리 살러 가기 싫은 자나, 무슨 일로 죄를 짓고 쫓기는 자들이 남의 눈을 피하기 위해 머리 깎고 먹물옷 입어 산중 절간으로 잠입해 든 것이다.

정신이 바로 박힌 집안이었다면 이런 부랑자가 섞여든다 해도 그 집 가풍의 교화에 힘 입어서 새 사람이 될 것이므로 염려할 것이 없겠지만, 가뜩이나 기강이 흐려져서 된 짓들이라 이런 축들이 교단의 체면을 손상시켰을 건 자명한 일이다.

그리하여 절집에서 누룩을 띄우고 술을 빚는 양조업이 성행되며, 서민을 상대로 고리대금업을 하여 재산을 늘리는 일이 번다하게 되었다. 제23대 고종임금 때에, 권신 최우(崔瑀)의 서자였던 만종(萬宗)·만전(萬全) 형제는 무뢰의 악승을 끌어 모아 패거리를 삼고 오직 식화(殖貨)로써 업을 삼아 금·은·곡(穀)·백(帛)을 거만(巨萬)이나 쌓았다 했다. 임금이 난을 피해 강화도로 쫓겨가서 대장경을 판각한다고 하는 사이에 일어난 일들이다. 이런 자들이 전국 사찰마다 분산해 있으면서 횡포로 일을 삼는 형편이었다. 국민의 정신 도량이 이러했으니 사회가 어지럽고 민심이 흉흉했을 건 당연지사다.

거기에다 고려 말기에는 원나라의 위협까지 더 심해지며, 충렬왕 때에는 토번승이 와서 인심을 현혹시키는가 하면, 또 라마교의 미신까지 들어와서 불교계는 그야말로 수라장이 되다시피 되었다. 요사한 방술(方術)로 가뜩이나 불안한 사녀(士女)의 마음을 어지럽게 하는 일이 예사였고, 온갖 사설(邪說)로 민심을 속이는 자들이 셀 수 없을 지경이었다. 고려가 망할 무렵의 송도 인구가 12만 가호였는데, 거기에 섞여 든 사찰 수가 360개였다는 것은 이런 망할 조짐을 전하는 소식 외에 다른 것이 아니다.

이렇게 되자 조정의 선비 사이에는 불교를 규탄하는 상소문이 빗발치듯 일고 있었다. 공민왕 때의 이색과 강유백, 창왕 때의 조인옥, 공양왕 때의 김자수, 김소, 박초, 정도전 등의 상소는 꼽을 만한 것이었다. 모두가 불교 내부의 질서적인 문란과 병폐, 그로 인해 야기되는 민생의 폐해를 극간(極諫)한 것이었다.

04
불교 그늘에 숨었던 삼신신앙

지배세력의 모화풍조(慕華風調)가 삼신(三神)정신을 통렬하게 위축하게 되자, 자리를 잃어버린 삼신은 불교의 그늘로 숨어 지낼 수밖에 없이 되었다. 그것이 이 자리에서 말하려는 연등회와 팔관회다.

「훈요」에 의하면 연등은 원래 부처님을 섬기는 것이고, 팔관은 천령(天靈)과 오악(五嶽), 명산대천과 용신을 섬기는 것이라 했다. 그러나 그것은 문서적 구실에 불과했을 뿐이고, 연등도 팔관도 모두 한서린 삼신의 기분을 대변하는 총화였다는 것이 그것을 행사한 민중의 태도에서 잘 나타난다.

어째서 연등을 부처와 관련시키고 있는 것일까? 먼저 석가모니의 전생록(前生錄)에는 어느 때 연등불(蓮燈佛)이 석가에게 성불(成佛)을 수기(授記)하고 이름까지 지어 주었다는 이야기가 나온다. 또 『화엄경』의 보현행품(普賢行品)에는 "燈炷如須彌山 燈油如大海水"라는 구절이 보이고, 『현우경(賢愚經)』에는 가난한 과부 난타(難陀) 노파와의 관계가 기복적으로 묘사되고 있다는 등의 이유에서일 것이다.

또 『불설공덕경(佛說功德經)』에는 삼보(三寶)를 신(信)하여 약간의 등(燈)만 바치어도 그것으로 받는 복이 무궁무진하고 등불을 사탑(寺塔)에 바치면 현세에서는 물론 죽어 내생에까지 33천(天)에 태어날 것이라고 한 것이 있다. 어느 것을 보든지 천우신조에나 의지해 온 고려인들의 취향에 잘 맞아떨어질 수 있는 것들뿐이다. 거기에다 『삼국유사』가 전하는 선율환생편(善律還生篇)을 보면 불전(佛前)에 등불을 달아야 할 이유가 몹시 실감나게 적혀 있다.

> 망덕사(望德寺) 중 선율은 반야경을 만들다가 갑자기 죽었다. 명부(冥府)에 이르니 인간 세상에서 무엇을 했느냐고 묻는다. 선율은 선뜻 반야경을 만들다가 왔다고 했다. 명사(冥司)가 생각하더니, "네 수(壽)는 이미 끝났지만 가장 좋은 일을 미처 이루지 못했다 하니 일을 끝내고 오라" 고 놓아주었다. 돌아오는 길에 여자 하나가 울면서 통정을 하기를, "저 역시 신라 사람인데 부모가 금강사(金剛寺)의 논 일무(一畝)를 몰래 훔친 일에 연루되어 명부에 온 후 괴로움을 받고 있으니, 부모에 말하여 그 논을 돌려 주라고 하십시오" 한다. 또 말하기를, "제가 세상에 있을 때에 참기름을 상 밑에 묻어 두었고, 곱게 짠 베도 이불 밑에 숨기어 둔 게 있습니다. 법사께서 부디 그 기름을 가져다가 불등에 불을 켜고, 그 베는 팔아 경폭(經幅)으로 써 주십시오. 그렇게 하면 황천에서도 은혜를 입어 제 고뇌를 벗어날 수 있을 것입니다" 한다. 집을 물으니 사양부(沙梁部) 구원사(久遠寺)의 서남쪽 마을이었다. 선율이 이 말을 듣고 곧 떠나 도로 살아났다.
>
> 그 때는 죽은 지 이미 열흘이 되어 남산 동쪽 기슭에 이미 장사한 뒤였으므로, 무덤 속에서 사흘이나 외쳐 지나가던 목동이 듣고 절에 알려서 다시 무덤을 파고 그를 꺼냈다. 선율이 그 동안의 일을 자세히 말하고, 또 그 여자의 집을 찾아갔다. 여자는 죽은 지가 15년이나 되었으나, 모든 것은 말

과 같았다. 여자의 소원대로 해주고 명복을 빌었더니, 영혼이 찾아와서 감사하며 말했다. "법사의 은혜를 입어 저는 이미 고뇌에서 벗어났습니다." 그때 사람들은 이 말을 듣고 놀라고 감동하지 않는 이가 없었다.

이런 일이 있었으므로 신라 때부터 연등회는 성행했던 것이며, 아름다움을 좋아하는 사람들로서 더욱 연등 공양을 즐겼을 것으로 생각된다. 그러나 연등 행사는 반드시 부처님에게만 한정되었던 것이 아니라, 그것이 자주 반복되는 사이에 어느덧 민간 본래의 신앙과 합류되어서 오히려 그쪽 성격으로 변화되고 있었다. 그래서 『동국세시기(東國歲時記)』에 정월 상원(上元)을 등절(燈節)이라 했고, 정월 보름밤에는 "運舍張油燈達夜如除夕守歲之例"라 하여 온 집안에 장등(長燈)을 해 놓고 그믐밤에 한 해를 보내듯 했다 한다 한 것이다.

그러나 이 연등은 고려 성종 6년(987)에 와서 정지된 적이 있었다. 임금이 중국 것을 너무 좋아한 나머지 우리 것을 시덥지 않게 여겼던 까닭으로다. 그러다가 23년만인 현종 원년(1010)에 다시 열리게 된다. 그 후로 연등 행사에 대한 기록은 서민층에서만 찾아도 무려 140여 회나 나타날 정도였다.

그런데 고려의 연등회는 「훈요」의 뜻에 의해서 시행된 정월 · 2월의 것이 있었고, 「훈요」에 의하지 않은 것도 민간 사이에서는 때없이 열리는 형편이었다. 그 내용을 보면 모두가 기원에 의한 것이거나, 즐겁고 경축할 일이 있을 때 열린 것들이었다. 물론 4월 8일 같은 항례적인 것도 이 속에다 포함시켜야 될 것이다.

성현(成俔)의 『용재총화』는 이 4월 8일의 연등행사를 약간 특이하게 묘사해 두고 있는데, 이 점이 사실적으로 보여서 우리로 하여금 무엇인가를 깨닫게 만들어 주고 있다. 밤이 되면 민가에서는 집집마다 나무를 세우고 등을 달았다고 한 점이다. 또, 아동들이 종이를 오려서 기(旗)를 만들고 어피(魚皮)를 박제하여 북을 만들어서는 무리를 지어 다투어 성중(城中)의 거리를 돌면서 쌀과 베를 모아 연등의 자료를 구했는데, 이것이 호기(呼旗)라 불리면서 아주 민속으로 굳어졌다고 했다. 공민왕 같은 임금은 아동들의 이런 놀이가 즐거웠는지 세 차례나 구경을 하고는, 그 때마다 상으로 베를 주었다는 것이다.

아이들이 종이를 오려서 깃대를 만들었다는 것과 집집이 나무를 세운 후 그 끝에 등을 달았다는 것은 문득 농악의 굿판에 나오는 대장기를 연상하게 한다. 그것은 말할 것도 없이, 한 시절의 수두(蘇塗)의 변형이다. 그러면 그들이 일부러 수두를 기념하거나 연관짓기 위해서 나무를 세웠을까? 아니다. 모르고 한 짓이다. 왜인지는 모르지만 그냥 그래야 할 것 같은, 혹은 그래 보고 싶은 기분 때문에 무심하게 한 짓일 뿐이다. 그러나 그렇게 하는 동안에 그 등불은 엄정하게 수두의 맥을 잇는 등불이 된 것이며, 그 사람들이야말로 어쩔 수 없는 단군의 후예인 것이다.

다음으로 팔관회의 내용은 어떠했는가?

팔관은 「훈요」에서 천령과 오악, 명산대천과 용신을 섬기는 것이라고 설명하고 있으나, 근세로 오면서 그것 이상의 설명을 요구하는 이들에 의하여 여러 가지 견해가 덧붙여지는 것도 같다. 팔관회(八關會)의 팔(八)자가 무엇이 있을 것만 같아서 그런 모양이다. 그래서 원래는 불교의 십계 중 팔계(八戒)만을 지키기 위한 날이 아니었느냐고 추측하기도 한다. 그것이 고려 민중의 불교 정신과 연관지을 때는 그럴 듯도 싶지만, 그러나 공연한 호사가들의 억측이다. 그냥 「훈요」에 적힌 대로만 생각하면 된다.

실제 팔관회에 관계된 모든 기록은 전혀 「훈요」에 관계된 것 이상을 적은 것이 없다. 또 하늘과 산과 강 따위의 우주 전반에 걸친 것을 가리킨 것이니 만치 자칫하면 이름도 없는 온갖 잡동사니 미신을 한꺼번에 일컫는 것이 아닌가 의심스러울 수도 있다. 그리고 그런 의문도 일단은 무리가 아니다. 「훈요」에서 지적하는 것의 속뜻이 곧 그런 것일 수도 있기 때문이다.

그러나 이 가없는 팔관회의 신령 숭배는 그렇게 무질서하게만 흐트러진 것이 아니라, 그것들 일체가 한 끈으로 꿰어져 있어서 분명하게 놓이는 한 점이 반드시 있다. 사람의 사지와 오장육부가 각기 따로인 듯싶어도 마침내 생명의 한 점으로 수용되는 곳이 있듯이, 그것들은 제석(帝釋)이라는 이름으로 하나인 것이다.

다시 말하면 팔관회라는 이름 아래 섬겨진 고려 민중의 신들은 하늘과 땅 사이에 명산대천과 용신말고도 성황신 · 당산 · 성주 · 터주 · 대감 · 허주 하는 식으로 수없이 많지만, 그것이 결국은 제석이라는 이름 아래 통일되는 것들이란 뜻이다.

이렇게 엄청나게 벌어질 수 있는 팔관회의 내용을 낱낱이 들춘다는 것은 한마디로 헛수고요 무리다. 그래서 『삼국사기』를 썼던 김부식 시대와 『삼국유사』를 저술한 일연 스님 시대를 일정하게 잘라서, 그 부분에 초점을 맞추어 놓고 무속 신앙의 성쇠의 전말을 한번 말해 보려 한다. 그렇게 하는 것만으로도 우리는 고려 팔관회의 진면모를 충분히 감지해 낼 수 있지 않을까? 한 솥 국맛을 아는 데는 국물 한 모금으로도 족할 것이기 때문이다.

인종이 즉위한 것은 서기 1122년으로, 『삼국사기』가 나오던 해로부터 23년을 거슬러 올라간 해에 해당한다. 인종 이전에 이미 해동공자라고 칭송된 최충(崔沖)이 유교를 볼 만하게 꾸며 놓고 갔고, 불교에서는 대각국사가 나와 선(禪) · 교(敎) 양종을 재정비했지만, 그것들은 민중의 삶에 보탬이 되지 못했으므로, 그 새에 세 번이나 왔다 간 거란을 막는 데에는 아무짝에도 소용이 없었다.

그런 후 숙종 때에 와서 국수파 사이에 북벌론이 거론된 적이 있었고 예종이 윤관을 시켜 빛나는 성과를 거두게도 했지만, 조정의 썩은 선비들은 오히려 윤관을 모함하고 무관들을 누르기에 겨를이 없어 했으므로 모처럼의 북벌론이 물거품이 되고 난 직후였다. 그러다가 북쪽에서 새로 일어난 여진의 무리에게 '아우의 나라 고려'라는 멸시의 편지를 받았다. 기가 막힌 예종은 남은 날을 시 짓고 경서(經書)나 읽어 쓸쓸한 울분을 달래다가 죽었다.

인종은 예종 뒤에 서는 임금이다. 그런데 이 15세의 어린 임금이 무엇을 알아서였을까? 동짓달 보름날에 팔관회를 열고, 어장전(御帳殿)에서 군위식(君位式)을 행했다고 한다. 또 인종 5년 3월에는 이르기를 "짐은 천지의 경명(景命)을 부하(負荷)하였다"고 한 것을 보면, 그의 가슴에 줄곧 한울님 생각이 떠난 적이 없었던 모양이다.

인종은 선왕의 예를 따라, 제석원(帝釋院)에 행차하는 일이 있었다. 이 제석은 일연이 『삼국유사』에 '석유환인 위제석야(昔有桓因 謂帝釋也)'라고 써넣은 그 한울님의 제석이다. 그러나 그 무렵의 민간 사이에는 이 제석을 세존(世尊)님으로 부르고 있었다. 막연한 하늘의 개념이 아니라, 삶의 현장 속에 잠재한 직접적인 신이었던 때문이다.

이 제석원을 궁중에다 두었던 것은 왕실의 무사태평을 기원하자는 의미에서였다. 인종은 팔관회를 매년 쉬지 않았는데, 10월에는 서경에서 행하고 11월에는 송도에서 행했다. 또 12월 정월에는 제석도량을 중화전(重華殿)에다 베풀었고, 그 해 6월에는 무당 250명을 서울에 모아 비를 빌게 하였다. 하느님과 오악(五岳)의 신, 명산대천의 신은 물론 여타한 전래적 신들을 지성껏 대접하였던 것이다.

이런 일이 정도를 넘게 되자, 천문(天文)을 보는 일관(日官)이 아뢰기를 "근래에 무풍(巫風)이 크게 유행하여 음사(淫祀)가 날로 성해가니

군무(群巫)를 출출(黜出)하십시오"라고 했다. 그러나 또 한편에서는 "귀신은 무형(無形)하여 허실을 알 수 없을까 하오니, 일체로 금하는 것은 불편할까 합니다" 했다. 일관의 말을 긍정은 하면서도 역시 귀신의 위신력을 믿고 싶어한 것이다. 왕도 그렇게 여기었다 한다.

인종 다음에 즉위한 의종은 즉위 초부터 의례적으로 팔관회도 열고, 제석원에도 행차하고, 산천 및 제신(諸神)에게 기우제도 지내는 등 애를 썼으나, 의식이 점차 야위자 22년 되던 해 3월에 교지를 내리었다.

"근래 서경의 팔관회가 옛 격식을 잃어 유풍이 점점 쇠퇴해 간다. 이제부터 팔관회는 미리 양반 가운데서 형편이 넉넉한 자를 뽑아 선가(仙家)로 정하고, 고풍(古風)을 시행하여 흔님과 사람을 다 기쁘게 하라."

왜 팔관회의 유풍이 쇠퇴해졌을까? 내용을 보면, 백성이 살기가 궁핍해졌다는 소리다. 그러니 의식(儀式)이 얇아질 밖에는 없다. 의식(意識)이 없는 것이 아니라 의식(儀式)이 모자란 것에 주의할 일이다. 19대 명종 때 천재지변이 있자, 태자가 일곱 가지 섬기는 글로 임금께 아뢰었다. 그 일곱 번째 글 가운데에 이런 것이 있다.

"임금의 밥반찬을 간소케 하소서. 지금 가뭄이 들어 재앙이 있고, 건문(乾文)은 변이가 자주 일어납니다. 바라건대, 옛 제도에 따라 전전반측(輾轉反側)하여 행실을 닦음으로 흔울님의 마음에 보답하소서."

또 20대 신종은 즉위하던 해로, 전국 명산에 모두 호(號)를 붙여서 산천을 숭배했다. 희종(熙宗)과 강종(康宗)을 지나 23대 고종에 이르자, 그전부터 제천공불(祭天供佛)의 비용을 국민에게서 거두던 것을, 임금이 10년 9월에 교지를 내려 국고에서 지출케 했다. 민폐를 끼치는 것은 복이 될 수 없다해서였다. 또 강화 천도 후에도 연등과 팔관의 행사만은 거른 적이 없다.

그러다가 원종(元宗)에 이르러서 환도(還都)를 하게 되는데, 첫해에

만 행사를 치르고 15년을 내리 쉬어 버린 것으로 나타난다. 국고가 너무 탕갈되었던 때문이다. 그러다가 충렬왕에 이르면, 첫해에는 팔관회를 베풀지만, 그 후로는 사방에 도적이 출몰하고 백성의 자원도 말라 버려 부득이 팔관행사를 정지하지 않으면 안될 지경에까지 이른다. 그렇다고 그 짓에 무슨 회의를 느껴서가 아니다. 그 후로도 왕들이 원구(圓丘)에서 비를 빌거나 여전히 훈울님께 제사 드리는 것을 보면 결국 마음은 있으나 형편이 안된 안타까움이었던 것이다.

여기까지가 팔관회라는 이름 아래 벌어졌던 사실의 전말을 더듬어 본 한계다. 그러나 고려 불교의 60종이 넘는 기복의 내용도 따지고 보면 팔관회적인 것이었지 다른 것일 수가 없다. 결국 내면적으로는 연등과 팔관으로 지샌 불교 역사였고 무교 역사였던 것이다.

그런데 이런 기복적 행사들이 국민에게 남긴 것은 무언가? 끝까지 아무 것도 없는 빈 껍질뿐이다. 국민의 단합을 위해, 또 높은 사기의 진작을 위해 얼마든지 활력소가 될 수 있었던 연등과 팔관회는 결국 피폐해진 국력과 함께 주저앉고 말았다. 국민이 힘을 다하자 거기에 의존하고 있던 저도 쓰러진 꼴이었다.

고려조가 망한 데 대해 회한의 눈물을 뿌릴 건 없다. 어떻게 보든지 잘 망한 왕조였고, 죄 없는 민중을 위해서는 오히려 그 망함이 기다려진 왕조였다.

생각하면 고려는 너무 한이 많은 나라였다. 아니 한의 씨를 심어서 키운 나라였다. 그것은 왕건 임금의 큰 뜻이 아주 사라지고 만 한이었을 것이다. 빼앗긴 땅 잃어버린 정신을 되찾을 수 있는 이상과 기개가 아직은 있었고 기회도 왔었건만, 번번이 잘못된 위정자를 만나 기회는 늘 무산되고, 잘못된 종교는 거기에 부채질이나 해댄 것 뿐이다.

이렇게 되자 민중의 야속한 노여움과 분노는 마침내 원한으로 나타날 수밖에 없었다. 공양왕 때 이런 무풍(巫風)을 배격하는 김자수의 상소문 일절을 끌어다 보자.

> 불법의 설도 가히 믿지 못하겠거든 하물며 괴이하고 황탄한 무격(巫覡)이리까……제시(祭時)를 당하여 비록 금주(禁酒)의 영(令)이 엄하다 하나, 모든 무당이 떼를 지어 국행(國行)이라 칭탁하여 유사(有司)가 감히 힐난치 못한 고로, 가득 마시고 자약(自若)하여 구가(九街)의 거리에서 고취(鼓吹)하고 가무(歌舞)하여 마지 않는 바가 없으므로 풍속의 불미함이 심하게 되었으니, 바라건대 밝게 유사를 칙(勅)하여 축전(祝典)에 기재된 바를 제하고는 일체 음탕한 제사를 폐하고, 모든 무당의 궁중 출입을 통단하여 요망함을 끊고 풍속을 바로 하소서.

이런 무당적 풍속이 제놈들 선비 눈에는 야비하고 덜 돼먹은 것이었을 것이다. 국행을 칭탁하여 유사도 손댈 수 없이 가득 마시고 자약하여 구가의 거리에서 고취하고 가무했다는 대목은 차라리 눈에 뵈는 듯 선하며, 그런 국민적 분위기가 피부로도 느껴진다. 그것은 내일이 없는 사람들의 슬픈 저항이었을 것이다.

그러나 그런 지나친 몸짓들이 왜 나오는가? 누가 그들로 하여금 그런 망국의 몸짓을, 너 죽고 나 죽자는 식의 자포자기 마음을 가지게 하였는가? 그것은 배웠노라고, 선택받았노라고 떵떵거리는 저희 지배자들의 죄값 때문이다. 저희들이 약한 백성을 타고 앉아 울궈먹는 동안에, 그리고 아주 반도의 올챙이를 만드는 동안에 한 푼의 희망도 안 보이는 사람들이 절망의 몸짓을 내보인 것이다. 그들의 피는 아마 이렇게 외치고 있었을 것이다.

우리들의 술과 노래는 일찌기 영고(迎鼓)와 동맹(東盟) 시절부터 써먹던 것이고, 춤과 장구 역시 그때적 버릇에서 익혀진 것들이다. 팔관회라니 무슨 불교적 수행이 있는 줄로 알지만 옛 국선(國仙)들의 가무백희(歌舞百戱)에 의한 기복 축제일 뿐이다. 그렇게 우리는 기복제를 지내고, 수호제를 지내고, 억울하게 죽은 귀신들의 위령제를 지낸다. 그러나 이제는 그 짓도 지쳤다. 도대체 우리에게 무슨 희망이 있느냐, 우리에게 한 뼘이라도 좋으니 내일을 믿게 해 다오. 바늘구멍 만한 기대라도 갖게 해 다오.

이런 고려 민중의 원한은, 지금까지 자기들 편이라고 믿어 왔던 공민왕과 최영을 어느새 원통한 원령(寃靈)으로 빚어내게 되었다. 하기는 그들 왕공(王公)이나 대작(大爵)이 제 원한을 가지고 백성을 끌어들였는지, 아니면 백성 쪽이 먼저 그들을 그런 눈으로 보기 시작했는지 알 수가 없다. 혹은 두 개의 이유가 동시적으로 맞았는지도 모른다. 그저 확실한 것은, 그렇게 바라보면서 의지해 온 하늘이 어느새 원한의 그림자가 어리게 되었다는 사실뿐이다. 그것은 어쩔 수 없는 민중의 심정이요, 기분이다. 그 원한의 하늘이 조선에 들어가면 어떤 색깔이 될까?

제 3 부

조선 유교사회와 민족의 침체

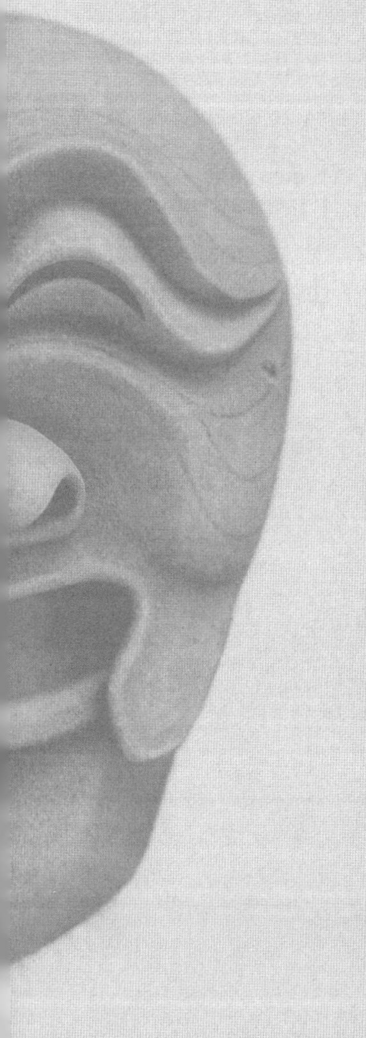

01 국교가 된 유교

묘청의 난을 구실로 국수파의 죽지를 분질러 버린 김부식의 아류들은 나라살림을 온통 사대주의 · 모화주의에다만 초점을 맞추고 꾸리더니, 급기야 이성계가 나와서 민족 강토를 아주 두만강과 압록강으로 결정짓기에 이르렀다. 『삼국사기』가 나온 것이 서기 1140년이고, 명나라 군사를 치러 간 이성계가 압록강을 등지고 서서 "상국(上國)의 국경을 범하면 천자께 죄를 지어 나라와 백성에게 화가 당장 올 것이다" 한 것이 1388년이니 그 사이의 연대는 250년 가량이다.

이 2백 년 남짓을 조정의 대신이란 것들이 죽자살자 안일주의, 무사주의의 백일몽을 꿈꾸어 중국을 섬기는 동안에 상국이란 말이 무리없이 먹혀들도록 국민들은 멍청이가 다 된 것이다. 그들 생각에는 백성 따위야 죽거나 말거나 사람축에도 안 가는 것들이므로, 상관할 바가 아니었다. 그저 공맹을 논해야만 사람이었고, 그 도덕을 아는 저희 선비만 으뜸이었다. 백성을 타고 앉아서 그런 호기를 뽑고 세도를 부려 보니 아주 신바람이 났다. 할 만한 짓 같았다. 그래서 제놈들 자자손손에 이르도록 그 체제 그 질서를 완고하게 해 주자는 생각뿐이다. 그것이 그들의 안일 · 무사주의요, 사대 · 모화라는 것이다.

어찌 소견머리가 저리 옹색하고, 생각이 그리도 갑갑하게 뚫려 먹었을까? 그들이 내세우는 공맹은 대체 이 나라에 무슨 은전을 준 것이 있으며, 중국 역사 자체가 부침이 무상한 것을 보면서 개뼈다귀 같은 그 도(道)는 실천해서 어쩌자는 것인가? 도대체가 단군 역사는 오랑캐 역사이고, 산신님, 검님의 피는 야만이라는 그 착상은 어디서 나온 것일까? 그게 다 제놈들의 안일 · 무사를 위한 졸가리가 아니고 무언가?

강화도까지 쫓겨 들면서 대장경을 판각하고, 그 힘으로 몽골병을 물리쳐 보자던 고종 임금은 끝내 몽고에게 항복하는 쓰라림을 맛본 채 눈을 감았다. 그런 후로 근 1백 년을 몽고에게 조공을 바치고, 억지 연호를 갖다 쓰고, 고려 임금들은 몽골 왕실의 여자를 데려다가 아내를 삼는 따위의 더럽고 치욕스런 나라살림이 계속되었다.

살아 있으면서도 사는 것 같지가 않았고, 민중은 가슴 가슴에 뛰는 피가 노여움으로 일렁이던 통한의 역사였다. 그러다가 공민왕 때에 이르러 한 줄기 희망의 빛이 스며드는 성싶었다. 일찌기 왕자 시절에 원나라에 볼모생활을 해 왔던 왕은 원의 세력이 쇠퇴하고 있다는 것을 알고 있었으므로, 왕이 되면서 곧 북진(北進)의 뜻을 품었던 것이다.

하기야 그때에는 고려왕조도 이권으로 혈안이 된 무리 때문에 내부 기강도 어지간히 문란해 있는 데다가, 민중의 산 힘이 되었어야 할 불교도 착취의 풍토가 만연되어 썩어진 때이고 보니, 공민왕의 큰 뜻이 꼭 이루어진다고 만은 볼 수가 없던 무렵이긴 했다. 그러나 한번 북진을 경영해 보겠다고 마음을 낸 것이 중요했던 것이고, 또 그때가 고려로서는 잃은 구토(舊土)를 찾아볼 수 있었던 마지막 기회이기도 했다.

그리하여 왕은 어지러운 조정 내부의 기강을 바로 잡는 한편, 원의 약세를 타고 일어나는 양자강 유역의 주원장(朱元璋)이 더 힘을 뻗치기 전에 만주 옛터를 회복하려고 총력을 기울이고 있었다.

공민왕의 이런 큰 뜻을 실현시킬 수 있는 인물이 바로 최영이다. 그는 고려 군사 전권을 장악하고 있는 도통사(都統使)이기도 했지만, 원나라의 청을 받아 중국에 싸우러 나가 있는 동안에 원의 실력과 천하 대세의 돌아감을 눈으로 보고 온 사람이다. 그래서 이번이 놓치지 못할 기회임을 알고, 왕을 도와 북벌을 주장하고 나섰다. 그러나 썩은 고려의 조정에는 이 북벌론을 받아들일 만한 변변한 인물 하나가 없었다.

공맹의 도덕이나 외워 온 놈들은 이번에도 생각하는 것이 안일무사주의요, 현상유지책이었다. 여러 가지 이유를 내세워 이대로만 가만히 있자는 것이다. 이렇게 답답한 속에서 북벌론이 안절부절하는 사이 시절은 바짝 다가와, 마침내 만주에까지 손을 뻗힌 명은 우리나라의 경계인 심양 철령에다 철령위(鐵嶺衛)를 세우고, 또 요동에서 철령에 이르는 사이에 70개의 역참을 두어 그 땅을 아주 꽉 딛고 서는 따위의 짓을 하고 나섰다.

고려 사람은 정녕 등신들뿐이어서 이런 무시를 당해야 했을까? 이렇게 되자 고려로서도 가만있을 수만은 없었다. 마침내 우왕(禑王) 14년에 최영은 왕을 권하여 함께 북벌을 일으켰다. 그러나 그 짓도 따지고 보면 조정 안에 친원파(親元派)가 많아 원나라의 체면과 눈치작전에서 된 짓이지, 새로 일어난 명나라가 꼭 운을 탄 줄을 알았더라면 우물쭈물 그만두자 했을 것이 뻔하다.

어쨌거나 그 북벌론이 관철되어서 최영이 군사를 거느리고 만주를 향해 출병을 한 것까지는 좋았는데, 우직하도록 착하기만 한 최영이 미처 군사 내부의 통일을 못 보고 서둘러 나선 것이 잘못이었다. 그 일은 결과적으로 꾀 많은 현실주의자 이성계가 제 욕심을 채울 기회를 만들어 준 것에 지나지 않았던 것이다.

최영의 북벌론은 본시 이성계의 달가와하는 바가 아니었다. 그래서 출병 전부터 그 문제로 옥신각신 상반되는 의견충돌이 있어는 왔다. 이성계는 만주 수복의 원정길에 네 가지 불가설(不可說)을 내세웠다.

첫째, 적은 군사로 대병(大兵)을 치는 것이 불가라는 것이다. 둘째 여름철 발병(發兵)이 무리라는 것이다. 셋째, 군사를 비우는 사이 왜구가 그 허(虛)를 찔러 올 것이므로 불가라는 것이다. 넷째는 바야흐로 더위와 장마가 있을 것이니, 활줄이 녹아 늘어지고 전염병이 염려되어서 불가라는 것이다.

물론 다 옳은 말이다. 누가 듣든 지적할 것을 지적하고 나섰다. 명분이 선다. 군사를 아끼는 대장의 명분으로서도 손색이 없다. 그러나 최영은 그것을 몰라서 군사를 무리하게 움직이려 한 것일까?

이 무렵 최영은 팔도도통사로서 군사의 전권을 쥔 것은 사실이나, 왜구의 침공과 홍건적의 난 등에서 이미 여러 차례 큰 공을 세워 온 이성계의 세력도 지반을 잡고 굳어져 있었으므로 최영으로서도 그를 함부로 할 수 없는 처지였다.

최영은 민족의 앞날을 거시적으로 보는 안목이 있는 만큼 모험과 기개심을 가진 영웅이었다. 그래서 저가 보는 것은, 가냘픈 고려 민중의 숨결 속에 숨은 불굴의 혼과 지칠 줄 모르는 정신이었다. 최영은 고려의 어깨 너머에 비치는 현실의 대세를 똑똑히 뚫어본 만큼, 어렵더라도 그 민중의 힘을 한번 내어 써 보면 7백 년 묵은 민족의 숙제가 풀려서 그립던 만주땅을 깔고 앉게 될 것을 믿은 것이다.

그는 구차한 종살이보다 외롭더라도 독립을 원했고, 안일한 평화보다는 차라리 고달픈 자존을 가지고 싶어했던 인물이다. 그는 어디로 보든지 대쪽같이 곧은 의(義)의 사람이었다. 그에 비하면 이성계는 생각이 잘

아서 현실에 안착하려는 쪽이었다. 그 현실은 이상이 죽어 버린 현실이다. 그러므로 권모와 술수에 민감했고, 사람을 꾀와 이익으로써 달랠 줄을 알았다.

이성계가 일의 형편을 보았다면 최영은 민족의 근본을 생각했고, 저가 사세(事勢)의 이해를 따졌다면 이는 뒷날에 오는 운명을 걱정했다. 이성계가 허황한 현실을 쥐었다면 최영은 생명을 잡았던 것이다.

이성계가 어째서 북벌을 반대했을까? 그 속마음을 까볼 수는 없는 일이지만, 제 속에 한 점 남모를 뜻이 있어서다. 기회를 보아 자기가 이 나라 주인이 되어 보자는 생각이다. 그것은 조선 개국을 중심한 그의 언사나 행동을 주시해 보면 환히 알 수 있는 일들이다.

임금의 신임을 얻어 거의 독재를 하는 처지에 있던 최영이 반대파인 이성계를 누르고 그 해 4월에 3만 8천의 병력을 내어 역사적인 북벌의 길을 떴다. 그러나 이성계를 자기와 같은 급수의 도통사로 임명하지 않으면 안될 만큼 약한 독재였다.

믿지 못할 것은 언제라도 계몽이 안된 군중이다. 현실에 빠른 이성계가 그 점을 놓칠 리가 없었다. 군대의 행렬이 압록강까지 와서는 갑자기 유언비어가 나돌기 시작했다. 물론 그런 유언비어는 이성계 일파가 만든 것이다. 그리하여 뒤숭숭해진 군중 앞에서 이성계는 내놓고 반란의 깃대를 올리게 되었다. 압록강을 넘기만 하면 상국의 땅을 범하는 것이니, 그 화가 당장 나라와 백성에게 올 것이라는 것이다. 그 날이 단군 기원 3721년(1388)으로 음력 5월 23일이었다. 민족의 가슴에서 고향 땅에 대한 그리움을 아주 긁어 없애고 체념을 하도록 만들어 준 날이다. 그렇게 되어서 나라의 옛터를 찾으려던 군사는 위화도(威化島)에서 발길을 돌려 서울을 습격하는 도적의 떼로 표변하고 말았다.

일찌기 김춘추가 당 태종 앞에 엎드려서, 소국(小國)이 상국에 조공을 바치고 싶어도, 어쩌고……한 적이 있기는 있었다. 그러나 그 경우는 적의 궁중에 사절로 찾아간 쪽의 처지나 분위기가 있다면 있던 터다. 그런데 7백 년 후의 이성계는, 내 강토 안에 내 백성들을 마주하고 서서, 민족의 텟집터를 가리켜 상국의 땅이라고 하는 더러운 언사를 쓰고는 아무것도 모르는 군사들을 부추겨 충동한 것이다. 이 사람이 한 짓이 결국 무엇이며, 그렇게 시작된 조선 5백 년이란 것이 민족에게 무엇을 해 주었던가? 외쳐서 따지지 않아도 알 사람들은 안다. 고려 왕조가 하다 만 못된 짓을 더욱 심하게 조장해 냈던 것 뿐이다.

그 짓이 5백 년이나 호의호식에 잘 살아 온 전주 이가네 집안으로서는 영예가 될지 모르지만, 민족 전체의 일로서는 갈갈이 찢긴 피투성이의 역사요, 고난의 가시덤불을 덮어 준 외에 더한 것이 없다. 답답한 역사요, 슬프고 억울한 5백 년이었다. 도대체 유교 정치라는 것이 그럴 수밖에는 없는 법이 아니든가?

우리는 이 자리에서 유교가 그리 밖에는 안된, 생명의 본질적인 모순을 따져 보자는 것은 아니다. 다만 유교가 국교로 되면서 나타난, 사회적인 제도장치의 구조적 모순을 지적하는 것으로 족할 것이다. 이 자리의 목적은 유교정신의 밑바탕을 시비하자는 것이 아니라, 잘못된 이치로 시작된 조선 5백 년의 사회제도가 가진 비리와 엉터리를 한번 짚어 보자는 것이기 때문이다.

유교사상을 한 마디로 표현한다면 왕도(王道)를 실천하려는 정치적 질서다. 이 정치질서는 우주에 변재한 절대적 질서를 체득하는 것을 뜻한다. 통치자는 이 절대적인 질서를 체득함으로써만 우주의 내적 질서와 합치되는 생명의 질서를 인간 사회에다 구현할 수 있어서다. 그러므로 유교는 사회질서를 유지하기 위한 윤리 · 도덕이 목적이 된다.

그래서 유교는 언제나 요 · 순 같은 인물을 유학이 닮아야 할 전형의 모델로 삼고, 거기에 돌아가려는 상고(尙古) 내지 복고주의가 지나치게 강요될 밖에 없다. 그러나 그런 결과는 중국 본토의 역사로서도 신해혁명(辛亥革命) 같은 거부의 역사를 낳은 것 뿐이다. 그리고 노신같은 석학으로 하여금 "공자지도(孔子之道)는 식인지도(食人之道)"라는 혹평을 하게 했다.

노신만한 인물이 어째서 제 나라의 가장 위대한 전통이라고 할 수 있는 공맹지도(孔孟之道)를 가리켜서 그런 신랄한 논평을 하게 됐을까? 그것은 한 마디로 유교가 만든 사회 구조의 온갖 모순과 비리를 꿰뚫어 본 탄식이지 다른 것이 아니다.

지나친 조선(祖先)숭배나 복고주의는 답답한 정체성이나 만들뿐이지, 그 속에 무슨 미래적 발전이나 어엿한 진보가 있을까? 그런 이치라면 처음부터 분명해져 있다. 거기에다 신화를 잃어버린 인간의 횡포까지가 섞여 들게 되면 그 사회는 질식할 만큼 빡빡한 유물주의(唯物主義)가 될 가능성까지가 통하게 된다. 그것을 현대인의 개념으로 말한다면 위기가 아니고 무얼까?

실제로 유교의 위험은 공자 이후의 모든 통치자가 저를 위해 민(民)을 종으로 생각했다는 점에서 일치하고 있다. 그것은 틀림없이 공자가 희망한 생각이 아닐 뿐 아니라, 유교의 본질 논리와도 상반되는 모순으로 지적되어야 할 점이다.

신권시대의 통치자는 늘 민(民)이 주인이고 왕이 종이었다. 그런데 인권 중심의 유교가 오히려 역사를 잘못 이끌어 왔던 것이다. 그것이 바로 신화를 잃은 비극이다. 왕이니 지배자니 하는 것은 언제라도 백성을 먹이고 기르는데 목적이 있지, 군림하고 횡포하자는 뜻일 수가 없다. 그러나 신을 떠나는 정치는 뿌리가 잘린 인간과 같아서 우주적 본성에 돌아가려는 노력을 쉽게 포기하는 법이다. 이런 사회의 전형을 우리는 조선 5

백 년의 유교체제에서 찾는다 할 때, 그 말이 어찌 근본을 아는 자의 뚫린 해답이 아닐까?

조선의 유교체제가 잘못된 첫째 조건은 국토의 한계가 작았던 데서부터라고 할 수 있다. 물론 신라와 고려의 영토도 조선을 넘어선 것은 아니다. 그러나 그때는 그때대로 국토의 광협을 문제삼지 않을 다른 이유가 그 속에 있었다. 조선은 국교가 유교였기 때문에 그 유교의 특성이 갖는 국토와의 변수관계가 반드시 문제를 제기하는 까닭으로다.

국토가 작다는 것은 곧 농토가 작다는 것과 직결이 된다. 결국 경작면적이 협소하므로 곡물의 생산량이 적다는 의미다. 또 왕토사상(王土思想)에 근거를 둔 조선의 토지제도라는 건 고려에 비해서 더욱 가혹한 조세를 물지 않으면 안되게 되어졌다. 그것은 새로운 지배계급으로 등장한 양반들에 의해 토지의 사유화가 심하게 늘어난 데다가, 양반의 사전(私田)을 경작하는 농민은 어떤 경우에건 수확의 절반을 세금으로 내도록 된 제도였던 때문이다. 그러므로 토지국유제라는 건 말뿐이고, 국민의 80~90%를 차지하는 농민은 사실상 양반들의 사전과 공전(公田)에 의해 수탈을 면치 못하는 형편이었다.

우리는 여기서 똑같이 유교를 신봉했던 중국의 경우를 떠올릴 수가 있다. 그들에 있어서도 놀고 먹는 층이 양반이란 것과, 피땀 흘리는 생산층이 만만한 상민층이라는 제도에 있어서는 일단 크게 다를 것이 없다. 그러나 그들은 유사 이래의 황하와 양자강 사이에 펼쳐진 무한대한 들판을 가졌던 점에서는 다르다. 그것이 그들 사회의 원활한 삶의 터전이 되었던 것은 말할 것도 없다.

또 그들은 원(元)의 지배 하에 있었던 약 1세기를 제하고는, 어떤 경우에도 지배층으로부터의 착취나 수탈이 강요된 적이 없었다. 세금을 무리하게 낸 적도 없으며, 국토변방에 강제로 수자리에 끌려나가는 법도 없었다. 군인이 되는 건 본인이 원해서 되는 직업군인이 대부분이었고, 세금은 제 거둔 수확량에서 일부를 내어 바치면 그만이었다. 그러므로 정치를 누가 하든 땅 갈아서 밥 먹는 백성들하고는 큰 관계가 없었다. 도무지 귀찮게 구는 일이 없었으므로다. 그러나 우리네 조선 5백 년은 어디 그런가? 수확의 반을 잘라 바치는 세금은 기왕 그렇다 했거니와, 그 외에도 지방에서 나는 토산물을 공납해야 했으며, 악덕관료라도 만나면 사사로운 가렴주구에 시달리는 일이 예사였다. 변학도같은 사또가 오면 춘향이 같은 딸을 바쳤던 경우가 어찌 하나 둘일까?

그렇게 되니 밥을 먹고 힘을 내 써야 할 토지가 결국 가난과 무기력의 원인이 되었고, 저주와 한의 원천으로 나타나서 외세가 난무하는 망국의 대가를 치를 수밖에 없이 되었다.

다음으로 해양대국의 가능성을 유교가 눌러 버렸다는 것을 지적해야 한다. 이것은 조선 유교의 중대한 실수다. 본래 유교가 중국에서 성립할 때, 사(士)·농(農)·공(工)·상(商)의 차례를 정하여 농을 공과 상의 윗자리에 두었던 것은, 화북평원을 바탕한 그들로서의 조건 때문이었다. 다시 말해 땅을 기업(基業)으로 강조해야 할 자기네 한족(漢族)의 이유에서다. 그것을 사는 귀하고 상은 천하다는 식의 등차를 매긴 것으로 알아서는 안된다.

유교의 그런 사회규범은, 사실은 순(舜)임금에게서 찾은 것이다. 이미 살펴 온 바지만 "순임금은 역산(歷山)에서 밭을 갈고 하빈(河濱)에서 질그릇을 굽고, 뇌택(雷澤)에서 고기잡이를 하였다. 밭가는 것은 농(農)의 일이요, 질그릇을 굽는 것은 공(工)이며, 고기를 잡아 파는 것은 상(商)이었다. 그러므로 임금 밑에서 벼슬하지 못한 사람은 마땅히 농·공·상의 일반민이 되었다. 대저 순임금은 천고(千古)에 민(民)으로서의 표본이었다" 했다. 이것이 소위 사민종론(四民總論)이라는 것이다.

그런데 순의 무위한 생활태도를 유교가 민(民)의 규범으로 정하면서 잘못된 관료주의의 입김을 넣어 버렸다. 그래서 사 · 농 · 공 · 상이 무슨 신분제도인양 잘못 전해지게 되었다. 조선 유교가 이 점을 몰랐을 턱이 없건만, 썩은 선비들이 천박한 형식을 중시하다 보니 그만 알맹이를 잃고 껍데기만을 싸안은 꼴이었다.

민(民)의 근본이 이러할진대는 먼저 알갱이가 무엇이라는 것부터 살폈어야 된다. 그런 다음에 형식이다. 무엇이 알갱인가? 백성을 배불리 먹이는 것이다. 공자도 배고픈 사람에게는 예를 말하지 말라고 했다. 넉넉해진 다음에 가르쳐야만 듣는다. 이것은 삼척동자에게 물어도 그렇다 할 일이다.

우리 국토의 조건은 중국과 달라서 땅덩이가 작은 데다 삼면이 바다로 둘러싸여 있느니 만치 먼저 바다의 이점을 살리는 짓부터 했어야 할 것이다. 그러면 백성은 일단 배부를 수가 있다. 두만강 · 압록강 이남의 땅덩이를 다 쳐든대야 22만 ㎢를 넘지 못하는 손바닥만한 것이다. 그것이 산이 아니라 전부 들판이라고 한대도 화북평원에 갖다 놓으면 한 귀퉁이나 채울까 말까다. 그 중에서도 산이 7할이고 들이 3할이니, 그 들판에 풍년이 든대도 자국민들의 몇 달 양식이나 될까?

그런데 그 조건을 가지고 중국 사람 하는 투의 사 · 농 · 공 · 상을 그냥 직수입했다. 그러고도 저희는 양반이라고, 그 알량한 피땀을 착취해 먹은 것이 조선 선비들의 꼴이다. 생각 있는 사내가 한줌만 되었더라면, 어찌 삼면이 바다로 된 이 국토의 조건에 눈을 못 댔을까? 그러나 그런 인물이 단 한 사람이라도 있었다는 소리를 듣지 못했다.

그 쪽 방면에 속한 전문가의 말을 빌면, 이 반도의 연안에서 발견되는 유물조각으로 보아 이 사람들이 유사 이전부터 이미 바다를 상대로 생활했던 흔적이 있다고 한다. 불분명한 기록과 신화 · 전설 속에 담겨 오는 어렴풋한 이야기들도 역시 일찍부터 바다에 나가 씩씩한 기상을 폈던 조상님네의 기개를 고증해 주는 말이라는 것이다. 그럼직한 말이다. 특히 장보고가 남해 해상을 누르던 무렵의 조선술이나 항해술은 문명했다고 뽐내는 이웃 중국이나 섬나라 일본인들의 솜씨와도 비교가 안 될 탁월한 것이라 한다.

생각해 보면, 이 땅이 사람들이 본래로 바다를 상대로 생활했으리라는 것쯤은 미루어 짐작이 될 일이다. 삼면이 바다인 반도인이 생활자료를 바다에서 얻었으리라는 건 자명한 일이 아닌가? 처음에는 물 빠진 개펄에서 조개나 줍던 생활의식이 차츰 발전해서 뗏목을 생각케 되고, 그래서 먼 데까지도 가게 되고, 그러는 사이 모험심이 늘고, 용기가 늘고, 경건한 신앙심도 생겼을 것이다. 더우기 산의 창조성과 불굴의 생명력을 받은 이들의 자손이었으므로, 그 모든 것이 놀랄 만큼 빠른 속도로 진보되고 변모했지 않을까?

기록에 의하면, 당나라 시절 산동반도의 남안(南岸) 일대에서 회하(淮河)의 하류지역까지 조선인의 무역상인 회사가 집중하고 있었다 한다. 또 여타한 지역에까지 일대 세력을 형성하여 본국 해상세력과 제휴해 가면서 동북아세아의 해상권을 거의 독점하고 있었다는데, 그때의 형편을 짐작할 만한 이라면 그런 기록을 믿지 못할 이유가 없다.

그 무렵 중국에 머물던 일본의 조공사절단(朝貢使節團)이 귀국시에 배편과 선원들을 재당(在唐) 조선인에게 요구한 적이 있었다. 그러자 조선인들은 즉각적으로 9척의 항양선(航洋船)과 60명의 일급 선원들을 동원해 주었던 것이다. 실제적인 힘과 자원이 없고서는 당초에 그런 주문도 없었겠지만, 대규모의 출동이 금방 쉽게 이루어질 수도 없는 법이다. 중국 해안을 출발하여 12시간이면 벌써 우리의 서해안에 이르렀고, 9일이 걸리면 일본의 북구주(北九州)까지 도착했다는 것이 그때의 우리 기술이다.

명실상부한 우리네의 해상활동을 적은 것은 그 외에도 여러 가지가 있다. 서양의 저명한 해상연구 전문가 한 사람이 그 당시(9세기)의 우리네 해상활동을 살펴보다가 문득 탄식하기를, "서구인이 평온한 지중해 연안의 물길에서 최초의 무역시대를 열고 있을 때, 조선인은 세계의 동쪽에서 비교적 거친 물결을 갈며 같은 일을 하고 있었구나. 이것은 충분히 고려되어야 할 동서무역 시대의 대응사실이다" 했다든가?

그런데 그 볼 만하던 해상의 역사가 시름시름 수척해지는 기미를 보이다가, 12세기 말에 이르면 아주 뚝 끊어지고 만다. 그리하여 배라는 것은 세곡미(稅穀米)를 중앙정부에 운반하기 위한 수단으로나 운용되는 것이 고작이다. 왜일까? 유교가 사(士)만을 귀히 여겼고, 농(農)을 그 다음으로 여겼고, 공(工)과 상(商)을 함부로 마구하는 바람에 그 풍토에서 저절로 쇠락하여 버려서이다.

그 후로는 왕조실록의 몇 군데에 더러 조군(漕軍)이니 격군(格軍)이니 하여 이들에 관한 생활상이 보이는데, 하나같이 도살장에 갇힌 짐승 모양으로 희망을 잃고 슬피 우는 딱한 정상뿐이다. 그들 격군이나 조군은 전시에 수병(水兵)이 부족할 경우 해변가 주민을 무조건하고 잡아다가 강제로 병역에 종사케 하여서 잡혀온 자들이다. 그러자니 해변 사람이 남아날 재간이 없다. 모두 짐을 싸들고 육지 내륙으로 잠입하거나 직업을 바꾸어 달리 서투른 밥벌이를 할 밖에 없었다.

세상에, 해변 사람의 배 타는 직업을 생각해 보지도 않고 천하게 여긴 것은 무슨 엉터리 수작질이며, 수병이 부족하다고 그들을 함부로 잡아가는 것은 또 무슨 오랑캐놈의 법령인가? 백성을 그렇게 무시해 대우하고도 무슨 정치를 했다 할 것이며, 그런 썩은 정치가 따위가 배때기에 기름이나 지우자는 것이 무슨 나라살림일 것인가? 그러나 그것이 틀림없는 조선조 역사의 진면목이었고, 하늘이 내려다보신 숨기지 못할 진상(眞相)이다.

그런데 충무공의 장계문(狀啓文)을 보면, 이런 수병 가운데는 공(公)·사(私) 노예와 승려가 많았던 것이 눈에 띈다. 그런 군대를 가지고도 충무공은 당시에 세계 최강의 수병이라고 할 일본의 정예병을 백전백승 잡초 베듯 하였으니 도대체 이 사람들의 기질이 어디가 어떻게 되어서 일까?

그러나 우리는 안다. 우리들의 핏대 속에 창조성과 천재성으로 닿는 가능성의 피가 끊임없이 뛰고 있는 때문이란 것을. 이런 가능성을 부추겨 동양의 로마가 되지 못하게 한 조선의 유교는 용서받지 못할 실수를 저질렀을 밖에 없다. 그러나 여기까지는 국토 경영의 문제를 두고 일어난 외적인 실수이다. 손바닥만한 국토 안에 감당하지도 못할 윤리를 세운 선비들은 엄청난 부작용을 유발시켜 놓은 채, 그 부작용을 소화해 내지도 못하고 뉘우치지도 않으면서 어정쩡하게 살고 있었다.

그 단적인 예가 적서(嫡庶)의 차별제도였다. 유교윤리로는 일부다처제가 상식이었다. 따라서 정처(正妻)가 아닌 첩의 소생은 얼마든지 생겨나게 마련이다. 그런데 무슨 근거에 의해서인지, 첩의 아들은 사람 대우를 안해 과거에 응시하지도 못하게 하였고, 이에 따라 벼슬도 할 수가 없었으며, 사회적으로 천대를 받도록만 제도가 만들어졌던 것이다.

이 비인간적이고 위선적인 윤리야말로 조선 5백 년의 생명을 자라지 못하게 만든 중요한 원인의 하나가 아닐까? 과거제도는 본래 숨은 인재를 발탁하여서 나라살림을 잘 해보자는 데 뜻이 있었다. 그것은 개인과 나라를 위해 다같이 이로운 일이다. 그런데 능력도 있고 자격도 있는 인재들이 서출(庶出)이라는 한 가지 사실 때문에 출세의 길을 전혀 얻지 못하고 있었던 것이다.

심지어는 나라에 도둑이 들어서 당장 어쩔 줄을 모르면서도, 그 도둑을 쫓는 자의 출신성분을 문제삼다가 아예 도둑을 다 맞고 마는 일이

빈번했다. 이러니 똑똑한 재원(才源)들은 일생 한을 품고 부랑자가 될 수 밖에 없었다. 자기와 나라를 위해서 귀하게 쓰여졌어야 될 힘들이 오히려 나라와 백성을 해롭게 하는 데 쓰여진 셈이다. 그런 그들의 가슴에는 시한폭탄같은 원한이 다져졌을 것은 뻔한 이치다. 이런 시한폭탄들을 키우고 있는 나라가 어찌 잘되기를 바랄 것인가?

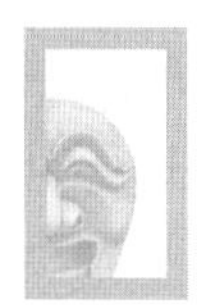

02
주자학 일색의 조선 유교

그런데 유교윤리 중에서도 조선이 숭상하던 주자학이라는 것은 더욱 모순과 부조리가 컸던 학문이다. 그 내용과 체계가 공자가 내세운 근본에서도 어긋나고 있을 뿐 아니라, 잘못 출발되었기 때문이다.

유교의 본질이 미래나 전생보다 현실을 이야기하자는 뜻의 학문인 것은 이미 말한 대로지만, 주자학은 현실의 실질을 위한 것이 아니라 막연하고 애매한 공리(公理)를 말하는 학문인데다 마침내 그것이 핵심으로 굳어져 버렸기 때문에 끝내는 세정(世情)에 통하지 못하는 결과로 된 학문이다.

주자학을 좋아하게 되면 사람이 편협해진다. 그리고 현실을 무시하고 오직 논리주의로만 흐르게 되어 인간이 인간다운 정서를 잃게 된다. 이것이 바로 공자가 가르치려고 한 근본—현실성—에서 멀다는 이야기다.

우리는 조선 유교가 만든 당파싸움과 사화들을 보면서, 그들이 논박하던 인의(仁義)와 여러 형이상학적 논리를 참작할 때, 그렇게도 어긋나고 부조리된 삶이 있을까 하는 생각이 드는 것을 어쩌지 못한다. 이 민족의 역사상 조선 선비들만큼 옹색하고 각박했던 인간들도 쉽지는 않을 것이다. 생쥐같이 소심하면서도 뱀같이 잔인하다는 것이 그들에 대한 인상화다. 융통성이나 관용성은 아예 없다.

해오라기와 까마귀를 한 자리에다 용납하는 일이 없고, 모난 것과 둥근 것을 동시적으로 포용할 줄도 몰랐다. 어디까지나 획일적이고, 세상만물이 다 자기들 한 틀거리 생각 속에 담겨지기를 바란다. 그래서 어제까지의 도반(道伴)이 오늘은 대적이 되었고, 술자리의 실언 한 마디가 사문난적(斯門亂賊)의 화근이 되어 일족이 몰살하는 사례가 비일비재했다. 사문난적은 주자학의 규범이 아닌 다른 학파의 의견이나 생각을 말한다. 누구를 막론하고 사문난적이란 이름이 한번 붙여지면 국가에 대한 역적과 똑같이 했던 것이다.

주자학은 엄격히 말해 송학(宋學)의 한 지파다. 주자말고도 걸걸한 선비들이 그 무렵에 많이 배출되었으므로, 송나라의 문화가 중국 역사상 볼만 했고, 원과 명 · 청을 내려오면서 사상계를 지배해 온 것도 사실이다. 그러나 이 송학이 중국이나 일본에서는 그 해독을 입은 일이 없었다. 해독을 입은 것은 우리나라뿐이다.

왜 종주국인 중국에서조차 입지 않은 해를 하필 우리가 입어서 서로를 상하게 하고 나라까지 망쳐야 했을까? 여기서 그 보이지 않는 민족의 기질과 성격의 변수관계를 거듭 따지고 있을 필요는 없다. 그러나 어찌 보면 공자하고도 별다른 사상계의 독자적인 한 경지를 개척해 온 송학이 따로 위대하다면 위대하다고도 할 것이다. 그리고 그 주자학의 시말(始末)을 참구하여 그 허망한 오류를 밝혀 내는 것이 이 자리의 명분일 것이다.

주자학도 유교의 한 갈래인 이상 그 학문의 내용이 훌륭하고 않고를 따지는 것은 별도로 치고라도, 공자를 바탕하여 시작하고 있는 이상에는 공자의 근본생각을 잘 이해할 뿐 아니라 그 뜻을 살렸어야 할 것이다. 그런데 주자학은 바로 그 점에서부터 실수를 저지른 것이다.

그렇다면 우리는 유교의 중국에서 보아 온 유교의 원래 정신을 다시 살펴볼 필요가 있다. 그렇게 함으로써 공자의 유교의 색채와 주자의 유교 색채가 선명하게 대조될 것이기 때문이다.

유교의 현실주의는 수신제가치국평천하(修身齊家治國平天下)가 구경(究竟)의 목표요 지향하는 바다. 그것을 위해 여덟 살 난 학동(學童)이 물 뿌리고 쓸고 나아가고 물러서는 거동의 절차[灑掃應對進退之節]와 예법 · 음악 · 활 쏘기 · 말 다루기 · 문자 · 산수에 관한 초보적인 것들을 배운다[예(禮) · 악(樂) · 사(射) · 어(御) · 서(書) · 수(數)].

『대학(大學)』의 정심(正心) · 성의(誠意) · 치지(致知) · 격물(格物)도 그래서 쓰여진 것이요, 재명명덕(在明明德)하고 재친민(在親民)하며 재지어지선(在止於至善)하려는 것도 인간이 우주의 한 티끌이라는 것을 오롯하게 바로 알자는 속셈에서다. 그러나 이러한 일체적 노력은 생명을 바로 이해하기 위해서 나온 것이니 『중용』에서 "天命之謂性이요 率性之謂道요 修道之謂教"라고 한 것이 그것이다.

이 부분은 좀 자세하게 살필 필요가 있다. 천명(天命)은 우주의 호흡으로 된 생명을 말하자는 것인데, 많은 사람들이 자구(字句)에 속아왔으므로다. 천(天)은 우주라는 뜻이다. 곧 천제(天帝)의 의미에서 그런 것이니 제정일치 시대의 신권사상에서 흘러진 말이다. 명(命)은 섭리 · 법리의 뜻이요, 성(性)은 생명 · 바탈의 의미요, 솔(率)은 간수한다는 뜻이고, 도(道)는 통함 · 열림의 의미다. 수(修)는 지켜 낸다 · 지킨다의 의미이며, 교(教)는 교육 · 가르침 그런 뜻이다. 그렇게 해서 글을 한번 새겨 보면,

우주의 숨줄대로—섭리대로, 이법(理法)대로—된 것이 생명이요, 그 생

명을 리듬대로 간수해 가는 것이 통하는 것이요, 그 열림—트임—을 제 가락대로 지켜 내는 것이 교(敎)다.

하는 뜻이다. 솔성(率性)의 솔(率)은 삼라만상의 일체 것이 곧고 굽고, 검고 희고, 급하고 느리고, 가고 오고, 있고 없고의 제 분수대로 놓여 있음을 말한다. 시비가 있을 수 없고 제 분수대로 어엿미끈할 뿐이다. 그렇게 보면 성(性)과 도(道)와 교(敎)는 하나이지 나누어서 볼 것이 아니다. 이것을 『역(易)』에서 설명하기를 "一陰一陽之謂道, 繼之者善 成之者性"이라 한 것이다.

여기서의 도(道) 또한 열림, 트임 그런 의미다. 길은 원래 열리고 트인 것이니까. 선은 인위가 아닌 무위로서의 좋은 것, 저절로 잘하는 것이며, 성(性)은 생명의 알짬을 지적한 것이니 체(體)이면서 용(用)으로서의 뜻을 가졌다. 새겨 보면 다음과 같다.

한번 음(陰)하고 한번 양(陽)하는 것이 바른 통합이요, 그 트임을 무위하게 잇는 것이 잘된 것이요, 그 잘된 것을 오롯이 이루어 내는 것이 성(性)이다.

『역』의 계사전(繫辭傳)에 나오는 이 구절은 『중용』의 천명지위성(天命之謂性)의 천명을 풀어낸 것이지 다른 것이 아니다. 동시에 유교의 어떤 것도 이 구(句)를 넘어 가지 못할 뿐 아니라 이 구절에서 시원(始源)하여 이리로 환원되는 이 구(句)의 소식이다. 오로지 생명을 알자는 노력이요 소식인데, 그것이 중국적인 감각으로 수용이 되었다 할 뿐이다. 수신제가치국평천하를 하자는 그것이요, 명덕(明德)을 밝히어 지선(至善)에 닿자는 것이 그것이며, 공자가 주공을 연연한 것과 맹자의 왕도나 법가의 패도가 다 그 구(句)에서 지고 샌 역사의 족적(足蹟)이던 것이다.

이쯤 해두고 송학(宋學)을 보자.

송학의 대표적인 특색을 성리학으로 본다면, 주자학의 성리(性理)는 장재(張載 : 橫渠)의 주기론(主氣論)에서부터 출발하고 있다. 정확하게 말해서, 장횡거의 일기설(一氣說)이 처음 등장하여 우주와 인생의 일체를 기(氣)의 작용으로 설명하게 되자, 정호(程顥 : 明道) 정이(程頤 : 伊川)의 형제가 주기론에 대한 이기설(理氣說)을 내놓았는데, 주자가 바로 정자이가(程子二家)의 학문을 사사하면서 그들 이기설을 바탕으로 종전에 논의된 제가설(諸家說)을 종합하여 더욱 밝히고 조직화하여 성리(性理)의 체계를 완성시킨 것이다. 거기에다 주돈이(周敦頤 : 濂溪)가 말한 태극도설의 이(理)까지가 그 오류를 결정적으로 돕게 되었다.

그런데 근본에서 본다 하면, 이 태극도설이나 주기설은 그것 자체가 도교와 불교의 영향을 입고 있었다. 다시 말해 불교의 심성론(心性論)과 도교의 본체론(本體論)에 대한 반발로 그들의 성리학과 이기론은 창안된 것이기 때문에 원래적인 『역』, 『중용』 등의 해설과는 차이를 가지게 되었다. 그것이 주자학으로 하여금 공자의 학설과 어긋나는 길을 가게 만든 원인일 것이다.

실제에 있어서 어떤 것이 오류의 내막인가? 먼저 횡거의 주기론부터 가닥을 추어잡자. 『성리대전(性理大典)』의 횡거정몽편(橫渠正蒙編)에 처음으로 기(氣)를 논하여, "太虛無形 氣之本體 其聚其散 變化之客形爾 至靜無感 性之淵源 有識有知 物交之客感爾 客感客形 與無感無形 惟盡性者一之"라고 한 것이 있다.

객형(客形)은 물질의 현상을 말한 것이다. 객감(客感)은 정신의 작용을 의미한다. 그는 우주의 본체를 태허(太虛)라 하고, 태허는 곧 일기체(一氣體)라 했다. 그 기(氣)는 모여서 만물이 되고, 흩어져서 다시 태허로 돌아간다는 이론이다. 그 말을 다시 하면, 형상(形相)은 기로 되는 것이고, 지각(知覺) 작용은 기의 교감이란 뜻이다. 그리하여 지정무감(至靜無感)이 성(性)의 본체가 된다.

횡거에 의하면 "태허는 기(氣)와 즉(卽)해 있는 것"이었다. 은(隱)하고 현(顯)하는 통(通)함이 하나인 것이지 둘이 아니다. 왜냐? 허공이 만약 기를 낳는다거나 머금는다면, 허공은 무궁한 것이고 기는 한정이 있다. 그 체(體 : 虛空)와 용(用 : 氣)이 각기 달라서 필경 끊어지는 날에는, 그것은 노자의 무(無)사상이요, 자연지론(自然之論)에나 떨어지는 것이다. 여기서 말하는 기니 태허니 하는 것은 노자의 본체론에서 자주 쓰는 말이다. 그러나 노자의 무(無)라고 해도 그는 잘못 보고 있다.

그러면 기(氣)의 본질은 무엇이냐? 기는 다만 앙연(怏然)한 태허일 뿐이다. 승(昇)하고 강(降)하고 비(飛)하고 양(揚)하는 작용이 그치거나 쉴 수가 없는 무엇이다. 그것은—기의 작용—감(感)하여, 모이면 바람과 비를 만들고, 서리와 눈도 되며, 만품(萬品)의 형상을 만든다. 거듭 말해서 모여 질(質)을 이루고, 그 작용이 사람과 물건과 일체의 현상을 낳는다. 그것이 기다. 그러면서 귀신이란 것은 "이기(二氣)의 저절로 된 것—양능(良能)—이다" 했다.

일기(一氣)를 논하다가 갑자기 이기(二氣)라니 무슨 말인가? "太虛爲晴 淸卽無礙 無礙故神 反淸爲濁 濁則礙 礙則形, 凡氣淸則通 昏則壅 淸極則神"의 이기(二氣)다. 이 말을 풀어 옮기면, 태허는 휑하니 맑게 트여 걸릴 것이 없다는 뜻이다. 그 상태를 신(神)이라 하는데, 반대로 기(氣)의 작용이 흐려 걸릴 것이 있으면 거기서 형상이 나타난다. 이기(二氣)는 결국 일기(一氣)의 작용이다.

이런 장횡거의 일기설(一氣說)은 태허를 천(天)이라 하고, 기화(氣化)를 도(道)라고 하며 허(虛)와 기(氣)를 합한 것이 성(性), 성(性)과 지각

(知覺)을 합친 것을 심(心)이라고 하여서, 성리학의 시발점을 만든다. 그러나 이때까지는 아직 이기론(理氣論)이 나오지 않고 있었다.

이기론(理氣論)은 그 후에 "形而後 有氣質之性 善反之則 天地之性存焉 故氣質之性 君子有弗性焉"이라고 한 데서 시작되었다고 볼 수가 있다. 즉 "꼴—형(形)—이 생긴 뒤에 기질의 성(性)이 나타난다. 선(善)에 돌이킨 것이 천지지성(天地之性)이다. 그러므로 기질지성(氣質之性)은 군자(君子)의 성(性)이 할 바가 아니다"라는 것이다. 여기서 횡거는 천지지성과 기질지성을 구분한다. 선반지즉(善反之則)이라고 할 때의 선(善)은, 맹자의 성선설(性善說)을 끌어내 온 것으로 곧 천지지성—천리지성(天理之性)—을 말한 것이다.

일찌기 맹자는 인(仁)·의(義)·예(禮)·지(智)를 논하여 인(仁)은 측은지심(惻隱之心)이요, 의(義)는 부끄러움—수오(羞惡)—을 아는 마음이요, 예(禮)는 염치를 아는 마음—사양지심(辭讓之心)—이요, 지(智)는 옳고 그름을 분간하는 시비지심(是非之心)으로서, 그것은 사람의 생각이나 감정이 인위적으로 느끼고 생각하기 이전에 이미 이렇게 움직이고 있다고 정의한 바가 있었다. 그것은 성(性)에 대한 정의다. 세상에서 말하는 성선설(性善說)이 이것인데, 사계(四季)를 운행하는 우주질서, 곧 원(元)·형(亨)·이(利)·정(貞)과 짝을 맞추었다 했다. 그래서 선성(善性)을 천리지성(天理之性), 혹은 천명지성(天命之性)이라고 하는 것이다.

횡거가 여기서 이 구(句)를 인용한 것은 사람의 본래적 무위지성(無爲之性)과 유위지성(有爲之性)을 구분하기 위해서이다. 즉, 그에게는 천명지성에서 떠난 인위의 기질지성은 군자의 할 바가 아니라는 의미로 뚜렷이 해 두자는 목적이 있어서였다.

그 뒤 제가(諸家)들이 횡거의 주기설(主氣說)을 싸고 논란이 있었지만, 명도(明道)가 나와서 "성(性)을 논하는 데 기(氣)를 논하지 않는 것은 불비(不備)한 것이요, 기(氣)만 논하고 성(性)을 논치 않는 것은 불명(不明)이다" 했다. 이 구절이 바로 후유(後儒)들이 송학의 대표되는 이기론(理氣論)의 창도(唱導)로 지목하는 말이다. 그리고 다른 제가들의 설보다 명도와 이천(伊川)의 형제에 의해 이기설은 특히 깊이 있게 다루어졌고, 주희(朱熹)는 이 형제 중에서도 이천의 학설을 존숭하여 따랐던 자다. 정자(程子)들의 이런 학리와 학풍적 관계를 얼른 납득하기 위하여 다음의 일화 한 토막을 들어 보자.

> 어느 때 명도와 이천은 연회석에 초대를 받아 다른 사람들과 함께 가게 되었다. 그런데 사람이 호방하고 자연스런 형 명도는 춤추는 기생을 불러 희롱도 하고 농담도 던지면서 함부로 껄껄대는 등 유쾌하게 잔치를 즐겼다. 그러나 아우인 이천은 학제(學齊)에 있을 때와 같이 그 태도가 꿋꿋하고 엄정하여 조금도 누그러지는 기색이 없었다.
>
> 다음날 이천은 명도를 만났을 때, 어제 잔칫집에서 기생을 희롱한 형님의 처사가 마음에 걸린다고 말했다. 명도는 웃으면서 대답하기를 "어제 나의 마음 속에 기생이 없었는데, 오늘 자네 마음 속에 기생이 있더란 말인가?" 했다.

이 이야기는 두 사람이 성격이나 평소 생활이 어떠했다는 것을 가장 알기 쉽게 드러내고 있다. 또 이 두 형제의 학풍이 학리(學理)에서는 다른 것이 없다고 하더라도, 성격만은 다르다는 것을 증명하느라고 전해 오는 무엇이다.

명도는 원래가 온유하고 화창한 성격이었다. 그러는 가운데 영롱하고 투명한 분이다. 그러기 때문에 제자들이 모시고 배울 적에는 "봄바람 가운데 앉은 듯하다"고 했다. 그 명도에게는 당연히 비약적이면서도 허구적인 면이 있었다. 동(東)을 울리는 것인데 오히려 서(西)를 때린다. 북

(北)을 보이자는 것이면서 반대로 남(南)을 드러낸다. 그러나 제자들은 듣는 동안 스승의 뜻이 무엇이며, 낙처(落處)가 어느 곳이라는 걸 환히 알게 되었다. 그것이 사람을 가르치는 명도의 학풍이다.

거기에 비하면 이천은 엄밀하고 실천적이었다. 모험심이 없고 비약이 없다. 어디까지나 꼼꼼하고 정확성을 기한다는 태도다. 적당한 에누리가 없고 용서가 없었다. 이천은 학제(學齊)에서 제자가 도(道)를 묻는 중에 다른 제자가 문밖에 시립(侍立)하다가 눈을 만나면 그냥 부동의 자세로 서 있게 하는 정도였다. 소위 좌풍입설(坐風立雪)이란 말이 그 말이다.

주자가 명도보다도 이천을 좋아했던 것은 바로 이천의 이러한 엄밀성과 정확성에서였다. 동시에 심침(深沈)하고 조직적인 그 학풍을 그대로 답습했으리라는 것도 어렵지 않은 짐작이다. 이런 학풍의 분위기는 학문의 정신 속에 숨어다니는 혼백같은 것으로서, 그것이 내놓고 무슨 짓을 하자는 것은 아니지만 항상 그 속에서 숨을 쉬고 있다는 것에 주의해 둘 필요가 있다.

이런 결과는, 주자가 세운 성리학이 우리나라에 들어와서 만들어 놓은 풍토의 결과를 생각해 보면 쉬 알 수 있는 것이거니와, 그 주자와 기질적으로 닮았었다는 송우암의 행적에서 바로 나타나는 일이기도 하다. 우암같은 이가 만약 주자학 정도를 만나지 않았더라면, 당쟁의 희생이 되는 대신에 보다 큰일을 해냄직한 괴걸(怪傑)이 아니었을까?

각설하고, 맹자의 성선설(性善說)을 풀이하여 인 · 의 · 예 · 지의 사단(四端)과 희 · 로 · 애 · 락 · 애 · 오 · 욕의 칠정(七情)으로 출발시킨 것이 송학의 성리학이라면, 주자의 직계가 되는 이천은 그것을 어떻게 수렴했을까?

그는 역전(易傳)에서 이(理) · 기(氣)를 나타내는 말로 "유형은 기(氣)요, 무형은 도(道)"라 했다. 이 도(道)가 이(理)에 해당한다. 또 그는 "음 ·

양을 여의고는 도란 것도 없다. 까닭에 음 · 양이 도일 수가 있지만, 그 음 · 양은 기(氣)를 본질로 한 것이므로 형이하(形而下)다. 도(道)는 형이상(形而上)이며, 형이상은 감추어져서 비밀스런 것이다" 했다. 주자는 이런 이천의 이(理) · 기(氣)를 바탕하여 우주론적으로 학리를 전개시켰다.

당초에 명도 · 이천의 이(理)에 대한 개념은 유가의 근본사상인 천명론(天命論)에서 뽑은 것이다. 이기설(理氣說)에 있어서의 기(氣)는 원소나 에너지의 개념으로 이해하면 될 수 있는 것이지만, 이(理)는 그런 추리로는 설명이 불가능하다. 그것은 정신적이고 주재신적(主宰神的)인 것이기 때문이다.

『주역』의 복괘전(復卦傳)에는 "復其見天地之心乎"라는 글귀가 나온다. 복괘는 원래 발전과 번영을 상징하는 괘인데, 복(復)에서 천지지심(天地之心)을 본다는 것은 변전하고 생성화육하는 천지의 마음을 보는 것을 말한다. 이것은 이(理)의 정체를 주재신적(主宰神的)으로밖에는 파악할 수가 없다는 소린데, 이천이 이 구(句)를 풀이하기를, "일양(一陽)이 흘러드는 것은 바야흐로 천지가 물(物)을 생(生)하자는 마음이다. 그런데 선유(先儒)들이 이 천지지심을 정(靜)으로만 보고, 그 동(動)의 단서를 보지 못한 채 그저 정(靜)이라고만 했다. 도(道)를 알지 못하는 자가 누가 능히 그것을 알꼬?" 했다.

그것을 안다는 것은 이(理)를 아는 것이다. 이 말 속에는 천심(天心)과 천리(天理)는 같은 것이면서 심(心)을 주재하는 편으로의 천제(天帝), 곧 한울님을 암시하는 것 같은 의미가 내포되고 있다.

명도(明道)도 『성리대전』에서 "天地 只是而生 物爲心"이라 하여 천지지심은 생리(生理)를 가리킨 것으로 보았다. 생리란 결국 헤아려 알지 못하는 주재신 쪽의 이야기인 것이다. 이 주재신이니 생리니 하는 것은 『중용』에 있는 천명지위성(天命之謂性)의 성(性)에서 유래한다. 정자이가

(程子二家)의 이(理)의 개념이 천명론에서 나왔다는 것이 결국 이런 관계에서다.

그런데 주자의 본의(本義)에는 이천을 좇아서 "積陰之下 一陽復生 天地生物之心"이라고 되어 있다. 즉 "쌓인 음(陰) 속에 가만히 일양(一陽)이 흘러드니 곧 천지(天地)가 물(物)을 기르는 마음"이란 뜻이다. 그것이 주자의 이(理)였다. 여기까지가 장재의 주기설(主氣說)을 시원으로 주희에 이르기까지 논란된 이기설의 대략이다.

이제부터는 염계(濂溪) 쪽의 태극도설을 살필 차례다. 핵심을 먼저 말한다면 염계의 태극은 이기론(理氣論)의 이(理)를 지칭한 것이다. 그것이 당시의 여러 학파에 알게 모르게 영향을 미쳤을 뿐 아니라, 특히 송유(宋儒)들의 수양 공부에 있어서 결정적인 키—타(舵)—노릇이 되고 있었다. 우리나라에서도 4백 년 동안이나 줄기차게 논의되었던 성리(性理)의 대체(大體)는 횡거의 주기설에서보다 이 태극도설에서 근거를 찾은 것이 사실이다.

그만큼 태극도설이 가진 음양(陰陽)의 이(理)는 큰 설득력을 가진 듯이 보였다. 왜냐하면 "無極而太極 太極動而生陽 動極而靜 靜而生陰 靜極復動"이라고 한 첫머리의 말은, 바로 『주역』의 "一陰一陽之謂道"의 이(理)를 추출한 듯했기 때문이다. 그러나 이 말은 결과적으로 『주역』과는 아무런 인연이 닿지 않는다. 염계 이래의 근 천 년 역사가 이것을 주역의 뜻으로 받아들이고 있었지만, 사실은 속은 것이다. 독자만 속은 것이 아니라 염계 그 자신도 깜박 속았다. 속아서 이 구(句)를 쓴 것이다.

염계를 속이고 독자를 속인 '속임'의 단서는 바로 "一陰一陽之謂道"라고 한 그 구(句)에다 역사 자신이 파놓은 함정이다. 자세한 논박은 차차 하겠지만, 일음일양(一陰一陽)이라고 할 때의 이 음양이 공자 이후 염계 시대까지 1천 5백 년 동안을 타내려 오는 사이 사람들 마음 속에다 어느새 음양의 관계를 형성해 주었던 때문이다.

그것은 공자의 본뜻과 같다고만 할 수 없는 좀 묘한 관념의 음양이다. 그 관념이 일음일양지위도(一陰一陽之謂道)를 일음일양위지도(一陰一陽謂之道)의 관념으로 엇바꾸어 생각하게도 되었고——일음일양지위도는 일원론(一元論)이지만, 일음일양위지도는 이원론(二元論)이 된다——음양(陰陽)이라고만 하면 누구든지 다 알고 있는 것만 같은 이상한 기압층을 형성해 주고 있었다. 이 점이 공자와 상관없는 후세인들의 음양관이고 함정이었던 것이다.

염계의 태극관은 『역(易)』에서 뽑아낸 이(理)의 태극이 아니라, 그 당시 불교가 논박한 심성(心性)의 성(性)에서 뽑아냈다고 보는 것이 보다 타당하다. 그 당시의 풍토로서는 그런 일이 있을 수 있기 때문이다. 불교의 성(性)이라면, 『중용』에서 말하는 천명지위성(天命之謂性)의 성(性)과 혼동을 빚을 만하게 되어 있다. 그런 뒤범벅판의 관념적인 단서들이 염계로 하여금 이치에도 덜 맞고 소속감도 없는 태극도설을 내놓게 했을 것이다.

어쨌든 태극도설은 주역에 나오는 태극설과 같은 것으로 간주되어, 오늘까지 그에 따른 구구한 학설들이 내려오고 있다. 여기서는 일단 그런 중론을 좇으면서 태극도설을 살펴보자.

『주역』에서 일음지(一陰之) 일양지(一陽之)를 그대로 도(道)라 한 것은 우주생성의 이법을 간략하면서도 분명하게 드러내고 있다는 점에서 『주역』 전체를 통해 가장 밑이 되는 말이다. 유교 경전의 어떤 말이나 문구도 이것 이상을 넘어갈 수는 없다. 넘어가지도 못하지만, 모든 격식과 예법이 바로 이 구(句)에서 출발한다. 그러기 때문에 형이상학이든 형이하학이든, 우주간에 변재한 일체의 원리는 이 한 점 속에 다 들어간다. 쉬우면서도 확연하지만 동시에 모자라지도 남지도 않는다. 일음일양지위도(一陰一陽之謂道)야말로 공자가 설명한 일체 원리의 체(體)인 것이다.

체(體)가 있으면 용(用)이 따를 것은 당연한 일, 그래서 이 체(體)의 실제적인 작용을 더욱 구체적으로 풀이한 것이 계사전(繫辭傳)의 태극설이다. 그렇게만 보면 된다. 조금이라도 염계적(濂溪的)인 의견을 가질 것이 없다. 그런 감각에서 역(易)의 태극설부터 풀어 보자. "太極生兩儀, 兩儀生四象, 四象生八卦, 八卦定吉凶, 吉凶生大業". 이것이 계사전에서 보여주는 태극의 내용이고 성격이다.

태극이 양의(兩儀)를 생(生)한다 했거니와, 양의는 음양이 아니다. 천지다. 만약 음양의 뜻이라면, 바로 태극생음양(太極生陰陽)했거나 태극생이기(太極生二氣)라고 했을 것이다. 그것이 훨씬 쉽고 옳지 않을까? 또 양의생사상(兩儀生四象)은 천지가 사상(四象)을 생(生)한다는 것인데, 이 사상을 송유(宋儒)들은 태음(太陰)·태양(太陽)·소음(少陰)·소양(少陽)으로 보았다. 그러나 『역』에는 태음·태양이란 것이 없다. 노음(老陰)·노양(老陽)으로 되어 있다. 그것은 물과 불과 흙과 돌 등을 의미한다. 그것을 확대해석하면 우주간에 펼쳐진 일(日)·월(月)·성(星)·진(辰)과 삼라만상이다. 팔괘는 거기서 나온다.

팔괘의 괘자(卦字)는 원래가 점치는 것을 나타낸 상형문자로서, 먼저 삼획(三劃)을 긋고 뒤에 획을 내려긋고, 그 옆에다가 복(卜)자를 더해 놓은 글자다. 이것은 점의 작괘(作卦)를 할 적에 첩시(喋蓍)하는 법을 나타낸 것으로 시초(蓍草)를 넷씩 뽑은 뒤에, 남은 것을 격(格 : 卓上)에 두는 상형(象形)이다. 그래서 괘효(卦爻)의 괘(卦)에만 쓰지 달리는 쓰는 글자가 아니다.

사상(四象)이 팔괘(八卦)를 생(生)한다고 한 것은 결국 점(占)을 의미한다. 이 정도로 가리어 놓고 보면 태극의 성격이 무엇이라는 것쯤 환해졌을 것이다. 그러나 이것으로 이야기가 다 된 것은 아니다. 염계의 태극도설을 논하기 이전에, 우리는 『주역』의 태극 뜻을 분명히 밝혀 두기 위하여 일음일양지위도(一陰一陽之謂道)라고 한 도(道)의 뜻을 이 자리에서 분명히 할 필요가 있다.

일음지(一陰之) 일양지(一陽之)하는 것은 이원론이 아니라 일원론이란 것은 누차 해 둔 소리지만, 이 일음지하고 일양지하는 것은 저 스스로가 아니라 무엇 하나에 의지해서 그렇다는 것이니 이것이 곧 도(道)다. 이 도(道)는 도로(道路)의 뜻이다. 오늘날에는 도(道)라고 하면 형이상학적인 자리지만, 고대에는 통과의 뜻으로 쉽게 쓴 말이다. 통과하지 않고는 일음지 일양지할 수가 없다. 이런 이야기는 앞에서 한 바가 있을 것이다.

그런데 이 경우의 도(道)는 단순한 통과나 죽어 있는 것이 아니라, 그렇게 되게 하는 모종의 섭리까지가 동시적으로 전제된다. 이 섭리적인 도(道), 이것이 위에서 말한 우주근원의 본체요, 작용으로 말해진 태극이다. 다시 말해 도(道)와 태극은 우주생성 이법의 체(體)와 용(用)의 관계이다.

그러기 때문에 같은 생리이면서도 그 놓임이 다르다. 만약 체(體)와 용(用)을 구별하지 않는다면 "太極生兩儀"를 도생양의(道生兩儀)로 하든지, "一陰一陽之謂道"를 일음일양지태극(一陰一陽之太極)으로 말할 수가 있을 것이다. 그러나 역시 그렇게는 안된다. 누가 보든 그것을 이치적으로 말이 된다고는 못하게 되어 있다.

아마 이 정도라면, 『주역』에서 말한 태극이 무엇이라는 것쯤 드러났을 것이다. 다음에는 주 염계의 태극도설을 살펴보자. 전문(全文)이래야 그리 긴 것도 아니다.

無極而太極 太極動而生陽 動極而靜 靜而生陰 一動一靜互爲其根, 二氣妙合 而兩儀立焉 陰變陽合 生水火金木土 五氣順布 四時行焉, 五行一陰陽也 陰陽一太極也 太極之本無極也 無極之眞 二・五之精 妙合而凝云 乾道所男 坤道所女 二氣交感 萬物化生焉, 萬物生生 而變化無窮焉 唯人也

得其秀而最靈 形旣生矣, 神風知矣 二性交感 而善惡分 萬事出焉 聖人定之以中 正仁義而主靜 立人極焉 故 聖人日月合其明 與天地合其德 與四時合其序 與鬼神合其吉凶, 君子修之吉 小人悖之凶 故曰立天之道 曰陰與陽 立地之道 曰 柔與剛 立人之道 曰 仁與義. 又曰 反始原終 故知生死之說 大矣哉 易也 斯其至矣

이 글은 앞머리의 무극이태극(無極而太極)이란 말부터가 아리송하다. 태극(太極)은 무극(無極)이면서 태극이란 뜻을 이렇게 쓴 것이다. 무극은 노자가 무(無)의 극(極)이란 의미로 썼었고, 태극은 장자(莊子)에 시간적 공간적으로 제일 높고 처음 된 자리라는 뜻으로 쓴 것이 있지만, 그런 관념들을 동원할 필요는 없다. 태극 앞에 놓이는 무극은 곧 태극이면서 무극이란 뜻이니, 태극의 형용사 정도로 보아서 좋다. 그러나 태극의 성격이 무극이라고 하나, 무극의 성격이 태극이라고 하나 그것은 상관이 없다.

그보다 문제가 되는 것은, 태극이 동(動)하여서 양(陽)을 생(生)하고, 동(動)이 극(極)하면 정(靜)하여져서 정(靜)이 음(陰)을 생(生)하니, 정(靜)이 다시 동(動)한다고 한 이 말이 무슨 말일까? 이것이 소위 양(陽)은 동(動)하고 음(陰)은 정(靜)한다고 한 음정양동(陰靜陽動)의 잘못된 이론이다. 『주역』에는 애초에 이런 이론이 없지만 이런 이치도 없다.

『주역』에서 일음일양지위도(一陰一陽之謂道)라 한 것은 음(陰)과 양(陽)이 둘이 아니라 일기(一氣)가 변화하여 음양이 된다는 뜻이니, 음양은 달리 말해서 손과 주먹의 관계이다. 이것과 저것이 다른 것이 아니라 하나인 것이다.

또 음양은 밤과 낮의 변화와도 같다. 음정양동(陰靜陽動)이 만약 옳다면 낮은 동(動)하고 밤은 정(靜)해야 할 것이다. 그러나 밤낮은 다 동

(動)하는 법이다. 동(動)하기 때문에 항구적으로 계속되면서 흐를 수가 있다. 단적으로 말한다면 음양은 일호일흡(一呼一吸)이 반복되는 일기(一氣)의 굴신(屈伸)이다. 흡(吸)이 극(極)하면 호(呼)가 되고 호(呼)가 극(極)하면 흡(吸)이 될 뿐이다. 이런 호흡의 무위한 작용이 그대로 일음일양(一陰一陽)의 묘리이다.

염계 태극도설의 근본적 실수는 역(易)의 태극을 '생리(生理)의 본체'로 보았던 데서부터다. 그가 일기(一氣)에서 우주의 본체적인 이(理)를 끌어내려고 한 시도는 옳았지만, 음정양동(陰靜陽動)이라는 엉터리 정의를 내린 것이 다 그런 이유에서였다.

그가 무극(無極)이 태극(太極)이라 한 것은 태(太)는 대(大), 극(極)은 지극(至極)의 뜻으로서, 공간과 시간적으로 지극무한(至極無限)하다는 태극이다. 그러므로 일체만사(一切萬事)가 이 속에 담긴다는 뜻이다. 이것은 누가 보든지 본체론이다. 사상(四象)이 생팔괘(生八卦)하고, 팔괘가 정길흉(定吉凶)하여 대업(大業)을 생(生)케 한다는 역(易)의 태극과는 하등의 관계도 없는 태극일 뿐이다.

혹자가 이것을 보고, 역(易)이 끝까지 길흉이나 판정하자는 것이라고 한다면 염계의 학설에 비해 천박하다고 생각할지도 모른다. 그렇게 생각하여서 염계의 학설을 더욱 위대하다고 하여도 할 수 없는 일이다. 그러나 분명한 것은 분명한 것이다. 염계의 태극도설은 주역의 태극과 다르다는 것을 알고 보아야만 된다. 그것이 태극도설을 따로 높이 평가할 수 있는 길이 아닐까?

그런데 염계의 학설에 도취된 많은 유자(儒者)들은 이기(理氣)를 논할 때마다 으레 태극도설을 끌어내어, 염계의 태극을 주역의 태극과 동일시하는 실수를 범하곤 했다. 그것은 주(周) 염계(濂溪)가 송유(宋儒)들에 있어서 초조(初祖)가 된 탓도 있어서였을 것이고, 공자 이후 수천 년 동안

거론되어 온 음양설이 어느덧 관념화되어서 그들로 하여금 비판의 여유를 못 가지게 했다는 것도 한 이유일 것이다. 비판이 죽은 곳에는 원래 맹목적인 복종만이 넘치는 법이다. 더구나 그것이 무조건을 요구하는 유교사회임에랴.

다만 염계의 훗날 육상산(陸象山)만이 염계의 태극도설을 말하지 말라고 한 적이 있었다. 그에 의하면 태극도설은 염계의 젊은 날의 학설로 아직 정리가 안된 상태의 것이었다. 그러나 주자 같은 이가 육상산을 배척하고 오직 염계의 학설을 높이 사서, 그의 태극도설이 말하는 바 태극을 우주의 본체가 되는 이(理)로 꽉 눌러 세운 후, 그것이 영 고칠 수 없는 철칙으로 굳어진 것이다.

주자는 "太極只是 天地萬物之理"라 하여 태극이야말로 천지만물의 생리로서 우주의 본체가 된다고 확언하기를 서슴지 않았다. 그리고 인생과 사물의 일체를 그 관점에서 파악하고 설명을 붙였다. 그의 『주자어류(朱子語類)』나 『주자어통(朱子語通)』, 『성리대전(性理大典)』 등은 거의가 이런 논리와 이론 투성이의 것이다. 이것은 실로 큰 오류요 엄청난 넌센스가 아닐 수가 없다.

공자 이후 부자(夫子) 칭호를 듣는 것은 주자뿐이다. 진시황의 분서갱유 후로 거의 맥이 끊기다시피 된 유교의 불모지대를, 그나마 깁고 때워서 재정비를 했던 것이 주희 그 사람이었기 때문이다. 그런 주부자(朱夫子)의 학설인지라, 그 권위 앞에 더욱 비판의 생각을 내지 못했다는 것쯤 유교의 위대한(?) 전통과 함께 당연히 이해해 주는 것이 옳지 않을까?

그런데 성리학을 완성하는 주자의 사상이나 환경의 뒷면을 한번 들여다 본다는 것도 이 자리의 과제로서 괜찮은 일이라 싶어진다. 송의 성리학은 태극도설이나 이기설 등이 주자에 의해 집대성되어서 전해 온다. 그러나 그 모든 것은 우연이 아니라, 실은 역사적인 요구 때문에 이루어졌다는 것을 아는 것도 좋으리라.

당나라의 뒤를 이어 중원의 새 왕조가 된 송은 3백여 년 동안 나라 살림을 했고 그것이 중국 문화 역사상 빛나던 한 때로 꼽혀 오지만, 그 문화와는 달리 국경의 안보문제는 불안하기만 하던 때였다. 북쪽에 거란이 송과 비슷한 무렵에 일어나서 요(遼)를 세운 후 늘 위협적인 존재였고, 그 거란의 서슬이 꺾인 다음에는 여진족이 금(金)을 세워 압력을 가해 왔다. 그리고 금 뒤에는 몽골족이 세운 원나라가 송을 끝내 집어삼키고 말았던 것이다.

그러는 사이 임금들이 둘씩이나 붙들려 가는 수모를 견뎌야 했고, 서울을 옮기어 새 힘을 길러 보고자 애도 써 보았다. 나라가 이런 비상사태에 놓이게 되면 국민은 새로운 사상에 의해 정신을 무장해야 될 필요가 있어진다. 그래서 그때의 엘리트인 유자(儒者)들은 지금까지의 훈고학을 배척하고, 새로운 철학이라고 할 수 있는 성리학을 주창하기에 이른 것이다. 그것은 이미 본 바와 같이 성명(性命)과 이기(理氣)를 논한 것으로, 우주의 근본과 인생의 본질을 새로이 고찰하자는 학문이었다

주자가 살았던 시대는 남송의 시대로서, 얼마 안 남은 송의 운명이 북쪽에서 형성되는 원(元)의 저기압권에 영향을 입어서 심하게 위축이 되어 있었다. 거기에 국내의 사상계의 실태를 돌아보면, 당나라 시절부터 위풍을 떨치기 시작한 불교의 화엄사상과 천태사상이 태반이나 주름을 잡고 있는 실정이었다. 그 위에 불입문자(不立文字)를 주장하는 참선법까지가 군림하고 있었으니, 그 교세는 물론이거니와 내용과 실제적 힘에 있어서 유교는 비교도 안될 정도였다.

그러나 주자의 생각에, 불교는 아무리 어쩐다 해도 출세간의 종교였지 이 당장의 현실을 만지고 이끌어 가는 실질의 힘은 아니었다. 현실은 유교가 아니면 안된다, 유교만이 이 세상을 고치고 꿰매어서 다스릴 것이

다, 이렇게 생각하고 있었다.

처음에 주자는 불교의 참선 공부를 섭렵했고, 선문어록(禪門語錄)도 본 적이 있었다. 불교의 전성시대를 사는 사람으로서 사상계의 실제적 힘을 알기 위해서는 그 노릇이 불가피하기도 했지만, 불입문자(不立文字)의 대종장(大宗長)인 대혜(大慧) 선사가 바로 외숙이었던 그로서는 불교의 선학(禪學)에 대해 더욱 심취된 바가 컸던 것도 사실이다.

그러나 주자의 속뜻은 불교 공부가 목적이 아니라 유교를 천명하자는 것이 목적이었다. 그러자니 자나깨나 불교의 참선을 유교적인 실천방안으로 대치하자는 생각뿐이다. 육상산도 심외무물(心外無物)이라고 하지 않았나? 그렇게 노심초사하기를 여러 해째 거듭하다가 마침내 한 생각을 얻기에 이르렀다. 저 역(易)의 문언(文言)에서 "敬以直內 義以方外"라고 한 구(句)를 보다가 눈을 번쩍 뜬 것이다. 경의협지(敬義狹持)의 윤리사상이 그것이다.

이리하여 주자는 일생 거경궁리(居敬窮理)하는 자세를 일관하고 살았다. 또 그것이 대대로 주자학의 중심이 된 실천윤리사상이었다. 일찍부터 주자는 온종일을 고요하게 앉아 경(敬) 공부를 하면서 "학자가 도를 배우려면 희·노·애·락의 미발전(未發前) 기상을 보라"고 한 이연평(李延平)에게서 충격을 받고는 경(敬)에 대해 고민하여 오고 있었다. 이연평의 경(敬) 공부는 불교의 참선과 흡사하다. 『중용』에서 "도(道)란 잠시도 여읠 수 없다" 한 것도 이연평의 경(敬) 공부이던 것이다.

염계의 태극도설에도 "聖人定之以中 正仁義而主靜 立人極焉"이라고 한 주정(主靜) 공부의 일구(一句)는, 희·노·애·락의 미발전(未發前)을 중(中)이라고 한 주경(主敬) 공부와 통하는 것이며, 『대학』에서 강조하는 바 신독(愼獨) 또한 이 경(敬)이다.

주자가 이 한 생각을 얻어냄으로써 송학은 비로소 불교와 맞설 수 있는 지위를 갖게 되었고, 이러한 특색이 후세에까지 미쳐 올 수 있었다. 경이직내(敬以直內) · 의이방외(義以方外)의 뜻은 경(敬)으로써 내심을 바로잡으며, 정의(正義)로써 겉행동을 방정하게 함이다. 사람을 거느리는 이치나 만물을 지배하는 이치는 언제든지 그것과 관계를 맺는 한 점 생각에서부터 비롯된다. 그러니 미루어서 사람과 물건 사이의 관계를 나에게서와 같이 한다는 뜻이다. 그럴듯한 말이다. 그리하여 이 경(敬)자로 인(仁) · 의(義) · 충(忠) · 효(孝) 등의 실천도덕의 본원을 삼아 왔다.

그러나 주자의 이런 논리는 수신윤리로는 성공이지만 실천덕목으로는 실패다. 왜 실패라 하는지는 유교 사회의 실제적인 내용과 또 그들 유자(儒者)들의 행동규범을 보면 알 것이다.

우선 유자들은 의(義)라는 명제 때문에 이(利)를 멀리하였다. 좀 가혹하게 말한다면 이(利)와 의(義)의 관계를 불덩이와 얼음의 관계처럼, 서로가 용납되지 않는 적대감정 사이로 설정하고 있었다. 왜 그랬을까? 실천덕목에 속하는 의이방외(義以方外)는 수신(修身)의 경이직내(敬以直內)가 넘쳐 나온 것이었기 때문이다. 다시 말해서 의(義)와 경(敬)은 손등과 손바닥의 관계로서 서로 다를 수가 없는 것이다. 그리고 그 경(敬)은 일체의 사심(私心)을 떠난 순일무구(純一無垢)한 경지가 아니면 안된다. 이렇게들 생각했던 것이다.

그러기 때문에 송학이 있는 곳에는 고루하고 편협한 종일단좌(終日端坐)의 수신윤리는 있을지언정, 사람의 삶에 실질적인 힘이 되는 밥 먹는 것, 돈 버는 것 등의 실천윤리가 없었다. 그들의 근엄한 거경궁리(居敬窮理)의 생활은 갸륵했지만, 사회와 인민이 밥을 먹고 일을 하며 힘을 써야 되는 점을 무시했기 때문에 취할 것이 못 되었다. 이 것은 공자의 근본 뜻과 맞추어 볼 때도 크게 어긋나는 대목이다.

본래 이 이(利)와 의(義)의 관계는, 공자가 원(元) · 형(亨) · 이(利) ·

정(貞)을 설명할 적에 명시한 원칙이 있었다. 문언(文言)에 "元者 善之長也, 亨者 嘉之會也, 利者 義之和也, 貞者 事之幹也"가 그것이다. 원 · 형 · 이 · 정은 건곤(乾坤)의 덕을 일년 4계절에 맞추어서 설명한 것이다. 원은 봄, 형은 여름, 이는 가을, 정은 겨울이다.

왜 이(利)를 가을의 덕(德)이라 했을까? 이(利)는 화(禾)와 도(刀)가 합쳐진 글자다. 벼이삭을 칼로 자른다는 뜻이다. 그래서 이(利)의 속성은 예리하다. 결단한다 등에 있고, 의미는 가을을 지적한 회의문자(會意文字)인데, 그런 속뜻이 보편화되다가 이해(利害)의 이(利)로 보게 되었다.

사계(四季)의 덕(德)에 있어서 원(元)을 봄에 해당시키고 있는 것은 만물을 생성화육하는 기상 때문이다. 그래서 선지장야(善之長也)다. 군자가 인(仁)을 체득하여 사람을 만족할 만하게 기르는 것이 원(元)의 덕(德)이다.

형(亨)은 여름의 기상이다. 생명이 가장 볼 만하게 열려 있는—개벽(開闢)된—형상이다. 그러나 가지회야(嘉之會也)라고 한 것은 중의(衆義)의 모임이란 뜻으로 한 말이다. 풍성하고 넉넉한 물질의 아름다움을 가지고 피어나는 예(禮)의 아름다움을 지칭했다. 가회(嘉會)가 예에 합한다고 한 주석은 형(亨)의 덕성을 사회적으로 나타내고 있다. 『예기』에서 빈한한 자에게 예를 묻지 말며 노약자에게도 예를 묻지 말라고 한 것은, 이들이 사회적으로 쇠약해 있기 때문에 한 말이다. 공자의 예가 세정에 밝음이 이러했음을 새겨둘 필요가 있다.

이(利)를 의지화야(義之和也)라 한 것은 무엇보다 의(義)를 드러내기 위해서다. 원(元)과 형(亨)이 인(仁)과 예(禮)를 말한 데 이어서 여기는 의(義)다. 무엇이 의(義)인가? 이물화의(利物和義)가 참다운 의(義)다. 만물을 이(利)롭게 하면 저절로 한 덩어리지는 의(義)가 드러난다. 그러므로 원(元)의 덕(德)에서, 군자는 인(仁)을 체득하여서 사람을 기른다고 말해 둔 것이다. 여기는 개인만을 생각하거나 사심(私心)을 가진 이물(利物)이 아니다. 가회합례(嘉會合禮)한 형(亨)의 덕(德)을 천하 만민이 다 고루 누리도록 공정무사한 업(業)을 짓는다는 뜻으로의 이(利)요 화(和)다. 이(利)와 의(義)를 적대감정으로 나누어야 할 명분이 손톱만큼도 없는 것이며, 오히려 의(義)는 이(利)를 가질 때에 완성된다는 뜻으로 쓰고 있다.

계사(繫辭)에서 "인(仁)으로 위(位)를 지키라. 그것이 어진 정사를 행하는 것이다. 재물로 천하 사람을 모으라. 재물은 생활의 자재인 탓이다. 재물을 처리하는 데 바른 명령을 내리고, 백성에게 옳지 못한 짓을 못하게 하는 것이 의(義)다(何以守位曰仁 何以聚人曰財 理財正辭禁民爲非曰義)"한 것은 이 이물화의(利物和義)의 뜻을 잘 드러낸 것이다. 의(義)가 무엇이더냐? 마땅한 도리를 의(義)라고 했다. 그런데 이 이(利)와 의(義)를 송유(宋儒)들은 왜 원수처럼 나누어서 생각했을까?

정(貞)의 덕(德)이 사지간야(事之幹也)라고 한 것은 지(智)를 두고 한 말이다. 정(貞)은 정고(貞固)다. 정고(貞固)는 정절·견고·정직의 뜻이니, 굳세고 흔들리지 않음을 상징한다. 간(幹)은 줄가리다. 겨울의 의지가 확고부동하기 때문에 봄의 씨앗이 그 속에 쉴 수 있듯 군자의 뜻이 흔들리지 않아 일체를 포용함을 의미한다.

이상이 송유(宋儒)들의 수신윤리 내지 실천윤리의 성패가 된 내막의 대략이다. 더 이상의 시비도 군더더기일 터이므로 여기서 횡설수설해 온 성리학의 논쟁을 매듭짓는다.

주자가 죽고 나서 60년 만에, 송(宋)은 북쪽의 야만 쿠빌라이—忽必王—가 이끌고 온 군대에 의해 멸망하였다. 그리고 원(元)의 지배를 받는 약 1세기 동안은 성리설이니 이기설이니 하는 것이 이렇다 하게 대두된 적이 없었다. 그 후에 명(明)나라에 와서 왕양명이 '心卽理'라고 하여 조금 문제를 삼았을 뿐이다.

그런데 이것으로 큰 문제를 삼은 것은 우리나라이다. 근세 학술사가 숫제 이기설(理氣說)로 시종했을 정도였다. 때문에 근세 4백 년간은 이기설을 모르고는 행세할 수가 없었다. 이기설이 곧 학자를 저울질하는 표준이 되었기 때문이다. 덕택에 중국에서 시원된 성리학이 우리나라에 와서 발달을 보았다고 할 수는 있다.

퇴계의 성학십도(聖學十圖)는 그런 심성이기설(心性理氣說)의 준론(峻論)이지만, 율곡이나 서화담도 누구에게 지지 않을 그 쪽의 대가들이다. 백성을 살리고 나라를 살리는 쪽의 이야기를 하자는 사람은 적었지만, 주자학 쪽의 인물을 들라 하면 말[斗]로 되고 섬으로 묶어 낸다 할 만큼 쟁쟁한 인사들이 흔해 터진다. 이(理)가 먼저 발(發)한 것이라느니 기(氣)가 먼저 발(發)했느니, 기(氣)가 발(發)하고 이(理)가 탄[乘]것이라느니, 어떤 건 이(理)가 발하면 기(氣)는 따르는 것이라느니, 그것 때문에 낙파(洛派)가 생기고 호파(湖派)가 생기고 당쟁이 생기고 사문난적이 생기고 사화가 생겼다. 오죽하면 무극이태극(無極而太極)이 사람 잡고, 이발기발(理發氣發)이 집안 망한다는 속어가 생겨났을까?

심기이론(心氣理論)

내친 김에 정도전의 역작이라고 할 수 있는 심기이론(心氣理論)을 더 검토해 보자. 이것은 어떤 이의 심심풀이 저술이나 헛된 명리(名利)를 탐하는 여느 선비들이 하는 짓과 근본에서 다른 이유가 있을 뿐 아니라, 조선 유교가 불교를 배척한 밑천이 되고 있기 때문이다.

고려 말에 공민왕이 미불(媚佛)행사에 빠져 버렸고, 거기에 신돈(辛旽) 같은 이를 써서 권력의 남용과 간사한 수작이 심해지자, 선비들 사이에 배불(排佛)운동이 벌떼처럼 일어났었다. 그러나 이런 배불론들을 검토하여 보면, 기복불교의 무익과 국가재산 소모의 해독, 그리고 승려들의 무위유식(無爲遊食)의 폐단이 대부분이다.

불교와 유교의 깊은 교의를 끌어내려는 움직임이 전혀 없었던 것이다. 고루하고 천박한 욕설로 본분을 삼은 것들이 태반이다. 야은(冶隱)의 문하생에 김숙현(金叔滋)란 이가 있었는데, 그의 문집에 그 시절의 그런 분위기를 짐작케 하는 척불론이 있으니 "불(佛)의 사리가 방광(放光)하는 것을 기적이라 하지만, 조개도 진주를 결정(結晶)하고 개똥벌레도 방광한다. 또 부모의 죽은 혼백을 위하여 명부왕(冥府王)과 사자(使者)에게 제공(齊供)을 베푼다니, 명부사자가 그 부모 친척을 잡아갔다면 큰 원적(寃賊)인데 어찌 제공을 베푼단 말이냐?"하는 등이 그것이다.

그러나 이러한 배불의 풍토는 공연히 된 것도 아니고 갑작스러운 것도 아니다. 고려조의 역대 왕들이 불교를 믿되 부처님의 가르침과 불법의 속뜻을 신봉한 것이 아니라, 불(佛)의 위신력을 신봉하여 가지가지 명목의 불사만을 일삼았기 때문에 그런 부당성이 선비들의 가슴속에 하나씩 누적되는 동안 마침내 욕설이 담긴 시비조의 언사로까지 나오게 되었던 것이다.

생각해 보면 고려 민중의 의식은 불(佛)의 보호에나 의지하던 신라 민중의 의식수준이 아니다. 역사가 그만큼 달라졌고 머리속도 그만큼 여물었으니, 의짓대를 버리고도 제 발로 설 만큼씩은 되었던 것이다. 그런데 하는 짓을 보면 신라 때 하던 버릇 그대로다. 조금도 달라졌다거나 더 자랐다고 할 것이 없다. 창사(創寺)다, 건탑(建塔)이다, 조불(造佛)이다, 호국안민(護國安民)이나, 무슨 정재(清災)다, 노병(禳兵)이다, 기정(祈晴) · 기우(祈雨)다, 모두가 그것 아닌 것이 없었다. 심지어는 연등 · 팔관은 물론이고, 백고좌강(百高座講)과 반승(飯僧)의 행사까지도 그런 기복적 의미를 벗어나지 못한 상태였다. 임금과 민중이 한덩어리 져서 허구한 날 그 짓만 하고 있으니, 현실을 직시하는 유교로서야 불만이 없을 수가 없었던 것이다.

그리하여 선비들이 좀 교양적이고 교리적인 것을 들먹인다 하면, 불도(佛道)는 이적지법(夷狄之法)이니, 무부무군지교(無父無君之敎)니, 멸륜패속(滅倫敗俗)이니, 또 독선기신(獨善其身)이니, 그래서 이단허무(異端虛無)고 적멸지도(寂滅之道)니, 이치를 거꾸러뜨리고 진리를 어지럽히느니 책임 못질 화(禍)와 복(福)으로 꾀며, 가 보지도 못한 천당과 지옥설로 사람을 위협하느니 하는 따위의 씨 안 밴 소리들이 고작이고, 그것으로 무기를 삼는 정도였다.

그러나 그것이라면 중국 당나라에 한유(韓愈)가 원도(原道)와 불골표(佛骨表)를 지어 불교를 배척할 때에 이미 그 속에 다 들어 있던 말들이었다. 말하자면 고려 선비들의 척불론은 한유 이후 당·송의 유림들이 써먹었던 찌꺼기를 주워 모은 것에 지나지 않았다.

이런 논리로는 식자들이 웃음거리감이 될 것이요, 선비들로서도 그 자신 계면쩍을 노릇이었다. 무엇으로든 좀더 탄탄하고 확실성이 있는 무기가 필요했다. 더우기 고려가 망하고 조선이 들어서자, 선비들 사이에는 그것이 몇 곱으로 시급하게 요청되었다. 정도전은 이런 때에 난 인물이다. 누가 하든 척불론에 새 기치를 세워야 되는 건 그들로서 시대적 소명이었다. 정도전이 척불의 붓을 든 것은, 그런 시대가 부르는 소리에 응답하고 나선 것일 밖에 없다. 그의 『심기이편(心氣理篇)』에다 서문과 발문을 쓴 권근이 누누이 강조하고 있는 것도 바로 그 점이다.

此先生闢二氏 固非 泛然論列者非, 又非大厲聲色 極口訴毁者之非也

선생의 엄정한 이론은 뿌리 없이 떠드는 자들의 배불론에 비유할 바가 아니며, 또 큰소리로 얼굴을 붉히어서 남을 나무라거나 욕을 하는 자와도 다르다.

三峰先生 佛氏雜辨二十篇……又著書示予曰 佛氏之害 毁其人倫……憤不自已 作爲是書……猶可傳於後 吾死且安矣

불씨잡변 20편과 여타한 저서를 준비한 것은 불교가 인륜을 해치는 데에 문득 분을 내어 몸을 돌보지 않고 한 짓인데, 그것을 권근에게 보여주면서 삼봉[정도전의 호]이 말하기를, 후세에 전할 수만 있다면 죽어도 좋겠다 하더라.

그러나 여기서 『불씨잡변』 20편을 상론하자는 것은 아니다. 다만 『심기이편』만을 집중적으로 살펴서 그 요체를 드러내는 것만으로도 넉넉할 것이다. 왜냐하면 정도전의 이런 저술은 불교와 유교가 한 지붕 밑에서 살아 온 지난날의 민족살림을 이야기하는 데서 빠뜨릴 수 없는 백미(白眉)요, 기념비적 가치가 있다는 것이 먼저의 이유이고, 또 조선 5백 년 동안 불교를 핍박해 온 유교의 밑천이 이 한 권에 달려 있었던 까닭이며, 지금까지 이야기를 전개해 온 이 글의 성격상으로 보아서도 그냥은 지나갈 수가 없다는 등의 이유로서다.

반드시 전부를 거론해야 할 이유가 그래서 없다. 원래 한 말이 이치에 맞지 않으면, 그 틀거리 속에 있는 1천 가지의 말은 다 맞지 않는 법이거니와 여타한 『불씨잡변』은 지나친 적대감정과 고의적인 억지가 많아서 취해 보고 말 것이 없음이다. 전문가들의 말로는 정도전의 허다한 저서들이 모두 정통하다고 한다. 정치 · 경제 · 문학 · 법률 · 음양술수 · 병서(兵書) · 역학(曆學)에까지 모두 통달해 있다는 것이다. 나는 지식이 취약한 탓에 그들이 말한 바가 정말로 정통한지에 대해서는 모른다. 그러나 그쪽이 그렇다고 해서 이쪽까지 잘 되어 있다는 보장은 없다.

삼봉의 종교학적인 이야기는 많지만, 『불씨잡변』을 포함한 모든 논리는 『심기이편』 한 편에 다 들어간다. 그러기 때문에 이 한 가지만으로 오히려 충분하다는 생각은 잘못이 아닌 것이다.

정삼봉의 척불론은 심난기(心難氣)와 기난심(氣難心)과 이유심기(理論心氣)의 세 쪽으로 나뉜다. 심(心)은 불교의 주심(主心)을 뜻하고, 기(氣)는 도교의 주기(主氣)를 뜻하고, 이(理)는 유교의 주이설(主理說)에서 빼낸 것이다. 그는 불교의 주심론(主心論)과 도교의 주기론(主氣論)이 전체를 보지 못하고 한 곳에 치우쳐 있다 하고는, 유교의 이(理)만 이 전체에 미쳐 있으니 편(偏)을 버리고 정(正)에 돌아오라고 권유한다.

그런데 그 방법이 묘해서, 불교의 심(心)으로 도교의 기(氣)를 논박해서 도교가 틀렸다 하고, 다음에는 도교의 기(氣)로써 불교의 심(心)을 논박해서 불교가 틀렸다고 한다. 그런 다음에 유교의 이(理)로써 심(心)과 기(氣)를 바로잡는다는 형식이다. 이런 형식의 착상이라는 것은 확실히 그 다운 재치요, 민활한 수완이다. 도교의 기(氣)와 불교의 심(心)을 아직 말할 계제는 아니지만, 그가 말하는 유교의 이(理)는 앞장에서 보아 온대로 주자학의 이(理)다. 그 잘못된 이(理)를 가지고 기(氣)와 심(心)을 어떻게 오리고 찢어 맞추었는지 본문을 보자. 먼저 심난기(心難氣)다.

凡所有想 厥類紛總 惟我最靈 獨立其中 我體寂然 如鑑之空 隨緣不變 應化無窮 由爾四大 假合成形 有目欲色 有耳欲聲, 善惡亦幻 緣影以生 戕我賊我 我不得寧 絶相離體 無念妄情 照而寂寂 默而惺惺 爾雖欲動 豈翳吾明

일체 현상은 어지러운 차별상, 내가 홀로 신령하여 그들 속에 우뚝 선다. 나는 원래 적연(寂然)하고 거울처럼 휑히 빈다. 인연 따라 흐르지만 변해 본 적 전혀 없고 응화(應化)함도 무궁한데 네 사대(四大)로 말미암아 거짓 꼴이 되어서는 눈 있어서 보게 되고 귀 있어서 듣게 된다. 선악이 환(幻)인 줄은 내 또한 안다만은 그 환(幻)—緣影—이 나를 찔러 정녕 편치 못하구나. 아서라, 겉도 잊고 속도 잊어 고요함만 드러날 제, 네 아무리 애를 쓴

들 내 모습을 가리우랴.

본문 중의 아(我)는 심(心)을 가리킨 것이고, 이(爾)는 기(氣)를 가리킨 것이다. 이 글은 간결한 운문으로 심(心)과 기(氣)의 미(迷)와 오(悟), 수증법(修證法)을 잘 표현해 내고 있다.

범소유상 궐유분총(凡所有想 厥類紛總)은 삼라만상의 현상계가 복잡하고 어지러운 차별상(差別相)이란 뜻이고, 유아최령 독립기중(惟我最靈 獨立其中)은 마음이 그 현상 속에 홀로 우뚝 선다는 표현이다. 그러나 홀로 우뚝—獨立—은 최령(最靈)을 나타내 보자는 문법상의 한 방식이고, 사실은 그 만상계(萬像界)에 오히려 고요히 엎드리어 스며드는 것이다. 마음의 체(體)는 거울같이 텅 비고 허공같이 열린 것이기 때문이다. 체(體)가 그럴 수 있으므로 만나는 인연을 따라 응화(應化)되는 것이 끝이 없지만 오히려 변하지 않는 것이 됨이다. 여기까지는 불교에서 말하는 심(心)의 체(體)와 용(用)을 간명 요약하게 드러내고 있다.

다음에 유이사대 가합성형(由爾四大 假合成形)은, 지(地)·수(水)·화(火)·풍(風)의 사대(四大)가 임시로 모여—假合—사람꼴이 되더니—成形—, 눈은 보는 데에, 귀는 듣는 데에 끌려가게 되었다는 뜻이다. 또한 선심(善心) 악심(惡心)이 환(幻)인 듯 그림자인 듯 마음을 자극하여, 마음의 본체가 그로 인하여 불령(不寧)하게 되었다 한다. 사대(四大)나 눈·귀 등은 형질(形質)을 만든 기(氣)를 의미한다. 기(氣) 때문에 심(心)이 위축되는 이치를 드러냈다.

그 다음 절상이체 무념망정(絶相離體 無念妄情) 이하의 글귀는 불교의 선문(禪門)에서 다반사로 이야기하는 적적성성(寂寂惺惺)의 본성(本性) 자리를 제시하여, 기(氣)로써 어찌 그러한 심(心)의 체(體)를 가리울 수 있겠느냐는 결론이다.

이것으로만 본다면 불교로서는 하등 비난의 의도가 없다고 볼 것이요, 도교로서도 노자 · 장자가 말한 뜻의 기(氣)는 아니니 상관이 없다고 할 것이다. 그러나 여기까지는 서론에 지나지 않는다.

다음 대목은 기난심(氣難心)이다. 도가(道家)의 양기법(養氣法)으로 불가(佛家)의 주심론(主心論)을 비난한 것인데, 권근의 주(註)에 "기(氣)는 하늘이 음양오행으로써 만물을 생(生)케 한 것이다. 사람도 그것을 얻어서 났다. 그러나 기(氣)는 형이하(形而下)다. 반드시 형이상(形而上)으로써 이(理)가 있고, 그런 뒤에야 기(氣)는 있게 된다. 기(氣)를 말하고 이(理)를 말하지 않는 것은 그 끝만 있는 것을 알고 그 본(本)이 있는 것을 알지 못해서다" 하여 기(氣) 앞에 이(理)가 있음을 강조해 두었다. 그러나 속이 빤히 보이는 짓이다. 원문을 보자.

予居邃古 窈窈冥冥 天眞自然 無得而名, 萬物之始 資孰以生 我凝我聚 乃形乃精 我若無有 心何獨靈 嗟爾有知 衆禍之萌 思所不及 慮所未成 計利較害 憂辱慕榮 氷寒火熱 晝夜營營 精日以搖 神不得寧 我不妄動 內斯靜專 如木斯稿 如灰不燃 無慮無爲 體道之全 爾知雖鑿 豈害吾天

여거수고 요요명명 천진자연 무득이명(予居邃古 窈窈冥冥 天眞自然 無得而名)의 첫 귀는 기(氣)를 말하기 위한 글귀다. 여(予)가 곧 기(氣)다. 『도덕경』에 나오는 말들을 뽑아다가 발라 맞추어서 도(道)의 본체를 얽어매고 있다. 기(氣)는 인간의 상식이나 생각을 넘어가는 깊숙한 때부터 있어서 그윽하고 고요하기나 할 뿐, 이름조차 없다고 한다. 이 기(氣)를 도(道)의 체(體)로 본 것이다.

삼봉이 이래 놓고, 노자를 주기주의자(主氣主義者)로 간주했지만 큰 망발이다. 노자는 우주의 본체를 도(道)라고 했지 기(氣)라고 한 적은 없다. 이 도(道)는 무명(無名) 무형(無形)의 것으로서 상제지선(象帝之善), 곧 천신(天神)이 있기 전부터 있어 온 고치지 못할 진리를 뜻한다. 그러므로 "道生一, 一生二, 二生三, 三生萬物"이라고 했다.

도(道)가 일(一)을 생(生)한다 함은 기(氣)를 말한 것이고, 일(一)이 이(二)를 생(生)한다 한 것은 음·양 이기(二氣)를 말함이고, 이생삼(二生三)은 음양충화(陰陽沖和)의 기(氣)—충기이화(沖氣以和)라 함—를 말한 것이다. 또 곡신(谷神)은 죽지 않은 현빈(玄牝)의 문이다. 이것이 천지의 근(根) "谷神不死 是謂玄牝之門 是謂天地根"이라 했다. 곡신은 허령(虛靈)한 신묘(神妙)의 공(功)을 말한 것으로서 현빈과 곡신은 같다. 이것이 조화의 탯집이다. 그 현빈의 문에서 천지가 배태된다. 이상이 도(道)의 내용이며 그 곡신과 현빈이 그대로 천지의 근원이다. 그것이 어찌 기(氣)인가?

만물지시 자숙이생 아응아취 내형내정 아약무유 심하독령(萬物之始資孰以生 我凝我聚 乃形乃精 我若無有 心何獨靈). 여기의 아(我)는 여(予)와 같이 기(氣)를 가리킨다. "만물의 생성이 다 기(氣)의 모이고 흩어짐이니, 기(氣)가 아니면 심성(心性)이 어찌 홀로 신령할 수 있겠느냐?"고 주장한다. 심(心)은 반드시 형상을 의지한다는 뜻이다. 장자(莊子)의 인지생기지취야(人之生氣之聚也)라고 한 것과 같다.

그 다음 차이유지 중화지맹(嗟爾有知 衆禍之萌)의 구(句)는 이(爾)라고 한 심(心)을 설명하고 있다. 중화지맹(衆禍之萌)이라고 한 말이 살핌직한 말이다. 일찌기 중국 조계문하(曹溪門下)의 하택신회(荷澤神會) 선사가 지(知)자 하나를 두고 "중묘지문(衆妙之門)"이라고 했는데, 그 뒤에 임제계(臨濟系)의 황룡사심(黃龍死心) 선사가 그 지(知)자를 가리켜 "중화지문(衆禍之門)"이라고 역설했다. 보는 뜻이 달랐으므로 의미도 상반된 것이다. 이 뜻은 곧 마음 자리를 의미한다.

그리고 본문에서는 황용스님의 뜻을 좇았다. 천진(天眞)·무명(無

名)한 기(氣)의 본연체에는 사려도 미칠 수가 없는 곳인데, 심(心)의 부질없는 움직임으로 인해 이해와 영욕이 계교(計較)되어, 가슴속에 빙한(氷寒)과 화열(火熱)의 상극작용이 일어나 정(精)이 흔들리므로 신(神)이 편치 못하다는 것이다. 정(精)은 기(氣)를 뜻한다. 앞장에서는 기(氣)가 심을 어지럽히더니, 여기서는 뒤집혀 심(心)이 기(氣)를 어지럽히고 있다.

아불망동(我不妄動) 이하의 글귀는 소위 도가(道家)의 수양법을 말했다. 기(氣)가 동(動)하지만 않으면 정신은 저절로 전(專)할 수밖에 없다. 그러므로 몸을 마른 나무와 같이 하고, 마음을 식은 재와 같이 하여서 무려무위(無慮無爲)하게 되면 체(體)는 오롯해지는 법이다. 그럴 때는 마음의 지(知)가 비록 틈입하고자 해도 어떻게 겨를을 얻을 수가 없게 된다. 이것은 장자(莊子)에 나오는 말인데 양기법(養氣法)을 설명하기 위해 빌려다 쓴 듯싶다. 그러나 노자가 이 소리를 들었다면 아마 웃었을 것이다.

후세에 노자를 팔아 무슨 오두미교(五斗米敎)니 신선교니 하는 교파가 생기고, 양생(養生)이니 양기(養氣)니 하여 단전(丹田)에다 대기(大氣)의 진기(眞氣)를 함축하는 소위 연기술(鍊氣術)이란 것이 있기는 있었지만, 그것은 노자에다 연원을 댈 것이 아니라 오히려 단군 쪽에서 뿌리를 찾아야만 옳았던 것이다. 노자의 본뜻은 거기에 있지 않다. 그윽하고 깊숙하여 도(道)일 수도 이름일 수도 없는 중묘(衆妙)의 현지우현(玄之又玄)한 그 자리에 이르자는 것이 그의 바른 뜻이요, 진짜 면목이다. 『도덕경』 첫머리에 나오는 소리다.

그 다음은 이유심기편(理諭心氣篇)이다. 유교가 말하는 이(理)로서, 불교의 심(心)과 도교의 기(氣)를 회통(會通)하여 나무라고 일깨운다. 원문은 다음과 같다.

於穆厥理 在天地先 氣由我生 心亦稟焉 有心無我 利害之趨 有氣無我

血肉之軀 蠢然而動 禽獸同歸 其與異者 鳴呼幾希 見彼匍匐 惻懚其情 儒者所以 不怕念生 可死則死 義重於身 君子所以 殺身成仁 聖遠千載 學誣言 厖 氣以爲道 心以爲宗 不義而壽 龜蛇矣哉 嗑然而坐 土木形骸 我尊爾心 瑩徹虛明 我養爾氣 浩然而生 先聖有訓 道無二尊 心乎氣乎 敬愛斯言

"어목궐리 재천지선 기유아생 심역품언(於穆厥理 在天地先 氣由我生 心亦稟焉)"에서 아(我)는 이(理)다. 이(理)가 이미 천지 앞에 있으므로, 심(心)도 기(氣)도 거기 이(理)에서 나왔다 함이다. 그러므로 이(理)는 심(心)과 기(氣)의 본이다. 더욱 그 주(註) 놓은 것을 보면 이 이(理)가 있었기 때문에 기(氣)의 맑은 것은 하늘이 되었고, 흐린 것은 땅이 될 수 있었으며, 사시(四時)가 흐르고 만물이 번성하는 것 등이 다 이(理)의 덕분이라 했다. 그 하늘의 이(理)와 땅의 기(氣)를 받은 것이 사람이며 성(性)이 되었단다. 그러므로 심(心)이 몸뚱이의 주인 된 것도 이(理)의 작용이다. 모름지기 이(理)의 덕을 알 일이다.

그러나 이 이설(理說)이야말로 삼봉이 만들어 낸 신학설이지 유가(儒家)의 정통설은 아니다. 그들이 비조(鼻祖)가 되는 주자조차도 이런 정의를 내린 적이 없다. 사실을 말한다면 주자조차도 횡설수설이었지, 학리적인 체계조차 못 세웠던 것이다.

이(理)의 본질론에 있어서도 어떤 때는 "무정의(無情意) 무조작(無造作)이라"고 하고, 어떤 때는 "천지지심(天地之心)으로써 영(靈)치 않을 수가 없다. 반드시 주재(主宰)가 있다" 한다. 또 어떤 것은 "하늘이 음양오행으로 만물을 화생(化生)하는데, 하늘이 준 것이 명(命)이요, 물(物)이 받은 것이 성(性)이다" 하고 있다.

이래 가지고는 도저히 갈피를 잡을 수가 없다. 그러나 이 내용이 주자가 말하고 있는 성명설(性命說)의 진상이다. 그것은 그런대로 알고 다음을 보자.

유심무아(有心無我)에서 명호기희(鳴呼幾希)에 이르는 구절은 말이 측은하여 설득적인 곡조를 띠는 것이 특색이다. "심(心)에 이(理)가 없으면 본능적인 이해관계만 좇을 것이고, 기(氣)도 이(理)가 없으면 한낱 고기덩이다. 굼실거려 움직이는 것이 짐승 그대로일 터인즉, 그렇지 않을 자가 슬프다. 몇이나 될꼬?" 그 아래에 달려 있는 권근의 주도 똑같은 소리뿐이다. 이런 글귀들을 읽으면서 역사는 천 년 동안이나 고개를 끄덕거려 왔을까?

견피포복(見彼匍匐) 이하의 구절은, 맹자가 사단칠정설(四端七情說)에서 말한 성선(性善)의 논리를 당기어서 쓰고 있다. "어린아이가 우물로 엉금엉금 들어가는 것을 보면 측은히 여기는 법인데, 그래 유교가 자기보다 의(義)를 중히 여겨 죽음을 두려워하지 않는 것이고, 그것 때문에 군자가 살신성인(殺身成仁)을 마다하지 않는데, 성인이 간 후 천 년이 지나자 엉뚱한 학문들이 쏟아져 나와 기(氣)로서 도(道)를 삼으며 심(心)으로 종(宗)을 삼고 있다".

이 속에는 무념무상(無念無想)을 주장하는 불교의 뜻이 천리(天理)를 제거하려 한 것 아니냐는 나무람이 들어 있고, 죽을 만한 일에는 마땅히 죽어서 살신성인을 하는 것이 도리인데, 도교는 저 혼자만 잘되기 위하여 신선술이나 닦고 있으니, 천지의 공리에서 어긋난다는 타박이 들어 있다.

그 다음에 나오는 불의이수(不義而壽) 역시 의리도 모르고 오래만 살자 하면 거북이나 뱀이 나을 것이라 하여 도교에 대한 비방이고, 합연이좌(嗑然而坐)는 목석같이 앉아 있다고 본 불교의 참선법에 대한 비방이다.

아존이심(我尊爾心) 이하의 구절은 이 글 전체에 대한 결론이다. "이(理)가 있어서 심(心)은 영철허명(瑩徹虛明)하게 되고, 기(氣)는 호연이생

(浩然而生)할 수 있음이다. 성인이 가르침을 주실 때에 도(道)에 너희들을 말한 일이 없었다. 심(心)이여 기(氣)여, 이 말을 공경하여 받으라." 이런 훈계와 설득으로 맺은 끝이다.

삼봉은 불교를 심(心)으로 도교를 기(氣)로 하여 주심론(主心論)과 주기론(主氣論)으로 규정한 다음, 그것들이 각기 어느 하나에 치우쳐서 전부를 보지 못한다고 하였는데, 사실은 그가 이(理)자 하나에 붙잡혀서 도교도 불교도 전혀 보지 못한 것이었다. 애쓰고 수고한 것에 비해 결과가 이러했으니 삼봉 그 사람을 위해서 먼저 안된 일이긴 하다.

도교의 본체론에 대해서는 이미 언급하였거니와 불교의 심성론(心性論)도 수행과 실천의 안팎논리로서 완전히 성공한 것이다. 주자의 성리학이 겨우 천리지성(天理之性)과 기질지성(氣質之性)으로 성(性)을 구분해 보는 정도인데 반해, 불교의 성(性)은 만유본체(萬有本體)로서의 법성(法性)을 드러냈고, 유정물(有情物)의 원리로서 불성(佛性)을 말했고, 그리고 그 본질로서의 진여성(眞如性)을 논했다. 그것이 우주론으로 전개될 때는 수연성(隨緣性)으로서의 업감연기설(業感緣起說)이 나왔고, 연기성(緣起性)으로서의 법계연기설(法界緣起說)이 되어 우주만법의 생성하고 소멸하는 현상계의 됨됨이를 충분하게 설명해 내는 것이다.

한 마디로 자른다면 이 심성(心性)이라는 일(一)은 일체에 즉(卽)해 있는 것이요, 일체는 다시 이 일(一)에 즉(卽)해 있는 것이다. 『반야경』 사구게(四句偈)가 "범소유상 개시허망 약견제상비상 즉견여래(凡所有相 皆是虛妄 若見諸相 非相 卽見如來)"라고 한 것도 바로 그 소식이다.

또 수좌(首座)가 참선 공부를 할 적에 거연히 앉아서 화두해 가는 것을 보고는 온갖 소리로 말을 만들어 비난하고, 급기야는 무부무군지도(無父無君之道)니 적멸허무지도(寂滅虛無之道)니 아주 안주감을 만들어 놓고 짓씹었지만, 그가 조금만 눈을 떴더라면 그 화두 속에 얼마나 큰 대승

세계가 들어 있고, 대자대비한 비원(悲願)의 원력(願力)이 열려 있는가를 보았을 것이다.

작은 돌멩이 한 개를 치우지 못해 5백 년이나 바위 속에 갇혀 있던 손오공마냥, 비늘 한 점이 눈을 가려서 봉사가 되었던 다메섹 성(城)의 사울마냥 정삼봉은 잘못된 이(理)자 한 끝에 걸려서 그 자신이 넘어졌고, 시대조차 걸려 넘어지게 했던 불운한 사람일 밖에 없다.

고려 왕조가 조선 왕조로 되던 어름에서 정책적 강권만으로는 풍토의 생리를 뒤바꿀 수가 없었으므로 근본적인 정교(政敎) 이념의 교체를 위해 애를 쓴 것은 가상한 바가 있으나, 불교와 유교를 같은 틀거리 안에서 보려 한 판단이 우선 어리석었고, 이단(異端) · 사설(邪說)을 증명코자 버둥댄 정상이 또한 딱했다.

객설(客說)이거니와, 정도전의 척불론이 유교사회에서 이 날까지 환영을 받아 온 까닭은 무엇일까? 물론 그런 논설을 기다린 시기였기 때문에 무방비 상태의 대중이 그것을 무조건 환영했다는 이유가 우선 클 것이다. 그러기 때문에 그것에 대한 선비들의 자체비판이라는 것도 없었을 것이다. 하기야 자기네 외의 학문은 무조건 원수보듯 하는 것이 그들 버릇이지만, 사실 밑도 끝도 없이 이적지법(夷狄之法)이니 이단지도(異端之道)니 하는 투로 감정만을 앞세운 그때까지의 배불론들에 비하면 보다 바닥을 짚으려 하였고 졸가리가 서 있다는 것만은 보아줄 만하다. 정도전의 배불론이 중국 한퇴지──한유(韓愈)──의 배불론보다도 우수한 논리성과 체계를 가지고 있다는 것도 사실이다. 그것이 무조건으로 통하는 조선 선비 사회에서 자연스럽게 하나의 우상(偶像)으로 되었을 것이다.

그러나 그 모든 이유나 조건이 그것 되게 한 비밀은, 배불을 정당화하고 있는 그의 문체가 드물게 보는 명문이었다는 것과 언어적인 기교가 완숙한 데 있었던 것은 아닐까?

가령 헤르만 헷세의 소설 『싣달타』는 내용에 있어서 취해 볼 것이 없지만, 그래도 많은 사람들이 한결같이 속아 오고는 있다. 미끈한 문장력과 사람을 꾀송꾀송 매료시키는 언어, 사물의 아름다운 변화나 섬세한 묘사, 거기에 완벽한 이야기 재치와 기술까지가 동원되면 그것들이 대충 독자를 감동시키면서 끊임없이 압도해 버리기 때문이다. 정도전의 이야기에도 그런 재능이 번뜩임으로써 그것이 무기력하고 복종만 있던 조선 사회를 압도할 수 있었던 때문일 것이다.

03 당쟁과 사화士禍

어느 역사를 개관하든지 역사 속에는 자기들의 이익으로 모인 정치단체의 당쟁쯤 있는 법이다. 그러나 거기에는 최소한의 명분과 체면이 있어서 자기 나라 국민의 이익을 생각하는 애정 정도는 가지므로, 그것이 민중으로 하여금 그들 정당을 지지하는 요인이 될 수가 있었다. 허나 조선의 당파 싸움에는 그런 애정이 없다.

아주 없는 것은 아니지만, 몇몇 소수의 착한 뜻은 전체의 거센 회오리 앞에서 티끌에 지나지 않았던 것이요, 그나마 대개는 그런 풍토로부터 도망쳐서 향리에 돌아와 베개를 고쳐 베고는 뜻을 더럽히려 하지 아니하였다. 결과적으로 조정에는 선보다 악이 드셀 수밖에 없었고, 그것들이 당파로 나뉘어 나라와 백성을 망친 밑천이 되었다.

역사상 조선의 당파싸움만큼 명분없는 싸움을 싸운 당파도 쉽지는 않을 것이다. 국민에 대한 체면이나 명분은 그만두고, 저희들의 가슴속에 있는 한 점 양심마저도 잊은 듯한 작태들이었다.

여기서 그 당파 싸움의 내용을 훑어보고 누가 옳고 누가 그른지 시비의 가닥을 쳐잡자는 것은 아니다. 그런 일이라면 처음부터 흥미도 없거니와, 그것을 따지기 위해 꺼내는 이야기도 아니다. 중요한 것은 그 당파 싸움이 어디서 왔느냐다. 그리고 그 동기가 어떻게 발단되어 그 꼴로 벌어졌느냐다. 그것을 캐내는 것만이 역사를 보는 우리의 참뜻일 것이며, 앞으로의 역사에 보탬이 되고자 하는 오늘의 염원이다.

조선의 당파 싸움은 사화(士禍)가 만든 것이다. 사화의 연장이요 발전이라고 밖에는 볼 수가 없다. 그들의 명분과 절의(節義)라는 것이 그렇게 나타나고 있어서다. 그 명분과 절의를 살펴보면 유교 사대주의의 더러운 노예 근성에서 비롯되었음을 볼 것이다.

노예는 반드시 비굴과 아첨을 근성으로 삼는 것이 특징이다. 그리고 이 아첨근성과 비굴한 복종근성이 시기라는 또 하나의 근성을 만들어낸다. 시기와 비굴과 아첨, 이 세 가지 근성이 조선 선비들 사이에 팽배해 있었고, 이것에 의해 그들은 망국의 개떼 싸움을 싸운 것이다.

유교가 사대주의 근성을 키운 것이 어느 때부터일까? 삼국시절의 세 나라가 이미 유학을 장려했다는 기록이 있으니, 그 역사의 어느 여울목에다 사대 연원의 푯말을 쉽게 세울 성싶지는 않다. 그러나 어림추어 김부식이 『삼국사기』를 내놓던 때부터라고 하면 대강 옳지 않을까? 왜냐? 『삼국사기』를 읽으면서 식자층은 차츰 모화(慕華)에 중독이 되었을 것이고, 호종단이 사선랑(四仙郞) 비문을 깨 던질 때 민중은 마음속의 한 점 의지처마저 잃었을 것이기 때문이다.

그런 민중의 마음이 그들만의 외로운 세월을 살아오는 동안 유교는 마음껏 모화정신을 길렀을 것이다. 모화는 당연히 사대주의를 낳게 마련이다. 벼릿줄을 놓친 그물이 무엇이 될까? 사대주의와 모화정신은 이상을 잃은 현실을 움켜쥔 채 위험한 줄타기의 곡예사가 되었다. 당연한 결과다.

역사의 생명과 개인의 생명이 하나라는 사실을 모르기 때문에 자기네 개개의 이익만 쥐고 있었지, 전체가 그로 인해 죽는다는 것을 잊고 있었다. 외적이 쳐들어와도 고작 땅을 베어 주고 빌어 보자는 짓거리나, 비겁한 언사와 행동으로 자기네 현실만을 지키려고 애쓰는 못난 짓들이 다 거기서 나온다.

중국이라면 무조건 아첨부터 해야 하고, 공맹이라면 따져 보지 말고 복종해야 했다. 비굴한 노예근성이 터를 잡은 것이다. 그러는 사이에 자기들끼리 미워하는 시기심이 술이 괴듯 괴고 있었다. 원대한 포부와 이상을 저버린 생명의 어쩔 수 없는 발효현상이다. 여러 가지 주의와 사상을 잡아 이끌어 갈 북극성이 없는 데서 오는 불가피한 작용이다. 감정이 대립되고 비위가 엇틀리는 것을 두고 온갖 명분과 절의를 동원해야 한다.

당쟁의 원인을 사화라 했거니와, 최초의 사화는 그런 선비사회의 이해관계적인 대립이 문제였던 것이다. 성종 때 김종직(金宗直)을 축으로 한 영남의 사림이 중앙에 진출하여 훈구파(勳舊派)와 대립을 벌인 것이 단서였다.

훈구파는 요새 말로 어용학자였고, 영남의 사림은 신진 소장파다. 이권을 둘러싼 대립이니 만치 사감(私感)이나 반목이 있을 것은 당연하다. 그러던 중에 훈구파 이극돈의 비행을 사림의 김일손이 『성종실록』에다 직서(直書)해 넣은 일이 생겼다. 이극돈도 가만히 있지는 않았다. 그는 예종 때 남이(南怡)를 무고하여 죽인 간신 유자광을 충동하여, 평소부터 사감을 가지고 있던 김종직의 조의제문(弔義祭文)을 문제삼도록 만들었다.

조의제문은 세조의 왕위 찬탈을 중국의 항우(項羽)가 초(楚) 회왕(懷王)을 죽인 고사에 비겨 풍자한 김종직의 글이다. 김일손은 김종직의 직계 제자였기 때문이다. 유자광이 연산군에게 조의제문의 이신욕군(以臣辱君)의 부당성을 내세우자, 신진 사류를 아니꼽게 보고 있던 연산군은 김종직의 무덤을 파헤쳐 부관참시(剖棺斬屍)의 극형을 행사했다. 김종직의 일파가 된서리를 맞은 것은 물론이다. 이것이 유명한 무오사화다.

그로부터 6년만에 있은 갑자사화도 사림파가 일방적으로 도륙을 당한 참상으로 매듭되었다. 그때는 연산군의 어머니였던 폐비 윤씨에 대한 사건이 문제였다.

그러다가 15년만인 중종 14년(1519)에 들어와서 중종의 즉위를 기회로 득세한 신진 사류가 왕도정치를 시현하기 위하여 과감한 정책을 단행했다가, 그들을 시기한 구신(舊臣)들에 의해 유배와 죽음을 당한 을묘사화가 있었다. 그때에 훈구파의 남곤이 조광조(趙光祖)를 죽이는 수단으로 오동나무 잎에 꿀을 발라 벌들로 하여금 주초위왕(走肖爲王)이라는 글자를 만들도록 했다는 것을 보면, 유교 선비들의 못난 짓이 얼마나 간교하고 비겁했는가를 짐작할 수가 있다.

마지막 을묘사화는 명종 원년에 왕의 외척끼리 세력다툼을 하여 선비들이 서리를 맞은 사화이다. 중종 임금에게는 본래 제1계비인 장경왕후(章敬王后)와 제2계비인 문정황후(文貞王后)가 있었다. 중종이 죽자 우선 장경왕후 소생인 인종(仁宗)이 위에 올랐다. 그러자 장경왕후의 아우인 윤임(尹任)이 대윤(大尹)의 직품으로써 실권을 잡게 되었다. 그는 사림파의 인물이다. 윤임의 득세와 함께 사림의 명사들이 기세를 회복했으나, 인종은 명이 짧아서 8개월만에 죽고, 아우인 명종이 대통을 이었다.

그러나 명종은 12세의 어린 임금이었으므로 그의 생모인 문정왕후가 전례에 따라 수렴청정을 해야 했다. 그렇게 되니 이번에는 문정왕후의 친동생인 소윤(小尹) 윤원형(尹元衡)이 실권을 쥐었다. 그는 본래부터 훈구파에 속한 인물이다. 실권을 쥐자 당장 윤임의 대윤파를 사정없이 제거해 버렸다. 그의 5, 6년 간에 걸친 반대당의 숙청은 윤임 등을 찬양했다는 죄목을 씌워 1백여 명의 선비들을 무고하게 유배시키거나 죽음으로 몰아

넣었을 정도였다.

이런 분위기가 점차 무르익으면, 인간은 종당에 자기의 행위에 대한 책임조차 잊게 되는 법이다. 인간의 이성이 똑똑하고 분명한 듯싶어도 결국은 그렇게 되고야 만다. 그것이 인간이다. 조선의 위정자들 역시 인간인지라 자기들의 명분에 속았을 뿐이다. 근본적인 문제는 유교가 먼 이상을 볼 줄 모르고 현실을 현실로서 꾸려 나가려 했던 것이 원인이었다.

아무리 조선의 역사가 엉터리라 하더라도, 그 엉터리 역사를 꾸린 장본인들로서는 자기들도 모르는 그것으로서의 까닭이 있었던 것이고, 그 까닭은 김부식의 묘청 토벌사건과 『삼국사기』를 고비로 하여서 점진적으로 쌓여서 구체화되어 왔던 것이다. 그런 안목으로 본다면, 유교의 형벌이 결국에 와서 조선 유림의 등덜미에 떨어졌다고도 할 수 있지 않을까?

당파싸움의 실마리는 사화보다 더욱 가당찮고 하찮은 것에서 비롯하고 있다. 명종 때, 문정왕후의 수렴청정을 배경으로 윤원형이 한창 세도를 부릴 즈음이었다. 권문세가의 문전에 손님이 바글대는 건 예나 이제나 한가지 일, 하룻날은 심의겸(沈義謙)이 윤원형의 집을 방문하게 되었다.

주인과 가까운 사이가 아니라면 바깥 사랑에서 볼 일이나 마치고 지나칠 사람이었으련만, 피차가 외척간인 데다 막역한 처지이고 보니 그 집 내전까지를 기웃거리는 일이 왕왕 있었다. 그런데 일이 그렇게 되느라고, 그 날은 원형의 사위인 이조민(李肇敏)의 서재에서 우연히 잠옷 한벌을 발견하였다.

그 잠옷이 좀 별나서 그랬을까? 이조민의 아내를 보고 무심히 누구의 잠옷이냐고 물으니 김효원(金孝元)의 것이라 한다. 김효원과 이조민은 일찍부터 격의없는 사이였던 것이다. 그러나 심의겸은 예사로 듣지 않았다. 그리고 그 이야기를 같은 연배의 벼슬아치들에게 젊은 김효원이 벌써부터 출세길을 찾아 권문세가에게 아부를 하러 다니는 모양이더라고 일삼아 선전을 하고 다녔다.

제 태도와 행동이 구리다는 것을 미처 모르고, 소위 저 명(名)과 절(節)을 숭상한다는 그 당시의 유림사회인지라, 김효원의 그런 처사가 입방아에 오를 만하다는 생각부터 앞세웠던 것이다.

그 뒤에 김효원이 명성이 있어 전랑(銓郞)——육조(六曹) 중에 이조(吏曹)를 전조(銓曹)라 함——에 추대되었는데, 그때에 이조참의(吏曹參議)로 있던 심의겸이 이 일을 반대하여 기각시키고 말았다. 그 때문에 김효원은 6, 7년 동안을 불우한 속에서 쓴 입맛을 다시고 살아야 했다. 감정이 없을 수가 없었다.

효원은 본래 명문대가의 자제로 학문과 행실이 곧고 문장이 뛰어날 뿐 아니라, 어진 사람을 추대하고 유능한 사람에게 양보하기를 즐겨 해서 젊은 선비들의 환심을 크게 사고 있었다. 그러다가 결국은 전랑의 자리에 오르게 되었다. 그를 지지하는 소장파 선비들이 시끄럽게 일어나 심의겸을 가리켜 어진 사람을 막고 권세를 농간하는 처사라고 공박하였다.

그러나 심의겸도 김효원의 처사에서 실수를 해서 그렇지 권세를 남용하는 간사한 무리를 배척하여 어진 선비들을 보호한 공로가 있었다. 그래서 나이 많고 지체 높은 기성세대의 원로들은 심의겸을 옹호할 뿐 아니라, 젊은 김효원이 아름답지 못하게 보복심 따위를 보인다고 오히려 힐난하는 언사로 응수했다. 이리하여 선배와 후배의 두 갈래로 갈리게 되었는데, 이것이 동·서 두 당파의 시초로 선조 8년의 일이다.

돌이켜 생각해 보면 빈한한 선비가 친구의 도움을 받는 것쯤 있을 수 있는 일일 것이며, 서재에다 잠옷을 벗어 놓은 것쯤 무엇이 허물일까? 나이 많은 사람의 처신으로 대범하게 보아 넘겼더라면 아무 탈이 없었을 것이고, 캐물어 알았다 쳐도 남의 사생활을 엿보고 온 그것이 무슨 일삼아 선전할 광고거리가 되었을까? 또 그까짓 것쯤 전해 들었다 해도 함께 뇌동(雷同)하기보다 점잖게 핀잔을 주어 나무랄 수 있는 위인 한 사람이 그렇게 없던 풍토였단 말일까?

그러나 그런 생각이 없어서는 아니다. 다만 무엇으로든 안주감을 만들어 놓고 씹어야만 속이 풀릴 것 같은 응어리들이 가슴마다 차오르고 있었으므로, 그것을 말릴 이성이 쉽게 고개를 못 든 것이다. 크낙한 북극성의 좌표를 잃어 버려 발뿌리의 현실만을 내다보는 동안의 숨통이 막힌 생명이 어쩔 수 없이 발로되는 자기학대의 심리상태였던 탓으로다.

김효원의 집이 한성(漢城) 동쪽에 있다 하여 그 무리를 동인(東人)이라 했고, 심의겸의 집이 서쪽에 있었으므로 그들은 서인(西人)으로 일컬었다. 처음에 동인은 대사헌 허엽(許曄)을 영수로 하여 김효원(金孝元)·유성룡(柳成龍)·김성일(金誠一)·우성전(禹性傳)·남이공(南以恭)·김우옹(金宇顒)·최영경(崔永慶)·곽재우(郭再佑)·정지연(鄭芝衍)·정유길(鄭惟吉)·허봉(許篈)·이산해(李山海)·이발(李潑) 등이었고, 서인은 정철(鄭澈)을 당수로 하여 심의겸(沈義謙)·박순(朴淳)·윤두수(尹斗壽)·윤근수(尹根壽)·구자맹(具子孟) 등이었다.

확실히 별 것 아닌 것이 차차로 커지게 되었고 허울좋은 명분만을 내세워 실속없는 짓만을 되풀이하였다. 이보다 앞서 이상준(李相浚)이 임종하면서 말하기를 "장차 벼슬하는 조정 신하들 사이에 붕당이 점차 이루어지리라" 하는 표문(表文)을 남긴 적이 있었다. 그러나 옥당(玉堂)의 관헌이던 율곡은 상소를 올려 "임금과 신하 사이를 이간하려는 처사"라고 분개했고, 또 "사람이 죽음에 이르러서 말이 너무 악하다"고 상준을 나무랐다.

그러나 유언자의 말은 결국 맞아서, 뒤늦게 깨달은 율곡이 화해에 나섰으나 한번 일기 시작한 회오리는 좀체 지탱해 내기가 어려웠다. 애초에 율곡의 힘 정도로는 말려질 당쟁이 아니었던 것이다.

거기에 선비들은 지난 날 사화를 여러 차례 겪어 온 데다가 그 사화의 내용이 모두 왕실의 외척에서 연유되었기 때문에 외척을 미워하는 감정이 은연중 쌓여 있었다. 그런데 심의겸이 또 외척이었으므로, 많은 사람들의 분노를 샀던 것이 원인이었다.

그러다가 율곡의 죽음을 고비로 당파싸움은 격렬해지기 시작했는데, 동인측이 숫자적으로 우세하였고 정치적 세력도 번창해 있었다. 신진사류들이 달콤한 명분만을 지나치게 생각했던 때문이다. 그러나 동인의 조직은 오래 가지 않았다.

선조 22년(1589)에 있은 정여립(鄭汝立)의 기축옥사사건 이후 그들은 서인에 의해 몰락하였고, 그런 서인의 세력을 영의정 이산해가 좌의정 정철을 내치면서 되찾기는 했지만, 정철의 죄목을 둘러싸고 과격파와 온건파가 나눠 서게 되었다. 처음 온건파는 유성룡을 핵심으로 남인(南人)이라 하였고, 과격파는 이산해를 축으로 북인(北人)이라 했다. 그 역시 그들 집이 서울과 영남에 있어서 된 이름이다.

그러나 과격한 북인파는 무슨 일이 있을 때마다 의견이 통일되지 않아 다시 대북(大北)과 소북(小北)으로 나뉘었으며, 또 대북은 대북대로 중북(中北)·골북(骨北)·육북(肉北)으로 찢겼고, 소북은 청소북(淸小北)·탁소북(濁小北)으로 바뀌었다. 남인파도 그 후에 청남(淸南)과 탁남(濁南)이 되었다.

서인파들은 그냥 있었을까? 그렇지 않다. 효종 초기에 역적 김자점(金自點)을 제거하기 위해 특별히 송시열(宋時烈)과 송준길(宋浚吉) 등이 등용되었는데, 자점을 죽이고 나자 두 송씨(宋氏)는 대관(大官)으로 발탁되었다. 이들은 처음부터 서인 쪽의 사람으로, 송시열은 뒤에 서인의 영수가 되었던 인물이다.

그런데 현종의 장인이던 청풍부원군(淸風府院君) 김우명(金佑明)이

제 아비를 장사지낼 때에 그 예가 지나쳤다 하여 송우암이 이를 크게 공박한 적이 있었다. 모욕을 당한 김우명도 가만있지는 않았다. 조카 석주(錫胄)를 시켜 남인 세력을 등에 업고 복수를 꾀해, 우암이 오히려 나라 예절을 그르쳤다고 몰아부쳐 그를 귀양 보내기에 이르렀다. 그때의 정치 세력은 남인의 거두 허적(許積)이 실권을 쥘 때였으므로 그것이 가능했던 것이다. 그것이 계기 가 되어 서인과 남인은 서로 틈이 벌어진다.

그 뒤 남인에게는 자체 분열이 생겨 허적의 서자(庶子)인 견(堅)이 송실(宋室)의 형제인 정(楨)과 남(柟)을 얽어짜고 역모를 꾀한다는 사실을 누설시킴으로써 하루아침에 날벼락을 맞는 처지로 운명이 전도되었다. 내일을 알 수 없도록 부침이 무상하던 그 무렵 정국의 한 풍속도일 것이다.

이때 남인을 치죄케 된 것은 송시열 등의 서인이었다. 그런데 여기서 노장파와 소장파의 의견이 또 엇갈린다. 그리하여 송시열 등의 노장파는 노론(老論)이 되고, 남구만(南九萬)이나 박태보(朴泰輔) 등의 연소패는 소론(少論)이라 불렀다. 그보다 앞서 있은 광해군 축출의 인조반정 역시 권세를 탐한 서인들이 음모를 획책해서 된 것인데, 그때에도 적극적으로 나선 공서파(功西派)와 뒷전에서 구경만 하고 있던 청서파(淸西派)가 있었다. 청서 · 공서 역시 서인들의 한 파벌이다.

조선의 이런 당파싸움이 나라와 국민을 위하자는 한 조각의 애정이나마 있어서였다고 할 수가 있을까? 코끝에조차도 그런 명분을 걸 수가 없을 것이다. 그들이 툭하면 들고 나오는 예법이라는 건 주자 가례(家禮)에서 얻어낸 이방인의 교훈인데, 그것이 그들 정권과 세력을 돕기도 하고 밀치기도 하는 도구 수단이 되었던 것이요, 그것에 의해 무서운 옥사와 박해감정이 싹터 나라와 민족을 좀먹는 밑천이 되어 왔다.

김우명의 아버지 장사 사건이 그 실례이지만, 그의 따님되는 명성왕후의 복상(服喪) 문제로 천하가 시끄럽던 단서도 겨우 그것이었다. 말이 났으니 말이지만 제사상에 포쯤 엎어놓으면 어떻고 제껴 놓으면 어떤가, 아니 그까짓 포쯤 없이 제사를 지내면 또 어떤가? 반드시 고기전을 우측에 놓고 나물음식을 좌측에 놓아야 된다는 원칙이 또 무엇이며, 조금 순서가 바뀌었대서 안될 것이 무언가? 그것이 부모의 혼백이 흠향을 하고 안 하는 이유라도 되어서인가? 아니면 솔직하게 번거롭고 너절한 형식인가?

그러나 그것이 그때의 사회였고, 그들 유자(儒者)들의 인생이었다고 오늘에 와서 백보를 양보한다고 치자. 다른 말 다 그만두고, 임진왜란의 공기가 무르익어 가던 선조 23년의 조정 내부의 실태를 좀 보자.

이미 그 전부터 풍신수길(豊臣秀吉)은 조선에 사신을 보내어 "일본은 귀국에 여러 차례 사신을 보내어 예를 보였는데 어째 귀국은 답례가 없느냐, 마느냐" 따위로 시비를 걸어오고 있고, 나중에는 조선을 건너뛰어 중국에 들어가 그곳 대륙에 일본의 법속을 심고자 하니 길을 터 달라는 엄포를 놓아 보내기에 이르렀다.

사신의 답례가 없다는 것도 가당찮은 짓이지만, 명나라를 들이치는데 길을 열라는 것은 단순한 공갈이나 으름장 정도를 넘어서서 치사한 모멸이요, 혹독한 무시가 아닐 수가 없었다. 조선의 선비로서는 중국이라 하면 죽었던 송장이라도 일어나서 예를 올린다 할 만큼 떠이어 숭상하던 시절이었기 때문이다. 수길(秀吉)의 시비는 조선 사람을 내놓고 너희도 사람새끼냐는 투의 얕잡아 보는 경멸이 들어 있었다.

그러자 조정에서는, 일본 사신을 구류한 다음에 일본을 쳐서 혼내주자느니, 솔직히 우리 힘으로는 일본을 이길 수가 없으니 요령을 부려 가며 현명하게 처사를 하자거니 갑론을박을 하게 되었다. 그러다가 종당에 결론은, 우리측에서도 일단 사신을 보내어서 저쪽의 형편과 힘을 염탐하여 대치하자는 쪽으로 의견들이 모아졌다. 그래서 뽑힌 두 사람이 황윤길

(黃允吉)과 김성일(金城一)이다. 김은 그 당시 동인의 사람으로 부사(副使)였고, 황은 서인의 사람으로 정사(正使)의 직무를 띠었다. 그들은 자기 나라의 대일(對日) 태도가 자기들의 보고 여하에 따라서 달라진다고 하는 막중한 임무를 가지고 배를 타게 되었던 것이다.

그러나 일년이라는 세월을 허비하고 돌아온 두 사람의 보고는 서로 같지가 않았다. 황윤길은 "풍신수길의 눈매가 빠르고 안광이 번쩍거리는 것이 과연 재주와 용맹이 있는 사람 같더라" 했는데, 김성일은 "그 눈이 쥐 눈같으니 족히 두려울 것이 없다" 한다. 물론 바르게 본 것은 황(黃)이다.

그러나 모든 것이 당파로 결정되지 않으면 안되었다. 황(黃)은 서인이고 김(金)은 동인이니, 동인이 세력을 잡고 있던 그 때에 김(金)의 말이 옳은 것으로 받아들여졌을 것은 물론이다. 그런데 웃지 못할 사실은, 집권당인 동인들은 황윤길을 전쟁의 그을음을 내보여 민심을 불안케 했다는 이유로 홀대를 하고, 민심을 안정케 한 김성일에게는 벼슬을 높여 주었던 것이다.

그러나 아직은 미진한 한 줄이 남아 있다. 유성룡이 자기 편 김성일을 보고 "그대의 말이 황과 다르니 만일 왜가 정말 오면 어찌 할 터인가?" 하고 물은즉, 김성일의 대답이 "나 역시 왜가 종시 오지 않으리라 할 수 없소만은, 황의 말이 너무 지나친 듯하고, 마치 왜가 사신의 뒤를 따라 오는 것 같아서 인심이 흉흉할 터이므로 그리 하였소" 하였다. 모른 것이 아니었고 못 본 것이 아니었다. 미구에 오는 환란을 직접 제 눈으로 보고 온 사람이다. 그러나 황윤길이 먼저 바른 말을 하므로, 그 말을 좇을 수가 없는 기분이 움직여서 그런 것이다.

만약 김성일로 하여금 먼저 황의 말을 하게 했더라면, 황윤길이 김의 대답을 대신 않는다고 누가 장담했을까? 도대체 그런 망국의 심리, 망국의 교묘한 말재간이 조선 당쟁사 말고 어느 곳에 또 있을까? 이리하여 내일 오는 대적의 근심보다 지금 당장 누리는 안락과 권세가 더 좋았던 이들은 어떻게 해서든지 반대당의 의견을 꺾고 심하면 내치어 죽이는 것이 예사가 되었다.

임금 앞에서 다투는 명분은 감정이 틀려 있는 피차의 구실이요, 국가의 안위를 위해 올려야 할 표(表)와 소장(疏章)은 제 당의 이익을 꾀하는 핑계에 지나지 않았다. 반역과 음모가 자연 꼬리를 물고 음습한 피바람이 해를 가리고 일어나게 되니, 수풀같이 많던 인재들이 사나운 칼날에 찍혀 수도 없이 거꾸러졌고, 종묘사직은 그들의 권모술수가 판을 치는 난장판이 되어 버렸다.

뿐만 아니라, 사대부가 사는 곳치고 인심이 무너지고 상하지 않은 데가 없을 지경이었다. 붕당이 깊이 뿌리박혀서 할 일없는 사람들을 끌어들이고 권세가 지나쳐 평민의 권리를 손상하는 것은 물론, 자신의 행실을 단속하지 못하는 터수에 모두 한 지방의 패권 잡는 것을 좋아하여 사람들이 자기를 논하는 것을 단속하려 들었다.

당파가 다르면 서로 한 마을에 살기조차 싫어하며, 색깔이 다른 마을과 마을이 서로 분간할 수 없을 만큼 욕을 하고 비방을 일삼는 풍속이 창궐하게 되니, 그 지경에서는 거래와 혼인만 통하지 않는 것이 아니라 서로 얼굴을 마주하지 않는 형세에까지 도달하였다.

사대부들의 이런 붕당 버릇이 서민들에게까지 흘러내려 오염을 시키고 말 것은 당연지사다. 그것이 소위 문화의 일체감이란 것이 아니던가? 다른 색목(色目)이 딴 색목과 친하게 되면 무조건 절개를 잃었다 하여 배척하고, 배척당한 색목을 반대쪽에서는 환영하고 귀하게 여겼다. 그러니 비록 하늘을 거스린 중죄를 지었다 해도 시비곡직은 따질 것 없이 떼를 지어 일어나서 도우며, 오히려 죄과가 없는 사람으로 만들어 버리기 예사였다. 반대로 바른 행실을 하고 숨은 덕을 쌓은 자라고 할지라도 같은 색목끼리가 아니면 반드시 그 사람의 좋지 못한 구석부터를 살피려고 하였으니, 이런 미움과 시기가 복면의 자객을 동원하고 문 그림자로 피바람이 스치는 일이 빈번했던 것이다.

명분과 절의도 썩은 물건이 아닐 수가 없었다. 풍속의 야비함이 여기에 이르러서는, 남의 일을 거들고 생활해 가는 말단 선비나 미천한 종까지도 한번 누구네 집 가신이란 이름이 붙으면, 비록 다른 집안을 바꾸어 섬기자 해도 용납하고 보아주는 일이 없었다. 철저한 병폐와 망국의 고질된 것이 그 3백 년 동안에 사람들 골수마다 사무쳐졌고, 사내의 유전인자 속에 자리를 잡을 만큼 되었던 것이다.

그리하여 그렇게도 버젓하고 미끈하던 이 민족의 기상으로 하여금 못나빠진 비굴과 아첨과 시기의 노예근성을 길러 이 날까지 더러운 사대주의의 굴레를 벗지 못하도록 틀거리를 결정해 버린 것이다. 생각할 줄을 아는 이들은 안다. 조선 말에 있었던 일제 침략의 결과나 내 국토에 삼팔선의 철조망을 치고 있는 오늘의 우리들 설움은 바로 이 당파싸움으로 지샌 조선 민중의 심리적 영향에서 빚어진 일들이란 것을. 그러나 현실의 역사를 말하기 전에, 삼신과 불교가 헤쳐 나온 과정을 먼저 더듬어야 되는 것이 그 순차일 것이다.

04
내몰린 교단과 기복불교祈福佛教

조선시대의 불교는 한 마디로 말해서 억압과 수난의 불교였다. 태조 이성계의 창업 이전부터 불교와 인연이 깊었으며, 즉위 전서부터 여말(麗末)의 고승(高僧)이던 태고(太古)스님이나 나옹(懶翁)화상 등을 사사(師事)한 적이 있어서 건국이념에도 많은 번영을 보였으나, 이미 배불사상(排佛思想)의 풍랑이 일기 시작한 시대의 물결은 어쩔 수가 없었다.

아무리 이성계가 불교중흥을 위해 인경(印經)사업을 펴고 곳곳에 불탑을 중창하며 소재회(消災會)와 반승(飯僧) 등의 법석(法席)을 여는 성의를 보였어도 이미 기울기 시작한 불교의 운명은 그의 신심 하나로 붙들어내기 어려웠던 것이다. 뿐만 아니라, 그의 신심은 도리어 무리가 되어 조정의 대신들에게 감정을 유발시키기에 알맞았으며, 심하면 피바람을 부르는 결과가 되어 나타나기 십상이었다. 태조 7년에 있은 왕자의 난이란 것도 그런 것에서 연유된 그의 아들간의 싸움이라 할 것이다.

태조에게는 아들이 일곱이었다. 전비(前妃)의 몸에서 난 아들이 다섯이었고, 계비(繼妃)의 몸에서 난 아들이 둘이다. 태자 책봉 문제가 나오자 태조는 정도전 등의 찬성을 얻어 계비의 소생인 방석(芳碩)을 태자로 봉하게 되었다. 방석은 서열로 치면 여섯 번째에 해당한다. 그렇게 된 데는 태조와 계비와의 사이가 각별했다는 데도 까닭이 있어서였지만, 자기의 개국에 누구보다 큰 공을 가지고 있는 방원(芳遠)을 모른 척한 것은 방원이 지나치게 유교적인 색채를 띠고 있었으므로 그것이 불교탄압에 무엇이 되지나 않을까 미리 염려를 했던 때문이었다.

그러나 눈치 빠르고 영리한 방원이 가만히 있었을 리가 없다. 전비의 소생인 자기들을 다섯이나 두고, 하필 계비의 몸에서 난 아우가 임금이 되어야 한다는 것도 납득이 안되었지만, 현실적으로 큰 공로를 가지고 있는 자기를 무시하는 아버지의 속셈을 용납할 수도 없었다. 그래서 지난날에 최영의 북벌을 반대하다가 축출된 적이 있었던 하륜(河崙)을 불러다가는 불시에 경복궁을 습격하여 방석의 패들을 모두 죽여버리고 말았다.

명분인즉슨 방석 일파가 전비의 소생인 제 형제들을 제거하려고 음모 중이기 때문이라는 것이었다. 그러나 이 명분은 방원의 어거지가 억지로 만들어 씌운 근거없는 거짓말인 것은 물론이다.

이 일이 있고 나서 태조는 맏아들 정종에게 자리를 내어 주고는 고향인 함흥으로 돌아가 버렸고, 정종은 다시 일년만에 방원에게 자리를 내어 주어야 했다. 그후 태조는 스스로 송헌거사(松軒居士)라는 이름을 걸고 염불로 일생을 보냈으며, 태종 방원은 그 아버지가 염려했던 것처럼 배불의 기치를 세운 임금이 되었다. 그 후로 불교의 모든 것은 어두운 5백 년 속에 억압과 핍박으로 갇힌 세월이었던 것이다.

어째서 태조는 그만한 불심의 원력과 왕권을 가지고도 조그만 땅덩이에 그 뜻 하나를 펴지 못하고, 일 돌아간 것이 그 꼴이 되고 말았을까? 다른 사람도 아닌 자기 아들에게서 그토록 노골적인 배불이 단행되어 아버지의 마음을 펴지 못하게 했다는 것도 우습지만, 훗날 선비들의 척불이 하필 그로부터 자리를 잡고 시작되어야 했을까? 그것이 무슨 익살이며 아이러니일까? 그러나 그것이 역사의 성쇠며 심판이다. 그것을 두고 인과(因果)라는 것이다. 달리는 어떻게 설명할 도리가 없다.

고려의 귀족 불교가 가난한 민중에게 무엇이었으며, 정치와 야합하여 사치와 권세로 흥건하게 보낸 결과가 무엇이었나를 한번 돌이켜 보라. 그 과보(果報)가 어디에 돌아갈까? 그런 줄을 알면서도 이태조의 신심이 불교 중흥에 도움이 되기를 바랐다면, 그것이야말로 인과를 매도하는 멀쩡한 도둑놈이 아닐까?

이태조가 불은(佛恩)에 감격한 것은, 그의 개국에 전기가 된 위화도 회군에서 결정적으로 도움을 준 승장(僧將) 신조(神照)의 은혜 때문이고, 등극 후에도 여러 가지로 어려운 건국사업을 도왔던 무학(無學)과의 관계로 인해서였다. 그것은 해석에 따라 개인 사이에 오간 이해관계는 될지언정 부처님 은혜는 아니다.

부처님 은혜라 한다면 차라리 고려 말기에 장원도감제(莊園都監制)를 실시하여 귀족층인 대토지소유자들의 세력을 제거함으로써 헐벗은 민중에게 이익이 돌아가게 한 신돈(辛旽)의 처사가 부처님 은혜라 함이 옳을 것이다. 그쪽이 훨씬 민중을 위한 역사의 절의와 명분에 맞기 때문이다. 부처의 은혜는 사(邪)되지 않은 은혜이며 공익(公益)의 은혜이다. 거기에는 정당한 인과가 있고 법칙이 있을 뿐이지, 사사로운 감정의 높낮이가 끼지 않는다.

이태조의 불은에 대한 감격은 어디까지나 제 자신의 기분에 의해 속았던 것 뿐이다. 인과의 법칙 위에서 조선 불교의 되어 간 것을 본다면, 고려 때 심은 사치와 낭비의 나쁜 씨앗을 후세에 오는 자가 걸려 넘어지면서 거두었다고 밖에는 볼 수가 없다. 역사의 돌아감이 늘 그런 것을 어찌 달리 말할 수가 있을까? 그렇게 되면 이태조에게서 태종같은 아들이 난 것도 배후에 그런 인과가 움직이고 있어서 된 것이지, 그들 부자간의 사사로운 기분이나 감정문제는 아니던 것이다.

태종 이후의 배불(排佛)과 종단의 변천

태종이 배불의 기틀을 마련하게 된 데는 그가 일찍부터 고려정권의 과거에 급제하여, 그 당시의 배불을 논하던 상류층 유학자의 열에 끼어 항상 그들과 사귀었던 데에 직접적인 원인이 있었다. 그는 제 또래 선비들과 함께 학당(學堂)을 지어 유생을 양성하고 정치에 깊은 관심을 갖다가 태조의 창업을 도왔으므로, 왕이 되자 선비들 사상 그대로 숭유척불의 사상을 거침없이 실천하였다.

태종 2년(1402)의 기록을 보면, 경외(京外)의 70사(寺)를 제외한 전국 사찰의 전토(田土)에 세금을 먹여 군사 자원에 붙여 버리고 사찰의 노비를 각 관아에 분속(分屬)시켰다는 것이 보인다. 이로부터 승려의 지위는 떨어지고 불교는 모든 면에서 묶이어 위축이 되었던 것이다.

그러다가 태종 5년에는 의정부(議政府)에서 올라온 상소문을 좇아, 한양과 개성에는 각 종파의 사찰을 하나씩만, 각 도(道)의 목(牧)과 부(府)에는 선종(禪宗) 사찰 하나와 교종(敎宗) 사찰 하나씩, 그리고 각 군(郡)·현(縣)에는 선종이든 교종이든 하나씩만을 남기고, 나머지는 모두 없애 버리도록 조처를 내리고 있다. 거기에다 아직 남아 있는 사원의 노비는 절의 십리 밖에서 제 농사를 짓고 살다가 순번제로 돌아가면서 사원 일에 종사케 하였다.

그러다가 이듬해인 6년에는 다시 의정부 계청(啓請)을 좇아 전국에 남아 있는 사찰의 수효를 정하고 있다. 그 결과 조계종과 총지종(摠持宗)을 합쳐 70사(寺), 천태(天台) 소자종(疏字宗)과 법사종(法事宗)을 합쳐서

43사, 화엄종(華嚴宗)과 도문종(道門宗)을 합해서 43사, 자은종(慈恩宗)이 36사, 중도종(中道宗)과 신인종(神印宗)을 합쳐서 30사, 남산종(南山宗) 10사, 시흥종(始興宗) 10사를 제하고는 나머지 사원을 모두 폐지하도록 한 것이다. 그렇게 없앤 사찰의 수효가 몇이나 될까? 모르기는 몰라도 남아 있는 몇 곱을 헤아릴 것이다.

그런데 이듬해 7년에는 이상의 11종이던 종파가 갑자기 7종의 종파로서 나타난다. 조계종(曹溪宗) · 천태종(天台宗) · 화엄종(華嚴宗) · 자은종(慈恩宗) · 중신종(中神宗) · 총지종(摠持宗) · 시흥종(始興宗)이 그것이다. 나머지 종단은 모두 폐지하도록 했을 것이다.

이와 같은 정부의 참혹한 처사에 수백 명의 승려가 대궐 앞에 몰려들어 신문고를 울려서 복구를 호소하였으나 아무 소용이 없었다. 사세는 이미 그런 것으로 돌려질 것이 아니었던 것이다. 숭유척불의 정책을 철저히 실천하여 불교를 여지없이 눌러 버린, 태종의 불교에 대한 태도를 엿보게 하는 다음의 설화 한 토막을 들어 보자.

> 태종 6년에 명의 황제 성조(成祖)가 우리나라 제주도의 동불상(銅佛像)을 모셔 가기 위하여 태감(太監) 황엄(黃儼)을 보내었다. 황엄이 그 일로 서울에 왔다. 얼마 후 제주도에서 불상이 사신이 묵는 관아에 도착하였으므로 황엄은 태종더러 먼저 불상에 절한 뒤에 서로 예로써 절할 것을 청하였다. 그러자 태종은 "동불(銅佛)이 천조(天朝)——명나라——에서 왔다면 내가 절을 하여 천조의 공경하는 뜻을 표하겠지만, 그렇지 않으니 무엇 때문에 절을 하겠는가?" 하고 절하기를 거절하였다. 옆에 있던 하륜(河崙)과 조영무(趙英武) 등이 "황제가 불도를 숭신(崇信)하여 불상을 멀리까지 구하였으며, 또 황엄이 무상(無狀)한 인물이니 종권(從權)하여 예배하십시오" 하니, 태종이 말하기를 "나의 군신(群臣)에는 의(義)를 지키는 자가 하나도 없구나. 황엄을 이렇게 두려워하여 어찌 임금의 난(難)을 구하겠는가? 고려

에 충혜왕(忠惠王)이 원으로 잡혀갈 때 나라 사람이 아무도 구하지 않았는데 지금 내가 그러한 위난을 당하게 되면 역시 그러하겠구나. 인주(人主)의 거동은 가벼이 할 수 없거늘 어찌 예(禮)에 상관없는 배불(拜佛)을 할 것인가?" 하고 황엄에게 "번국(藩國)—우리나라를 비하한 말—의 화복(禍福)은 천자에게 있고 동불에게 있지 않으니 마땅히 천자의 사신에게 먼저 예견(禮見)하겠소. 어찌 내 땅의 동불에게 절을 하리까?" 하여 끝내 절하지 않았다.

내 국토의 것, 내 조상의 얼이 깃든 것에는 절대로 고개를 숙일 수가 없지만, 당장에 군대와 힘을 가지고 있는 명나라 사신에게는 즐거이 허리를 굽히겠다는 그의 예법이 과연 용하다면 용하다할 대목이다.

그러나 한편 생각하면 태종만한 재주와 배짱을 지닌 임금이 단순히 명나라 위세를 두려워하여 불상보다 사신에게 먼저 절을 했다는 것은 말이 되지가 않는다. 그의 말에서 풍기는 앞뒤의 분위기를 감안하여 보면, 불상을 한낱 우상으로 보았을 뿐 그 너머의 큰 이치를 보지 못했다는 것이 여실하게 드러난다.

정성과 뜻을 다해 예배드릴 대상을 갖는다는 것이 생명을 얼마나 경건하고 분명하게 느끼어 알게 하는지를 몰랐음에 틀림이 없다. 이것이 바로 유교의 독에 감염되어 불교를 우상으로 인식하기 시작한 조선 선비들의 폐단인 것이다. 어째서 유교의 본고장인 중국에서는 임금이나 신하가 하나같이 불교를 좋아했고, 오히려 그 불상에 먼저 절해야 될 것을 순서로 생각했을까?

각설하고, 태종의 뒤를 이어 세종이 즉위하자 불교의 핍박은 한층 강렬해진다. 이러한 억불책 때문에 세종 원년과 3년에 승려들이 명나라로 가서 명제(明帝) 태종에게 국내의 심한 불교박해의 정상을 호소한 일이 있었다. 명(明)의 태종은 독실한 봉불자(奉佛者)였으므로 이 호소가 효력이 있어서 세종의 억불은 잠시 주춤하는 듯싶었다.

그러나 세종도 역시 선비들의 드센 등쌀과 상소문에 의하여 왕 6년에는 태종 이후 칠(七)종이던 종단을 그나마 폐합하여 이(二)종으로 하였으니, 곧 조계종 · 천태종 · 총남종의 삼종을 종합하여 선종(禪宗)으로 하고, 화엄종 · 자은종 · 중신종 · 시흥종의 사종을 합하여 교종(敎宗)으로 만들어서, 볼 만하던 교세가 선(禪) · 교(敎) 양종으로 된 것이 그로부터였다.

세종은 거기에 더욱 박차를 가하여 양종을 각각 18개 사찰, 곧 모두 하여 36개의 절간만을 남기고 그 밖의 절들은 모두 폐지하여 버렸다. 태종 때까지만 해도 240여 개의 숫자로 기록되던 사찰이 세종 때에 이르러서 금방 36개로 줄어든 셈이다.

그러고도 세종은 성(城) 밖에 사는 승려에게 성 내의 출입을 금하게 하고, 연소자의 출가를 금지시켰다. 이런 것들은 확실히 태종의 억불책보다 혹심했던 것으로 볼 수가 있다. 그것은 세종이 뒤에 독실한 봉불자(奉佛者)가 된 것과는 별도의 문제였던 것이니, 숭유억불 정책만은 끝까지 바꿀 수가 없는 것이 되어 버렸다.

임금이 창덕궁 후원에 내원당(內願堂)을 지었다 하여 집현전 학자들이 집단으로 입궐하기를 거부하고, 그런 시일이 쌓여감에 따라 그들 학자들은 불교를 내치고 승려를 탄압하는 것을 무슨 국가시책인양 착각하기에 이르렀던 것이다.

문종 역시 두 해 동안의 짧은 임금이었으나, 인민(人民)의 승려됨과 도성의 출입을 금하기는 마찬가지였다. 그러다가 세조 때에 이르러 배불의 기세가 누그러지고 불교가 잠시 고개를 들었으나, 성종이 등극하면서부터는 더욱 엄한 배불책이 감행되어서 일반서민이 상(喪)을 당하여도 불(佛) 승(僧)에게 공제(供齊)하는 것을 엄금하고, 여타한 불전공물(佛前供

物)과 함께 성중(城中)의 염불당을 폐지하였으며, 절 세우는 것과 중 되는 것을 금지했다.

또 임금의 생일날에 신하들이 사찰에 가서 왕의 수복(壽福)을 빌던 짓을 못하게 하며, 모든 제사의식을 불교의식으로 하는 것을 폐지하고 유교의식으로 대행케 하였으므로, 그 실망을 느낀 일부 승려가 환속하는 일까지 빚어져 한때는 승려의 수가 줄어드는 형편이었다. 상례나 제례의식은 여느 의식과 달라서 그것을 불교형식에서 유교형식으로 바꾸었다는 것은 유교의 압도적인 승리요, 불교의 기틀이 뿌리째 흔들린 것을 의미한다. 그러면서 역사의 세대는 연산군으로 넘어간다.

연산군은 황음무도한 왕이었으므로 처음부터 정사에는 뜻이 없었던 터라, 성균관으로 오락의 장소를 삼고 선종(禪宗) 본사인 홍천사(興天寺)와 교종(教宗) 본사인 홍덕사(興德寺) 및 대원각사(大圓覺寺)를 폐지하여 모두 나라의 공해(公廨)로 삼는 정도였다.

또 삼각산 각 절의 승려를 강제로 쫓아내어 빈 절을 만든 다음 기방(妓房)을 만들거나 헐어버리며, 여승은 궁녀들의 비(婢)로 주고, 비구는 환속시켜 관노로 삼아 취처(娶妻)케 하였고, 절에 딸렸던 토지는 모두 해당 관서로 몰수하였다. 그리고 승려는 아예 성 밖으로 내몰아 성 안에 들어오지 못하도록 법을 만들었다.

연산군의 미친 짓이 여기에 이르러서는 온 국토의 민중이 그로 인해 질식케 되었으니, 양종(兩宗)의 본사를 없애 버린 것이나 승과(僧科)제도를 잊어버린 것쯤 입에 올릴 것도 못되었다.

다음의 중종은 광주(廣州)의 청계사(淸溪寺)로 쫓겨가 간신히 유지하고 있던 양종(兩宗) 본사의 명맥을 찾아내어 철폐하고, 연산군 때 미처 행해지지 않아 일시 중단되었던 승과를 법조목으로 완전히 폐지해 버렸다. 그런 후 경주에 있던 동불(銅佛)을 부수어 군기(軍器)를 만들고, 원각사(圓覺寺)는 헐어서 연산 때 헐린 민가(民家)의 건축재료로 나누어주었다. 고려 이래의 불교가 조선 중종에 이르러 아주 뿌리를 뽑히고 씨를 말렸다 할 만큼 비참하게 되어 버렸던 것이다.

천 년이 넘도록 민족의 정기를 살리며 조국 산하와 함께 늙어 온 종교를 완전히 배제해 버린 조선에 장차 찾아올 것이 무엇일까? 그것은 갈갈이 찢긴 역사의 시체 외에 다른 무엇도 아니었던 것이다.

물론 불교의 천 년 역사를 돌아다보면 잘된 것보다 잘못된 것이 많고, 바르게 이끌어 오기보다 어긋나게 행동해 온 것이 많은 것이 사실이긴 할 터이다. 그러나 그것은 보이는 것만을 내놓고 따질 때 나오는 값이지, 보이지 않는 쪽에까지를 암량해서 말할 것은 아니다.

교계(教界)의 지도자가 제 몸뚱이나 살찌우는 짓을 할 때에, 보이지 않는 큰 그늘에서는 착취에 피를 빨리는 민중이 그래도 가슴에 희망을 다지면서 내일을 살아야 할 힘을 준비했던 것은 불교가 있었던 덕택으로였다.

그런데 조선은 고려 불교의 한 때 타락과 승려의 부패상만을 보고 그것을 미워한 나머지 전체적인 것을 한꺼번에 몰수하여 버렸다. 원대한 이상과 희망의 좌표를 상실한 풍토 위에 놓여진 삶들이 얽히고 설켜서 서로의 살이나 파먹는 아비규환을 만들 것은 정한 이치다. 결과적으로 붕당의 회오리가 일어나 피바람을 불러낸 것이 바로 불교의 맥을 끊고 뿌리를 뽑아 던진 폐허 위에서 가능했다고 할 때, 이 거친 파천무(破天舞)야말로 자연스럽고도 당연하게 조성된 역사의 저기압이었던 것이다.

멸시 속에서 갚은 보은의 호국

중종을 한계로 불교는 법의 그늘로부터 아주 내쫓김을 당했던 것은 앞에서 본 대로다. 불교는 그때부터 천대와 멸시의 세월을 살아야 했다.

양반과 선비들은 불교를 살부지수(殺父之讐)나 되는 듯이 보려 들었고, 그들이 만든 사회제도는 승려를 노비와 창기(娼妓)·무격(巫覡)·백정 등과 함께 아주 팔천(八賤)의 하나로 묶어 버렸다.

억불정책의 끈이 이렇듯 조여짐을 따라 승려들은 온갖 학대를 받게 되었고, 도성을 지키는 산성을 쌓으며, 또 산성을 지키는 일까지 떠맡아야 했다. 그러면서도 저항이나 항쟁을 모르는 불교정신은 모든 것을 과보로 받아들여서 묵묵히 시키는 짓이나 할 밖에 없었다. 조선 5백 년의 긴 법난 동안에 이렇다 할 반항의 흔적이 없었다는 건, 모두 이런 인과응보의 믿음으로 설명되어져야 옳을 것이다.

하기야 초기에 몇 사람의 움직임이 아주 없었던 것은 아니지만, 극히 짧은 동안이었고, 또 미미하였다. 그러다가 중엽에 와서 한 사람의 규탄자가 나오기는 한다. 현종 때의 백곡처능(白谷處能)이다. 그는 그 당시 남한산성을 쌓던 부역 등의 지나친 배불정책에 분개하여 「간폐석교소(諫廢釋敎疏)」라는 상소문을 올려 척불의 부당성을 통렬히 논박하였다. 그러나 그것으로 무엇 하나 고쳐진 것이 없기는 매일반이었다.

여전히 성 안에 발을 들여놓지도 못하는 주제에 온갖 잡역(雜役)을 맡고 있었다. 세금과 징수의 명목도 혹독하고 지나쳐서 관가와 유자들이 쓸 종이와 기름까지 구해 바치며, 신까지 만들어 바치는 형편이었다. 고려 승단의 기름진 사치가 뿌린 씨앗은 마침내 조선 승단의 앞날을 막는 비구름이 되었던 것이다. 들숨을 깊이 쉬면 날숨도 깊어지는 것이 이치 아니던가?

그러나 명맥이 끊기는 줄 알았던 조선 불교는 그래도 불교를 놓지 못하는 서민 대중의 간절한 염원과 함께 산 속으로 숨어 들어간다. 거기서 인고의 세월을 살면서 비로소 자신들의 진면목과 만날 기회를 갖는다.

정히 깊은 산 속의 맑은 기운이 아니었다면 조선 불교의 고매한 영재들을 어떻게 건질 수 있었을 것인가? 그런 승단의 기량은 훗날 국난이 닥치자 하나같이 죽기를 무릅쓴 호국불교가 되어 나타난다. 그것만이 조선 승단이 민족 앞에 보일 수 있는 마지막 참회의 기회였으며, 불교의 역사적 방향을 새 차원으로 옮길 전회의 기회이기도 했던 것이다.

그러나 그 일은 철폐된 도승법(度僧法)과 승과제도(僧科制度)를 국법으로 부활시킨 명종의 생모 문정황후의 불심을 배경에 세우면서 살펴져야 할 문제다. 때가 바야흐로 척불의 시절이었으니 만치 단단하게 작심하고 산 속에 칩거해 버린 스님들을, 승과제도 같은 특별한 소생의 기운이 돌게 하지 않고는 누구도 용이하게 발탁하여 끌어내지는 못했을 것이기 때문이다.

그렇다면 문정왕후는 장차 올 국난에 대비하기 위해서 역사가 내보낸 인물이라 해야 옳을까? 그렇게 보아서 나쁠 것은 없다. 역사의 생명도 일호일흡(一呼一吸)이 순조로울 때에 건강한 생명일 수가 있는 법이다. 중종 때까지 모질게 조이고 감기어만 온 역사가 아주 숨통이 끊어지기 전에 다시 풀어 순환을 시켜야 했으므로 한 여자가 나와서 그 일을 해 주었던 것이다.

물론 문정왕후 윤씨의 일은 가시덤불 속에 끊긴 길을 터놓아야 하는 것처럼 억지와 신념으로 버텨낸 역경 속의 싸움이었지 탄탄대로의 행군 명령일 수가 없었다. 어린 나이에 임금이 된 아들 덕분에 수렴청정의 권세를 쥐고는 있었지만, 여자인 그네로서 유신(儒臣)들을 휘어잡는 그 자리는 힘들고 고달픈 사면초가의 고지(苦地)일 뿐이었다.

어디를 보든지 척불에 눈이 붉은 유생들이 간발의 기회를 잡으려고 호시탐탐 틈을 노렸다. 칠 팔십 년 전의 세조가 잠시 불교를 보호하여 승려의 자유를 허락했던 것이 유생들의 불교 박해에 더욱 나쁜 면역성을 기르도록 해 주었는지도 모른다. 그들은 불교라면 무조건 손을 들어 막으려

하였고, 사사건건 시비의 쐐기를 박으려고 들었다. 그러나 문정왕후는 지고 있지 않았다.

명종 6년에는, 서울 근교 광주에 있는 봉선사(奉先寺)로 교종(敎宗)의 본찰을 삼고, 역시 광주에 있는 봉은사(奉恩寺)로 선종(禪宗)의 본찰을 삼아 봉은사에는 설악산 백담사에 있던 허응당(虛應堂) 보우(普雨)스님을 맞아들였다. 그러면서 당년으로 보우를 판선종사(判禪宗事) 도대선사(都大禪師) 봉은사 주지로 삼고, 수진(守眞)을 판교종사(判敎宗師) 도대사(都大師) 봉선사 주지로 삼는 한편, 도승법(度僧法)과 승과(僧科)를 다시 시행하였다. 조선 불교사에서 빼놓을 수 없는 서산(西山) 휴정(休靜)이나 사명당(四溟堂) 유정(惟政)스님도 보우화상이 주관했던 이때의 승과 출신이었던 것이다.

문정왕후와 보우스님이 불교를 중흥하는 기색이 나타나자, 조정의 대신들과 유생들이 가만히 있을 리가 없었다. 사방에서 보우를 타도하라는 상소가 빗발치듯 하고, 성균관 선비들은 숫제 관(舘)을 비우면서 시위를 하는 등 거의 발악적이었다. 그러던 차에 문정왕후가 세상을 떠나니, 명종 20년 4월의 일이다. 이때를 고비로 불교는 다시 버팀목이 꺾여 내리막으로 잠겨들게 되었다.

보우는 곧 유생들의 손에 잡혀서 요승(妖僧)으로 몰렸고, 제주도로 귀양 보내졌다가 목사 변협(邊協)에게 장살(杖殺)당하고 말았다. 문정왕후와 보우스님의 만남이 불과 15년이었는데, 불교 역사는 다시 들숨에 들어가 가망없는 어둠으로 문을 닫아 건 것이다.

영고성쇠의 뜨고 가라앉음이 일정하지 않던 불교의 천 년 역사에서, 문정왕후가 나와 애쓰고 간 15년의 기간이 무슨 의미를 가지는 것일까? 그것은 장차 오는 어둠을 예고하는 저녁노을의 번한 한 순간이요, 폭풍을 머금은 물결의 고요함은 아닐까? 그렇게 보아야 된다. 장차 올 풍랑을 견디기 위해 몇 개의 돛대를 미리 정비하던 기간이며, 어둠에 쓸 불씨를 찾느라고 식은 재를 뒤적이던 동안이다. 그것은 임종의 깊은 숨을 들여 쉬기 전에 가만히 내쉬는 일순의 평화와도 같던 것이었다. 뒤에 오는 역사를 보면 문정왕후의 애씀이 무엇이었다는 것이 저절로 확연해질 것이다.

05
외세의 침입과 호국불교

선조 25년에 바다를 건너 부산진에 상륙한 왜병은 태평세월인 줄 알고 당파싸움에만 열심이던 조선 팔도를 잔치마당에 멍석을 말아 걷듯이 서울로 올라오고 있었다. 가히 무인지경이라는 말이 어울리도록 왜병의 말발굽이 닿는 곳에는 거칠 것이 없었다. 조정에서는 그제서야 큰 일이 난 줄 알고 죽을 상들이 되어 허둥거렸지만, 워낙이 준비가 안된 나라이고 보니 창졸간에 당하는 일에 당황하기나 할 뿐이었다.

며칠 동안 어전회의가 열리고 말들이 오고 간 끝에 신립(申砬)에게 전군사를 붙여 내려보내고는 잔뜩 기대를 걸고들 앉아 기다렸으나, 훈련이 안된 군대이고 보니 명령이 통해지지 않아서 통솔이 어려웠다. 그래 문경 주흘산을 넘는 새재[鳥嶺]가 적병을 막을 요새라는 걸 잘 알면서도 부득이 그곳을 버리고 충주 탄금대(彈琴臺)에서 남한강물을 등지고 배수진을 치지 않으면 안되었다. 훈련이 잘된 정예병을 보냈다고 해도 8천의 군사로 십 수만의 대적을 당하기는 또 어려웠을 것이다. 결과는 뻔했다.

시체가 온 들에 널리고 흐르는 피가 강물을 붉게 했으니, 전몰을 당한 아군의 참패소식이었던 것이다.

그렇게 파죽지세로 몰아 부친 왜병은 부산에 올라온 지 20일이 못되어 서울을 함락시키고, 뒤이어 평양 이북의 한 모서리를 남기고는 조선팔도가 그 말발굽에 밟히지 않은 데가 없을 만큼 기세를 부렸다. 임금은 의주로 피난을 가고, 명나라에 도움을 요청하는 사자의 탄 말이 황망히 압록강을 건너게 되었다.

욕되고 기막히는 8년의 풍진을 말하자는 것이 아니다. 나라 꼴이 이 지경이 되고 보니, 온 국민이 한 덩어리져야만 대적을 막을 수가 있겠는데, 한 덩어리지는 그 일이 그리 용이치가 않았다.

예전서부터 군(軍)·관(官)·민(民)이라 일러 온다. 그러나 기왕에 글러 버린 군이야 입에 올릴 건덕지도 없이 되었지만, 관과 민 사이도 쉽게 친해질 무엇이 아니었다. 관이 본래 민을 위해서 있어 온 관계라면야 문제될 것이 없었겠으나, 민이 관을 위해 있어 온 형편이고 보니 그 횡포와 착취에 억눌려 주눅이 들어온 민으로서는 관의 말을 신용하고 믿을 기분도 안 나지만, 관을 위해 싸우고 싶은 생각은 더욱 없었다.

세상에 민(民)처럼 단순하고 어리석은 것은 없는 법이다. 그들은 어떤 경우에 관(官)과 민이 하나라는 기본논리를 이해하기에 앞서, 관이 민에게 수탈과 착취만을 자행해 온 사실을 감정을 앞세워 먼저 생각하기가 쉽다. 그러므로 정도가 지나치면 너 죽고 나 죽자는 데에 이른다. 그러나 조금만 은혜를 베풀고 자기들을 염두에 두어 주면 그 사람을 영원히 자기들 편으로 믿어 버리는 우직성이 있다.

조선의 양반 정치는 민을 착취와 수탈의 대상으로 여겨 왔을지언정, 언제라고 그들에게 감싸 위로하고 은혜를 베푼 적이 없었다. 어쩌다 자기들 편에 서는 소수가 나타나도 금방 매도하여 없애 버리거나 귀양을 보내는 것이 상례였으므로, 민은 관에 대해 좋은 감정을 가질 수가 없었던 것이다.

또 하나 숨은 이유는, 유교 선비들의 이러한 정치풍토가 고질화됨에 따라 지도자층은 자기들의 이익에만 몰두한 나머지 외세의 침략에조차도 자기 편의 이익이나 당(黨)의 형편에 유리한 쪽으로 항쟁해 가는 기색이 노골화되어 있었다.

그들의 적은 밖에 있는 것이 아니었다. 나라 안에서 큰 인물이 나와 제 자리를 빼앗는 것만이 언제라도 자기네 적이었던 것이다. 당장의 임진왜란이 그래서 생긴 것이지만, 그 후에 오는 정묘(丁卯)와 병자년(丙子年)의 호란(胡亂)을 보아도 그들 지도자 중심의 국가적인 항쟁이란 것은 늘 그런 것이 되어 나타난다.

가령 한 때의 영웅이라 해서 손색이 없던 청(淸) 태종(太宗)이 대국의 군대와 힘을 가지고도 어쩌지 못하던 임경업은 온 나라 사람들이 믿고 따랐을 것이 당연하다. 그에게는 일말의 사심이 없는 대신 겨레를 아끼자는 의기만이 충천해 있어서 그것을 그리도 높이 샀건만, 조정 안의 썩은 선비들은 그 힘이 커질까 두려워하여 국방을 지키는 그 대장에게 군대조차 붙여 주지 못하는 판국이었다.

그것을 본 백성은 그때에 이미 조정에서 등을 돌린 것이요, 또 포로의 몸이 되어 심양(瀋陽)까지 잡혀갔다가 불타는 충정의 노여움으로 도리어 청 태종의 마음을 감복시켜 본국에 살아 돌아왔을 때도, 조정의 대신들은 애꿎은 모함을 씌워 악형으로 죽이기나 할 뿐이었다. 그런 조정을 위해 어느 백성이 싸운다고 나설까? 그런 비슷한 일들을 이미 여러 번 경험해 오는 동안, 지도자들과 백성 사이에는 합쳐질 수 없는 등거리가 지게 되었고, 그 정신, 그 조건이 놓여 있는 한 무슨 외침을 막아낸다고 할 수 없도록 형편은 되어 있었다.

이런 상하의 불신풍조가 이 나라에 어느 때부터 나타났을까? 고려 초기에 거란이 온 것을 윤관(尹瓘)이 무찔러 없애고 구성(九城)을 쌓을 때 배가 아픈 유신(儒臣)들이 농간을 부리던 것이 첫 싹이 난 것이요, 서경 천도 사건을 기화로 『삼국사기』가 나오던 즈음이 뿌리를 내린 때라면, 서기 1231년부터 1259년 사이에 몽골족이 침략하여 임금이 강화도로 도읍을 옮기고, 거기서 유신들과 어울려 백성의 살림을 돌아보지 않은 때에 백성은 이미 국가의 항쟁이란 점에서 마음이 떠나 있었다고 보아야 될 것이다.

그렇게 보면 관(官)과 민(民) 사이에 틈이 벌어진 것이 줄잡아 삼백 수십 년이다. 그 동안에 외적이라면 평양까지 북새를 치고 온 홍건적과 전라도 운봉땅에 둥지를 틀고 앉았다 간 왜구가 전부였지만, 겹친 사화와 붕당싸움으로 인해 체신을 잃을 대로 잃은 유신들의 체통과 관의 아니 볼 것을 어지간히 보아 온 민으로서는 관과의 감정이 천 리나 멀게 느껴지도록 되어 있었다. 관과 민이란 원래가 그물과 벼릿줄처럼 하나의 관계다. 그런데 이 관계가 견원지간(犬猿之間)으로 멀어 있었으니 사태는 더욱 어려워 보였다.

그러다가 이 어두운 위난 속에서 난데없는 구국의 봉화가 일어난다. 민중들이 일으킨 의병이다. 이전의 몽골란같은 국난에도 비슷한 조짐이나 기운이 없었던 것은 아니지만, 임진왜란을 당하면서 의병의 색깔은 두드러지고 강하게 나타난다. 왜 왜란에 의병이 강하게 일어났을까? 거기에는 두 가지 원인이 있다. 우선 자기들의 땅과 재산이 적의 손에 약탈될 때 내 것은 내가 지켜야겠다는 자의식이 움직인 것이요, 나라의 정규군이 유명무실한 상태였으므로 국가 차원의 항쟁에는 의존이 어렵게 된 때문이었다.

실제로 임진난리의 8년 내역을 보면 정규군은 남해에 진을 친 이순신의 해군이 고작이었고, 육지의 싸움은 거의가 민간 사이에서 일어나 의

병들의 게릴라전에 의해서 운세가 판가름지워졌던 것이다. 부산의 곽재우(郭再佑), 옥천의 조헌(趙憲), 장흥의 고경명(高敬命), 광주의 김천일(金千鎰), 협천의 정인홍(鄭仁弘), 고령의 김면(金沔)과 수원의 홍언수(洪彦秀) 등은 그때에 빛나는 전과들을 올린 영웅들이다.

그런데 웃을 수도 없이 어처구니없는 것은 온 나라가 초토가 되어 민족의 운명이 그야말로 풍전등화 꼴이 된 마당에서도, 조정의 대신과 유신들은 목숨을 내놓고 싸우고 있는 의사(義士)들을 돕기는커녕 찍어누를 생각들을 하느라고 머리를 짜고 있었다. 하기야 유생들의 이 버릇은 김부식이 이래로 줄기차게 이어온 것이었으므로 그때를 당했다고 우물거릴 무엇이 아니었다.

그러나 온 국력을 기울여 내려보낸 신립(申砬)의 전군(全軍)이 단 한 번의 싸움에서 거덜이 나고 조정은 쓴 입맛에 빈손만 비비고 있도록 이렇게 기운이 빠져 있던 때는 일찌기 없었다. 유신들 생각은 그때에도 왜군에게 지면 거기다 걸화(乞和)하고 제 자리나 뺏기지 않도록 부탁해 보자는 궁리였을까?

남해 해전에서 적은 병력과 빈약한 배 몇 척으로 왜놈의 구름같은 병선(兵船)을 쳐부수고, 끝까지 승전의 개가를 올려 가히 한 손으로 하늘을 떠받쳤다고 할 만한 이순신에게 조정이 갚아 준 것은 무엇이며, 내려 준 것이 무엇이든가를 생각해 보라. 당파에 몰린 어거지 사형선고와 백의종군의 어불성설은 모두 선비들 농간이 아니면 누구의 짓이며, 퇴각하는 적의 길을 가로막아 마지막 혼줄을 내 준 뒤에 의연히 가슴에 탄환을 받는 자살행위의 전사는 당파가 만들어 준 기막힌 처사가 아니고 무엇이랴?

또한 무등산 정기를 타고났다던 광주의 김덕령(金德齡)을, 두 허리에 차고 다닌 좌우 백 근의 쌍철퇴를 한번 마음껏 휘둘러보기도 전에 턱없는 역모에 가담하였다 죄를 씌워 서른 살 피끓는 젊음을 때려죽인 놈들은 당파가 아니고 무엇이더냐?

홍의장군(紅衣將軍) 곽재우로 하여금 국가에 거듭 오는 외적을 염려하여 누차에 상소를 올렸으나 끝내 들은 체 만 체하므로 종당에는 벼슬을 버리고 산 속에 숨어들게 한 것도 이 유신들의 정권싸움이 원인이었고, 조헌(趙憲)으로 하여금 금산(錦山) 땅에 칠백의총을 이루게 한 것도 따지고 보면 유신들의 작태에 더 기대할 것이 없었으므로 스스로 분을 못 이겨 순사(殉死)해 버린 것에 지나지 않았음이다.

조헌이 누구였던가? 그는 충청도 사람으로 옥천이 고향이다. 전부터 일본 사신이 왔다 갔다하며 사신을 보내라, 명나라를 칠 터이니 길을 비켜라 하는 따위의 외교 수작을 보고는, 단연한 국책을 세워야 되리라는 상소를 여러 번 올린 적이 있었다. 그러나 감사가 비웃어 올려 보내 주지 않으므로 고향에서 걸어 올라가 임금께 직소했다가 미친 사람 대접을 받고 돌아왔다.

몇 해를 참다 못해 다시 서울로 올라가 도끼를 들고 대궐 밑에 엎디어 "아니 들으시려거든, 이 도끼로 신(臣)의 목을 찍으소서" 한즉 길주(吉州)에 귀양으로 대우해 주었다. 난리가 나던 바로 전 해에 일본 중 현소(玄蘇)가 또 왔다는 말을 듣고 올라가서, 그 사자를 베고 단연한 대책을 세울 것을 말한즉, 염치없는 놈이라 하여 내버려두므로 정원 밖에 기다리기 사흘을 하였으되 모두 본 체 만 체하였다. 불길 같은 분을 누를 길이 없어 궁문 주춧돌에 머리를 찧어 피와 눈물이 함께 흘러 옷을 적시는 것을 보고는, 실없는 자식이라 상대해 주지도 않았다.

이런 인물이었기에 금산성(錦山城)으로 올라오는 왜병의 주력부대가 자기 힘으로는 중과부적(衆寡不敵)이라는 것을 알면서도 피하지 않았던 것이고, 무기가 다하자 필경에는 맨몸으로 치고 받고 물어뜯으며 한 사람도 남지 않고 모두가 죽어 갔던 것이다.

승병(僧兵)이 일어난 것도 처음에는 승군단(僧軍團)같은 조직체가 있어서가 아니고, 민간의 항쟁처럼 순전히 분을 못 이겨서였다. 차이가 있었다면, 민간 의병은 자기네 가족과 재산이 있었던 데 반해 승병들은 모든 것을 빼앗기고 산 속 깊이 쫓겨 들어가 간신히 명맥만을 유지하고 있던 터였으므로 무엇을 지키기 위해서가 아니었다. 그저 국난 자체에 피가 끓었고 민족이 도륙당하는 것이 분했던 것이다. 그러므로 바라는 것 없이 일어난 순수한 결사의 단체라고 볼 수가 있다.

왜 조선 승려는 모든 것을 빼앗기고 쫓겨나고 박해까지 받으면서, 거기에다 구하는 것도 없이 마지막 남은 생명까지를 스스로 바치려 했을까? 우리는 여기쯤에서 조선 불교가 가진 기본좌표와 국토 조건이 요구하는 그 시대의 함수관계를 짚으면서 넘길 필요가 있다.

이미 아는 일이지만 불교는 출발부터가 생명의 실체를 체득하려는 종교다. 생명은 뚜렷하나 고요하며 일정한 틀을 벗어난 것이기 때문에 유(有)니 무(無)니 따위의 관념으로 헤아릴 바가 아니다. 그것은 그윽하고 깊어 일체를 포용하지만 휑하니 넓게 트여서 일체를 초월한다. 생명은 원래가 우주적이다. 우주적인 것을 깨달아 육화하는 데 불교의 무위성(無爲性)이 자리를 잡는다.

불교의 수행이 원래 이런 것이므로, 불교라는 원료를 가져가는 모든 국토의 민족이 자기네의 풍속과 고유의 전통을 다치지 않게 섞어 조화를 이뤄 낼 수가 있었던 것이다. 삼국시대 이래의 이 나라 불교가 대대적으로 호국적인 색채를 띠는 것은, 이 국토의 지정적 조건이 호국적 요소를 불가피하게 요구하기 때문이다.

다시 말해, 아시아의 동쪽 물가에 새우등으로 꼬부려 붙은 이 반도는 지정학적으로 보아서 아시아 대륙을 호령할 서울이요, 사령탑 자리가 되는 탓에 예로부터 아시아 대륙, 특히 중원(中原) 땅을 넘보는 이웃 열강들이 이 땅을 줄기차게 탐내어 왔다는 이야기다.

그리하여 신라의 정토불교가 그 이면에다 『인왕호국선약경(仁王護國船若經)』이나 『금광명경(金光明經)』 같은 호국사상을 고취하는 경전을 세워서 반도의 국토를 지키려 하였고, 고려의 귀족불교 역시 호국사상을 팔아 왕권과 결탁하는 핑계를 내세울 수가 있었던 것이다.

우리는 지난날의 그러한 호국이 누구를 위한 호국이었는가고 따질 것은 없다. 시효가 지났다는 의미만이 아니다. 호국이라는 명분 아래 부당하게 걸어 채이면서 피를 흘리는 놈이 있었고, 한쪽에서는 살찐 놈들이 비슥하게 자빠져서 트림이나 올리고 있었다는 그 사실을 덮어 버리자 해서도 아니다. 모든 것을 다 인정하고 낱낱이 긍정하려는 태도는 언제라도 솔직하게 보여줄 수가 있다.

왕권에 빌붙은 것도 사실이고, 나라 변방에 수자리 살러 가기 싫은 자와 죄 짓고 쫓기는 자들이 섞여 들어, 찾아오는 신도에게 기복(祈福)이나 가르쳐서 주머니나 털었고, 급기야 횡포가 지나쳐 걷잡을 수가 없이 되어 고려를 망하게 한 한 원인이 되었다는 것, 그리고 여타한 사실까지 다 수긍하고 받아들일 참이다.

그러나, 묻는 자와 대답하는 자가 그 시절로서는 하나였다는 것을 알아야만 된다. 역사가 아직 무엇이라는 것을 모르던 그 시절에, 우리 할아버지들은 어렵고 답답한 일 있으면 절간 찾아가 기원했고, 부처님 만나면 까닭없이 위안받아 왔다. 그냥 그뿐이다. 그러다가 외적이라도 쳐들어오면, 누가 시킬 것 없이 한 덩어리 되어 나서서 피 흘리고 싸웠던 것이다. 우리는 그렇게 불교 1천 6백 년을 넘어온 사람들의 후예일 뿐이다. 이 민족의 역사에서 이런 나라 조건의 불가피성을 어떻게 뺄 수가 있을까?

그런데 호국불교 속에 가려진 이런 보편적인 내면의 사실을 돌아봄이 없이 불교와 승려를 향해서만 잘못된 책임을 물으려 한다면, 열매만 알았지 잎사귀를 모르는 것이고, 줄기만 알았지 그 속에 수액이 흐르는 것을 생각 못한 것이다. 승려야 누가 되었든, 이 땅 사람으로서는 필연적인 것이 아니던가? 어리석은 사람에게 어리석은 율법이 있듯이, 지각이 덜 생긴 그때의 차례와 질서였고, 인류가 자라오는 동안에 생긴 잘잘못으로 보아서 옳을 것이다.

그렇다고 권력과 착취에 편승하여 호강과 세력을 누리고 살아온 지난날의 과보(果報)가 없는 것일까? 법계(法界)에 그런 이치는 없다. 설사 무심히 흘리고 간 콩알 하나라 할지라도, 그 콩을 반드시 열매로 거둬 들여야 하는 것이 인과의 법칙이다.

조선 불교사가 핍박과 억압 속에 수난의 역사로 일관하는 것도, 지난날 잘못 심은 씨앗에 대한 수확이며 과보이던 것이다. 임진왜란이나 병자호란이 민족의 정신유산을 내던진 유교정치의 잘못된 결과였다면, 서산(西山)·사명(四溟)의 승군호국(僧軍護國)은 민족 앞에 참회로서 내놓은 조선 불교의 정당한 사명이라야 옳을 것이다.

불교는 그때까지 받기만 해 왔지 무엇 하나 갚아 준 것이 없다. 그리하여 쌓이고 쌓인 묵은 빚을 갚기 위해, 그토록 혹독한 형벌의 몽둥이를 맞으면서도 마지막 생명까지 주려고 난리판으로 뛰어든 것이다.

왜란이 일어나자 처음 승병을 모집하여 나선 이는 기허당(騎虛堂) 영규(靈圭) 스님이다. 그는 공주의 청련암에 있다가 왜란이 터졌다는 소문을 듣고는 불시에 승병 5, 6백 명을 모아 이끌고 청주성(淸州城)에 집결해 있는 왜병에게 쳐들어갔다. 손에 든 무기는 대창이나 낫이 아니면 몽둥이가 전부였다. 그러나 무기를 갖춘 관군이 번번이 실패만 하던 성(城)을 승병은 죽기로써 싸워 끝내 탈환해 내고야 말았다.

이것이 왜병이 들어온 후, 그들은 처음으로 이겨 본 첫 승전의 소식이다. 의주까지 피난을 갔던 임금은 이 기쁜 소식을 듣고 영규 스님에게

당상(堂上)의 직품과 옷을 내려 줄 정도였다. 그러나 스님은 금산성을 치려 하는 조헌(趙憲)을 만류하다가 헌(憲)이 끝내 듣지 않자 "조공(趙公)을 홀로 죽게 할 수 없다" 하여 함께 싸우다, 따르던 무리와 함께 전몰을 하고 말았다. 임금이 준 벼슬과 옷을 아직 받기 전이었다.

이럴 즈음에 선조는 청주성 탈환의 쾌보에 접하고 감격하여 묘향산에 있던 서산대사를 불러 국난을 타개해 줄 것을 당부하였다. 73세의 노승 휴정(休靜)은 분연히 눈물을 흘려 전국의 승려에게 격문을 날려 전 불도가 모두 일어나 적을 쫓아내는 싸움에 가담할 것을 호소했다.

그리하여 늙고 병든 자는 절에서 향 사루어 승전을 빌게 하고, 젊은 이는 목탁을 던지고 일어나 모이게 하니, 전국에서 싸움에 나온 승려가 5천여 명에 이르렀다. 승군단이란 이름은 그때에 그렇게 생겼던 것이다. 이들 의승군(義僧軍)이 어떻게 싸워 공을 얻고 죽었는가에 대해서는 후세 사람들이 말하고 있는 대로다.

산 속에서 도나 닦던 이들이 잿빛 옷에 맨주먹 그대로 나왔으니, 하늘을 찌르던 의기에 비하면 건진 것은 적었을 밖에 없다. 한갓 푸른 피를 거친 들판에 쏟았을 뿐이다. 그러나 잿빛 옷 위에 콸콸 흐른 선혈은 그 뒤에 오는 호란까지를 승속(僧俗)이 하나라는 일체감으로 극복하게 했을 뿐 아니라, 가시덤불 밑에 질식해 가던 조선 민중에게 분노를 주고 기운을 주어서, 그 가시덤불을 참고 견디는 동력이 되어 주었다. 정치도 관료도 믿을 수가 없던 불신시대의 사람들은 오직 불교와 승려를 향해서만은 제 생명의 밑둥뿌리를 밀착시키면서 불안으로부터 구제되려 했던 것이다.

임진왜란에서 이름을 떨쳤던 사명당(四溟堂) 유정(惟政)은 금강산 유점사(楡岾寺)에서 여름 결제를 지내다가 스승 서산 스님의 격문에 접해 호국 결사의 승려를 모으니, 8백여 명이 쉽게 몰려들었다. 이로써 관동의 적군을 무찌르는 한편, 순안(順安) 법흥사(法興寺)로 가서 서산대사의 주력부대에 합세하여 부총섭이 되어 평양성 탈환에 큰 몫을 하였다. 이때 서산대사는 팔도 도총섭의 직을 맡고 있었던 것이다. 그러다가 환도 후에는 서산 스님으로부터 도총섭의 직품을 물려받아 영남에 몰린 적을 소탕하니, 그 위풍이 조야를 흔들었다.

정유년(丁酉年)에 왜는 다시 14만의 정예병을 몰아 재침해 왔으므로, 유정의 천여 명 승병은 왜장 가등청정(加藤淸正)의 본거지를 포위하는 한편, 수차에 걸쳐 적진 중에 평화회담을 다니면서 적의 정세를 살펴두었다가 회담과 싸움을 모두 성공시키기도 했다. 그때 가등청정과의 담판에서 가등(加藤)이 "조선에 보물이 있는가?" 하고 물으니 서슴치 않고 "조선은 그대의 머리에 수만 량의 상금을 걸었으니, 그대의 머리가 곧 보물이 아니겠는가?" 했다는 이야기는 유명하다.

난이 평정되자 스님은 임금의 특명으로 일본에 수신사(修信使)로 가게 되었다. 왜란을 치른 직후인지라 조야에서는 모두 일본을 두려워했으므로, 강화사(講和使)의 임무를 띠고 건너갈 만한 인물이 없어 하필 중의 신분으로 뽑히게 되었던 것이다.

일본에 가서, 새로운 주인으로 등장한 덕천가강(德川家康)을 만나대뜸 "두 나라 백성이 오랫동안 전쟁으로 시달렸으매, 내가 그 고난을 구하러 왔다"하니, 가강(家康)도 신심을 내어 부처님같이 대우하고, 강화를 맺은 뒤 포로로 갔던 3천 5백 명을 되돌려주어 이듬해에 함께 올 수가 있었다.

사명당에 관한 이야기는 이외에도 여러 가지가 전해 온다. 어려운 때를 구해 준 스님의 행적을 고맙고 감사하게 전해 오는 민중의 애정 속에서, 스님의 이야기만은 유독 신화의 이끼마저 돋으면서 청청하게 전해 온다.

그러나 왜란이 지난 뒤에 얻은 것은 무언가? 폐허가 된 국토에는 흉년과 기근과 허탈감뿐이었다. 산과 들의 풀뿌리, 나무껍질까지 다 벗겨 먹고, 적군의 약탈을 구원하러 왔다는 명나라 군사까지 백성의 것을 마구 거두고, 소 · 닭 · 개 · 돼지 따위는 아예 그들이 다 먹어 버려서 농사에 쓸 것조차 없이 된 지경이었다. 잿더미마다 타다 남은 송장이나 가로 걸리고, 좌절과 실의에 잠긴 눈망울들이 유령처럼 음산했다.

그러는 중에도 조정의 유신들은 아직 당파싸움이었다. 민중의 마음은 임금도 벼슬아치도 믿을 수가 없었다. 올곧은 충신 열사는 죄를 씌워 다 죽여 버리고, 조금이라도 싹수가 있어 보이는 인물은 힘도 써보기 전에 골라서 찍어 버리니, 느끼느니 배신감뿐이었다.

실제로 이 민족 이 나라가 자꾸 기운이 줄어드는 것은 당파싸움에서 시작된 인물 꺾기 때문이 아니고 무언가? 도대체 사람이 나면 키울 생각보다 찍어 버릴 생각을 먼저 하던 유신들은, 전란 중에도 나라 운명보다 제놈들 생각이나 하면서 어물어물 넘어왔지만, 평정이 되고 나서도 바른 논공행상(論功行賞) 한 번이 없었고, 불교를 향해서도 이렇다하게 고맙다는 말 한 마디가 없었다. 여전히 중은 도성 출입금지요, 사람 축에 못 가는 팔천(八賤)의 하나였다.

병자호란에 벽암각성(碧巖覺性)이 남한산성을 쌓으며 3천의 승군을 지휘하여 분전했고, 인조 4년에는 명조(明照) 스님이 팔도의승(八道義僧) 대장이 되어 4천의 승군으로 싸워서 이긴 공이 적지 않았으나, 당연한 일로 알아 소 닭 보듯 보아 넘겼다. 고려 불교의 한때 타락은 정녕 죄가 그리도 컸던 것일까?

그러나 조선 불교 역시 거기까지 와서도 역사의 돌아감을 바로 보지 못한 채 제 자리 걸음에 머물고 말았다. 민중의 불안한 심리상태를 어루만져서 더 높은 곳을 바라보게 한 것이 아니라, 불행하게도 기복(祈福) 그 자체에 그치게 하였던 것이다. 이것이야말로 불교사만이 아닌 민족역사

전체를 놓고 보아 통곡할 아쉬움이 아니던가?

왜란이 오고 호란이 오는 사이, 절집에 신도는 아마도 줄지 않았을 것이다. 두 개의 전란이 끝나고 당파싸움이 계속되는 동안에도 신도 수는 더욱 늘었을 것이다. 그런 통계가 있어서가 아니라, 사람은 불안을 느낄수록 신앙을 찾게 되어 있음을 알기 때문이다. 그것은 이미 우리가 알고 있는 그대로가 아니던가?

불안한 시대의 민중이 불안의 그을음을 한 되씩 이고 절집에를 왔다면, 스님은 그 불안의 봉지를 부처님 앞에 올려 놓고 목탁이나 두드려서 보내는 미봉책만 쓸 것이 아니라, 그 불안을 서로의 사이에 끌러 놓고 동기와 원인을 살펴서 불안의 정체를 알게 한 다음 다시는 그런 불안이 일어나지 않도록 일깨우는 적극적인 방법을 썼어야 했을 것이다.

그것이 신라 민중같으면 어려웠기 때문에 정토신앙으로나 연결되었고, 고려 불교는 산중에서 나와 도시의 썩은 물을 마시는 동안에 타락해서 그럴 줄을 몰랐지만, 조선시대 같으면 스님도 산 속에서 참선을 많이 하던 시절이요 민중의 의식도 높은 수준으로 자라 있었으니, 그런 가르침과 배움이 서로 맞아 떨어질 만한 시대였던 것이다. 그런데 그만 그 짓을 못하고 말았다.

조선 불교가 만약 절집에 찾아오는 신도들을 그렇게 가르쳤고 사회 대중을 그런 식으로 계몽해 갔더라면 불교사 자체가 오늘 이렇게 답답하게 되었을 리도 없지만, 이 민족 역사가 한창 치뻗어 피고 있을 것이다. 백성이 못사는 이유, 그들의 불안과 초조한 심리는 사회적인 제도장치나 착취의 수단이 되는 세금 등속으로 관련을 짓고 볼 때, 빤한 것 아닌가? 그런데 애꿎은 관상 사주나 봐 주고 손금이나 들여다보면서, 못사는 사람들의 못사는 이유를 애먼 팔자 탓 조상 탓으로 돌리도록만 쓸개 빠진 짓을 해 왔던 것이다.

조선 때 스님들은 역사의식이 없었나? 그들의 참선 속에는 민중의 현실이 들어 있는 것이 아니라, 제 답답한 견성성불(見性成佛)만이 전부였나? 그렇다고 밖에는 생각할 수가 없다. 만약 민중의 현실이 깊이 비쳐졌고, 그것을 함께 해결하는 것이 자타일시성불도(自他一時成佛道)의 대승사상임을 알았더라면 불교사가 이리 밖에는 안되었을 리 없고, 민족살림이 요꼴로 남았을 리도 없을 것이다.

그러나 불교의 본래 면목에서, 민족의 역사가 새로운 차원에 올라서도록 민중의 정신좌표를 높혀 주지 못하고 만 것은 뒤늦은 한숨이요 아쉬움일 뿐이다. 아무리 탄식에 탄식을 거듭한다 하여도 이미 어떻게 하랴, 조선은 흘러가 버린 물인 것을.

06 부러진 삼신의 중추

단군의 나라살림이 시작된 이래, 조선처럼 참담한 역사를 지난 때는 일찌기 없었다. 대낮에 눈을 뜨고 맞아들인 왜란과 호란이란 것들이 우선 말이 안되는 것이었지만, 겹쳐 오는 흉년과 기근 · 질병도 우연한 천재지변만은 아니었다. 그 동기와 원인을 살펴볼 적에는 반드시 유래하여 온 바가 있었으므로다. 끝도 없는 당파싸움에 엉크러진 정부와 지배층은 어두운 구름이나 일궈 내었고, 양반과 호족들의 수탈은 그대로 민중의 살과 뼈를 깎아 먹는 고질이 아닐 수가 없었다.

불안정하고 뒤뚱거리는 앞날은 실의와 절망뿐이었다. "노세, 젊어서 놀아 버리세, 늙어지면 못 논다네, 젊어서 놀아 버리세." 이런 망국의 노래가 조선 역사의 어느 대목을 자르던지 흘러나올 만했던 것이다. 이런 엉터리 심리가 왜 생기게 된 것일까? 여러 가지로 말해질 수가 있다. 물론 불교가 있긴 했으나 이미 자격을 잃어 산속에 참회나 하러 간 종교였으니, 거기에서 무슨 희망이 나오기를 바랄 수가 없었다. 이런 현실에서 유교는 점점 망국을 재촉하느라고 관존민비(官尊民卑)의 윤리를 들씌워서, 백성을 깔고 앉아 아주 난도질을 쳐 버렸다.

그런 나라 살림의 단적인 실례를 우리는 삶에 기업(基業)되는 땅을 소수의 양반계급이 소유했던 데서 찾을 수가 있다. 통계에 의하면, 조선 국민의 80~90%는 땅에 의지한 땅의 백성이다. 특수층을 제외한 대다수의 국민이 농민이었다는 이야기가 된다. 그런데 이 사람들이 제 땅을 원망과 저주로 바라보았던 것이다.

고려조가 조선으로 바뀌었어도 왕토사상(王土思想)에 기초를 둔 것에는 변함이 없었다. 오히려 새로운 지배계급으로 등장한 양반들은 18과(科)로 나뉘어진 관급(官級)에 따라 왕으로부터 토지를 할당받고 있었다. 세금의 징수도 그들이 직접 하도록 되어 있다. 그런데 그 조세법이 터무니없이 부당한 것이어서, 농민은 어떤 경우에건 수확량의 절반을 세금으로 내도록 원칙을 정하고 있었다.

그러니 그 분배의 결과가 어떠했을까? 쌀 한 가마가 수확되는 고장이 있다고 하면, 닷 말은 한 두 사람 지주네 곳간으로 들어가고, 남은 닷 말로 그 고장 전체 인구가 나누어 먹어야 된다는 결론이다. 그러니 농민은 늘 배가 고프다. 산천의 풀뿌리 나무껍질을 먹을 수밖에 없고, 뼈 빠지게 농사를 짓는대야 남는 것을 골병과 빚더미뿐이니, 그 땅에 애정이 생길 이치가 없다. 결국 죽지 못해서 사는 삶이었다.

토지가 농민에게 희망이 되지 못하고 가난과 절망의 근원이 되었다면, 어찌 나라살림이 되기를 바랄 수 있을까? 또 땅에 붙어 사는 사람들의 생활이 이러할진대, 그 기반 위에 서 있는 상층구조가 어찌 온전할까?

그러기 때문에 조선 역사의 숨줄은 덩어리진 불안과 절망의 구름을 토해 낸 것 말고는 더 찾을 것이 없다. 누구의 가슴을 헤치든지, 어느 핏줄의 바닥을 짚든지 불안하고 초조한 그을음은 만져지게 마련이다. 그리고 그 그을음 속에는 알 수 없는 원한의 응어리가 동시적으로 들어 있다.

이 원한의 응어리가 어떻게 배태된 것일까? 말할 것도 없이 유교이념이 심어진 이래, 공맹의 도덕을 빙자한 고질적인 침학(侵虐)이 심어진 뒤, 그것에 짓눌려 온 민중의 생명이 제 발육을 못하면서 만들어진 결과였던 것이다.

생명이 현상이 될 때는 쉽고도 단순한 법칙으로써 드러낸다. 나무가 그러한 것처럼 위를 향해 곧게 자라려는 충동과 의지다. 그냥 그 뿐이다. 그것이 제 바탈[性]이다. 자라지 못하는 돌멩이의 생명은 속으로나 사무치는 고요함이지만, 생명은 먼저 자라자는 것이고, 곧자는 것이고, 그렇게 절로 흘러가는 변화과정으로서의 내용이다. 그것이 생명을 드러내는 법리의 정직한 표현이다. 그런데 이 올곧게 흐르는 변화의 과정에 막히는 것이 있을 때, 생명은 비뚤어질 뿐 아니라 급기야는 썩어서 발효현상을 일으킨다. 조선 민중의 까닭없는 원한이야말로 유교의 짓누름이 발효시킨 저항이었던 것이다.

이렇게 발효된 저항은 종당에 역사와 그들 자신을 무너뜨리는 폭발물이 되어서 나타난다. 심어 놓고 거두지 않는 것이란 없는 법이기 때문이다. 그리하여 조선 민중의 온갖 비애와 숨결이 녹아들어 소(沼)가 되는 무당의 만신전에는 일찍부터 원한의 우상이 되어 온 원령(冤靈)들이 득시글거리는 것을 보게 된다. 공민왕, 사도세자, 임경업 · 최영 장군 등은 원한이 큰 주신(主神)들이지만, 처녀귀신 손각시와 총각귀신 몽달비까지라도 공포와 재앙의 불씨들로 모셔져 있다.

왕공 대작부터 하찮은 서민들의 이름에까지 재앙 자체가 되어 있다는 것은 전국토의 민중이 그런 상황에 묶여 있었다는 뜻이지만, 이런 원령 하나하나는 그대로 역사가 걸어온 심층의 기분을 반영한다. 분하고 서럽지만, 어엿하고 미끈했던 민족의 기상이 천 수백 년을 외래의 비바람에 시달리는 동안 어쩔 수 없이 저주와 원한의 화신으로 나타났던 것이다.

그러면서도 조선 민중은 여전히 천명을 믿고 있었다. 그것은 얼핏 보아 유교의 최고 도덕인 천명처럼 보인다. 그러나 그 천명사상 속에는 단군의 자손들이 핏줄 속에 숨겨 온 '하늘숨' 의 관념이 움직였던 것이 비친다. 다시 말해, 고향을 빼앗긴 분노와 수탈 속에서 좌절된 민중의 심성은 어느새 유교의 천명을 자신들의 피 속에 흐르는 천명으로 수용하면서, 거기에 우주론적인 한과 두려움의 감각까지를 섞어 버린 것이다.

그것을 뒤집으면, 유교의 천명사상이 이 땅의 천명이념과 함께 구원될 수 없는 나락으로 무너지고 있었음이다. 동시에 이것은 이념상의 문제만이 아니라, 민중이 살 수 없고 역사가 어긋나는 무서운 위기의 봉착이던 것이다.

어째서 덕담과 축원으로 살아 온 생명의 자손들이 이런 어두운 색깔의 삶을 만나야 했을까? 말할 것도 없이, 근원의 알갱이를 잃어버린 유교의 현장적인 윤리가 장시간의 세월을 두고 무교를 타 누르고 내치는 사이에 그럴 수밖에 없이 된 결과였다.

유교가 무교를 배척하는 것쯤은 생리적으로 그런 것이라고 이해해 줄 수가 있다. 그 유교가 무속적 제사의식과 푸닥거리 등을 싫어하여 무당을 도성 밖으로 쫓아내야 된다는 상소문을 선비들이 고려 때부터 자주 올려 왔다는 것은 이미 아는 대로다. 그리고 "귀신은 무형(無形)하여서 허실(虛實)을 알 수 없는 것이므로 일절(一切)을 금하는 것은 불가하다" 하여 그럭저럭 넘겨 오곤 했다는 것도 아는 대로다.

그러나 조선에 들어오면 그런 미온적인 태도는 훨씬 강경한 것이 되어서 나타난다. 그것이 역사의 행진일 것이다. 문헌에 의하면 조선에서 출무(黜巫)가 처음 논의된 것은 세종 11년이었다. 그 2년 후에는 도성의 무격(巫覡)을 성 밖으로 추방했으며, 법령이 잘 지켜지지 않자 어기는 자는 형벌로 다스렸다. 이것은 특수층을 핍박했다는 사실 정도가 아니라, 민중의 요구를 안중에 두지 않은 정치의 폭력이었다.

그러면서 조선 정부는 활인서(活人署)라는 의료기관을 만들어 놓고 무당과 박수들을 시켜서 운영케 한다. 이 제도는 고려 때에 개성의 동·서 두 곳에 관아를 두고 병자와 굶주린 자를 돌보던 대비원(大悲院)과 지방의 혜민국(惠民局)을 그냥 계승한 것인데, 서울의 병자를 그들 무격으로 하여금 무료 치료하도록 한 것이다.

잡귀에게 음식이나 풀어먹이는 푸닥거리 무당들에게 의료기관의 일을 보게 했다는 것이 오늘날 상식적으로는 웃음이 날 일이지만, 모든 질병은 반드시 귀신의 시샘과 작해로써만 들고 나는 것으로 믿던 그때로서는 무당에게 간단한 침술과 약방문 정도를 가르쳐서 사람의 생명을 돌보게 했다는 것이 무리가 아니다.

이 제도가 만들어지는 건 바로 태조가 등극하던 해로부터였는데, 그 무렵 지체가 천하지 않은 양민의 딸들을 뽑아 소학(小學)줄이나 가르쳐서 궁중은 물론 양가집 부녀의 병을 보게 했던 것을 참작하면, 무녀들의 활약이나 사회적 신빙도는 아마도 그들의 윗수였을 것이다.

이렇게 되자 무당은 본업을 잃고 남의 직업을 꾸어 얻은 꼴이 되었으며, 지위도 노비·승려·백정·광대·상여군·기생·공장(工匠) 등과 함께 바닥층의 천민으로 떨어지고 말았다. 그렇다고 이 삶들의 피가 무속과 무당으로부터 아주 떠나고 말았나? 그럴 리는 없다. 인위로 만드는 형식이나 제도가 어떻게 되건 말건, 생명의 법리는 저대로 흐를 따름이다.

아무리 나라에 법령이 지엄하고 무당을 천하게 못박았어도, 궁하면 근본에 돌아오고 사세 절박하면 흔울님 부르게 마련인 것이 이 나라 사람이다. 무당이 중처럼 도성에 출입을 금지당한 것이 세종 때라 했거니와, 그러나 그런 배척의 공기와는 상관없이 무당은 명의의 약방문 이상이었으므로 급한 일이 생길 때마다 자연 써먹지 않을 수가 없었다. 그런 실례로, 태종 때의 무녀 가이(加伊)는 성녕(誠寧)대군의 의료를 담당한 바가 있었고, 세종이 병석에 누웠을 때도 역시 무당을 불러 주문과 굿으로 기도케 했다는 기록이 있다.

성종이 병으로 날을 보내자, 대비(大妃)가 무녀에게 빌도록 했다는 것도 그렇지만 연산같은 임금은 아예 무격을 좋아하여서 기녀(妓女) 월자매(月子梅)가 죽었을 때 무당의 굿판 현장에 나타나 흔연 기뻐했는가 하면, 숙종 때에 손님병이 유행하자 여무(女巫)가 궁중에 드나들면서 치성을 올린 탓에 그것이 금무(禁巫)의 대상에 올라 논란이 된 적도 있었다.

그 외에도 궁중에서 왕이나 왕비, 왕자 등의 귀하신 분들이 병을 얻어 누우면 무격을 청해다가 빌게 하는 것쯤은 예사였으며, 심하면 국가 최고행정의 자리인 인정전(仁政殿)까지를 굿판으로 내어 주는 정도였다.

고려조에도 궁궐 안팎에 제석원(帝釋院)이란 사당이 있어서 매년 7월과 8월에 왕들이 행차한 것이라든지, 조선에는 원단(圓壇)이니 환구(圜丘)니 하는 것을 마련하여 국가의 재앙과 기우제 등의 제사를 벌여 왔던 것들도 결국은 무당의 짓을 계속해 왔던 것에 지나지 않음이다. 양반과 유교가 무당의 권위를 격하시켜서 공인을 해 놓은 것도 자연 효력이 없을 밖에 없었다.

세종 때에 성문 밖으로 밀려났던 무당·박수는 40년 후인 성종 2년에 다시 성내에 섞이게 되어, 편호지간(編戶之間)이라 기록이 될 정도로 성세를 이루었다. 나랏님의 중병세를 고쳐 놓은 직후의 일이었으니, 딴은 그럴 만도 한 일이었을 것이다.

그리하여 조정에서는 다시 무격들을 내어쫓아 한강 이남의 노량진 일대에 모여 살도록 조처했으나, 무풍(巫風)을 근본에서 없애지 못한 것은 매일반이었다. 오히려 민심은 그럴수록 무습(巫習)을 믿어서, 한 사람이 주창하면 백 사람이나 호응하고, 가까이서 북을 두드리면 먼 데서 응답하여 서울이나 도시는 물론 농촌의 여염집까지 신사(神祀)가 만연해서 주야로 무제(巫祭)가 그치질 않았으니, 무격은 이미 명령으로는 어쩔 수 없을 정도로 민중의 의지하고 따르는 바였다.

다만 형태가 달라졌던 것 뿐이다. 그 말을 시대적인 풍속으로 나타내 보면, 신라 때는 화랑으로 나타나고, 고려에서는 연등·팔관으로 나타나던 것이 조선에 들어와서는 기우제와 성황제 정도로 변모했다는 뜻이다. 확실히 높은 곳에서 낮은 곳으로 자리가 옮겨졌고, 큰 것이 작은 것으로 지리멸렬해 버린 감이 있다.

그러나 무풍(巫風)의 정신만은 여전히 전승되어서 전보다 오히려 새로운 해석을 가지고 생활 속에 흐르고 있었다. 무제(巫祭)는 원래 행운을 부른다는 뜻에서 '굿' 이라 해왔지만, 조선에서는 재액(災厄)을 풀어 버린다는 뜻에서 '풀이' 라 했고, 신령을 맞는다는 뜻에서 '맞이' 라고도 불렀다. 또 신령을 즐겁게 한다는 뜻에서 '놀이' 라 했다.

이렇듯 다양한 뜻을 드러낸 무교의 가치관과 성격은 민중의 심성 속에 즉시적이면서 현장적인 가치체계를 형성하는 쪽으로 변모해 오고 있었다. 다시 말하면 내세적이거나 영적인 세계, 그리고 미래에 대한 전망이 없다.

전해오는 무가(巫歌)의 대부분이 이미 이 세상에서 부귀영화를 누리고 오래 살자는 생존적 가치 이상을 넘어가지 않는 것들이지만, 사령제(死靈祭)마저도 죽은 자의 명복을 빌기 위한 것이라기보다는 후손들의 평안한 생존을 위한 관심이 더욱 큰 것이 사실이다. 현세적이면서 공리적인 가치체계라 할 것이요, 먼 이상을 가리키는 듯싶지만 이 당장의 육체적인 요구 외에 다른 것이 아니다.

무당의 공수는 늘 살아 있는 자들의 불성실에 대한 비판이요, 그럼에도 불구하고 신의 은총으로서의 축복에 대한 약속인 것으로 엮어진다. 그러나 이 속에는 당연히 인간에게는 본시 자기 것이 없다는 뜻이 포함되며, 신의 은혜로 살아갈 뿐이라는 상황을 설명하려 한다.

이런 무교의 도덕 속에 자기 자신을 객관화해서 볼 공동사회적 관심이 결여될 것은 뻔한 것이며, 윤리적인 기준마저 선악과 시비의 문제가 아니라 소유가 많은 것은 옳고 선한 것이며, 소유가 적은 것은 그대로 그르고 악한 것이라는 관념이 형성될 수밖에는 없는 것이다. 이것이 유교에게 내리 눌려 등뼈가 으스러진 조선 무교의 진상이며 특징적 성격이다.

형식상 꼭지점을 잃은 사상이나 신앙은 어떤 식으로든 흩어져서 제 명맥을 이을 밖에 없는 법이다. 그런 안목으로 조선 무교의 지방적 특색을 추려 보면, 산악이 험한 함경도와 강원도 지방에서는 산신을 받들기 위하여 성황제가 성행하고, 전라도에서는 오락적인 무희(巫戲)가 발전했고, 정치적인 알력 속에서 지샌 서울과 경기에서는 저주의 색채가 강하고, 중국과의 통로가 된 평안도와 황해도에서는 대륙적 질병 때문에 병제(病祭)가 치성했던 것이 드러난다.

이렇게 각 지방별로 흩어진 삼신정신은 그냥 제사와 신앙의 형태로만 남아 있었을까? 아니다. 그런 정도로나 남아 있었다면 돌아다 볼 가치가 없는 것이겠지만, 애초에 그럴 수가 없도록 된 것이 삼신 정신이다.

삼신의 바탕이 무엇이던가? 어질고 굳셈이다. 예의 바르고 의로움이다. 거기에 자유롭고 활달한 창조정신이 분방하게 움직인다. 이런 삼신정신은 역사가 몰고 온 암흑을 그다운 지혜로 견디면서 슬기롭게 극복해 내고 있었다. 그런 흔적을 전하는 증표의 하나가 오늘 우리가 가진 탈놀음과 같은 특수한 문화다. 그리고 판소리 같은 것이다.

물론 판소리와 탈로 조선 민중의 어두운 삶을 헤아리기에는 너무 모자란다. 그러나 그것 정도가 우울한 조선 5백 년의 혼을 어르고 달래 온 삼신의 손이다. 낙동강 유역의 별신굿으로 이루어지는 하회탈의 내용을 보라. 동래 야유와 고성 오광대를 보라. 그리고 송파 산대놀음을 보라. 어느 것 하나 착취계급에 대한 반발과 저항 아닌 것이 있던가?

강 줄기를 따라 뗏목을 띄우고 중간 포구에서 서로의 문물을 교역하는 성시(盛市)가 이루어지면, 그런 인산인해의 현장에서 시달린 민중끼리 한바탕 가슴을 풀어 놓고 부당하게 빼앗긴 슬픔과 학대받은 억울함을 마음껏 씻어 내는 것이 탈놀음이다.

그러나 삼신의 자손은 착취계급에 대한 분노와 원한을 직선적으로 표현하여 서로의 감정에 불을 지르는 따위의 짓은 하지 않는다. 격렬한 노여움과 억울함이 터지지 않는 것은 아니지만 그것은 이상할 정도로 노엽다는 기분이 증발되어 있다. 탈을 쓴 광대나 구경하는 관객은 처음부터 한 덩어리져서, 양반과 선비 · 승려계급을 야유하고 조롱한다. 그들이 바로 민중 위에 군림해 온 착취자들이기 때문이다.

그러나 광대가 주고받는 대화에는 독한 저주나 모진 원한의 말이 쓰여지지 않는다. 어디까지나 은근하면서 풍자적이고 해학적이다. 그러는 중에 할 말을 다 하고, 자기들 속의 응어리를 솔직하게 토로한다. 그러므로 탈마당에는 관객과 연출가 사이의 거리가 없다. 그저 같은 한을 가진 한 마당 사람들일 뿐이다. 하나의 일체감이 그들의 처지를 커다랗게 묶으면서, 웅죄인 기분을 풀어내는 청신제가 되었던 것이다.

탈이란 문화가 어느 때부터 민중 속에 파고 든 것일까? 그 시원된 것을 추어 올라가면, 신라 문화가 한창 은성하던 무렵에 귀면(鬼面)이란 것이 나타난다. 그것이 그 후에 역신을 몰아내는 처용의 설화와 연결이 되면서 민중 사이에 부적의 효과를 내고 있었다.

신에게 정성어린 제사를 바쳐 그 덕에 재앙을 물리치고 복을 받자는 사람들이었으니, 세월 따라 제사의식이 변천하면서 귀면의 양상도 자연

달라졌을 것이다. 그러다가 고려 초에 들어오면, 안동 풍천의 병산동(屛山洞)에서 처음으로 '덕달' 이란 것이 나타난다. 이름은 대감 덕달, 광대 덕달, 초랭이 덕달이지만, 속뜻을 살펴보면 신과 인간과 그 사이의 중개자를 상징한다.

왜 탈을 덕달이라 했을까? 모르긴 하거니와 덕달은 덕담(德談)을 말하는 것이거나, 그 지방의 그런 방언이 아닐까? 덕달판의 내용이야말로 잘되라고 비는 덕담이 전부였으니, 그로 미루어서 그러리라는 생각이다. 그리고 그런 과정을 거친 연후에야 덕달은 이웃마을 하회동(河回洞)으로 흘러와 비로소 '탈' 이 된다.

어수선한 사회공기, 내일 일을 믿을 수 없는 세상임이 확실해지자, 사람들은 '덕달' 을 '탈' 로 바꾸었을 것이다. "탈났네, 탈났어, 세상 참 탈났네" 의 탈이다. 그래서 한국의 첫탈인 하회 별신탈 이후 각 지방의 탈놀음이 탈난 세상에 대한 야유와 풍자로 엮어지게 되었을 것이다.

그 외에도 의장행렬(儀裝行列)에 알맞는 사자춤이나 외국 사신을 맞는 데 쓰인 산대놀이가 없는 것은 아니지만, 그것들의 밑둥에도 삼신의 넋이 흐르는 것에는 변함이 없다.

여기서 우리는 탈의 문화에 이어 판소리의 근원을 한번 추어 보자. 형식상으로는 탈과 판소리는 별개의 것처럼 보일지 모른다. 그러나 이 나라 국토가 지방 지방마다 그들 고유의 탈을 지켜오는 데 비해 판소리가 흐르는 전라도 지방만이 탈이 없는 것은 그들이 판소리 속에 그것 이상의 한과 역사를 숨기고 있기 때문이다.

그렇다고 전라도만이 유독 한의 역사를 지나왔다는 것은 아니다. 물론 판소리 이면에 내포된 것들로서는 전혀 그렇지 않은 것도 아니지만, 한 나라의 국토에 전라도가 있었다는 건 국토가 이미 전라도일 수 있다는 이야기와도 통한다.

다만 전라도는 백제의 두레정신이 지하수처럼 맥을 이은 곳으로서 두레정신은 합굿·절굿·기마기굿과 같은 온갖 굿의 문화를 창조해 내는 동안, 판소리는 그런 굿 속에서 꽃으로 피어났다는 것을 알고 넘기면 될 것이다.

판소리의 연원은 탈에 비해 그리 오래지가 않다. 조선 후기인 영조·정조 때에 와서 한 두 사람의 명창이 처음으로 서민의 애환을 실은 내용의 소리를 하게 되었고, 그것이 인기가 있어서 전승·발전된 것이라 한다.

그러나 판소리의 명창이 전라도 사람들로 맥을 이어왔다고 하는 데는 이의가 없다. 그만큼 판소리는 전라도의 전유물이라 해서 과언이 아니다. 왜 판소리의 명창은 전라도에서만 나는 것일까? 무엇보다 전라도의 산수 조건이 지극히 예능적인 데에 까닭은 있지만, 그 땅의 백성이 당하는 수탈이 좀 자심했던 데다가, 그 한을 소리적 재능으로 승화시켜 버린 전라도 사람의 기량에서 실마리는 찾아져야 될 문제다.

조선의 양반정치가 농민에게 땅을 내어 주되 수확량의 절반을 세금으로 징수해 갔다는 것은 앞에서 말한 대로지만, 그 제도가 그나마 지켜졌던 것은 관서 이북에서 뿐이었다. 경기·충청으로 내려오면, 지주가 6할을 거두어 가고 농민이 4할을 차지했다. 강원도와 경상도도 그렇다. 그런데 전라도 땅으로 들어오면 세금제도가 7대 3으로 되어진다. 농민이 세금으로 7할을 바치고, 남은 3할로 살아야 하는 식이다.

그렇더라도 전라도는 너른 평야 덕분에 농민의 차지가 조금은 많지 않았겠느냐고 생각할지도 모른다. 그러나 잘못된 생각이다. 전라도 땅에는 삼한시절부터 벽골지(碧骨池)라는 저수지가 있어서, 그 지방 관개시설에 도움이 되고 있었던 것은 사실이다. 조선 초기에 태종이 그 저수지를 넓히고 둑을 높혀, 상당한 양의 물을 가두고 있었고, 그래서 벽골제를 중심으로 호서니 호남이니 하는 말이 생겨나기는 했지만, 그것으로 김제와 정읍 일대의 들판을 적신다는 건 당시로서는 생각도 못할 일이었다.

더우기 부안과 김제 일원의 들판은 원래가 갯물에 잠겨 있던 소금기 절은 땅이다.(그것 때문에 전라도 사람을 개똥쇠—갯땅쇠—라고 부른다) 벽골지의 덕을 보는 수리답이란 극히 한정되어 있고, 질펀한 들판은 온통 갈대밭인 데다 오다가다 웅덩이에 고인 물은 하나같이 벌건 녹물이었다. 그런 땅에서 곡식이 될 이치는 없다.

현재의 김제 들이 옥토가 된 것은 왜정 때 섬진강에 댐을 막아 칠보 발전소를 돌리면서부터였다. 다시 말해 동진강 물이 흘러서 소금기를 씻어 내고 난 후의 최근 몇 십 년만이 김제 들이 땅 구실을 하고 있는 셈이다. 그런데 그렇게 버려진 박토에서 7할의 세금을 징수해 가고 나면 무엇이 남을까? 남는 건 고사하고 타작마당에서 묵은 빚과 세금을 청산하고 나면, 당장에 겨울을 날 양식이 없는 판이다. 춥고 배고픈 겨울을 어떻게 나야 할까? 그런데 전라도 사람에게는 천행으로 타고난 공예 재능이 있다. 신라 미술과 백제 미술의 차이를 알 것이다. 그 재능이다. 그리하여 겨울양식이 없는 사람들은 제 환경에서 쉽게 찾을 수 있는 자연의 산물로 산림도구를 만들어서 남부여대(男負女戴)로 고향을 나선다.

가령 대나무가 많은 담양 같으면 죽세공예품이 다양하게 만들어지고, 억센 풀뿌리를 캘 수 있는 산간지방에서는 길쌈에 필요한 솔이나 체·키 등의 잡살뱅이 물건을 만들어서 길을 뜬다. 그도 저도 의지할 것이 없는 마을은 땜장이나 상 다리를 수선하는 쪽으로라도 업을 삼았다. 그렇게 고을마다 집집마다 손 끝 재주를 타고난 사람들이 타지방을 향하여 길을 떠난다.

섬진강 줄기를 타고 지리산을 넘는 패는 경상도로 가고, 만경강과 금강을 건너 충청도 땅으로도 흘러 든다. 순창이나 장수같은 산악지방에서는 산악지방대로 함양과 거창으로 넘어가는 소릿길이 있었다.

서 푼짜리 그 물건, 그 재주로 이문을 남기자는 것이 아니다. 차마 깡통으로 빌어먹을 수 없는 체면에 장사꾼이라고 우겨서, 남의 사랑방에라도 떠밀고 들어다니며 겨울 동안 사발농사를 하자는 것이 그들의 목적이다.

그렇게 한 해 겨울을 넘기고 나면 고린내 나는 돈 몇 닢이나마 쥐고 고향에 돌아와 다시 농사를 지을 수 있었다. 그리고 겨울이 오면 또 묵은 길을 더듬어 길을 떠나야 했다. 그런 일이 반복될 때 그들 가슴에는 당연히 원한이 쌓이고 있었다.

전라도 땅은 왕건임금의 「훈요십조」 이후 가뜩이나 형벌받은 고장이었다. 서울이나 중앙에 진출하는 출세길이 애시당초 어려운데다, 정도전의 팔도인심론(八道人心論)이나 『택리지(擇里地)』 같은 지리서는 전라도 인심을 점점 불리한 쪽으로만 몰아붙이고 있었다.

형벌의 땅이라 귀양살이를 오는 사람이 많았고, 그런 땅에 목민관이나 관료는 정해진 세금 외에도 핑계를 만들어 뜯어가는 일이 많을 수밖에 없다. 가물면 기우제를 지낸다고 비용이 거출되고, 장마가 터지면 둑을 수리하자는 명목으로 의당 수리비가 할당되었다. 원님의 생신을 그냥 말 수 없다는 것쯤은 상식이지만, 변학도같은 사또가 오면 춘향이 같은 딸들이 바쳐지는 것도 예사로왔다.

그렇게 함부로 빼앗기고 부당하게 걷어 채인 사람들이 애꿎은 등짐을 짊어지고 길을 걸을 때 억눌린 한과 설움을 흐르는 물소리 가락과 바람소리 장단에 실어 부르니, 그것이 판소리다.

판소리는 노래가 아니다. 짓눌린 민중이 토한 한서린 숨결이요, 역사의 썩은 못에서 올라온 필연의 연꽃이다. 억눌린 하늘이요, 안으로 사무쳐 곪은 응어리다. 그러면서도 그 응어리를 스스로 찢는 통곡과 시원함이며, 오백 년 비구름을 헤치고 나온 꾀다.

짓밟히고 빼앗긴 원한과 분노를 타고난 기상, 죽을 수 없는 불사신들의 창조정신이 그것을 노래로 승화시켜 위안을 삼아 온 삶의 총체가 판소리지만, 그것들의 마디 마디에 흐르는 전라도 억양의 한의 호흡은 차라리 산이요 물이요 달빛이라 해서 좋을 것이다.

네 박 열두 쪽의 호흡으로 엮는 길굿—굿거리—장단은, 그래서 장단으로 치지도 않지만, 일년 열두 달을 한 숨의 가락으로 맞추는 중모리, 스물 네 박으로 늘어진 진양, 감정이 고조된 자진모리, 폭풍처럼 몰아가는 휘모리, 엇모리 등, 그 어느 것도 산수(山水)의 숨결 아닌 것이 없음이다.

그 판소리는 권선징악의 도덕이 들어 있고, 잡초같은 민중의 생명력이 심어져 있다. 청동사슬에 비끄러매여 새벽마다 간을 찢기면서도 죽지 못하던 프로메테우스 마냥, 생명의 자손은 가시덤불을 헤치는 동안에도 그답게 견디고 버티어 왔던 것이다.

삼한시절에는 영고와 무천으로, 삼국시절에는 두레와 화랑으로, 고려 때는 연등 · 팔관으로 흘러 온 맥이 불운한 시절 불운한 역사를 만나자 판소리로 변했음이다.

옛부터 노래와 춤에는 타고난 재능이 있던 민족이요, 질박한 만큼 꿋꿋하고 억척스런 기개와 기백으로 버티어 살았던 민족이다. 그런 민족이 비구름의 역사를 만났으니, 그 어두움을 헤치고 나오는 동안 판소리 가락쯤 불러낼 만하지 않았을까?

그러나 판소리를 통해 보는 역사는 기왕지사 글러버린 역사요, 등떠리 뼈가 무너진 가망없는 역사다. 조선의 언어가 어느 때보다 "죽인다" "죽겠다"는 따위로 죽음이 흔했던 것도 그런 탓으로다. 사회 대중이 전반적으로 그런 대기에 휩싸여 있던 시대이어서다.

마을에서, 길거리에서, 장날의 장판에서, 혹은 소금배가 들어오는 포구의 난장판에서 판소리가 터질 때, 그것을 듣는 민중은 탈놀이판과는 다른 억울함과 노여움을 자신들 속에서 확인하면서 뜨거운 불길을 안으로 새기는 동안에 그것이 혁명의 가능성으로 전환되었을 것이다.

조선이 망하면서 생긴 몇 개의 혁명은 거의가 전라도에서 일어난 것이지만, 그 혁명의 기운이 형성되는 과정을 살펴보면, 그것이 탈판의 열기처럼 뜨겁고 노골적인 것이 아니라 판소리의 감동을 닮아서 은근하고 더디게 이루어졌던 것임을 알 수가 있다.

그런 문화의 비유는 얼핏 백제 불상과 신라 불상의 미소 차이 정도로 말해질 수가 있을 것이다. 신라의 불상은 대체로 미소가 환하고 노골적이다. 그것은 터질 대로 터져 버린 꽃의 보름달 같은 웃음이요, 남자의 육체를 아는 여인의 난숙풍염한 미소다. 그러나 백제의 불상은 결코 환하게 웃지를 않는다. 갓 시집온 새색시거나, 그런 소녀적인 수줍음과 부끄러움을 숨긴 웃음이다. 슬플 정도로 애수어린 미소요, 봉오리가 터지기 이전의 부족함이 깃든 웃음이다.

전라도의 판소리는 그렇게 은유적이고 우회적이지만, 자기들에게 어떤 일이 생기면 누가 먼저일 것 없이 저절로 한 덩어리 되어 들고 일어나는 철저한 일체감의 완벽성으로 말해질 수가 있다. 그것은 일찌기 백제인들의 두레에서 보는 공동심과 단체심으로서 협동정신 그대로이다.

조선 후기에 와서, 지리산 자락을 밟고 서 있는 구례의 화엄사가 몹시 퇴락한 적이 있었다. 불교를 핍박하고 중을 사람 축에 넣지 않는 버릇은 그곳 민중 역시 일반이었지만, 일단 절간이 무너질 위기에 당하니 지방민들은 그냥 있지 않았다. 중이 부탁을 했던 것도 아닌데, 자기들이 자체로 들고 일어나 걸립(乞粒)패를 만들어서는 마을마다 집집마다 화주를 다녀 결국 무너지는 화엄사를 일으켜 세웠던 것이다.

이런 일은 불교와 민중이 한 덩어리져서 살았다는 이야기이기보다,

전문업이 된 직업무당이 없이 집집의 할머니나 어머니들이 필요하면 누구나 무당 노릇을 할 수 있었던 삼신신앙적 성격으로 고찰이 될 문제지만, 전라도 혁명에는 특별한 지도자의 역량보다 혁명의 기운을 빈틈없이 몰아 올려 온 지방민들의 풍토적 성향이 판소리 분위기 속에 흐르고 있다는 쪽으로 말해 보고자 해서이다.

도대체가 전라도 땅에는 노래가 많다. 노래도 많지만, 노래를 불러야 되는 핑계가 생활 속에 많은 것이다. 가령 백중놀이니 장원놀이니 하여 '놀이' 가 붙는 것은 대개 술 마시고 춤추면서 한 곡씩 해야 되는 것들이고, 기마기굿 · 망월굿 · 합굿 · 모내기굿 · 김매기굿하고 '굿' 자가 붙는 것도 노래와 춤이 연상되는 것들이다. 그러나 '굿' 이라고 하면 단순한 오락이나 유희와는 달리 일상생활 속에 배어 있는 신앙을 두드러지게 강조하려는 속뜻이 특징적이다.

그런 실례의 하나로, 만두레굿의 경우를 보자. 두레는 어원이 그런 것처럼, 농촌 사람들의 상호 협력과 질서를 목적으로 한 촌락단위의 협동체이다. 반드시 우두머리가 있어서 좌상(座上)이니 영좌(領座)니 하는 형식이 있는데, 대개는 일판의 노장파나 동네 이장 정도에게 그런 이름을 걸어 놓고, 꽹과리, 징, 장구 등속의 풍물을 동원하여 마을 전체가 흥겨워한다.

그러나 호미 손을 놓을 무렵의 이 만두레는 여느 두레와 달라서 두렛군들의 놀이 비용과 함께 축낸 마을기금을 채워야 된다는 실리적인 조건이 전제된다. 풍물을 두드리는 굿판이 집집의 문전을 다니면 쌀이나 논이 염출되고, 굿판은 들어가는 집마다 부엌과 장독대까지라도 돌면서 무의적(巫儀的) 덕담과 축원을 되풀이한다. 민중의 현실 생활 속에 배어 있는 무속의 숨결을 그들다운 형식으로 보여 주는 것이 만두레굿의 실제적 내용이요 기능인 것이다.

정월 보름밤의 다리 밟기 풍속이나 대보름날 낮에 행하는 줄다리기 굿 역시 얼른 보아 풍작을 기원하는 정도의 축제 같아도, 그 속에는 삼신 정신의 소박한 무제적(巫祭的) 숨결이 더 뚜렷하며, 마을 사람을 하나된 공동체로 묶어 내는 두레의 뜻이 더 큰 것을 알 수 있다.

그러므로 두레에는 서구인의 오락수단이나 단순한 여흥 정도의 유희만일 것이 아니라, 단군시절부터 흘러 온 우리들 신앙의 맥이 있어서 그것이 굿의 형태로 나타나고 있다는 것을 알면서 넘어가야 한다. 굿은 신앙성과 오락성을 동시적으로 나타내는 한국인 특유의 언어가 아닌가 한다. 그렇게 볼 때, 이 사람들은 자기네의 한과 소망을 딱딱한 신앙 형식으로만 전한 것이 아니라, 맛과 멋과 홍취를 돋구는 오락적 유희로 전해 왔다고 볼 수가 있다.

그것은 감기어 맺힌 고를 풀어 온 생활의 리듬이요, 가다릴 수 없는 내세나 막연한 영적인 세계의 전망이기보다 현세적이고 육체적인 이 세상의 가치체계를 실현하려고 애써 온 지혜일 것이다.

시집살이에서 시달리는 젊은 새댁이 봄날 화전(花煎)놀이로 해방감을 즐긴 것이라든지, 밤낮없이 심한 노동에 시달리는 마을 머슴들이 칠석 같은 농한기에 술메기를 벌이는 것 등은 바로 그렇게 맺힌 숨통을 풀어 온 생활의 호흡으로 말해져야만 된다. 판소리는 이런 굿의 풍토를 뒷면에다 세울 때에 전모가 선명하게 드러나는 한(恨)의 꽃일 것이다.

그런데 판소리의 문화를 통해 보든 탈의 신앙을 통해 보든, 민중의 정신은 이미 어쩨 볼 수 없도록 불신과 절망으로 가득 차 있는 것을 알리는 역사일 뿐이다. 또 가득 차는 것은, 그 찬 것을 그것으로서 간수하기 위하여 하나의 매듭을 요구하게 된다. 그리고 그 매듭에서부터 새로운 가능성의 싹이 올라왔다는 것도 경험이 증명하는 대로다.

조선 역사를 개관할 때, 대원군의 쇄국이 무기력하게 무너지면서 열

강세력들이 물밀듯 밀어닥침을 보는 것은, 그것이 누구의 눈에도 한 시대에 대한 마감의 역사로서 쉽게 드러난다. 내뱉은 채로 참던 숨줄이 또 한번 깊숙이 들이 마시워졌음이다. 그 마감의 숨줄 매듭을 어느 사건쯤으로 보아야 될까? 동학혁명이다.

물론 동학 이전이나 이후에도 그것을 능가할 만한 정치적 큰 사건은 연달아 터지고 있었다. 그리고 동학혁명만 해도 그것을 배태시키고 키워온 사회적 분위기가 여러 각도에서 고찰되어져야 하는 것도 사실이다. 그런데도 동학혁명은 그 모든 사건과 형편을 연관지어 설명할 수 있는 총체적 단서로서 말해져야 한다. 왜냐하면 이 자리의 이야기는 역사적 상황을 설명하자는 것이 아니라 판소리의 한같은 민족의 얼을 더듬으려는 노력이며, 역사의 밑터가 된 민중의 부러진 정신을 읽어내야 되는 것이 목적이기 때문이다.

동학혁명을 혁명의 입장에서만 고찰한다면 낡은 사회제도나 퇴폐한 정치태도에 대하여 민중이 터뜨린 개혁의 요구일 수가 있다. 그것은 다분히 정치성을 띤 것이요, 기성체제에 대든 저항이지만, 혁명이라는 말을 빼고 동학(東學)이라는 어원만을 순수하게 들여다본다면 서학(西學)의 반대개념으로 쓴 말인 것을 쉽게 간파해 내게 된다.

그것은 정치로서가 아니라 그 무렵에 들어온 서양종교와 신앙에 대한 도전이요, 싸움의 시작이라고 보아서 좋을 것이다. 별스럽지 않은 것 같지만, 민족의 정신터전을 분열시키는 무서운 일이 이 땅에서 그때에 비롯되었던 것이다.

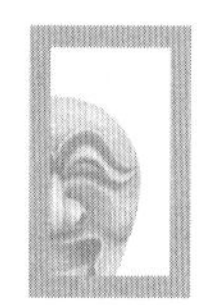

07
진보적 지식인운동, 실학과 천주교

서학(西學)은 가톨릭을 그때 사람들이 그렇게 부른 이름이다. 아직 영어 따위에 감염이 안된 시절이었으므로, 혀가 안 도는 '가톨릭' 보다는 그 이름이 그들 나름으로 쉬워서였을 것이다.

이 땅의 서학은 1783년에 북경에서 첫 영세를 받고 돌아온 이승훈(李承薰)으로부터 시작을 삼는 것이 통설이다. 이승훈 이전에 여러 기록이 전하는 것을 제껴두고 이승훈을 시작으로 치는 것은 그것으로서의 까닭이 있어서겠지만, 이 자리에서는 가톨릭이 들어온 과정보다 들어오게 된 동기를 먼저 밝히는 것이 옳을 것이다.

가톨릭은 처음에 실학자들에 의해서 연구되다가 수용되어진다. 그러면 실학은 무엇이며, 구체적으로 무엇을 위한 학문이었나? 주자학을 지상의 실천 도덕으로 생각한 조선의 양반정치는 세월이 흐를수록 참신한 기운을 잃고 케케묵은 이론 위주의 낡은 것이 됨에 따라, 영조 · 정조에 들어와서 인간의 현실생활과 동떨어지지 않는 새로운 가치질서가 요구되고 있었다. 민중의 내리 눌린 기분이 저기압층을 형성함에 따라서 그것을 해소시켜야 할 당연한 요구였던 것이다.

마침 그럴 무렵에 청나라에서 들어온 고증학과 서양의 과학적 사고방식이 한 때의 지식층을 흔들어 깨우게 되니, 그들이 주자학의 낡은 도학(道學)에 비판의 메스를 가하면서 실학파로 등장한다.

처음에는 유형원의 『반계수록(磻溪隧錄)』과 이익의 『성호사설(星湖僿說)』이 실학의 길을 트는데, 그것의 내용은 인간의 현실문제를 다룬 것으로서 정치 · 경제 · 학제(學制) · 병제(兵制)와 함께 과거제도나 지방의 관리제도에 대해 날카롭게 비판하고, 그것들의 장래에 대한 이상과 포부를 엮은 것들이다. 그런 후에 이것을 계기로 실학파 학자들이 줄을 잇게 되었다.

오늘 우리가 아는 정약용의 『목민심서(牧民心書)』나 안정복의 『동사강목(東史綱目)』 · 『열조통기(列祖通紀)』, 이긍익의 『연려실기술(燃藜室記述)』, 한치윤의 『해동역사(海東繹史)』, 유득공의 『냉재집(冷齋集)』 · 『발해고(渤海考)』, 이중환의 『택리지(擇里地)』, 김정호의 대동여지도(大東輿地圖), 권상기의 팔도분도(八道分圖), 정약전의 『자산어보(玆山魚譜)』, 박세당의 『색경(穡經)』, 신경준의 『훈민정음운해(訓民正音韻解)』, 유희의 『언문지(諺文志)』 등은 모두 그때에 나온 실학의 걸작들이다.

이들 중에는 나중에 청나라 문화를 직접 보고 와서 그것을 수입하자고 주장한 일부가 강경한 태도를 보여, 박제가가 쓴 『북학의(北學議)』, 홍대용의 『담헌집(湛軒集)』, 이덕무의 『청장관전서(青莊舘全書), 박지원의 『연암집(燕岩集)』, 홍양호의 『이계집(耳溪集)』 등을 다시 내놓음에도 불구하고, 영조 · 정조를 지나자 흐지부지되어 시들해지고 말았다. 영조 · 정조 때같은 학문보호정책이 없었던 것이 한 원인이겠으나, 더 중요한 것은 그들 실학자 자신이 봉건적인 테두리 속에 갇혀서 성리학적인 가치체계의 때를 미처 벗지 못한 것이 큰 원인이었다.

그런 후에 실학은 곧 천주교 쪽으로 끈을 잡는다. 겉으로 보면 성리학적 실학이 서양문화에 내리 눌려서 침몰한 것이지만, 뜻으로 보면 서양문화에서 새 가능성을 발견한 조선 실학이 이제까지 입어 온 낡은 옷을 버리고 새 옷을 바꿔 입은 것일 수가 있다.

실학사상은 영조·정조 때에 일어난 것이라 했거니와, 내용인즉슨 그 무렵 당쟁의 정치세력에서 기반을 잃고 쫓겨난 남인들에 의해서 연구되고 있었다. 사냥질이 잘 안되어 주린 창자를 움켜쥐어야 했던 원시인들이 알타미라 동굴벽에 걸작의 들소 그림을 새기고 있었다던가? 소외의 쓰라림과 패배를 안은 남인들은 그렇게 실학에나 기울어지는 날들을 보내고 있었을 것이다.

그러나 그것이 역사법칙이다. 어찌 보면 역사 자체가 그런 숨을 쉬고 있대서 옳을 것이다. 그리고 그런 인간들로 하여금 무엇인가를 찾아내고 이루게 하는 습성을 가진다. 남인들은 그러다가 실학에 심취했던 것이지만, 그 끄트머리에서 천주교라고 하는 전대미문의 종교를 만난다.

그런데 사실을 추어 보면, 천주교에 관한 기록은 실학의 기록을 앞선 것으로 나타난다. 1645년에 이미 청(淸)에서 천주교가 들어왔다 했고, 그것보다 50년쯤 앞선 임진왜란에도 왜장을 따라 포르투갈 신부가 다녀갔다는 기록이 있다. 그 외에도 선조와 광해군 때의 학자들은 북경에 가는 사신편으로 천주교를 알아보려 하였고, 허균(許筠)과 이수광(李粹光) 같은 이는 천주교에 대해 체계적인 해석까지 내리는가 하면, 병자호란에 인질로 잡혀갔던 소현(昭顯)세자가 그곳 신부와 친하다가 천주교 서적과 천주상(天主像) 등을 가지고 왔다는 것도 빠뜨릴 수 없는 사건이다.

그러다가 천주교에 대해 연구가 더해지면서 점차 하나의 실천철학으로 받아들여, 마침내 종교로 귀의해 가는 움직임이 뚜렷하게 되었는데,

이승훈은 바로 그때에 난 사람이었다.

이승훈은 순전히 천주교를 배울 생각에서 사신으로 떠나는 아버지를 따라 북경으로 간다. 혼자만의 결심이 아니라, 그 당시 남인 중에서도 천주교에 대한 열성을 가장 많이 보이던 이벽 · 정약종 · 정약용 등의 주선에 의해서였는데, 길을 뜨기 전에 이벽이 간절히 "신부님을 만나거든 모든 것을 그들에게 물어서 교의(教義)의 깊고 참된 것을 밝히며, 천주교리의 실천방법을 자세히 밝혀야 하네. 또 중요한 교리에 해당된다고 생각되는 건 모두 가져오게나. 인간이 사느냐 죽느냐, 그리고 행복하느냐 불행하느냐가 달린 큰 문제가 바로 자네에게 달려있네"라고 할 정도였다.

북경에 간 이승훈이 40일 동안 필담(筆談)으로 교리를 배워 온 후, 천주교는 이 땅에서 본격적인 교화의 문을 연다. 주자학은 마땅히 천주교를 향해 황탄하고 괴이한 사설(邪說)이라고 지탄의 화살을 퍼붓고 억압과 배척의 기운으로 완강하게 눌렀으나, 그들은 조금도 수그러드는 기색이 없었다. 오히려 그들의 주자학에 대한 반발과 저항은 지하공작을 통하여 더욱 가세되고 치열해져서, 모르는 채로 '이제부터구나' 싶은 생각이 든다.

한국 교회사를 아는 사람은 황사영(黃嗣永)의 백서(帛書)사건을 알 것이다. 이 사건은 바로 1801년의 신유사옥(辛酉邪獄) 사건인데, 이승훈이 북경에서 돌아온 20년 후의 일로서 천주교에 연루된 3백여 명의 신도들이 옥사를 하거나 참수형을 당했다는 기록을 가진다. 물론 이 백서 사건 배후에는 그 이전서부터 있어 온 남인과 서인 사이의 고질적 분쟁과 정조가 죽고 12세의 순조가 즉위하여서 남인을 미워한 영조비(英祖妃) 정순왕후(貞純王后)가 섭정을 했다는 등의 정치적 이유를 뺄 수는 없다.

황사영의 백서는, 가로 62㎝ 세로 38㎝의 흰 명주에다 붓으로 1만 3천 3백 11자의 한문편지를 써서 북경의 천주교당으로 보내자는 것이었는데, 그것이 사전에 발각되어 천하를 놀라게 했을 뿐 아니라, 마침내 신유

년 교화사건(敎禍事件)을 만든 것이다. 그 내용이 무엇이었을까?

첫째, 조선은 경제적으로 무력하므로 서양 여러 나라에 호소하여 천주교 확장의 자금을 얻게 해 줄 것.

둘째, 조선 젊은이 한 사람을 북경에 보내어 그곳의 똑똑한 젊은이들에게 조선말을 가르쳐서 후일에 대비케 하고, 중국의 열성있는 신자를 책문(柵門) 안에 이주시켜서 가게를 차려 놓아, 비밀히 왕래하고 연락하는 데 편리하게 해 줄 것.

셋째, 조선은 청국 황제의 명을 받들고 있으므로, 교황은 청나라 황제에게 글을 보내어 조선으로 하여금 서양 선교사를 받아들이도록 할 것.

넷째, 청나라 황제를 설득하여 조선을 청나라의 속국으로 만들어 영고탑(寧古塔)에 소속시키고 의관(衣冠)을 하나로 하는 한편, 청왕(淸王)으로 하여금 조선을 감독케 할 것.

다섯째, 서양은 군함 수백 척과 청병(淸兵) 5, 6만 명, 대포 등속의 병장기를 가지고 와서 조선에 위협을 가하여 선교사를 받아들이게 해 줄 것 등이다.

이것을 오늘 우리의 눈으로 볼 때는 천주교에 미친 놈이요, 민족의 정신을 송두리째 팔아먹으려는 매국노의 헛소리지만, 그러나 그 무렵에 되어 가는 주자학 중심의 나라 꼴이나 천주교도들에게 가해지는 박해의 여러 가지를 참작하게 되면 천주교만이 지상의 종교인 줄로 안 황사영의 진실만은 조금 이해해 줄 수가 있지 않을까? 그것은 단순한 반민족행위나 매국의 소행이기에 앞서, 정치를 빙자한 주자학 일변도의 횡포에 대한 거부이며 미움의 폭발같은 것이기 때문이다.

당초에 이승훈이 북경에서 돌아와 하는 짓을 보면, 이벽 · 권일신 · 이가환 · 정약종 3형제 등의 실학자들과 함께 저동과 명동 일대의 신도 집으로 숨어다니면서 지하 예배와 교세 확장에 열성을 보인 것 등이다.

십여 년을 그렇게 하다 보니 지하조직의 신도 수는 많이 늘었으나 관헌의 색출 또한 심하여서, 그것을 극복해 내기 위해서는 카리스마적인 새 인물의 요구가 요청되었다. 그래서 북경 천주교당으로부터 주문모(周文謨)라는 이름의 선교사가 한 사람 들어온다.

기대했던 만큼 신도들은 불퇴전의 의지와 확신의 신앙을 보였으나, 정부 수뇌와 관헌들의 눈초리 또한 날카로와져서 주 신부는 입국이 되던 해에 끝내 순교를 당하였다. 황사영의 백서는 이런 절망과 분노를 이기지 못해서 나온 것이다. 어떻게 보면, 이승훈 이래의 천주교 영수(領首)와 중진들은 그때의 천주교를 위해서 역사의 무대 위로 올라온 사람들인 것처럼 보인다. 그들의 숨은 저항과 완강한 신앙심이 그러해서다. 그러다가 결국은 백서사건과 함께 형장의 제물이 되어 무대 밖으로 밀려났지만.

그런데 우리는 여기서 또 한 가지 재미있는 사실을 확인할 수가 있다. 어떤 경우에도 불신과 비판을 용서하지 않는 주자학의 무조건적인 횡포와 히브리 용광로의 불길에서 건진 천주교가 팽팽하게 맞서기 시작했다는 점이다. 이 사실은 얼핏 보아 대수롭지 않은 것처럼 보이지만, 해방 이후의 역사를 만드는 데서 중요한 키의 역할로 나타난다.

그러나 여기서 생각할 것은, 코가 높고 눈알이 파란 서양 사람들의 종교가 어째서 이 땅 민족에게 그토록 환영되었느냐다. 종교는 풍토와 생활이 만드는 습관이라는 뜻의 이야기는 앞에서 한 바가 있다. 그렇게 볼 때, 히브리 민족의 신이 엉뚱하게 단군의 피를 전하는 사람들에게서 맞아떨어진다는 것은 아무래도 요령부득이요, 납득이 안될 말이다. 그런데 왜 그랬을까? 문제는 천주교가 내놓은 하느님—유일신—이란 호칭 때문이었다. 다시 말해 단군의 자손들은 고려 역사 이래 유교 횡포에 내리 눌리기만 한 그들 피 속의 한울님을, 그 서럽고 천대받아 온 그리운 님을 천주교가 내놓는 바람에 생각할 겨를조차 없이 거기에 편승해 갔던 것이다.

정약용 등의 여러 실학자와 이승훈 · 황사영까지도 모두 한울님이라야 된다는 생각에서 천주교를 수용하고 싶었음이다. 그것은 민족정신의 공통분모가 요구한 바람이었지 개인의 요구만이 아니다. 일의 과정과 결과는 나빴지만 피 속의 기분이 요청했던 그 동기만은 그런 까닭이 있어서가 아니던가?

그러나 제사를 거부하고, 동양적인 모든 전통성에 종지부를 찍는 이 천주교가 과연 올바른 한울님 종교일 수가 있을까? 아니다. 그것은 물과 기름처럼 합쳐질 수 없는 문화의 만남이요, 그것으로서의 속임수다. 그래서 수운재(水雲齋) 최제우(崔濟愚)가 동학을 창도(唱道)하고 나온 것이다.

08 혁명적 기층민운동, 동학

동학사상의 성격을 두고 학계에서는 여러 가지 의견을 갖는다. 철학에서는 인내천(人乃天)을, 국사학은 근대성과 민족운동사적 측면을, 정치학에서는 민족주의와 민권사상에서 동학을 고찰하려고 든다. 모두가 다 옳은 주장이다. 그러나 그것을 뛰어넘는 한 마디가 있다면 단군정신의 살아남이다. 짓밟히고 억눌리기만 한 삼신의 피가 주자학의 시대가 마감되는 부분에서 새로운 움으로 자라났음이다. 그것은 잠자던 현묘지도(玄妙之道)가 고개를 틀고 일어남이요, 잊혀졌던 ᄒᆞᆫ밝정신이 돌이켜졌음이지, 새로운 창조나 별다른 신(神)의 발견이 아니다.

삼신의 둥덜미를 밟고 서서 당파싸움의 명분이나 찾던 유교가 천주교에 의해 새로운 도전을 받고 주춤했다는 것도 그럼직하지만 한 시대의 장(章)을 내리는 것이었느니 만치 조선의 후기사회는 불안하고 어수선한 공기가 감돌고 있었다. 자연히 사람들의 기분은 고난과 박해의 이 세상보다 희망의 유토피아를 동경하게 되었고, 그런 풍조 속에서 토정비결이나 정감록 등의 도참사상이 파다하게 퍼지자, 다수의 민중은 그런 것에 현혹되었던 것이다. 천주교가 그들의 강력한 히브리 신(神)을 이 땅 위에 심을 수 있었던 것도 그런 사회공기를 틈타서 천국이 있다고 유도한 덕택이었을 것이다.

그런데 동학은 민족의 근원에 숨어 있다가 나온 것이면서도 그 근원에 대한 확실성과 신앙이 없다. 전혀 그러한 준비의 자세가 되어 있지 않은 것이다. 그저 그럴 만한 것 하나가 어느 날 갑작스럽고도 우연하게 무대 위로 올라왔다는 정도의 느낌을 줄 뿐이다.

"나는 역시 동쪽에서 나서 동쪽으로 도를 받았으므로, 도(道)는 비록 천도(天道)이지만 학(學)은 동학(東學)이다. 더우기 땅이 동쪽과 서쪽으로 갈려 있는데, 어떻게 서쪽을 동이라 하고, 동쪽을 서라고 부를 수 있겠는가? 공자는 노(魯)에서 태어나 추(鄒) 땅에서 교화를 이룩했으므로 추(鄒)·노(魯)의 학풍이 이 세상에 전해졌다. 내 도(道)는 이 땅에서 받았으며, 또 이 땅에서 펼 것이니, 어찌 서학(西學)이라고 부르겠는가?"

이것이 수운재가 굳이 들어 말한 동학의 정의다. 그는 자신이 주장하고 있는 단군의 진리를 민족 전체로서가 아니라, 자신의 까닭으로만 생각하려 했던 것이다.

하기야 그때로서는 누구도 그런 눈을 뜬 자가 없던 시대이기는 했다. 괴력난신을 말 못하게 한 유교의 횡포가 심어진 이래, 조선은 특히 그 병통이 골수에까지 사무쳐 있었으므로, 어떤 현상을 근원에서 더듬어 내기보다 나타나 눈에 보이는 것만을 전체로 들어서 헤아리려는 풍조가 만연해 있었던 것이다.

임금의 명령을 받고 수운을 체포한 선전관 정운귀(鄭雲龜)의 보고서에는 다음과 같은 구절이 있어서 눈을 끈다.

최제우는 주문을 외워 신을 내리게 한 뒤에 손에 목검(木劍)을 잡는다. 처음에는 꿇어앉아 있다가 차츰 일어나 칼춤을 추기에 이른다. 드디어 한 길 이상이나 공중으로 뛰어올라 한동안 있다가 내려온다.

이 말은 꼭 못 믿는다기보다 상식으로 이해 안되는 점이 있다. 그러나 사실보다 진실을 전하는 쪽이라면, 이것이야말로 물계자(勿稽子)의 일을 떠올리게 하는 장면이다. 그런데 눈이 멀고 귀가 먹어 멍청이가 되어버린 양반사류(兩班士流)들은 누구 하나 유리한 증언을 한 바도 없이 그를 형장의 이슬로 날려 버렸던 것이다.

최제우(崔濟愚)──그는 이름이 그런 것처럼 자기도 모르는 직분을 맡고 역사의 무대에 나왔다가 자기의 할 바를 하고 무대 밖으로 나간 사람이다. 제 맡은 일을 제가 모르고 했다는 게 본인으로서도 딱한 노릇이고 어불성설인 것 같지만, 역사의 큰 일은 언제나 그렇게 하게 마련이고 또 그렇게 되어져 왔다. 구체적 각본을 모르는 사람은 그것 이상의 확실한 북극성을 아는 법이다. 또 그 일을 성취해야 된다는 무조건적인 신앙이 바다같이 출렁이고 있어서 그 커다란 힘에 떠밀려 저도 모르게 그 일을 하는 것 뿐이다. 그러므로 최제우를 동학을 위해 나왔다고 말하는 것은 훗날 우리들이 할 말이지, 그믐밤처럼 어두운 그 시절로서는 한낱 도깨비춤 정도로 보아 넘긴 것이 타당했던 것이다.

그러나 주자학의 독선이 절망의 밀물로 넘치던 그때에, "이것은 아니다"라고 외치는 작은 물풀의 씨앗이 뜨지 않았더라면, 그나마 어떻게 할 뻔했는가? 최제우는 그 물풀의 역을 맡은 사람이었고, 민중은 그 물풀의 씨앗을 배태시킨 만큼 그 씨앗을 길러 너른 수면을 한 번 덮어야 될 것이지만, 그것이 그리 쉽게 될까? 나약하고 무기력하고 잡초 대강이가 흙발에 짓밟히듯이 그렇게 만신창이가 되도록 짓눌려만 온 정신들로서? 그러나 그것은 해방 후의 역사에서 거론되어져야 할 문제다. 긴 겨울이 가면 새 봄이 오듯, 유교에 짓눌려 오던 단군의 숨줄이 수운을 통해 나와졌다고 해도 그것을 납득해 줄 수 있는 사람조차 그리 많지가 않을 것만 같다.

그러나 『동경대전(東經大典)』을 읽은 사람이라면, 수운재를 단군의 직계 무당으로 단정하는 데 서슴지 않을 것이다. 그의 사상이나 가르침들이 다분히 카리스마적이고 예언적이어서 무당의 하는 짓과 상통하지 않는다고 할 부분이 하나도 없다는 것에서 그렇지만, 득도(得道)의 상황에서도 그것은 단적으로 드러난다.

> 뜻하지 않던 중 4월이 되자, 몸과 마음이 떨려 그 병세를 알 수가 없고 상태를 말로써 표현할 수 없더니, 홀연히 신선의 말씀이 들려 오는지라, 깜짝 놀라 귀를 귀울이고 들어 본 즉, "두려워 말고 겁내지 말라. 세상 사람들이 나를 상제(上帝)라 부르거늘, 너는 상제를 모르는가……나에게 영험한 부적이 있으니, 그 이름은 선약(仙藥)이요, 그 모양은 태극(太極)이며, 또한 궁궁(弓弓)의 모양이다. 나에게 부적을 받아 나를 위하여 세상 사람을 가르치면, 너 역시 장생(長生)할 것이요, 덕(德)을 천하에 펴리라." (『포덕문(布德文)』)

무당이 무병(巫病)을 앓으면서 강신(降神)을 한다는 것쯤이야 모를 사람이 없겠지만, 한울님과 신선을 한 의미로 묶고 있다는 것도 생각해 볼 일이다. 영험한 부적이 선약이라느니, 태극이라느니 하는 것도 그렇다. 궁궁(弓弓)은 그 당시 뒤숭숭한 사회에서 정감록 비결문이 희망의 상징처럼 써먹던 말이다. 이런 이야기를 만약 한국 사람이 아닌 외국 사람이 들었다면 무슨 뜻인지 납득이 되었을까?

수운은 이미 득도(得道) 이전에 그런 상황의 분위기를 그 배경에다 진하게 깐다. 그는 원래가 경주 최씨의 사람으로, 몰락한 선비였던 최옥(崔鋈)과 후실 한씨(韓氏)의 몸에서 태어난다. 본 이름은 제선(濟宣)인데, 열 세살 되던 해에 부친을 여의고 덧없는 현실에 싫증을 느껴 팔도 땅을 밟고 다니다 귀향하였다. 그렇게 구차한 살림을 꾸리면서 명상의 세월을 보내던 중, 서른 두 살 되던 해에 우연히 금강산 유점사에 사는 중에게서 이서(異書)를 받아 터득에 힘썼다. 그 후 양산 통도사에서 49일 기도를 마치고는, 집 부근에 용담정(龍潭亭)을 짓고 이름도 제우(濟愚)라 고치고, 민중을 건질 도(道)를 깨우치려고 전념했다. 그러다가 서른 일곱 되던 해 봄에 홀연히 도를 얻고 동학이라 했던 것이다.

동학은 제천보본(祭天報本)의 정신을 새롭게 하고 나온 것이니 만치 하늘과 조상에 대한 제사를 철저히 한다. 그러나 그가 자주 한울님이니 상제(上帝)니 하는 말을 씀으로, 당시의 사류(士流)나 관청에서는 서학(西學)의 천주(天主)와 같은 의미로 보려는 경향이 많았다. 수운은 야속했을 것이다.

> 가련하다 경주 향중(鄕中) 무인지경 분명하다/ 어진 사람 있게 되면 이런 말이 왜 있으며/ 향중풍속(鄕中風俗) 다 던지고 이내 문운(門運) 가련하다/ 알도 못한 흉언괴설(凶言怪說) 남보다 배나 하며/ 육친(肉親)이 무슨 일고 원수같이 대접하노/ 살부지수(殺父之讐) 있었던가, 어찌 그리 원수런고…….

수운은 제사를 반대하는 서교(西敎)의 버릇에 뜨거운 노여움을 숨기지 못했다. 또 동학을 서학과 같은 류로 보려는 유자들의 오해도 싫었다. 하기는 그 자신도 천주(天主)라는 말에 속아 그 신이 삼신의 신인 것 같은 착각을 한 적이 있다. "서학? 그 사람들도 하려고만 하면 한울님 조화로 하고 싶은 짓 다 한다며?……그 사람들도 정말 한울님 믿는 사람들인가?" 하는 식이다. 그러나 수운은 결국에 고개를 젓는다.

서학은 우리와 비슷하지만, 서로 다르다는 것이다. "道卽同也, 理卽非也"라 한다. 그것이 결론이다. 수운은 서학의 반대말로 동학이라 했지만, 그것이 유(儒)나 불(佛)이나 선(仙)과 다르다는 것을, 입도(立道)의 동기에서 분명히 밝히고 있다.

> 유교는 명절(名節)에 얽매여 현묘(玄妙)의 역(域)을 모르고, 불교는 적멸(寂滅)하여 인륜(人倫)을 끊고, 도교는 자연에 유적(悠適)하여 치평(治平)의 술(術)을 결(缺)한다. 그런데 동학은 원래 유(儒)도 불(佛)도 선(仙)도 아니고, 유 · 불 · 선이 천도(天道)의 일부분이 되는 것이다.

결국 동학은 천도(天道)이기 때문에 그 속에 모든 것을 포함시킬 수가 있지만, 반대로 어떤 것 속에 포함될 수는 없다는 이야기다. 그러면 수운의 천도는 구체적으로 무엇을 어떻게 하자는 것이며 어떻게 하라고 가르쳤나? 아는 바대로 인내천(人乃天) 사상이다.

수운은 먼저 아내와 이웃을 한울같이 공경할 것을 말한다. 며느리를 사랑하고, 우마육축(牛馬六畜)까지도 학대하지 말라 하고, 어린아이도 때리지 말라고 한다. 이는 한울님을 치는 것이기 때문이다. 또 사람이 오거든 한울님이 온다 하라고 하며, 다른 사람과 일체 시비를 말라고 한다. 사람과의 시비는 한울님과의 시비가 됨으로다. 모든 사람을 한울님처럼 대접하라 했다면, 먼저 나 자신이 한울님이라는 이야기다.

그것이다. 너와 내가 몽땅 한 울타리 안의 한 울 인격인 것을 그때 사람들에게 맞게 가르치느라고 피(彼) · 아(我)를 나누어 말했을 뿐이지, 사실 너와 나는 원래로 한 울의 한 인격이던 것이다.

그러면 짓밟히고 학대받아 온 이 천민들이 어째서 한울의 인격일까? 수운은 이 억울한 사람들이 하늘숨을 마시면서 살아온 것을 안 사람이었다. 그들 가슴속에 가로 걸린 한 점 불신만 제거해 주면, 이들의 숨줄은 다시 하늘숨으로 맞닿는다는 것을 믿고 있었다. 그래서 그를 따르는 종도(從徒)들에게 가르친 것이 성(誠)과 경(敬)이었다. 정성스럽고 공경하는 마음을 잃지 말고, 한울님을 섬기면 불생(不生) 불사(不死)의 하늘숨이 네 가슴 내 가슴에서 오롯한 하나로 통한다는 것이다.

이것은 주자학의 비인도적인 윤리가 지배해 온 그 당시의 사회제도나 인간불평등 따위의 도덕에 대하여 새로운 정비체제를 선언하는 맑은 깃발일 수가 있다. 그가 며느리나 아내를 들어 한울님 대우를 설명하는 것이 시시콜콜한 잔소리 같지만, 사실은 인간을 짓밟는 기성의 제도에 대한 단호한 거부였던 것이다.

이렇게 어두운 시대에 횃불처럼 나타났던 수운은 어리석은 사람들을 가르치느라고 함께 어리석은 말을 쓰다가 결국 어리석은 손들에게 붙잡히어 죽음을 당하는 데에 이른다. 거기까지가 아마 수운이 맡고 나온 무대각본이었을 것이다.

무당(巫堂) 수운재(水雲齋)는 「안심가(安心歌)」에서, 한울님이 백지를 펴라고 분부하므로 백지를 폈더니 그 위에 처음 보는 이상한 도형이 나타나더라는 것이다. 그 모양은 태극이나 궁궁(弓弓)과 같은 것으로, 그것을 무당들이 하듯 불에 살라 먹었다 했다.

궁궁이 무엇일까? 생각컨대 활이란 말은 아니고 몹시 복잡하게 구부러진 곡선을 의미한 것이라면, 태극의 원모습으로 음양 이원(二元)만이 아닌 그 삼원(三元)의 모습을 영안(靈眼)으로 얼비쳐 보고 말하는 것은 아닐까? 알 수는 없지만, 그런 것이 그 당시 민간 사이에 희망의 상징처럼 유포되었던 것이 사실이고, 수운도 그런 풍습에 무리없이 동화하여 궁궁의 부적을 자주 사용하고 있었다. 그런데 수운은 이런 부적을 성(誠)하고 경(敬)하는 자만이 효험이 있을 것을 강조하면서도 그것을 당치않게 세균성 병리에까지 사용케 한 맹점을 보여 주고 있는 것이다.

수운은 당초에 사회의 온갖 모순과 부조리를 질병에 비유해서 표현했고, 그것을 고쳐 내기 위한 수단으로 개벽사상을 들었다. 예를 들면, "나라에 악질이 가득하여 백성은 하루도 편할 날이 없으니, 이 또한 상해지수(傷害之數)로다"(『동경대전』), "아(我) 동방(東方) 연년괴질(年年怪疾) 인물상해(人物傷害) 아닐런가"(『용담유사』) 하는 것 등이다. 어찌 보면 말이 신비롭고, 다분히 비결문적인 암시까지 있어 보인다.

그러나 그런 점이 바로 그 시대 분위기와 기분이었고, 그런 은유적 숨결로 표현을 해 낸 것이 수운의 방식이라면 방식이었다.

> ……아서라, 이 세상은/ 요순지치(堯舜之治)라도 부족시(不足施)요/ 공맹지덕(孔孟之德)이라도 부족언(不足焉)이라/ 십이제국(十二諸國) 괴질운수(怪疾運數)/ 다시 개벽(開闢) 아니런가/ 태평성세 다시 정해/ 국태민안(國泰民安)할 것이니/ 개탄지심(慨嘆之心) 두지 말고/ 차차차차 지내서라/ 하원갑(下元甲) 지내거든 상원갑(上元甲) 호시절(好時節)에/ 만고없는 무극대도(無極大道)/ 이 세상에 날 것이니…….(『용담유사』)

여기에서 지칭한 악질이니 괴질이니 하는 것들은 누구에게도 족히 주자학의 당파싸움이나 거기서 비롯된 오만 가지 악덕을 지적한 것으로 보일 것이다. 또 이런 악습과 폐단을 지적한 사람이라면, 당연히 그 병통을 한번 고쳐 보고 싶었을 것이다. 수운도 예외는 아니다. 그 역시 썩을 대로 썩고 곪을 대로 곪아 버린 이 세상을 한번 고쳐 놔야겠다고 생각한 사람이다. 그래서 내세운 것이 개벽사상이다.

모든 낡은 제도가 무너질 때, 그 밑에서 새 움으로 자라나는 것이 늘 혁명이라고 할 때, 수운재의 개벽도 다분히 혁명적 의미로 볼 수는 있다. 그러나 그는 서양 사람들이 그러하듯 공격과 투쟁에 의한 쟁취의 혁명을 말한 것은 아니다. 타락의 이 세상이 유황불의 심판을 받고 거듭난다는 뜻의 개벽도 아니다. 누구든지 가슴속에 숨기고 있을 옹근 제 것을 버릴 때 개벽은 그들 사이에서 저절로 일어난다. 개벽은 글자가 그런 것처럼, 열어[開] 젖히자[闢]는 뜻이다. 그러므로 개벽은 저에 있을 것이 아니라 내게 있다. 저를 혁명할 것이 아니라, 나를 먼저 가만히 혁명하라는 말이다. 수운은 그저 그것을 가르쳤을 뿐이다.

그러면 무엇을 열어 젖혀야 하는가? 숭유존화(崇儒尊華)의 그릇된 심보를 열어 젖히라는 말이다. 독선과 획일의 신(神)을 열어 젖히고, 아만(我慢)과 자존(自尊)의 제 불심(佛心)을 열어 젖히라는 말이다. 우등과 열등과 빈부와 불평등이 무질서하게 혼잡한 사회적 악순환과 차별제도를 열어 젖히라는 말이다. 열어 젖히는 것들은 통하게 된다. 통하면 곧 하나다. 서로가 서로에게 통하는 교류의 감정이야말로 이 세상의 질서를 다시 정리할 수 있는 현실의 힘이기 때문이다. 그것 말고는 길이 없다. 불교도 유교도 기독교도 모두 제 가슴을 활짝 열고 한 마당의 사람, 한 울타리의 사람이 될 때, 이 세상은 아름다와진다는 것이다.

그런데 여기서 짚고 넘겨야 될 것은 상원갑(上元甲)이다. 하원갑(下元甲)이 지나고 상원갑이 오면, 그 때는 무극대도(無極大道)가 나와서 요순(堯舜)의 다스림으로도 공맹의 덕화(德和)로도 어쩌지 못한 이 세상이 저절로 정화되어 볼 만해진다 했다.

어찌 보면 책임 못질 말씀이요 터무니없는 가르침이어서, 누구 한 사람 믿을 것 같지도 않지만 날숨을 내쉬면 들숨을 쉬고, 어둠이 다하면 새벽이 오듯이 이 세상은 정녕 그렇게 된다는 것이다. 그러나 이런 말 같지 않은 가르침과 그 가르침 앞에 서는 기대야말로 우리 역사를 내뚫는 한 점 자리를 얻어서 내려다볼 때는, 무리가 없이 통해지는 우리들만의 기질적 까닭인지도 모른다.

역사를 횡적으로 의식하여서 노력으로만 무엇인가를 얻는 투쟁과 혁명이 따라 붙는 그런 의식구조가 아니라, 일체는 하늘의 뜻이어야 하고, 그 하늘 앞에서 인간의 힘이나 노력 따위는 무기력하다는 쪽으로 길들여진 동양사회의 종적인 역사관념이 먼저 작동했다는 뜻이다. 일단 그런 눈으로 동학 창도 이후의 이 민족 역사를 보라. 갑(甲)자가 드는 해에는 대개 무슨 일이 터지고 있었다는 것이 보여진다.

먼저 갑신년(1824)에 수운이 탄생을 한다. 갑자년(1864)에는 철종이 죽고 고종이 등극한다. 수운도 그 해에 참형으로 죽었다. 그런 후 갑신년(1884)에는 수구당과 개화당 사이의 정변으로 사회가 시끄러웠으며, 갑오년(1894)에는 동학혁명이 일어났고, 그것을 단서로 그 해에 청 · 일전쟁이 터진다. 다시 갑진년(1904)에는 러 · 일전쟁이 시작되는 한편, 동학도들의 대혁신운동이 전개되었다. 이렇게 갑(甲)자가 든 해를 거르지 않고 일이 터지니, 무식한 민중들로서는 두려움을 가지게도 되었고 모종의 기대와 두근거림으로 갑(甲)자 해를 기다렸을지도 모른다.

그러나 수운의 상원갑(上元甲)이니 하원갑(下元甲)이니 하는 갑(甲)자 타령은 불안한 시대에 던지는 일종의 희망이요, 종말론적인 예언 정도로 보아 옳을 것이다. 말하자면 예수나 소크라테스가 시대 도덕의 타락을 감지했을 때 느끼던 위기의식이다. 다만 수운은 동양 사람이었으므로 질병이다 개벽이다 하고 그다운 방식으로 말했던 것이 아닐까?

이쯤에서 이야기를 원점으로 전회시켜 보자. 수운은 조선 사회가 가진 도덕의 질병을 세균성 질병과 같은 뜻으로 썼다고 했지만, 그것이 왜 그렇게 되었을까? 정말 수운은 세균 질환과 사회의 도덕 질환을 구분치 못해서였나? 이것을 어떻게 보아야 될까?

수운재가 태어나기 이전의 3년 동안, 그러니까 1821년부터 1823년까지의 기간 동안 콜레라가 크게 번져, 이 알 수 없는 괴질이 전국 방방곡곡을 한번 소동케 한 적이 있었다. 그러고 난 이듬해에 수운은 태어난다. 그가 만년에 「권학가(勸學歌)」에서, "한울님을 공경하면/ 아(我) 동방(東方) 삼년괴질(三年怪疾)/ 죽을 염려 있을소냐……"라고 한 것으로 보아도, 그는 이 3년 동안의 콜레라 위력을 인정한 것이 된다. 뿐만 아니라 수운이 한창 날리던 시절에도 흉년과 기근은 있었고, 탐관오리의 가렴주구와 함께 마마 등속의 역병은 무질서하게 횡행했다. 이럴 때, 그의 신비가 감도는 말투와 예언자적 언사는 민중의 입장에서 볼 때 다분히 카리스마적 위력이 있었을 것이다.

어려운 병고에 찌든 사람이 그런 힘에 의지하여 병을 물리치고자 했다는 것도 그 당시로서는 무리가 아니다. 그런 사람이 만약 수운을 찾아가 병을 고쳐 주기를 바랐다면, 그가 어떻게 했을까? 내가 말한 병은 당신 같은 육체의 병이 아니라, 도덕적인 병증이라고 주석을 붙여 돌려보내는 것이 옳을까? 그것이 양심적이라고 생각하는 사람은 그렇게 할 것이다. 그러나 그렇게 되면 수운의 과업은 이미 반으로 줄어드는 셈이 된다. 민중은 지금 그의 신비한 힘에 경도되고 있기 때문이다.

그러나 우리는 이런 선택에 따르는 여러 가지 염려를 당초부터 할 필요가 없다. 수운은 무엇인지 모르는 열정에 등을 떠밀려 나와, 자기도 모르는 소명에 충실하고 있는 사람일 뿐이어서다. 사실을 토로한다면, 그는 세균성 병리를 정신적이고 물질적인 사회적 병리와 따로 나누어서 생각하지를 않고 있었다. 병(病)은 좌우간 병(病)이다. 그것을 고치는 것이 나의 임무일 뿐이다. 이렇게 생각했음에 틀림없다. 그래서 그의 부적은 세균성 질환의 여러 환자들에게 보급되었고, 그가 만든 스물 한 자 주문도 그런 것에 많이 쓰여졌다.

또 수운의 임상병리 방법을 보면 원시적인 약재가 주술적 방법과 함께 쓰여져서 효력을 내는 것이 종종 보인다. 가령 나이 많은 할아버지가 노환으로 고생을 할 때 어떤 집 밭두렁의 박잎을 한 움큼 뜯어오라 하여 다려 먹인다거나, 누구네 어린 아이가 갑자기 경풍으로 눈을 까뒤집을 때 경면주사(鏡面朱砂)를 물에 개어 정수리 쥐구멍을 막아 신통한 효과를 내며, 혹은 백지에 부적을 그려 불에 살라 마시고 주문을 외우게 하는 것 등이다.

이런 일은 때와 경우에 따라 즉시적(卽時的)이었지 일정한 처방법이 없다. 어째서 이런 비과학이 효과를 내는 것일까? 그러나 따져서 될 일이 아니다. 무당의 처방에는 늘 무의적(巫儀的)인 무엇이 있는 법이며, 그런 카타르시스가 따르는 법이다. 그저 그것이 오늘같은 과학적 지식으로 오염이 안된 그때 사람들에게 무리없이 받아들여지고 있었다면, 그것은 그들 것이었을 뿐이다.

세균질환과 정신의 도덕질환을 하나라고 생각해 버린 수운재의 면모에서 우리는 오히려 어리석을 정도로 큰 대인(大人)의 풍모와 만나게 된다. 그는 단군 이래의 민족정신을 각성시키러 나온 사람이니 만치 붕새의 기상을 탔던 사람이요, 봉황의 고귀성을 지닌 사람이다.

이런 점들을 다각적으로 상고해 볼 때 수운은 자신을 카리스마적 인물로 호도했을 것 같지만, 사실은 그 반대의 입장에 서고 있었다. 그를 카리스마적 인물로 보려고 했던 것은 그 시절 민중의 기분이었고, 그를 형장에서 참수케 한 사류(士流)들이었고, 그리고 과학 따위의 지식으로 무장이 된 오늘의 우리들인 것이다.

그가 내건 보국안민(輔國安民)이니 광제창생(廣濟蒼生)이니 하는 깃대도 언제나 현생적인 중생의 고통을 문제로 한 것이었지, 어느 구석에 추호라도 저 세상적인 의미가 있던 것이 아니다. 그의 주술적 가르침이나 부적 등의 희망, 그리고 상원갑(上元甲) 따위의 예언마저도 그런 것에 의해서만 구원이 가능한 그때 민중의 숨결에 어필해 간 수단이었던 것이다.

수운은 천 년 동안이나 내리 눌려 온 민족의 기개를 한번 활짝 열리게 하는 것만이 소원이었고, 열리도록 돕는 것만이 그의 할 일이었다. 그래서 그토록 간절히 개벽을 주장하고 가르쳤다. 그러나 열어젖힌다는 것이 의미로는 쉽지만 실천상으로는 그렇게 간단하지가 않다. 그러니 어떻게 하면 좋을까? 본래 하늘숨으로 길렀던 민족이요, 하늘정기로 이 땅에 온 백성이니, 다시 근원에 돌이키기만 하면 될 것이다.

여기서 수운은 모든 사람이 항용 외울 스물 한 자의 주문을 만들어 낸다. "시천주조화정(侍天主造化定) 영세불망만사지(永世不忘萬事知) 지기금지원위대강(至氣今至願爲大降)." 이것이 세상에서 말하는 '시천주(侍天呪)' 주문이다. "ᄒᆞᆫ울님 모시면 숨줄이 바로 선다. 영세토록 모든 일 휑하니 뚫리는데, 바야흐로 하늘 숨—지기(至氣)—크게 내려 이루소서."

조화정(造化定)은 무위이화(無爲而化)다. 그렇게 질서가 바로 선다는 뜻이다. 일체가 다 그 속에 함장된다. 막연한 내세의 희망이 아니라, 이 당장의 현실에다 천국을 이루자는 주장이다. 어찌 보면 재세이화(在世理化)보다는 떨어지는 말이요, 봄바람이 불듯 저절로의 무위만이 아닌, 한울님을 인간의 숨줄 속에 억지로 인식시키려는 듯한 유위(有爲)로서의 무위(無爲)다. 그러나 그것은 지나온 역사에 대한 반향이지, 수운의 잘못은 아니다. 오히려 이 반향 속에는 느슨하고 무한한 우주적 숨결에서 탈피하여, 철저하고 적극적인 인간의 역사 숨결이 전제된다는 쪽으로 말해질 수가 있다.

그때까지 인류가 경험해 온 역사는 대개 동양의 종적인 역사와 서양의 횡적인 역사로 나누어 구분지을 것이다. 무엇이 횡이고, 무엇이 종인가? 인간의 생명이 먼저 정신적인 것, 도덕적인 것을 자각하고, 무한한 우주생명과 숨통을 트는 쪽으로 핵심을 맞추어 왔다면 종적인 것이고, 사람과 사람이 모여 사는 동안에 생기는 이해관계나 소유, 지배 등이 문제가 되어 온 쪽은 횡적인 것이다. 잘라 말하면 육신 살림에 치중된 것은 횡적이고 정신 살림에 초점을 맞추는 것은 종적이다.

그렇다고 서양 역사와 동양 역사에 종 · 횡의 한계가 뚜렷하여 결코 합쳐질 수 없는 이질감이 놓여 있느냐 하면, 물론 그런 것은 아니다. 다만 드넓은 초원과 유장한 강물을 끼고 있는 동양 풍토의 조건이 대지가 메말라 먹을 것, 입을 것을 충분히 내어 주지 못하는 서양 풍토의 조건과 다른 데서 온 문화의 차이가 대체적으로 그렇다 할 뿐이다.

그러나 종의 역사이든 횡의 역사이든간에, 사람이 살아오면서 사람이 만들어 온 이상에는 사람 사이의 이해관계나 감정의 갈등은 어차피 섞여들게 마련이다. 또 사람의 의식이 깨이고, 서로간에 의지하는 한계가 밝아지면 밝아질수록 그런 관계의식은 진보될 수밖에 없다. 이것은 인류 역사 속에 촛불처럼 드러나는 생명의 참값이라, 누구의 웅변으로도 가리우지 못할 진실이 아닐까?

그런데 동양의 역사, 특히 한민족의 역사는 막연한 내세와 저 세상의 행복에다만 희망을 걸어 두고 현실을 과소평가해 온 기만적인 삶을 살아왔다고 할 수가 있다. 즉, 현실에서 벌어지는 당장의 이해관계와 갈등을 영원의 생명 앞에서 하찮은 것이라 하여 묵살하거나 외면하려고 든 역사였다.

같은 한문문화권의 동양이라 해도, 중국이나 일본은 속 빈 주자학의 겉멋에 취해 형식을 중시하다 실리를 놓치는 따위의 짓은 하지 않았다. 일본은 유교를 가져가도 양명학(陽明學)같은 실질적 학문을 가져갔기 때문에, 그것이 그들의 사무라이 기질과 쉽게 맞아서 마침내 명치유신으로 이어져 오늘 같은 강대국의 초석이 되었다는 것쯤 이미 천하가 아는 일이지만, 유교의 본고장인 중국에서도 우리처럼 쓸개가 빠져 형식이나 핥던 짓은 한 적이 없다. 그러기 때문에 그들은 청(淸) 때에 와서 수천 년 자기네 대륙을 지배해 온 자기들 고전에 대해 엄정한 비판을 가하고, 마침내 공자의 도(道) 자체가 식인지도(食人之道)라고 하는 준엄한 심판을 내리게까지 되지 않았던가?

어째서 우리는 공자님이라면 아직까지도 불세출(不世出)의 성인인데, 중국인들은 사람 죽이는 도(道)라고 매운 소리를 하고 나설까? 더우기 자존과 과장을 밑천으로 삼는 그들이. 그러나 그것이 한족(漢族)의 기질이다. 실제에 맞질 않으니 배척했을 뿐이다. 한(漢)과 한(韓)은 그래서 합쳐질 수 없는 기질이요, 한(韓)이 맹물같은 영원과 무한을 먹고 사는 사람일 때, 한(漢)은 배부르게 밥 먹고 기운을 쓰는 땅의 민족인 것이다.

그들은 공자도 주자도 인간의 삶을 종적으로만 강조하여 도덕적이고 정신적인 것만 가르쳤지, 횡적인 면도 동시적으로 중요하다는 것을 모르는 낡은 사람 정도로 치부했던 것이다. 자기네 땅의 유일한 사람이라고 믿어 그 사람 말을 2천 년이나 들어 써왔으나, 마침내 그 공자를 부정할 수 있었던 것도 그들의 역사가 다분히 횡적으로 되어 가고 있다는 데 대한 자각의 눈을 뜬 덕분이 아니면 무엇일까?

이런 횡적 역사에의 자각은 이 사람들에게도 있었다. 창조적 기질을 타고났느니 만치 그런 자각 또한 중국을 앞서 있었다면 앞서 있었을 것이다. 다만 그들이 소수의 지식층인데다, 그 소수는 다른 다수의 억압에 눌려 그들만의 자각이었을 뿐 전체의 것이 되지 못하고 말았기가 쉽다. 물론 이런 것은 내 개인의 피상적 생각이요, 그렇게 느껴지는 기분이지만, 선조 때에 양명학이 들어와서 선비들 사이에 전파되는 듯 싶자 그것을 타누르기에 급급했던 주자학 사류들의 작태를 읽은 사람이라면, 그 이상의 것들이 얼마든지 묻혀 갔으리란 생각이 자연스럽게 들 것이다.

역사 위에 올라오지 못한 이름들은 어차피 어두운 기층의 숨들이겠으나, 그 숨줄을 타고 올라온 몇 사람마저 어떤 대우를 받았는지 생각해 보라. 선조 때의 남언경, 이요, 또 영조 때의 하곡 정제두, 이광사, 이태형, 이광려, 이충익, 정동유 등, 그 외에도 임백호처럼 주자학 친구의 미움을 받아 약 사발을 받은 사람이 또 있을 것이다.

모질고도 질긴 창조의 숨줄은 그 뒤에 오는 실학으로, 천주교로 실제적인 새 것을 찾아 방황한다. 그러다가 수운재의 동학에서 역사적 지표가 횡적인 요구로 자연스럽게 드러나게까지 된 것이다. 수운의 역사적 관심은 지식층 인물의 자각과는 달리 잡초처럼 짓밟히면서 살아온 민초(民草)들의 자각을 의미한다는 데서 주의해 볼 필요가 있다.

다시 말하면, 이제까지 소수의 지식층에서 면면히 이어오던 역사 자각의 맥이 이제는 무식한 민중 전체의 자각으로 탈바꿈하여 그들을 옭아맨 그물을 찢고 나왔음을 뜻한다. 그것은 스키에 미친 특수층의 욕심이 아무리 대지 위에 겨울의 눈을 덮어두고 싶어도 대지는 봄을 맞아 마침내 기지개를 켜고 깨어남과 같은 것이 아니었을까?

수운의 동학은 역사의 새 날을 자각한 민중과 함께 이 땅 위에 천국의 이상향을 세우는 것이었다. 그것은 수직으로만 강조된 윤리를 한번 수평으로도 바라보게 하는 것이다. 그래서 수운은 사람 사람에게 개벽을 가르치면서, 지난 역사를 선천(先天)으로, 오는 역사를 후천(後天)으로 부르라 했다. 낡은 날이 무너지고 새 날이 섰다는 의미일 것이다.

그런데 수운의 이 개벽 사상 속에는 자주 장생불사(長生不死)의 의미가 내포된다. 이 장생불사는 영(靈)이나 육(肉)의 불사가 아니다. 그가 바라다본 지상천국은 이제까지의 종교가 가르친 바와 같은 종적인 의미의 우주적 대아(大我)가 아니라, 사회라고 하는 유기체의 횡적인 대아였다. 그렇게 볼 때, 사회라는 대아야말로 영원히 죽지 않으리란 뜻이 될 것이다. 자기의 역할을 잘 모르는 광대가 어쩌면 제 직분의 역할을 이렇듯 틀림없이 해놓고 나갈 수가 있을까?

수운이 무대 밖으로 쫓겨나갔던 것은 혹세무민(惑世誣民)을 했다는 죄목으로였다. 물론 그때까지 세력을 잡고 있던 유교의 무리들이 그런 이름을 붙여 참형으로 갚아 준 것이다. 그러나 여기서 누구를 타박하여 시비를 논한다는 것은 무의미하다. 역사의 대세란 언제나 그렇게 되어 왔다는 것을 알면 그뿐이다.

수운은 그렇게 죽었지만, 그가 일으킨 민중 속의 불길은 유자들의 생각처럼 그렇게 쉽게 꺼져 주지가 않았다. 잠시 주춤해서 수런수런하던 불길은 드디어 혁명이 되어 추악하게 썩은 이놈의 세상을 한번 뒤집어 보자고 나서는 데에 이르렀다.

동학혁명은 고부 군수 조병갑(趙秉甲)의 혹독한 학정과 만석보(萬石洑)의 물세징수사건이 단서가 된 것이기는 하지만, 그때의 형편으로 조병갑이 아닌 목민관이 누구며, 만석보의 물세 아닌 세금을 무는 백성이 어느 땅에 있었던가? 상탁하부정(上濁下不淨)이라고 일러 온다. 위정자들이 그러하니, 아전들 또한 온갖 농간과 술책·계략에 능숙하여 백성을 착취하고, 그것으로 수령의 끝없는 탐욕을 만족시키며 눈치껏 자신들의 생활비용을 충당하는 지경에 이르러 있었다.

지배자의 압정과 양반계급의 토색질과 아전들의 탐학(貪虐), 이것은 결국 가부장적인 윤리를 세워 아랫사람은 무조건 윗사람의 처사에 따르고 복종해야 한다는 유교의 종적 체제 그늘에서 자라난 독버섯일 밖에 없다. 그리하여 벌떼처럼 일어난 이 혁명군이 내놓은 소위 폐정개혁요구(弊政改革要求) 12조란 것을 보면, 종적인 사회제도를 횡적으로 바꾸라는 뜻으로 보아 그르달 것이 없다.

(1) 동학교도와 정부는 서정(庶政)에 협력할 것
(2) 탐관오리의 숙청
(3) 횡포한 부호의 처벌
(4) 불량한 유림과 양반을 처벌
(5) 노비문서의 소각
(6) 칠종(七種)의 천인(賤人) 대우를 개선하고 백정의 머리 위에 패랭이를 벗길 것
(7) 과부에 개가를 허락할 것
(8) 이름없는 세금을 폐지할 것
(9) 관리등용은 지벌(地閥)을 타파하고, 인재를 들어 쓸 것
(10) 일본과 간통(奸通)하는 자를 엄벌할 것
(11) 공채(公債), 사채(私債)를 면제시킬 것
(12) 토지는 평균으로 분작(分作)케 할 것

이런 동학혁명의 명분을 두고, 왕권체제 따위를 근본적으로 부정하여 아주 민주주의 터전을 잡지 못한 것이 아쉽다는 의견을 말하는 사람들이 있다. 그러나 오늘 우리가 말하는 민주주의니 공산주의니 하는 개념은 서양 사람들이 내놓은 것이다. 그들은 그들의 투쟁의 역사를 가지고 마침내 그런 것을 세워 볼 만한 조건을 가진 사람들이지만, 이쪽은 순수한 한국사람으로 여러 천 년 동안을 그런 가부장적 충효사상에 길들여진 사람들인 것을 알아야 한다. 자기들의 무의식 속에 없는 사상, 피 속에 없는 감각을 어찌 내놓을까?

그러나 여기서 한심한 것은 동학군을 바라다본 조정의 시선이다. 처음에 조병갑이 고부 군수로 부임하여, 만석보의 물세징수 외에도 황지과세(荒地課稅)니, 불효(不孝)·불목(不睦) 죄명이니, 대동미(大同米)니 혹은 비석 세우는 비용이니 하여 부당한 세금을 마구 거두자, 견디다 못한

농민들은 전봉준을 앞세워 두 차례나 군수에게 사정을 진정하였으나, 군수는 이것을 시정은 커녕 관가에 대든다는 죄목으로 오히려 이들을 축출하거나 체포하였다. 그리하여 분격한 농민들이 들고 일어나 관아를 습격하게 되었고, 창고에 갇힌 쌀을 빈민에게 나누어 주었던 것이다.

사태가 이쯤 되었으면 조정에서도 근본 진상을 밝혀 적절한 조처를 했으면 좋았을 것을, 오히려 관아를 두둔하여 임시방편의 미봉책으로 그들의 서운한 마음을 따돌리고, 또 따돌리고……그러다가 사태가 걷잡을 수 없이 되어 마침내 전주성이 함락하게끔까지 되었던 것이다.

그러나 그들이 내건 4대 강령(綱領)을 보면, 첫째 불살생(不殺生), 둘째 충효총전(忠孝叢全)·제세안민(濟世安民), 셋째 축멸양왜(逐滅洋倭)·징청성도(澄淸聖道), 넷째 구병입경(驅兵入京)·멸진권탐(滅盡權貪)이었으니, 어느 곳에도 좋은 정부를 향하여 싸우자는 뜻은 없었다. 그저 조정에 탐관오리가 많고 양풍(洋風)과 왜풍(倭風)이 드세어 성인(聖人)의 도(道)를 어지럽히고 있으니, 한번 서울에 올라가 그것들을 바로 잡아서 세상을 편히 하고 백성을 편히 하여 충효를 지키게 할 뿐, 생명을 죽일 생각은 없다고 한 것이다. 그저 약속을 지킬 한 두 마디면 얼마든지 믿고 물러가 기다릴 사람들이었다.

그러나 조정에 앉아 전주성 함락 소식을 들은 사람들은 그렇지가 않았다. 오히려 그 버르장머리 없는 놈들을 혼내 주라고 양호초토사(兩湖招討使)를 보내고, 임금은 청나라에 응원군을 부르러 파발마를 날리는 형편이었다. 그래도 청나라 군대를 부르는 것에는 아주 생각이 없지 않았던지, 영의정 심순택(沈舜澤)과 우의정 정범조(鄭範朝)가 일껏 반대를 하고 나섰으나, 고종은 청국이 영국의 힘을 빌려 태평천국(太平天國)을 진압한 예를 유식하게 들면서 기어이 청병(淸兵)의 청원을 서둘러 마친 것이다.

동족의 불만이 어디에 있는가를 살피기 앞서 그 동족을 학살해 달라고 외국 군대를 끌어들인 임금이란 것—그러고도 만승(萬乘)의 높은 자리요, 억조창생의 아비로 떠임을 받는 자리던가? 그 임금의 대가리에 그토록 횡포의 오줌이 차 있었다면, 나머지는 따질 것도 볼 것도 없는 일이다. 그런 조선은 그렇게 해서 망해 가는 나라가 아니라, 이미 망해 버린 나라였다.

어찌 보면 김춘추가 삼국통일이란 명목으로 당나라 사람을 끌어들일 때보다 더욱 지나친 짓이요, 밸이 없는 짓이었다. 그렇게 아주 썩고 망한 나라였기 때문에 일본과 청국이 이 나라를 놓고 자기들 이권의 천진조약(天津條約)을 맺었던 것이며, 그것이 청일전쟁을 유발하고 십년 후에는 다시 북쪽 들판의 러시아 곰까지 기웃거려 러일전쟁을 끌어들인 것이다.

이것을 보면서도 조선을 망해 버린 나라가 아니라고 말할 사람이 있을까? 맞다. 조선은 시름시름 여위다가 망해가지고 존속한 나라였다. 조선 끝 무렵의 문호개방과 거기에 기웃거린 열강의 세력은 시체 냄새를 맡고 몰린 들개와 승냥이와 곰과 독수리들이었을 뿐이다. 그 시체는 결국 바다를 건너온 승냥이떼가 차지하여, 36년이나 유린을 하기에 이르렀다.

혹자는 동학이 실패한 원인을 종교적 신념에만 의존한 교도들이 이상주의만을 지향한 나머지 현실을 냉철하게 판단하지 못한 데에 있는 것이 아니냐고 한다. 옳은 말이다. 그런 안목에서라면 동학혁명만한 민족운동을 실효있게 전개시킬 그 다음 인물이 없었다는 쪽으로도 말해질 수가 있을 것이다.

수운을 단군정신의 재현자라고 보는 것은, 단군의 천상지향적(天上指向的)인 제사를 틀림없이 인간사회의 현실로 끌어내려서 완성하려고 한 점이 있기 때문이다. 또 막연한 내세나 저 세상의 행복에 대한 약속이 아니라, 고통스럽더라도 이 세상 위에 광제창생과 보국안민의 깃발을 내건 점이 훌륭했기 때문이다. 이것들을 동학의 성공적 요소로 지적하여서 좋지 않을까?

그러나 수운이 없는 동학은 그만한 영도력을 지닌 인물이 없었으므로 끝내 파벌이 생기기 시작한 데다가, 착취와 학대에 시달려 온 교도들이 어느새 민중을 착취하고 학대하는 보복심리로 표변하고 말았다는 것도 참작되어야 할 것이다. 그로부터 사회대중의 신의와 기대도 떠나갔다면, 피(彼)·아(我)가 모두 믿을 수 없는 현실생활보다 부적과 주술에 의존하는 종교적 권위에 편승하여 어딘가에 있을 유토피아를 기리는 방향으로 흩어졌을 것이다.

그들은 수운이 이 역사 위에 무엇을 위해 왔다가 갔다는 것을 모르는 사람들이다. 수운이 그 시대에 나타난 것은, 길 잃은 배가 항구의 불빛을 보는 것만큼이나 반가왔던 것이요, 등대의 무적(霧笛)을 듣는 것처럼 희망적인 일이었다. 그러나 수운은 그의 모든 노력에도 불구하고, 시체 속에서 산 목소리를 내지른 사람 이상의 의미가 있는 것은 아니다. 다시 말하면, 단군 정신이 아주 말라 버린 줄로 알아 체념하고 있는 유교의 폐허에서 "아니다. 단군정신은 아직 살아 있다"고 외치면서 시들어 간 들꽃이 수운재 그 사람이었다는 이야기다.

우리는 수운재나 동학에서 많은 것을 기대해서는 안된다. 기대는 우리들의 부질없는 욕심일 뿐이지, 역사에서 그런 인물은 그렇게 오래 서 있는 이정표조차도 아니다. 그저 잠시 잠깐 스쳐가는 희망의 불빛이요, 그런 확증이던 것이다.

09
개벽의 신앙 증산교

수운이 가고 난 40년쯤 후에 증산교라는 교파가 하나 올라온다. 증산교만일 것이 아니라, 동학을 뿌리로 하여 올라온 그 무렵의 각종 교파들은 가히 우후죽순이라 할 만큼 많았다. 해방이 되고 정부에 교단의 인정을 받으면서 정식 등록이 된 것만도 60여 개가 될 정도이다.

그러니 등록이 안된 것은 또 얼마나 될까? 오십보 백보로 도토리 키재기 만큼씩 올라온 그것들은, 억압된 민중의 심리에다 낡은 세계의 종말론과 함께 신천지의 도래를 주장하는 예언적 확신을 뿌리면서, 마치 종교 백화점같은 오늘의 현상을 그때에 만들고 있었다.

그것은 동학과는 무관하게 시작되었다고 볼 수 있는 그 무렵의 대종교(大倧敎)나 수두교(蘇塗敎)·한마루교 등의 출현과 연결 지을 때, 그리고 그들 교세의 치뻗었던 정황을 참작할 때, 이미 어쩔 수 없도록 부패해 버린 배달겨레의 심성이 새로운 가능성의 움을 틔워 낸 것이라고 밖에는 달리 볼 도리가 없다.

또 6 · 25 이후 이 나라에서 발생된 전도관이나 통일교 등의 기독교 종교들이 기실은 기독교에서 찢겨져 나온 것이기보다, 기독교라는 이름을 빙자하여 무속종교의 생명을 실현하고 있는 것으로 볼 때에도, 신흥종교라고 이름 붙이는 그 모든 종교들은 불안하고 어수선한 시대 공기가 요구한 데서 나왔다고 보아도 좋을 것이다.

이렇게 민중의 심성이 요구해서 올라온 종교들은 하나같이 한국이 세계 역사의 중심이라는 민족주의를 부각시키면서 등장한다. 또 그것들이 교조(敎祖)의 카리스마적 성격과 신도들의 열광성, 주술적 신앙 등으로 무교적(巫敎的) 성격을 띠고 있다는 것은 말할 것도 없지만, 내세의 천국보다 이 당장의 현실에 대한 관심이 행동적으로 크다는 일치성에서도 조선말의 민중심리를 배경에 세우지 않고는 요령이 뚫리지 않을 것들이다.

그런데 그 많은 동학의 교파에서 왜 하필 증산교를 들어 세우는 것일까? 또 동학의 계열이 아닌 대종교(大倧敎) 계열로도 세우려면 세울 수가 있었을 것이다. 대종교는 교조 나철(羅喆)이 열렬한 민족주의자요 항일지사라는 점, 그리고 끝까지 민족의 정신을 부추겨 보기 위해 구월산(九月山)의 삼성사(三聖祠)에서 일본의 폭정을 통분하여 동포에게 유서를 남기고 자결하였다는 점과, 2대 교주와 3대 교주들의 줄기찬 항일역사만으로도 훌륭한 소재거리가 될 것이다. 또 그들의 그러한 행동강령이 된 종교정신의 졸가리가 삼위일체(三位一切)의 천신(天神)을 받드는 것이었다는 점으로도 소홀히 하여 넘기기에는 아쉬운 여러 가지가 있다.

그러나 대종교의 계열은 역시 그것으로의 상황적 한계가 나타난다. 그것은 동학의 교파들이 갖는 상황의 한계와 다른 돌출적인 것이라 하더라도 어쩔 수 없는 일인 것이다. 부득이하지만 나로서는 그럴 수밖에 없다.

대종교의 상황이 대일(對日)관계에서 우러난 민족의 자존적 주체의식이 주된 원인이었다면, 동학은 엎어지고 자빠지면서 대강이를 짓밟혀 온 민초들의 절망적 상황이 발효시킨 자연스런 현상이었다는 등차(等差)를 나타낸다. 그래서 동학의 교파들은 교리를 상대적으로 나타내기보다 자체의 희망과 연민으로 나타내려는 경향이 농후하다. 그들은 어디까지나 자신의 성찰과 겸손한 자기반성으로 무한한 우주의 자아에 닿으려는 쪽의 노력을 강조한다.

그런데 증산교는 바로 그 점에서, 수운재 이후의 모든 동학 교파들을 딛고 설 만한 정신과 이념을 가진 듯이 보인다. 이 점이 굳이 동학 이후에 증산교를 선택하여 세우려는 나의 까닭이다.

증산교는 교조인 강일순(姜一淳)의 호가 증산(甑山)이었으므로 그가 죽은 뒤에 제자들이 그의 호를 붙여서 교단을 세울 때 된 이름이지, 그의 생전에는 그런 교단 명칭이 없었다. 다만 31세 때에 훔치주(吽哆呪)라는 주문을 제자들에게 외우게 한 적이 있었다. 세상에서 그를 훔치교의 교조라고 부르는 까닭이 여기에 있다.

그러나 뒷 사람들이 교조라고 부르는 것처럼 그는 교조 행세를 한 일도 없고, 무슨 틀거리진 교단을 가지고 있던 것도 아니었다. 그저 어지러운 시대에 난 사람으로 어지러운 사회의 여기저기를 기웃거리고 다니면서, 만나는 사람들을 자기의 신념대로 가르친 무위이연(無爲而然)한 한 표객(漂客)이었을 뿐이다.

국제정세가 좀 조용했고 동학란이다 뭐다 해서 국내정세가 그리 시끄럽지만 않았더라면, 그는 사람들을 만나러 다니는 대신 자기대로의 어떤 생활을 안정되게 했을지도 모른다. 그러나 그런 뒤숭숭한 시대에 태어나도록 된 것이 그의 운명의 각본이었고, 역사가 불러낸 한 소명이었을 것이다.

실제로 그의 생애의 전 기록이면서 증산교파들의 교전이 되고 있는 『대순전경(大巡典經)』 역시 그런 관점에서 그의 생애를 기록한 것이 아닌가 한다. 만약 증산교에 대해 궁금증을 느낀 사람이 그런 단순한 호기심으로 『대순전경』을 읽는다면, 그리고 그 사람이 해방 이후에 태어나서 신학문 교육을 받은 사람이라면 처음부터 상당한 거부감을 느끼거나 알 수 없는 손에 의해 놀림을 받는 것같은 당혹감을 누르지 못할 것이다.

그만큼 『대순전경』은 합리적 지식과는 먼 곳의 이야기를 쓰고 있다. 그것이 교조의 카리스마적 호도가 아닌 것은 아니지만, 근본적으로 다른 쪽의 이야기라는 것을 알게 되는 것은 좀 더 참을성있게 나머지를 읽고 나서의 이야기다.

흔히 신흥종교라고 부르는 그 무렵에 출현한 교파들의 내역을 보면, 대체로 교주 되는 사람이 언제 어디서 어떤 절차로 깨달음을 얻었다거나, 계시를 받았다는 투의 이야기를 빼놓지 않는다. 그래야만 거기서부터 한 인간의 초월적 힘을 믿을 수가 있기 때문이다. 가령 수운재가 용담정에서 갑자기 몸과 마음이 떨리면서 하늘의 소리를 들었다는 것이 그러한 내용이다.

그러나 『대순전경』에는 어디에도 그런 것이 없다. 처음부터 그는 깨달은 사람, 아니 사람이기보다도 숫제 한울님의 한 현신으로 지상에 내려온다. 1871년 11월 1일 전라도 고부 손바래기 마을에서 아버지 강흥주(姜興周)와 어머니 권씨를 양친으로 태어나 1909년 8월 9일 김제 모악산 아래에서 화천(化天)할 때까지의 39년을 인간으로서가 아니라 한울님으로 있던 일정이었을 뿐이다. 한울님이었다면 깨달을 것이 없다는 것이 옳은 상식일 것이다.

그는 일곱 살 때 처음으로 글이란 것을 배우게 되었는데, 천자문을 펴놓고 선생이 "하늘 천" 하자 "하늘 천"이라고 읽고, "따 지"하니까 "따 지"라고 읽더니만, 감을 현, 누루 황에 가서는 종시 입을 열지 않더라 했다. 나중에 아버지가 불러 까닭을 물으니, 하늘 천에 하늘 이치를 알았고 따 지에 땅 이치를 알았는데 무엇을 더 배울까 보냐고, 선생을 보내라고 하더라는 것이다.

그래 놓고도 그 글로 일곱 살에 작문을 지었는데 "大號恐天驚 遠步恐地圻"이라고 할 정도였다. "한 소리 외치려니 하늘이 놀랠까 두렵고, 멀리 내딛자니 땅이 꺼질까 염려된다"는 소리다. 이러했으니 그는 별로 남에게 배웠다는 것이 없다. 그저 물건의 움직여 변화해 가는 것을 보며 혼자서 미루어 이치를 터득했다는 것이다. 그러나 생각하건대 『대순전경』은 이런 소식을 기록하는 편집자의 관점에서부터 열에 셋쯤은 태연하게 신화적인 감각으로 수용하고 있다.

그는 일곱 살 때 매구굿 치는 것을 보고는 문득 혜각(慧覺)이 열렸고, 서른 한 살 때 모든 일을 자유자재로 하는 권능을 얻기 위하여 모악산(母岳山) 대원사(大願寺)에서 도를 닦아 그 해 7월 5일 오룡(五龍)이 허풍(噓風)하는 가운데 천지대도를 깨달았다 한다. 그리고는 별다르게 수행을 했거나 깨닫기 위해 노력을 했다는 흔적이 없다. 당초부터 천문과 지리에 밝아서 환풍호우(喚風呼雨)를 임의로 했고, 한울님 사업의 천지공사를 행했을 뿐이다.

훔치교라는 이름은 대개 이 무렵의 일에서 발단이 되는데, 어느 때 증산은 그를 좇는 제자들을 앉혀 놓고 한 가지 질문을 던졌다. "수운은 50년 공부에 시천주(侍天呪)를 얻었고, 김경흔(金敬昕)은 역시 50년 공부에 태을주(太乙呪)를 얻었다. 우리가 장차 우리의 일을 위하여 주문을 쓴다면, 이 두 가지 중에서 어느 것을 취해야 하겠느냐?" 그러자 제자들은 "수운의 시천주는 이미 세상에 쓰였고, 경흔의 태을주는 아직 쓰이지 않았으니 태을주를 취함이 옳겠다"고 하였다. 증산도 그 말이 옳다 하고 그 후부터 늘 태을주를 염송(念誦)하도록 했는데, 그 주문의 첫마디에 '훔치'라는 말이 있으므로 세상에서 증산을 훔치교의 교조라고 한 것이다.

태을주는 이러하다. "훔치훔치(吽哆吽哆) 태을천상원군(太乙天上元君) 훔리치야도래(吽哩哆哪嘟㖤) 우리함리사파하(吽哩喊哩娑婆啊)." 훔(吽)은 어미 소가 새끼 소를 움메하고 부른다는 뜻이고, 치(哆)는 새끼 소가 그에 응답하여 움매하고 대답한다는 뜻이다. 태을천상원군(太乙天上元君)은 한울님을 말한다. 훔리치야도래(吽哩哆哪嘟㖤)는 한울님이 사람의 부르는 소리에 그렇게 대답하여 올 것이므로, 훔리함리사파하(吽哩喊哩娑婆啊), 곧 만사 뜻대로 형통하리라는 의미다. 결국 한울님은 인간을 부르고, 인간은 한울님을 불러 그렇게 화답하여 오시는 한울님에 의해서 모든 일은 잘된다는 것이다.

그리하여 모든 종도(從徒)들이 너 나 없이 주문을 입에다 달고 다니면서 외워대었기 때문에 사람들이 "훔치 훔치……"하고 부르는 익살스러운 소리를 내는 이 교도들을 훔치교도라고 불렀대서 이상해 할 것은 없다.

이 훔치교는 강증산의 사후 십여 년까지도 그대로 그들 교단의 명칭이었다. 그러다가 증산교로 개명(改名)이 되는 것은, 그의 제자 차경석(車京石)이 정읍 대흥리(大興里)에 보천교(普天教)를 세웠다가 망할 무렵, 다른 제자들이 훔치교를 정식 증산교로 바꿔 부른 것이다.

이렇다 할 것은 아니로되 여기는 좀 설명이 있어야 될 곳이다. 증산이 죽고 나자, 그를 따르던 제자들은 한때 멍한 상태에 빠지는 듯싶었다. 그럴 것이, 증산만큼 천지간(天地間)의 도수(道數)를 임의로 결정하고, 우뢰와 바람까지도 자유자재로 부리는 사람이라면 이 세상을 한번 뒤집을 만한 역발산기개세를 현실적으로 한번 내놓을 줄 알았는데, 몇 해 동안 천지공사를 한다고 이러저러 하다가, 어느 날 때가 찼다고 훌쩍 가 버렸으니, 싱겁고 허전하기로 든다면 그보다 더한 것도 없을 노릇이었다.

스승의 유지를 몰라서가 아니라, 무엇으론가 화끈하고 직접적인 것을 기대한 인간의 어쩔 수 없는 욕망 뒤에 오는 공허를 다 메꾸지 못한 것도 사실일 터이다. 그래서 몇몇 제자들이 스승을 후광(後光)으로 안배하면서 교단을 창설하기로 들었다.

우선 증산의 생가를 축으로 한 태을교가 그런 것이지만, 모악산(母岳山) 아래에다 김경흔이 미륵교를 세운 것도 그런 유형이다. 그것들은 유명무실해서 이름만 나돌다가 흐지부지되었으나, 차경석이 세운 보천교만큼은 그 당시 1천 8백만의 전인구 중에 6백만이 그들 교도였을 정도이니, 그 교세가 어떠했을까가 족히 짐작될 것이다. 왜정 말기에 정읍에 차천자교(車天子教)라고 한 것이 이것이다. 지금의 서울 조계사 법당이 차천자 집을 뜯어다가 그대로 옮긴 것이라고 하면, 스스로 도중천자(道中天子)를 칭하면서 거들먹거렸던 그의 세력을 알아줄 만도 한 일이다.

그러나 보천교도 오래 가지는 못했다. 우선 혹세무민의 한때 제스처가 오래 갈 수도 없는 법이지만, 때가 왜정시절이었으니 만치 그만한 민중세력을 총독부가 두고 볼 리도 없었던 것이다. 그리하여 한때는 함경도 일대와 만주 저쪽에서까지 가솔을 거느리고 차천자 밑으로 줄을 서서 모여들었던 교세는 하루 아침에 된서리를 맞고, 스승 강증산이 예언한 것처럼 차경석(車京石)은 끝내 용이 못된 이무기로 종지부를 찍고 말았다. 그 보천교의 마무리 단계에서 오늘날 증산교라고 불리는 20여 종파의 종교단체들이 파생했던 것이다.

그러면 증산교의 핵심적 가르침은 무엇이며, 수운의 동학을 어떻게 수용하고 계승시킨 것일까? 그러기 전에 우리는 증산이 수운과 한가지로 무당의 사람임을 확실히 하고 넘어가야 한다. 그는 어느 때 특별히 강신(降神)을 했다거나 신명(神明)과 접합을 했던 것은 아니다. 그러나 일곱 살 때 굿물치는 것을 보다가 혜각이 열렸다는 것에서 암시가 되는 것처럼 매양 하는 일이 무당의 불가해한 신비성과 다르지 않았다.

가령 아홉 살 때 이미 부친께 청하여 후원에 별당을 새로 짓고 거하면서 외인의 출입을 금하며, 날을 택하여 암꿩 한 마리와 비단 두 자 다섯 치씩을 들이더니, 두 달 후에 문득 어디로 갔는데 방안에는 아무 것도 없었다 했다. 또 한 번은 외가집에를 가다가 도중에서 술주정꾼을 만나 까닭없는 괴로움을 받던 차, 난데없는 방향에서 돌절구가 굴러 와서는 주정뱅이를 덮어씌우므로 시비를 면했다든가, 부친이 벼를 말리면서 새 · 닭을 심하게 쫓으므로, "짐승이 한 알씩 먹는 것을 그렇게 못 보니, 사람은 먹일 수 있겠습니까?" 하고 말리나, 부친이 듣지 않고 그대로 쫓더니만 뜻밖에 백일(白日)에 뇌우(雷雨)가 대작(大作)하여 말리던 벼가 다 떠내려가고 한 알도 못 건지게 되었다는 등의 이야기가, 상식으로는 납득이 안되나 한편은 무언가로 그럴싸하다는 느낌을 주기도 한다.

이 그럴싸한 느낌은 단군의 자손들끼리나 나눠 가질 수 있는 혈관 속에 숨겨 온 가장 확실한 무당의 가능성이 아닐까? 무당 증산은 줄곧 원시반본(原始返本)을 가르쳤다. 그의 모든 가르침 속에는 반드시 이 정신이 있어서 심지가 된다. 태고의 근원으로 돌아가야만 된다는 것이다. 태고의 근원이 무엇일까? 말할 것도 없이 단군적 연원을 말함이다.

이 원시반본을 단순한 옛 도덕에의 복고만으로 해석하려 들면 좀 모호한 데가 있다. 그러나 "환부역조(換父易祖)하는 자는 죽으리라" 한 말과 연관을 지어 생각하면 말 뜻이 보다 확실하고 분명해진다. 이 말은 그 무렵 세력확장에 땀을 쏟던 서교(西敎)를 가리킨 것이다.

왜 서교를 아비를 바꾸고 조상까지 갈아치우는 교(敎)라고 했을까? 이미 아는 바 그대로다. 그들은 제 아비보다 하늘 위에 만든 우상의 아비를 더 섬기며, 그 우상의 계율 때문에 조상의 뼈다귀에게까지 물밥 한 술 떠놓는 것조차 꺼려 제 핏줄을 하늘의 우상 쪽으로 대고 싶어하는 자들로 비쳐졌기 때문이다. 이것은 수운이 서교를 싫어한 이상으로 서교 배척의 태도를 노골화한 것이다.

증산의 일생사업은 천지공사(天地公事)였다. 분명하게 말한다면 그는 이 일을 위하여 이 땅에 온 사람이었다. 천지공사는 하늘의 일과 땅의 일을 천지신명이 증명하는 자리에서 운수를 결정하여, 그 돌아가고 닿는 것과 막히고 트이는 것을 일종의 역수(易數)로서 미리 짜놓는 것을 말한다.

사람의 약한 의지와 꾀로 천지간 만물의 일을 결정한다고 하면 얼핏 웃음이 날 일이요, 옳은 정신으로 그런 일이 있을 수 있겠는가 의심이 나겠지만, 증산은 틀림없이 그 일을 위해서 수운을 뒤이어 왔던 사람이며, 서른 한 살 이후의 9년 세월을 오로지 그 일을 하고 다닌 사람이다.

이것은 아직까지 증산을 제외한 어떤 성인도 그런 일을 경영하긴 커녕, 생각조차 할 수 없었던 전무후무한 단 한번의 사건이다. 이 천지공사의 사업은 오직 강증산 한 사람을 통해서만, 그것도 이 땅 위의 백성들에게서만 가능했던 희유한 실마리다.

수천 년을 낮은 땅에 어우러져 사는 민간 사이의 신앙이던 도참과 비결문 따위의 온갖 속신(俗信)들──이를테면 산천신앙과 가택신(家宅神)신앙──의 전통적인 무교(巫敎)신앙, 생(生)·사(死)·혼(婚)·제(祭) 따위의 세시풍속행사, 관상·택일·궁합 등의 길흉신앙(吉凶信仰), 또 부적과 장승 등의 주술신앙, 토정비결이나 지리 명당 등의 음양풍수(陰陽風水)신앙 등이 이 민족에게서 무엇이라는 것이 그의 천지공사 대목들을 보면 촛불처럼 밝아진다.

우리는 증산의 천지공사 내역이 무엇인가 궁금해 하기 전에 그 사람이 어떤 존재이길래 그런 일을 할 수 있었는가를 다시 알 필요가 있다. 『대순전경』에 기록된 증산은 바로 한울님의 현신이다. 그래서 증산교의 교도들은 지금도 교조를 상제(上帝)님이거나 천사(天師)라고 부른다. 이 호칭은 제자나 교도들이 만들어 붙인 것이 아니라, "나는 쎄느 강이 흐르는 서구의 에펠탑 부근에서 하늘을 주재하던 신인데, 이 민족의 정황이 딱하기로 잠시 왔다"는 그의 말씀에서 비롯된 것이다. 그래서 그의 행적을 적은 그들 교전(敎典)은 『대순전경(大巡典經)』이 된다. 한울님으로서 이 세상을 순수(巡狩)하러 왔다는 뜻이다.

왜 하늘의 신이 하늘의 일을 버리고 하필 이 좁은 반도땅에 엎드려 사는 사람들을 찾아왔을까? 그것은 이 땅이 너무 원한이 많이 쌓인 땅이기로 그 원한들을 풀어내기 위해서라고 했다. 실제로 이 해원공사(解冤公事)에서, 앞 시대에서 수운이 내건 인간존중사상이 더욱 아름답게 승화되는 것을 보게 된다. 수운이 새 인도주의의 싹을 틔우고 뿌리를 내리게 했다면, 증산은 그 뿌리를 보다 확실히 하고 가지를 억세게 쳐 나간 후계자일 밖에 없다. 그것이 신화일심(神化一心)의 후천선경(後天仙境)으로 결산되는 그의 개벽사상에서 드러난다.

증산의 언행에도 수운에 못지 않게 개벽이 강조된다. 그런데 그 개벽은, 수운의 은근하고도 조심스러운 분위기에서 벗어나 천지도수(天地道數)를 주관하는 일종의 권능이 대담하고 거침없이 행사되는 듯한 감이 있다. 도대체 전라도 고부 땅 손바래기라는 마을에서 잡초같은 서민의 아들로 태어난 한 사내의 행동거지와 말씀이 어찌 그토록 당돌하고 클 수가 있었을까? 그 교전을 읽어 나가다 보면 정말 그의 뒷감당 못할 것 같은 희대의 개벽설을 그냥 다 믿어도 좋을 것인가 하는 의구심이 불쑥불쑥 든다. 그러나 믿고 안 믿는 것이 이 당장의 문제는 아니다. 믿어도 좋고 안 믿어도 그만이지만, 그의 말씀과 가르침이 짓밟혀 온 민족의 가물거리는 정기가 닫히려는 순간에 세운 생명의 새 숨줄인 것만은 알아야 한다.

그는 그저 개인으로 이 땅에 온 것이 아니다. 삼신정신(三神精神)의 한 이정표로서 우리들에게 온 것이다. 그도 수운이 그런 것처럼, 자기도 모르는 소명을 지고 자기의 역할을 해내기 위하여 왔던 사람이다. 한울님이라, 상제님이라 무식한 민중은 그렇게 부르고 그렇게 따랐지만, 그는 정말은 상제님도 한울님도 아니다. 그저 그때 민중이 메시아로서 기다린 그들의 님이었을 뿐이다. 답답한 민중이 어두운 가슴과 가슴으로 건넌 확신과 그런 무조건적인 신앙 외에 다른 것이었을 이치가 없다.

그의 개벽이 권능의 행사로서 나타나야 했던 것은, 그의 전 생애가 진한 카리스마의 빛깔로 호도되어야 했던 것만큼이나 어쩔 수 없는 필연이었음을 알아야 한다. 왜냐? 그것은 그 무렵의 시대적 상황을 둘러볼 때에 그럴 수밖에 없는 일이어서다.

동학의 혁명난리를 전후한 정치상의 부패는 이루 말로 다할 수 없는 비참한 상황에 처해 있었다. 반도의 국토는 이미 기력을 잃어 시체가 된 지라, 아라사 곰과 청국 늑대들이 넘보다가 바다를 건너온 승냥이떼에게 쫓긴 후 그 승냥이들은 강제로 을사보호조약이라는 것을 맺고, 이 땅 백성을 자기네 종살이로 몰아가기에 겨를 없어 하던 때다. 민영환을 위시한 조병세 · 홍만식 · 이상철 · 김봉학 등의 애국지사들이 분을 참지 못하여 자결을 하고, 한국의 황제는 왜인들의 감시를 받으며, 일본의 퇴역 병사를 한국에 이주시켜 한국인을 속박하려는 동양척식주식회사가 바야흐로 들어서고 있었다.

옛날에는 나라가 망하면 단지 종사(宗社)가 망할 뿐이었는데, 그때는 민족이 송두리째 망해 가던 때였던 것이다. 국토가 망하고 정신이 망하려니 자연 그럴 수밖에는 없을 일이었다. 세상의 풍속은 하루가 다르게 악화되는데, 관헌은 아직 토색질이나 일삼고, 선비는 허례만 숭상하며, 불교는 기복의 혹세무민에 빠져 있었다. 동학은 혁명 실패 후에 기운을 펴지 못하여 거의 자취를 감추게 되었는데, 서교는 이 기회에 세력을 뻗치기에 진력하니, 민중은 깊은 흑암의 구렁으로 빠져드는 판국이었다.

증산은 그런 때에 올라선 사람이다. 단군 이래의 음양풍수신앙과 주술신앙, 길흉사상, 그리고 온갖 관습과 무교적인 도참사상을 근거하여 천지도수(天地道數)를 주관하는 권능을 휘둘러야만 무엇이 되어도 될 것 같은 시절의 사람이다. 그의 개벽이념이 허랑하고 맹랑한 반면에 담대하고 우렁차 보이는 것이 다 그런 까닭에서다.

증산의 천지공사는 수운이 세상에다 처음 내놓은 개벽을 자신의 손바닥 위에 올려놓고 주물러서 개벽이 어느 때 되어지기를 바란 것이 아니라, 스스로 개벽을 창출하려는 적극적 의미로서의 권능행사였다. 그것이 증산의 개벽사상이요, 천지공사의 내용이다. 수운이 마련한 인간도덕의 개벽을, 그는 천지신명들을 불러 앉히고 입회시킨 다음 손수 금을 긋고 구획을 나누어서 셈을 마쳐 놓은 것이다.

무당 증산은 신과 인간이 따로따로라는 종래의 사상을 뒤엎는다. 그러므로 종당의 구원은 신에게서 얻는 것이 아니라, 인간이 마음을 닦고 수양을 쌓는 일심(一心)의 경지, 곧 영육일치(靈肉一致)의 경지에 다다를 때에 인간은 스스로 구원될 수 있다고 믿어, 신화일심(神化一心)을 가르쳤다.

이 신화일심과 인의상생(仁義相生)·거병해원(去病解寃)·후천선경(後天仙境), 이것이 증산 가르침의 요점들이다. 이것을 다시 변증적으로 풀이해 보자. 신화일심은 단군이 그런 것처럼 경천숭조(敬天崇祖)의 제사의식이요, 보은(報恩)의 윤리이다. 인간이 천지신명에게 나타내는 정성과 은혜는 언제나 제사에 의해서만 되는 법이다. 그것이 내 뿌리에 대한 북돋움이요, 그런 감사의 은혜라고 할 때, 이 원시반본(原始返本)의 도덕정신을 엄정하게 곧추세워야만 인간은 몸으로 마음으로 검스러울 수가 있을 것이다.

그러나 신화일심은 그리 쉬운 과제가 아니다. 인간 서로의 우애와 자애, 도덕, 그리고 상호 도움의 인의상생이 없이는 안된다. 그러므로 신화일심을 위해서는 인의상생이 먼저 요구되지만, 인의상생은 어디 또 쉬운가? 인간이 우애와 사랑으로 도와서 좋을 줄은 알지만, 그것이 생각대로 안되는 것은 서로간에 엇물려 있는 이해관계나 원한의 감정이 먼저 움직이고 있어서다. 그러므로 먼저 다스려야 될 것은 사람 사이에 끼어 있는 이 원한과 미움의 감정을 속히 제거하는 일이었다.

증산은 자기의 시대가 천지간에 원한이 가득 찬 시대라고 역설했다. 사람과 사람 사이의 원한만이 아니라 신명과 사람 사이의 원한도 쌓여 있고, 신명과 신명 사이의 원한 또한 역사 이후로 줄곧 쌓여만 왔다는 것이다. 그래서 증산의 천지공사는 유사 이래의 신명 사이에 쌓이고 맺혀 온 한(恨)을 푸는 것으로 첫 순서를 삼는다.

그에 의하면 요(堯)임금 때, 요의 아들 단주(丹朱)가 불초(不肖)하다 하여 마땅히 누릴 왕위를 못 누리니 그의 원한이 사무쳤으므로 그 원한 때문에 순(舜)이 창오산에서 죽고, 그의 누이이자 순의 이비(二妃)였던 아황(娥黃)과 여영(女英)이 소상강 대나무 밭에 피눈물을 뿌리며 죽었다는 것이다. 단주에게서 실마리가 된 그 원한의 씨가 한 번도 풀린 적이 없이 여러 천 년을 쌓이기만 했다면, 가히 구천에 닿음직한 일일 것이다.

증산이 천지공사에서 해원(解冤)사상을 가장 신중하게 다루었다는 것은 말할 것도 없는 일이지만, 그 천지공사의 태반이 직접 해원을 시키는 것이었거나 해원을 위한 것이었다고 해서 과언이 아닐 정도이다. 해원(解冤)은 글자가 그런 것처럼 맺힌 분(憤)을 푸는 것이다. 사람과 사람끼리 맺힌 것, 사람과 신명 사이에 맺힌 것, 혹은 여러 천 년 동안 신명과 신명끼리 맺힌 한들을 풀어내리는 것이 해원이다.

『대순전경』의 천지공사(天地公事)편에 보면, 이 세상에는 희귀하고도 별난 원한들이 가득하다. 우리가 별반 생각없이 끄덕거리고 넘어온 것에도 뜻밖에 한은 움트고 있었고, 당연하게 주고받은 일상의 말 속에도 원한이 준비되었던 것이 많다.

사람의 욕망과 의지가 그대로 원망의 씨앗이 된다. 늘 신(身)·구(口)·의(意)가 근본이던 것이다. 그런가 하면 국가가 만드는 공익의 질서와 사회적인 제도장치도 민생에게는 그물이거나 가시덤불인 경우가 있다. 예를 들면 반상(班常)의 신분제도와 적서(嫡庶)의 차별, 세금을 빙자한 착취제도는 큰 원한의 터전이었고, 임금이나 지방장관들의 호강을 위하여 수천 명 수백 명의 궁녀가 뽑혀 처녀로 늙은 것도 그 여자들의 한이 하늘에 닿았다 했다. 실로 삼천리 전역이 한 아닌 것이 한 가지도 없을 듯 싶은 거창한 한의 덩어리로 생각될 정도이다.

증산은 그런 경우들에 일일이 천지공사를 붙여 해원을 시켜 줄 뿐 아니라, 앞으로의 세상에는 그런 일이 없도록 일부일처제의 규범을 예비하고, 사람의 인격 자체가 균등해지도록 도수(道數)를 돌려 놓는다.

그런데 이 공사의 방식을 눈여겨 볼 필요가 있다. 천지공사편에 보면, 증산이 그 일을 위하여 나선 9년 행적은 비록 일거수 일투족이라도 사사로운 것이 아니라 늘 공적인 것으로 되어 있다. 가령 농담 삼아 뱉는 말 한 마디, 무심하게 던지는 돌덩이 한 개라 해도 그 내용과 의미는 천지신명이 기록해 두는 것들이었다.

그래서 제자들도 스승을 그렇게 알아모셨고, 언제라도 분위기는 화기애애했지만 그 속에는 엄정한 분수가 서 있었다. 그렇게 오며 가며 주고받은 대화나 장난기어린 짓들이 그대로 천지공사로 처결된 것이 많다. 그러나 대개는 물증을 가지고 그 물증으로 한다.

장바닥에서 피륙을 사다가 옷을 지으라고 하기도 하고, 백미(白米) 몇 되를 준비시키기도 하고, 술을 빚어 넣으라고 하기도 한다. 또 어떤 때는 길가다 주막을 만나면 그 주막에서 막걸리 사발을 나눠 마시고 의미심장한 말을 하기도 하지만, 때로는 돼지나 양을 잡아 걸찍한 잔치 분위기를 만드는가 하면, 그 피로써 부적을 그리는 짓도 했다. 술이 없으면 빈

술독에 맹물을 붓고도 충분히 술 맛을 내어 그것을 술로 쓰고, 어떤 때는 빈 소반에 청수(淸水) 한 그릇을 정하게 모시면 그만이었다. 그런 때는 대개 백지에 부적을 그려 살라 마신 다음, 시천주(侍天主)나 태을주(太乙呪) 같은 주문을 외우게 하는 것이 상례다.

공사를 본다 하면 대개는 제자들에게 부탁을 해 둔 것이 있으므로 제자들 집에서 하는 수가 많았지만, 횟수가 많으니 자연 길거리고 어느 산밑이고 일정하게 종잡을 수가 없었으며, 때로는 감옥에까지 드나들면서 모진 매와 고문에 시달리는 공사도 해야 했다. 그런 공사일수록 잘못된 사회제도가 빚어낸 쪽이었고, 뭇 원한을 푸는 신명세계의 해원공사이기가 쉽다.

원한의 빙설(氷雪)이 쌓였던 곳에 원한이 풀리면 인의상생(仁義相生)의 아름다움이 필 것은 사실이다. 이와 같은 증산의 천지공사는 상극(相克)에서 전환된 상생(相生)의 가능성을 인간세계의 사회적 질서로 구축하려는 의지였고 노력이었다.

그러나 증산의 천지공사는 밤낮의 운행과 사계의 질서가 일정하듯, 이치의 돌아감을 살펴 저절로 되어 가도록 했지, 언제라도 무리를 가해 억지로 되게 한 것이 없다. 그저 물이 흐르듯이 막히면 돌아가고 걸리면 타넘어서 바다에 닿는 것처럼, 그가 바라다본 구경(究境)의 목표인 수천선경(修天仙境)──혹은 후천선경(後天仙境)──에 닿도록만 했을 뿐이다.

후천선경은 죽어서 가는 내생의 세계가 아니다. 우리들이 살아서 누려야 할 지상의 낙원으로서의 세계다. 수운이 이미 그러했던 것처럼, 오늘이라는 현세적 소식이지 막연한 피안이나 저 세상 이야기가 아니다.

그래서 증산의 천지공사에는 당시에 한창 기세를 올리는 동학혁명을 낙관하지도 않았지만, 수운이 그렇듯이 싫어한 일본 사람도 그는 긍정적으로 바라보고 있었다. 아니 일본인을 싫어하고 서교를 싫어한 것은 그 자신 수운에 뒤질 사람이 아니면서도, 운세 돌아감이 이미 그러하니 그들과 사귀면서 살아야 될 세상이 오고 있다고 가르쳤다. 그런 뜻에서 증산은 동학혁명을 장차 망하리라고 예언했고, 서양문명신이 이 반도에 들어오도록 결정해 놓은 것이었다.

서양문명신이 이 나라에 들어오도록 했다는 것은, 역사의 요모조모를 살필 때에 확실히 의미심장한 바가 있다. 증산이 서양문명을 들어오도록 했기 때문에 오늘날 우리가 서양문명의 혜택을 본다고 믿어두자는 것은 아니다. 헐벗고 굶주리고 거기에 유교의 온갖 악습과 제도장치가 몹쓸 병들로 창궐해 있어 민생이 죽어 가는 마당에, 사회적인 그 병통을 수선하고 고치고 낫게 하자면 아무래도 서구정신의 개척바람이 닿지 않고는 안되게 형편은 어긋나 있었다.

그러나 그것은 이 땅의 고질병을 치유하자는 한때의 약으로서이지, 서양정신을 이 땅에 아주 심자는 것은 아니다. 그는 수천선경(修天仙境)만이 최후의 목적이었다. 사회적인 병통을 제거하여[去病解冤], 사람들 마음속에 자비와 연민이 서로 넘쳐 어우러져[仁義相生], 피(彼)·아(我)를 나누지 않을 만큼의 순전하고 맑은 기풍이 쌓여서 사람들 마음이 저절로 곧추서 검스러워지면[神化一心], 굳이 내세를 약속해야 할 일이 없는 현세의 천국을[修天仙境] 실현해 보겠다는 것이었다.

이것은 어떻게 보든지 종적인 윤리이지 횡적인 것은 아니다. 동양의 모든 도덕적 질서가 늘 종적인 정비태세인 것을 감안할 때, 증산 역시 그 속의 사람이었지 외지의 사람일 수는 없었던 것이다. 다만 증산 생각에, 이 나라가 너무 종적인 도덕윤리만을 세우다가 그 병증이 골수에 사무쳤으니, 한번 횡적인 바람을 끌어다가 골수의 병을 씻어보려고 했던 것은 아닐까?

증산의 생각이 꼭 그러했는지, 아니면 단순히 별스런 무당이어서 신안(神眼)의 직관(直觀)에 신천지에 대한 환상이 얼핏얼핏 비쳐서 해본 소리지, 그도 아니면 입에 올릴 것도 없는 사람인지는 그가 아니고는 누구도 모를 일이지만, 그의 천지공사에 이런 것이 들어 있고, 그가 일본 사람을 싫어하면서도 일본 사람과 잘 사귀어야만 될 시절이 온다고 한 점들을 참작할 때에, 그는 이 땅의 병든 도덕을 서양문명으로 한번 쇄신해야 할 필요성만은 느낀 이가 아니었을까?

증산은 그만한 천지운세의 권능을 쥐고 있었으면서도 인격의 권리를 두드러지게 강조한 것이 없다. 아주 없는 것은 아니지만, 수운이 터를 놓고 간 것에 뭐 하나 보탠 것이 없을 뿐 아니라, 비중도 극히 적다. 왜 그랬을까? 우리가 언제라도 요청하는 것은 늘 인간끼리의 관계 문제다. 서양의 횡적인 역사 성격이 그래서 자주 논의가 되는 것이지만, 그때에도 그런 조짐이 각광을 받았던 시절이다. 증산도 최소한 이것을 알았기 때문에, 서양문명신 운운 했을 것이다.

그것을 몰랐다면 모르거니와 충분히 꿰뚫어 본 사람이 왜 그것에 대한 구체적인 의견을 제시하지 못했을까? 그러나 증산은 의견을 제시 못한 것이 아니라 안한 것이다. 모든 일을 그는 천지공사로 그렇게 결정했듯이, 그 일에 관해서도 운세를 가로 터놓은 이상 그 안에서 저절로 잘 되리라고 믿었음이다.

반상(班常)의 신분제도와 그런 착취제도, 적서차별 등의 여타한 제도적 모순에 대해 관심을 표명하고, 그것을 천지공사로 트워 놓은 것을 안다. 서양문명신도 그 속의 필요사항이었지 다른 것이 아니다. 그러면 그것들끼리 어우러지고 흐트러지다가 모든 질서가 편하게 골라질 것을 안 것이다. 그것이야말로 증산다운 육도삼략이며 성인(聖人)으로서의 무위이치(無爲而治)가 아니었을까?

어느 때 증산은 뜨레질 공사를 시작했다. 한밤중인데 제자들을 불러 놓고, 여기저기 사방 각처의 샘물을 한 바가지 분량씩으로 길어 오라 했다. 모악산 아래 구릿골에서의 일이다. 이 동네 저 동네 사면팔방으로 흩어져서 한 바가지씩 길어 오니, 그것을 울 안 샘에다 몽당 쏟아 붓게 하고는, 다시 한 바가지씩 퍼담아 주면서 길어 온 샘에다 다시 가 부으라 했다.

새벽녘이 지나서야 공사는 끝났다.

"아느냐? 이것이 뜨레질 공사다."

그뿐이었다. 이튿날 제자들과 함께 태인 고을 다른 제자네 집으로, 또 공사를 보러 가는 길에 구이골을 지나게 되었다.

"이 강물을 무슨 강이라고 하느냐?"

"운암강이라고 합니다."

"이 물길을 돌려 만경 들판을 적시게 했다."

제자들은 그제서야 엊저녁의 뜨레질 공사가 무엇이었던가를 깨달았다. 한참을 더 가다가 섬진강 큰 물줄기와 만났다.

"이 물을 돌려 계화도(界火島)를 씻게 될 것이다……이것은 좀 기다려서야 된다."

그들 일행이 아닌 다른 사람이 들었다면 그 맹랑한 말에 웃음이 났을 것이다. 운암리(雲岩里)에서 만경(萬頃)이라면 백 리가 넘는 길이요, 계화도라 하면 부안 앞바다에 떠있는 섬이니 더욱 먼 길이다. 억새와 돌밭이 가로 누워 있는 그 엄청난 거리에 무슨 천지개벽할 힘이 있다고 물길을 낸다는 것일까? 그러나 제자들은 숙연히 듣고만 있었다.

그 뒤 일본 사람들이 칠보에 수력발전소를 챙겨 세우고 물길을 내뚫자 운암강 물은 김제 들로 흘러들었다. 좀 늦게 되리라던 계화도 일은, 박정희 대통령 때 계화도 간척사업과 함께 동진강 수로사업이 열려서 이루어졌다. 그 물줄기를 따라 국토가 넓어지고 황무지가 옥토가 되면서 배고픈 사람이 없어졌고 보릿고개라는 것이 없어졌다. 증산의 일화는 서기

1908년의 일이다.

좋은 도덕은 법령을 많이 세운다고 되는 것도 아니고, 질서는 표어가 아름다와서 서는 것이 아니다. 삼엄한 구호와 법의 그물이 없다고 하더라도 시절이 아름답고 인심이 순수해지면 그런 법령은 있어도 쓸 데가 없는 법이다. 증산의 인의상생(仁義相生) 또한 배부르고 등따순 민심의 여유에서부터 나올 것은 사실이다. 공자가 배고픈 사람에게 예(禮)를 말하지 말라고 당부했던 것과 통할 수 있는 이치다.

뜨레질 공사에서 본 것처럼, 증산의 천지공사는 대개 그런 느낌 정도의 예언적인 것이 많았다. 얽히고 설킨 원한과 현묘한 하늘의 도리를 풀어 마침내 수천선경(修天仙境)의 낙원을 지상에 이룩하고 싶은 이의 포부였으니, 자연 희망적인 미래의 이야기가 많았을 것이다. 그가 그렇게 보고 다닌 천지공사는 대체로 다음의 몇 가지 가닥으로서 그 내용과 성격을 추어 맬 수가 있다.

첫째, 그때까지의 민중이 막연한 내세나 몽환적(夢幻的)인 피안만을 추구하던 것에서 영(靈)과 육(肉)의 현실을 동시적으로 긍정하여 현세적 희망을 주었다는 점, 이것은 치우쳐 있던 천도(天道)를 고르게 폈다는 의미다.

둘째, 모든 민족과 국가가 서로를 차별하여 분분(紛紛)하던 것을 사해(四海)가 공일가(共一家)되게 했다는 점, 이것은 지운(地運)이 막혀서였는데 공사로 대지(大地) 기운을 열었기 때문이다.

셋째, 신명(神明)의 세계가 혼란하여서 세상 형편이 험난했는데, 조화정부를 열었으므로 차차 무위이화(無爲而化)가 되리라는 것이다.

넷째, 뭇 이치—학문 · 주의 · 사상—가 서로 어긋나 인류의 이성이 서로 현혹했는데, 공사로 귀일진법(歸一眞法)의 문을 열었으므로 인세문운(人世文運)이 밝으리라는 점.

다섯째, 악질(惡疾)과 전염병이 가득하여 사람이 그 병원(病源)으로 괴로왔는데 그 원인을 다스렸으므로, 사회도 따라서 정면평성(正面平成) 하리라는 점.

여섯째, 서로 미워하고 싸우기를 좋아해서 전쟁의 폐단이 늘 있었는데, 공사로 총칼을 다 거두었으니 장차는 화평연월(和平煙月)하리라는 점. 그리고 혈식군자(血食君子), 곧 악질관료들을 바다에 띄웠으니 남한(南韓)은 조화선경(造化仙境)이 되리라는 것을 덧붙이고 있다.

그의 천지공사는 대개 1901년부터 1909년까지의 일로, 서른 한 살 때부터 서른 아홉 살로 화천(化天)하던 해에까지 이루어진 것들이다. 그가 살았던 조선 말 사회의 정황과 국제정세를 대충 살펴보고 다시 오늘을 보면, 그의 천지공사는 여섯 번째 것 말고는 대개 적중했다는 감이 있다. 전쟁의 불안을 제거했다지만, 알다시피 두 차례의 세계대전이 그 후에 있었고, 지금도 엄청난 무기들이 인류의 머리 위에 그냥 있어서다.

그러나 그의 천지공사나 예언에 별달리 관심 갖자 해서가 아니다. 그가 지어내어 제자와 종도(從徒)들에게 독송(讀誦)토록 한 진법주(眞法呪)를 보면, 수운이 내놓은 인내천(人乃天)이 그의 대(代)에 와서 무엇으로 되는가가 환히 보여져서다.

九天下降之位 玉皇上帝下降之位 釋迦如來下降之位 冥府十王應鑑之位 五岳山王應鑑之位 四海龍王應鑑之位 四時土王應鑑之位 直先祖下鑑之位 外先祖應鑑之位 妻先祖應鑑之位 妻外先祖 應鑑之位, 七星使者來待之位 右側使者來待之位 左側使者來待之位 冥府使者來待之位, 天藏吉方 以賜眞人 勿秘昭示 奉命者 所願成就.

이 주문은 천상과 지상과 명부(冥府)의 신들까지, 그러니까 천지간에 모든 신명(神明)들을 가로 세로 세우면서, 그 속에다 인간을 주역으로 꽂고 있는데, 하감(下鑑)이니 응감(應鑑)이니 하는 몇 개의 술어만 이해하면 뜻은 쉬 통해지게 되어 있다.

먼저 하강지위(下降之位)라는 것이 세 번 나온다. 곧장 내려선 위치라는 뜻이다. 응감지위(應鑑之位)는 그 뒤에 꼭 한 번 비치는 하감지위(下鑑之位)와 대를 이루는 말이다. 하감지위가 (수직으로) 굽어보는 자리라는 뜻이라면, 응감지위는 (수평으로) 더불어 살피는 자리라는 의미다. 응감(應鑑)은 횡적이므로 동급의 이웃이라는 의미지만, 하감(下鑑)은 종적이므로 상하의 관계다. 내대지위(來待之位)는 와서 (모시고) 접대하는 위치란 뜻이다. 이만큼 알았으면 이 주문이 인내천(人乃天)을 어떻게 설명하는가가 보여질 것이다. 한번 새겨 보면 이런 뜻이 된다.

> 구천(九天)이 하강한 위치시요, 옥황상제가 강림하신 자리니다. 석가여래가 하강하신 자리요(석가는 신이 아닌데 이 말은 좀 이상하게 되었다. 팔상성도[八相成道]에 도솔천에서 내려왔다는 구에서 따온 듯하다), 명부시왕이 곁에서 살피는 자리니다. 오악산왕과 사해용왕과 사시토왕이 (그렇게) 옆에서 살피오니다. (나의) 직계선조께서 위에서 굽어보심이요, 외선조께서는 옆에서 지켜 주시니다. 아내의 선조와 외선조가 또한 그러하니이다. 칠성사자가 달려와서 (모시고) 접대하는 위치시요, 우측사자와 좌측사자, 명부사자가 (나를) 모시어 섰습니다. 하늘이 길방(吉方)을 감추어 써 진인(眞人)에게 내리시어 감춘 것 없이 (다) 비쳐 뵈시니, 명령을 받드는 몸의 소원을 이루어 내소서.

여기서의 진인(眞人)은 반드시 특정적으로 뽑힌 누구를 의미하지 않는다. 이 우주간에 자기라는 한 점 티끌이 종으로 횡으로 얽힌 생명의 관계가 무엇인가를 아는 사람은 곧 스스로 진인인 것이다. 그래서 하늘이

길방(吉方)을 감추어 두나, 진인에게는 주어 남김없이 보인다고 했다.

봉명신(奉命身)의 신(身)은 진인 그 사람이다. 천지 사이에 이렇게 종횡으로 얽힌 신명(神明)과의 관계를 아는 자기의 소원을 이루게 해달라는 소리다. 결국 자기가 자기 자신에게 보내는 다짐이요 확증에 찬 신념이다. 그런 기도인 것이다.

그런데 이 진법주(眞法呪)에서 눈여겨 볼 것은 구천에서부터 지하의 명부세계 사자까지를 총괄적으로 내보이는 온갖 신명과 신장(神將)들의 이름 열거다. 옥황상제와 명부시왕과 오악(五岳)의 산왕(山王), 사해(四海)의 용왕, 사시토왕(四時土王), 또 칠성사자와 좌 · 우측의 사자, 명부사자 등 중요한 신들은 거의 등장한다.

이런 것이 서양문화로 감염된 오늘 우리들의 감각에는 무언가로 괴기하다는 느낌이 드는 것도 사실이지만, 단군 이래의 조상님들은 부처님보다도 예수님보다도 더 가깝고 친근하게 의지하면서 살아 온 그분들의 님이었기 때문이다. 다만 우리가 그 님들을 잃어 가고 있으므로 해서 오는 거부감인 것이다.

세월을 천 년만 거슬러 올라가 보라. 왕건 임금의 「훈요」에만 해도 이런 이름들이 호국진신(護國鎭神)의 의미로서 얼마나 간곡히 응감(應鑑)하기를 빌었는가. 그 시절만 해도 산신 · 용신은 말할 것도 없고, 장승 · 비결 · 부적, 주술하는 온갖 도참이 그대로 생활의 졸가리가 되어 있던 때다. 그러던 것이 조선 5백 년의 유교 눌림을 받다가 증산을 통하여 한번 분출하고 나온 것으로 보아서 옳다. 진법주(眞法呪)에 나오는 신들의 이름과 그 관계적인 배열은 수운에게서는 미처 볼 수 없던 증산의 독자적 권능이다. 그는 수운을 뛰어넘는 천지공사를 행사하는 큰 무당이었던 때문이다.

부적이나 주문이 징 · 장구 두드리는 푸닥거리 무당들의 전매특허인

양 치부들을 하지만, 수운도 주문은 "천령(天靈)이 내리게 하는 글"이라고 토파한 데가 있다. 하늘의 영이 내린다는 것은, 사람의 마음이 하늘의 맑은 영기(靈氣)와 닿아서 검스러워지는 상태를 의미한다. 그냥 그럴 뿐이다. 주문이 그런 것이라면 부적은 그 주문을 도형화한 것이다. 자세히 말하면, 우주생명의 근원적 신비를 그림으로 나타내 본 것이라고 할 수 있다. 말로도 안되고 설명으로도 안되는 현묘한 그 이치를, 더이상 어쩔 수 없는 상황에서 그렇게 나타내 볼 밖에는 없어서다.

그런 관점에서 진법주(眞法呪)를 보면, 태을주(太乙呪)와 함께 소리와 메아리의 관계로 한 짝의 주문인 것을 알게 된다. 여기서는 부르는 자와 대답하는 자가 따로가 아니고, 주는 이와 받는 이가 나뉘어짐이 아니다. 하나일 뿐이다. 그러나 눈 밝은 사람이 보아야만 무궁하면서도 원만한 일체감이 혼연히 보이지, 어리석은 눈에는 어느 곳에 점을 놓아야 될지 불분명한 것으로 비치기가 쉽다.

이런 기연미연의 혼돈상태는 그의 천지공사가 금산사의 미륵불과 연결이 되는 데서 한층 더해지고 있다. 증산은 일찌기 제자들을 향해 장차 죽은 후에 자기를 보려거든 금산사의 미륵불상을 보라고 한 일이 있기 때문이다.

속전(俗傳)에, 금산사 터는 원래가 소(沼)였다고 한다. 신라 때에 와서 고승 진표(眞表)라는 이가 그 소가 명당인 줄을 알고 절을 지을 생각을 했는데, 소를 메울 일이 문제였다. 그냥 흙으로 메운대도 작은 일이 아닌 것을, 하필 숯으로 메워야만 발복(發福)할 자리였기 때문이다. 생각 생각하다가 인근 마을에 안질을 퍼뜨렸다. 그리고 그 소에 숯을 한 소쿠리씩 갖다 넣으면 안질이 낫는다고 소문을 내었다. 도대체 약하고는 상관이 없는 이 눈병은 사람마다 소에다가 숯만 갖다 넣으면 낫곤 하였다. 그렇게 눈병을 세 바퀴쯤 돌리자 소가 메워졌다.

진표(眞表) 스님이 점찰법(占察法)이다 뭐다 해서 그런 유형의 글 조각을 남긴 것들이 오늘까지 전해오지만, 당대의 도참가로서도 꼽아 줄 만한 명인(名人)이었다. 요모조모 따져 보니 법당자리에 솥을 걸어야만 할 것 같았다. 그래 큰 무쇠솥을 만들어 걸고 그 위에 미륵불상을 모셨다. 지금도 금산사 본 법당의 미륵부처님은 그래서 그 솥 위에 서 계시는 중이다. 도대체가 도참사상의 골수가 아니고는 이해가 안될 말들이다.

그런데 증산은 왜 금산사 미륵불상을 자신의 모습이라고 공사를 붙여 놓았을까? 그것 때문에 증산교도들은 금산사가 장차 무슨 도통운이라도 열고 나오겠거니 하는 생각들을 은연중 품고 있다. 이런 속신(俗信)의 기대는 별도로 하고라도, 우리는 여기서 증산교와 금산사, 아니 무교와 불교의 접합이라는 명제에다 눈을 대고 한번 생각해 볼 가치가 있지 않을까?

문제는 그의 호가 증산(甑山)이라는 데에 있다. 증(甑)은 떡시루의 시루라는 글자다. 일설에는 조상의 뼈가 묻힌 고부 두승산(斗升山) 줄기의 선산 이름이 시루봉이어서 증산(甑山)이라고도 하지만, 시루는 솥 위에 걸고 무엇을 찌자는 물건이다. 시루 바닥에는 그래서 구멍이 아홉 개 뚫려 있다. 둥그렇게 돌아가면서 뚫린 여덟 개는 우주의 공간, 곧 사방(四方) 사유(四維)를 가리키는 것이고, 가운데 뚫린 하나는 그것을 걷어쥐는 강령을 의미한다.

이것은 순(舜)임금이 황하 기슭에서 질그릇을 구울 때 처음 만든 법칙으로서, 순도 맨 먼저 시루를 만들어 천지신명의 몫으로 정한 다음 다른 그릇을 만들었다는 것이다. 그렇게 볼 때 시루는 우주의 기운을 한 곳에 모아 무엇을 새롭게 한다는 검스러운 뜻을 갖는다. 당연히 그것은 제기(祭器)로서의 의미다.

금산사 법당의 미륵 부처님은 무쇠 솥 위에 서 계시니, 뜻으로 보면 솥 위에 걸린 시루꼴이다. 시루가 날음식을 익혀 익은 음식으로 새롭게 하는 것이라면, 미륵 부처님은 석가모니 부처님 이후에 중생의 현장 속에 오시는 새 희망의 부처님이다.

어렵게 꼬아 감추기를 좋아하는 도참의 수법은 불교와 무교의 접합을 그런 식으로 나타내 보인 것이 아닐까? 무교도 이제는 자랄 만큼 자랐다. 언제까지 산신이나 용신에게 빌어서 얻어내는 위안이나 복보다 우리가 우리로서 우리의 복록(復祿)을 마련해야 할 만큼 성장했다. 어디 불교만 석가이고 미륵이더냐? 우리도 이제는 석가이고 미륵일 수 있다. 보아라, 나는 금산사에 미륵으로, 아니 무쇠 솥 위에 증산으로 서 있지 않느냐? 그런 뜻이었을 것이다.

그런데 이만한 내용과 심원한 뿌리를 가진 종교가 어째서 이 민족 사이에 한번 크게 내뻗지를 못하고, 증산 이후에 저리도 지리멸렬한 꼴로 쪼개지고 말았느냐다. 까닭은 먼 데에 있지 않다. 그들 교단 자체 내에 있다. 증산이 가고 나자 당장에 그를 이을 지도자가 없었다. 천도교에는 인물이 없었다고 하나, 그래도 수운의 뜻을 옳게 펴다가 굽히지 않고 꺾어지는 최시형(崔時亨)의 순교정신이 교단을 이끌었고, 그가 가고 나자 손병희(孫秉熙)가 나타났다. 그랬기 때문에 오늘의 천도교가 저만큼이나 될 수가 있었다.

그러나 증산의 제자들은 다르다. 스승 하는 일들이 그들로서는 종체 어림조차 안 잡히도록 멀고 큰 데에서만 벌어지고 있었다는 것도 중차대한 원인이었지만, 스승이 가고 나자 모두 다 얼이 빠져 멍한 채로 있었다. 그들이 멍해 있었다는 것은, 그 당장 그들이 하고 나선 것으로 보아서 안다. 엉뚱하게 들쭉날쭉한 자기 교단들을 만들어 가지고 나온 것이다. 그게 어디 그들이 할 짓인가? 결과는 시작에서 어긋난 것이라 얼마 안 가서 흐지부지 없어지고 말았다.

어찌어찌 보천교(普天敎) 하나가 한때의 바람을 타는 듯이 보였으나, 그도 스승의 뜻을 바로 안 것은 아니다. 스승의 유지와 정신을 바로 폈다기보다, 아직도 천지신명에게 매달리고 덤비는 민중의 불안한 심리를 더욱 부추기어, 자신을 별나게 선택받은 사람인 것처럼 떠맡기려고 애쓰다가 제 꾀에 걸려 넘어졌을 뿐이다. 거인(巨人) 증산은 장차의 차경석(車京石)이 그리 될 줄을 알고, 생전에도 여러 번 마뜩찮은 면박을 준 일이 있었다.

그의 제자들은 스승이 그토록 강조한 인내천 하나를 제대로 새긴 이가 없었던 것처럼 보인다. 일급의 수제자들이 그 모양이었다면 나머지는 볼 것도 말 것도 없는 것 아닐까? 수운을 거쳐서 증산에게 전해진 인내천은, 사실은 단군 때부터 내려온 홍익인간으로서의 인내천이다. 수운은 그것을 그저 인내천이라는 소리로만 내놓았지만, 증산은 다시 천지공사를 통해서 영과 육을 병진(竝進)한 천지간의 주인공으로서의 인내천으로 완성해 놓은 것이다. 그런데 그만 그 부분을 놓치고는 보아야 될 것을 보지 못하고 말았다.

반드시라고는 할 수 없지만, 증산교도들은 대체로 자녀교육을 등한시하는 풍조가 있다. 등한시 정도가 아니라, 그까짓 것은 애초부터 시킬 필요가 없다고 생각한다. 증산 상제께서 이미 천도지운(天道地運)의 도수(道數)를 돌려놓으신 이상 도통의 시대는 머지않아 올 것이고, 그렇게 되면 공부 많이 배운 놈이 죄를 더 짓는 세상이니 더 더디고 곤란하다는 것이다. 이 단순한 논리에서, 증산의 인내천과 천지공사가 그들에게서 얼마나 엉터리로 수용되었는가를 단적으로 볼 수가 있다.

양두구육(羊頭狗肉)이라던가? 순박한 교도들이 그렇게 무지한 생각을 갖도록 세뇌작업을 해 온 데는, 세상에서 말하는 신흥교주들의 농간도 어지간히 끼어 있지 않다고는 말 못할 것이다.

10
일원상에 스며든 삼신신앙, 원불교

원불교를 말하는 데는 몇 마디 서론을 두어야 할 것 같다. 삼신의 졸가리에다 원불교를 붙이는 것에 대해 많은 사람들이 의아해 할 것이라는 생각이 들어서다. 또 그 방면의 학자들과 당장에 그들 교단에서 어떻게 생각해 줄지조차도 알 수가 없는 노릇이어서다.

원불교를 불교의 한 갈래로 보는 것은 적어도 이 나라 종교인들의 통념인 듯하다. 물론 나로서도 그것이 아니라는 것은 아니다. 다만 원불교는 한국에서 일어난 독자적인 불교이기 때문에, 그 속에는 불교로서의 내용보다도 삼신의 생명이 더 진하게 흐르는 것이 사실인 것을 지적하고 싶어서다. 그러나 대부분의 사람들은 그 점을 그렇게 생각하려고를 않는다. 그저 불교는 원래로 그런 것이거나 그래야만 되는 것으로들 착각한다.

나도 오랫동안 산중불교를 대중화한 것이 원불교겠거니 하는 정도로 알고 있었다. 달리 말하면, 보다 적극성을 띤 대승불교의 실천 아니겠느냐는 생각이었다. 물론 원불교는 그런 내용의 불교다. 또 열심히 그렇게 하려고 노력하고 있다. 그런데 그 노력의 방법과 내용이 순전히 삼신적인 데에 단서는 있다. 이것은 간단하게 보아 넘길 문제가 아니다.

종교가 아닌 여타한 문화라 해도 그 문화를 수용하는 국민의 준비태세에 의해서 그 문화의 특성은 달라지거나 변질할 수가 있는 법이다. 더구나 그것이 종교일 때, 그 풍토를 따라 종교의 생명이 달라진다는 것은 필연의 논리다. 그런 의미에서 원불교는 삼신신앙이 길러 낸 재창조의 불교요, 인도의 불교와는 상관없는 이 나라의 불교로 보아서 옳다.

결론을 미리 말한다면, 단군 이후로의 삼신신앙이 원불교에 의해서 비로소 한 성과를 얻었다고 할 수가 있다. 끝까지 신에 의해서 혹은 신을 통해서만 인생의 의미를 찾으려던 우리네 버릇들이 마침내 인간이 우주와 세계의 중심이 되어 신을 살피려고 하는 데에 닿았기 때문이다. 앞으로도 삼신의 무교는 어떠한 큰 전환의 변동이 생기기 전에는 원불교 이상의 결실을 기대할 수 없을 듯이 보여진다. 그런 의미에서 원불교는 삼신신앙의 한 개가일 것이다.

한 종교의 성격이나 교단적인 특색은 그 교조의 생애와 신념이 결정하는 수가 많다. 크게 보아 불교와 유교와 기독교가 이미 그렇지만, 여타한 종교들을 살펴보아도 그 점은 대개 일치하는 것으로 나타난다. 그럴 밖에 없는 것이 교조의 생애와 신념은 그대로 그 종단의 터전이자 방향의 지침표이기 때문이다.

더우기 원불교는 유구한 전통을 지녀 온 기성의 종교가 아니다. 소위 신흥종교 목록에나 드는 근세의 종교인 데다가, 지금까지 지켜 온 역사의 태반이 교조의 시대에서 그리 멀지가 않으므로다.

교조 박중빈(朴重彬)은 호를 소태산(少太山)이라고 한다. 서기 1891년 음력 3월 27일에 고고성을 울렸는데, 전라남도 영광군 백수면 길룡리가 그의 탯자리다. 그의 부모님은 그저 하늘의 법도를 믿으면서 땅이나 갈고 사는 어질고 착한 농부였다. 말하자면 명리(名利)나 권세 따위와는 연이 닿지 않는 소박한 서민층의 사람인 셈이다.

모든 위인들의 전기가 흔히 그러하듯이, 소태산도 어렸을 적부터 남다른 풍모와 기상이 있었다. 배짱이 크고 담대한 반면에, 말에 신의가 엄중하여 전하는 말들이 많다. 그런 중에서도 유별난 것은 무엇을 보면 예사로 지나치지 않고 의심을 가지고 보는 것이었다.

하늘은 왜 푸르고 얼마나 높은 것인가, 바람이나 구름은 어디서 생겨나 어디로 가는가, 밤과 낮은 어떻게 해서 다른가, 또 나는 어쩌다 여기에 있는가, 나의 부모는 왜 부모여야 하는가, 풀과 나무의 차이는 무엇인가 등등으로, 열 살 안팎의 아동들이 생각하는 것 치고는 지나친 것이 있었으니 그때부터 그는 그의 숙명적 종교 테두리로 접어들고 있었던 것이다.

그러다가 열 한 살 가을에 어른들을 따라서 선산(先山)에 시향(時享) 참례를 하였다가 조상제사보다 산신제사를 먼저 지내는 것을 보고는 그 까닭을 물었다. 대답인즉슨 산신은 신령하기 때문이라는 것이다. 그 후부터 이 소년은 5년 동안 산신을 만나기 위해 갖은 애를 쓰는 세월을 보냈다. 산신을 만나면 아무에게도 말할 수 없는 자기 속의 의심의 비밀들을 한바탕 풀어놓고 확연한 답을 얻자는 희망에서였다. 그러나 5년 동안을 불철주야로 기다린 보람도 없이 산신은 나타나 주질 않았다.

그러다가 소년은 열 다섯에 장가를 들었다. 그리고 이듬해인 열 여섯의 정월에 처가에 세배하러 갔다가, 우연히 도사 이야기가 나오는 고담(古談) 책 한 권을 얻게 되었다. 책 속의 주인공은 천신만고의 어려움 끝에 한 도사를 만나 마침내 소원을 성취한다는 줄거리의 이야기였다. 그 순간 그의 마음 속에는 하나의 큰 변화가 생겼다고 한다. 있는지 없는지 알 수도 없는 산신을 만나기보다는, 같은 인간으로서 어딘가에 있을 도사를 만나는 것이 보다 확실하고 쉬울 것만 같은 자신감이 든 것이다.

그리하여 산신을 만나려 했던 소년은 이번에는 도사를 만나기 위해 눈길을 돌렸다. 이상한 행각을 하는 스님이나 거지, 조금 별쭝난 시선으로 세상을 사는 사람들 속에는 분명 자기가 찾는 도사가 있겠거니 하고 생각을 굳힌 것이다. 그리하여 소년은 이런 사람 저런 사람, 숱한 사람들을 마음에 짚히는 대로 집안으로 모셔다가 대접을 하면서, 이인(異人)이 아닌가 은자(隱者)는 아닌가 시험을 하고, 소문을 좇아 찾아다니기를 6년을 하는 사이 어느덧 스무 살의 청년기로 접어들고 있었다.

그러나 도사니 산신이니 하는 것들이 다 티없는 소년의 맑은 낭만이거나 순진한 환상이었지, 그 시절의 어수선한 시대 공기 어느 구석에 그런 꿈이 감추어져 있을 것인가? 겹치는 것이 환멸이었고 쌓이는 것이 실망이었을 것은 당연하다. 그러는 새에 아버지도 돌아가시고, 가뜩이나 어려운 살림을 떠맡게 된 그는 당장에 늙은 어머니하고 가솔을 부양해야 될 일이 큰 걱정이었다. 그쯤 세상을 헤매이고 난 뒤였으니, 산신이나 도사에 대한 것들이 처음부터 허망하다는 것을 알 만하게쯤도 되어 있었다.

스물 두 살이 되었다. 밖으로 신인(神人)을 찾을 것을 단념한 그는 이번에는 '이 일을 장차 어찌 할꼬?' 하는 생각이 안으로 사무치게 되었다. 그러다가 필경에는 생활에 대한 염려나 고생도 돌아볼 겨를이 없었다. 오직 그 일념에 매달리는 동안에 저절로 떠오르는 주문이 있으면 외우기도 하고, 정신을 더욱 맑게 수습도 해보면서 해를 보내는 사이, 마침내 '어찌할꼬?' 하는 생각도 잊어 버려, 그 자신이 지극한 한 점 의심이 되는 경지로 흐르고 있었다.

그러자니 집안 꼴이 말이 아니었다. 당장 아침 저녁의 끼니거리가 문제였다. 거기에 몸에 병까지 생겨났다. 답답한 가슴에 울화증이 든 것만도 큰 일일 터이어든, 온 몸에 종기가 가득히 번지니 참혹한 꼴이었다. 육신만 그런 것이 아니라 정신도 무너져서, 어느 때는 분별이 있는 듯하다가도 어느 때는 깊은 혼돈 속으로 빠져 버리곤 했다. 실로 비참한 폐인의 날들이었다.

그런 생활을 해를 거듭하다가 1916년에 이르러서였다. 그 해 음력 3월 6일 이른 새벽에 피골이 상접한 몸을 일으켜 묵연히 앉아 있는데, 우연히 정신이 쇄락해지며 전에 없던 새 기운이 솟는 것이 아닌가? 스스로 이상히 여겨져 밖에 나와 눈을 들어 보니, 천기(天氣)가 심히 청량한데 문득 이 생각 저 생각이 마음에 나타나서 촛불처럼 밝아지는 것이었다.

우리는 무당이 강신(降神)을 하기 전에 무병(巫病)을 치른다는 이야기와 함께 수운재의 강신과 각(覺)이 무엇이었다는 것을 보아 왔다. 바로 그 관점에서 소태산의 이 이야기를 읽으면, 그 역시 수운재와 같은 형태의 강신과 깨달음을 얻었다는 것을 알게 될 것이다. 다시 말하면 수운재나 소태산의 깨달음은 인간의 외곬의 의지와 자유로 뚫어내는 불교적인 깨달음이 아니라, 역사의 생명이 감기고 풀리는 우주와의 섭리적 관계에서 그런 호흡이 배경에 설 때에만 뚫리는 무교의 특수한 깨달음인 것이다. 전자가 순일한 자각(自覺)이라면 후자는 우주의 입김이 의짓대로 전제되는 타각(他覺)인 셈이다.

처음부터 강신(降神)과 깨달음이 없었다고 한 강증산에 대해서는 말붙일 건덕지가 없었지만, 소태산의 깨달음은 수운재의 동기에 비해서 영과 육이 한꺼번에 무너졌다가 다시 태어났다는 점으로 수운재를 지난다 할 만하다. 그런 것이 반드시 그들 깨달음의 깊이와 도(道)의 크기로 말해질 것은 아니지만 무엇으론가 우리가 눈치채지 못하는 그것으로서의 진실이 있다면 있을 것이다. 그래서일까? 소태산의 대각(大覺)에는 이제까지의 무교적(巫教的) 각자(覺者)들에게서 볼 수 없던 찬란한 황금가지 하나가 나온다.

가령 『동경대전(東經大典)』에 나오는 "내게 영부(靈符)가 있는데 이름은 선약(仙藥)이고 모양은 태극이다. 또 궁궁(弓弓) 같기도 하다" 하는 구(句)의 논란을 듣고 그 뜻을 쉽게 해석해 주었다든가, 『주역』의 "大人與天地合其德, 與日月合其明, 與四時合其序, 與鬼神合其吉凶"의 구(句) 뜻이 듣는 순간에 환히 밝아져서 스스로 이상하게 여겼던 일, 그래서 전날 의심했던 의두(疑頭)를 차례로 연마해 본즉 모두 한 생각에 넘지 아니했다고 하는 것까지는 종래 동학의 여느 각자(覺者)들과 같은 범주의 이야기로 정리될 수가 있는 것들이다.

그러나 그 매듭에서 "만유(萬有)가 한 체성(體性)이며 만법(萬法)이 한 근원이로다. 이 가운데 생멸(生滅)이 없는 도(道)와 인과응보되는 이치가 서로 바탕하여 한 두렷한 기틀을 지었도다" 하고 내놓은 게송(偈頌)에 이르면 분명 아직까지 없던 희유한 소식이 된다. 또 이것이 원불교가 인간의 얼굴을 한 불상 대신에 둥근 원을 체상(體相)으로 쓰는 소이이기도 하다.

여기서 일원상에 대한 이야기를 좀 자세하게 할 필요가 있다. 왜냐하면 일원상의 정의를 불교적으로 내리고 있어서 원불교를 불교의 한 갈래라고 생각들을 하지만, 원불교야말로 삼신(三神)의 곁가지로 해석하지 않으면 안되는 실마리 또한 일원상을 그렇게 보는 관점에 있기 때문이다.

불교에서 일원상을 처음 나타내 보인 이는 당(唐)의 자각선사(慈覺禪師)이다. 스님은 어느 때 "古佛未生前 凝然一相圓 釋迦猶未會 迦葉豈能傳(옛 부처 나시기 전 응연한 한 모습 두렷함, 석가도 오히려 알지 못했거든 가섭이 어찌 능히 전했을까보냐)"이라고 설파한 적이 있었다. 내용인즉슨 샤카무니가 깨달은 진여(眞如)의 실상(實相)이——물론 실(實)이니 상(相)이니가 다 틀린 것이지만——그저 이심전심으로나 전하게 된 것이어서, 석가모니께서도 겨우 염화미소(拈華微笑)로나 가섭불에게 전했고, 가섭불 역시 그렇게 아란존자에게 전하면서 대대로 끊기지 않고 전승되어 온 불가의 법통을 가리켜 한 말이다.

응연(凝然)한 일원상을 과학적으로 설명하면 천지 미분전(未分前)에서부터 현금에 이르는 우주의 생성과정이다. 캄캄한 카오스에서 질서와 법칙이 정리된 코스모스에 이르기까지의 소식인 것이다. 그러므로 응연일상원(凝然一相圓)은 확연일원상(廓然一圓相)인 셈이다. 확연하다고 하나 응연하다고 하나, 그 법칙 그 질서가 나오는 생명을 언설(言說)로 닿지 못하는 것은 한가지다. 핵심은 생명이다. 그러나 같은 말이라도 확연한 일원상이라고 하지 않고 응연일상원이라고 한 데에 묘(妙)가 있고 옳음이 있다. 그리고 이 응연일상원이야말로 진여(眞如)의 실상(實相)이요, 석가모니 이래의 역대 조사(祖師)가 전수해 온 도(道)의 병권(柄權)인 셈이다.

그런데 이 일원상을 석가나 가섭이 정말 몰라서 몰랐다고 말한 것은 아니다. 깨달았다는 건 바로 그 일원상을 깨달음이 아니던가? 그러나 깨달았다고 해서 응연한 일원상을 어떻게 설명이나 증표로 나타내 보일 방법은 없다. 그래서 몰랐다고 한 것이다.

그러나 사실은 가섭이나 석가만이 아니라 그 말을 하고 있는 자각(慈覺) 선사 또한 일원상을 잘 아는 분이다. 알기 때문에 응연하다는 수식어를 쓰지 않나? 말은 때때로 아는 것도 모르는 것이라고 할 줄을 알아야 말인 법이다. 자각 스님이 일원상이라는 것을 그런 말로 일러 놓았기 때문에 비로소 완벽하게 완성되어서 전해지는 것이다.

이 일원상에다가 약간의 주(註)를 놓아 본다면, 법신불(法身佛)로서의 체적(體的) 의미와 보신불(報身佛)로서의 상적(相的) 의미와 화신불(化身佛)로서의 용적(用的) 의미가 있다고 할 수 있다. 이 말을 더 자세히 하면 법신불은 휑하니 트여 공적(空寂)하기 때문에 형상이든 관념이든 일체가 거기에 수용되고 거기서 비롯되는 체(體)로서의 의미가 있다는 것이요, 보신불은 이 대적광(大寂光)의 체(體)에서 무슨 관념이건 형상이건 제 업(業)과 연(緣)을 따라 원만하고 자유로이 이루어지는 상(相)의 의미가 있다는 말이요, 화신불은 그러므로 그 흐름과 쓰임과 놓임이 각기 방정(方正)하여 복혜(福慧)의 원천이 될 수가 있고 무진장의 보고(寶庫)가 된다는 뜻이다.

삼위일체라는 말이 있지만, 이 두렷한 일원상은 그래서 체(體)와 상(相)과 용(用)을 혼연한 일체로 표현하려는 것이지, 어느 한쪽만을 치우쳐 나타내는 것이 아니다. 일념미생전(一念未生前)의 소식이고 천지미분전(天地未分前)의 소식이다. 그러기 때문에 삼세여래(三世如來)의 도본(圖本)이 되고 천만경권(千萬經卷)의 근원이 된다. 불교가 툭하면 동그라미 하나를 무생법인처(無生法印處)로 내보이는 까닭이 그러해서다. 여기까지의 설명은 대체로 불교적인 해석에 속한다.

그런데 원불교가 불교를 가져가면서, 금물을 입힌 불상 대신에 이 ○을 가져갔다는 것은 충분히 의미가 있는 것이며 잘한 짓이었다고 할 수가 있다. 그러나 원불교 내역의 이것저것을 주의깊게 살펴보면 일원상에는 불교적인 의미라기보다도 삼신적인 관념에서 출발하고 있다는 것이 어렵지 않게 드러난다. 그만큼 삼신신앙의 습관과 숨줄은 크고 진하게 느껴지는 것이 사실이다.

소태산이 1924년 4월에 익산 보광사(普光寺)에서 불법연구회(佛法研究會)라는 간판을 처음 내걸 때에 개교 표어(開教標語)를 무어라 했느냐면 "물질이 개벽되니 정신을 개벽하자"였다. 개벽이라는 말 때문일까? 얼핏 수운재나 강증산의 분위기가 끼쳐 온다. 그리고 수운재보다는 증산쪽의 체온에 더 가깝게 느껴지는 것도 사실이다. 아닌 게 아니라 소태산은 한때 강증산을 따라 다니면서 그 쪽 물을 먹은 적이 있었다. 그러나 그것 때문에 증산교 냄새가 나는 것은 아니다. 소태산의 하는 짓을 보면 강증산 같은 의지처가 없이도 얼마든지 강증산의 소리쯤은 하게 되어 있다.

여기쯤서 소태산을 좀더 볼 필요가 있다. 그는 개종(開宗) 이전부터 그를 따르는 제자들을 휘동하여 고향 길룡리에 주인없는 바다를 막아 2만 6천여 평의 논을 만들어 낸 적이 있었다. 그때가 1918년에서 1919년에 이르는 동안이었으니, 간척사업이라는 건 누구도 생각 못했을 때 일로서 가히 선구자적 사업이었다 할 만하다.

간척사업은 왜 시작했나? 기금을 만들기 위해서였다. 얼른 생각할 때, 한 종교단체의 운영을 염두에 둔 이가 기금확보의 생각을 냈다는 것은 지극히 당연한 일로 스쳐 지나기가 쉽다. 그러나 그 당시 한국사회의 모든 단체운영 실태를 보면 소태산의 일은 놀랍고도 획기적인 일에 속하는 것이었다. 왜냐하면 그때 사람들의 하는 일로는, 지도자라 하면 대개 말마디나 하는 사람을 골라 이념이나 정신태도는 따져 보지도 않은 채 앞세우기가 일쑤요, 기금은 돈푼이나 있는 사람을 이리저리 돌리고 달래어서 울궈 쓰자는 것이 통례였기 때문이다.

그만큼 정신의 바탕들이 무너져서 내일에 대한 희망을 포기하고 있었다는 이야기일 것이다. 그런데 소태산은 처음부터 그런 어긋난 생각을 하지 않고 서두름없이 기금을 차근차근 만들어 갔다. 물질이 개벽되니 정신을 개벽하자는 그의 아리송한 표어는 그런 관점에서 살펴져야만 뜻이 통하게 되어 있다. 그러면 그가 말한 물질은 무어고 정신은 무언가?

물질은 과학의 길이자 육신의 길이요, 정신은 도학(道學)의 길이면서 영(靈)의 길이다. 정신이 계(戒) · 정(定) · 혜(慧)를 의미한다면, 육신은 의 · 식 · 주를 가리킨다. 이것은 동양사회의 종적인 윤리가 늘 정신만을 숭상하여 육신의 현실쪽을 등한히 해 온 것을 상고할 때 비로소 영육(靈肉)이 쌍전(雙全)하는 종횡의 완벽한 윤리체계를 제시한 것이 아닐까? 그러면서도 이 표어는 강증산의 천지개벽의 뜻과 바로 맞통하는 것이 또 이상하다.

천지개벽은 그대로 정신개벽과 물질개벽이다. 가령 땅의 개벽이 과

학문명과 물질문명의 발달로 육신의 생활—의 · 식 · 주—이 개선되는 것을 일컫는다면, 하늘 개벽은 정신문명과 도덕문명의 부흥으로 사람의 심성이 개조됨을 뜻한다. 언제라도 정신이 종이라면 육신은 횡이다. 또 종이 이상이라면 횡은 현실에 해당한다. 일원상의 상징성을 이런 종과 횡의 의미로 새길 때, 삼신의 역사는 소태산을 기다려서야 비로소 완벽한 입체감의 윤리에 닿았던 것이 아닐까?

그래서 원불교는 이 일원상 앞에서 영과 육의 두 방면의 빈곤과 질병 · 무지를 물리치려는 두 가지 원력으로 서원을 발한다. 처처불상(處處佛像) 사사불공(事事佛供)의 이념과 무시선(無時禪) 무처선(無處禪)의 개념이 바로 그것이다. 이것 또한 전자가 초공간의 횡적 윤리라면 후자는 초시간의 종적 도덕이다. 삶의 현실이란 늘 이에서 더할 것도 덜할 것도 없는 여여(如如)함 그 자체이므로다.

이제 이야기를 근본으로 돌이켜 보자. 서구의 과학문명과 물질문명이 크게 달라져서 인간을 찾아오니, 인간은 그 물질에 능히 맞서 이끌어갈 수 있는 새 정신지표를 세워야겠다는 뜻으로, 소태산은 물질이 개벽되니 정신을 개벽하자는 짝 안 맞는 소리를 하고 있다. 그가 교단의 기금을 위해 간척사업을 했다는 것도 그런 뜻에서였고, 일원상에 대한 정의도 횡적인 윤리가 무시되어 온 삼신신앙의 태도를 재정비했다고 보아야 옳을 것이다.

나는 일원상의 명제에 비끄러 매인 사람처럼 너무 긴 이야기를 하고 있는지는 모른다. 그러나 원불교를 말하는 이 자리의 내용에 있어서는 일원상 하나를 바로 정의하는 것 이상으로 큰 것은 없다고 생각한다. 그것이 처음이며 끝일 수가 있기 때문이다. 일원상을 끝까지 놓을 수 없는 나의 까닭은 그러해서이다.

원불교의 일원상을 불교적으로 보든 삼신적으로 보든 구극에 휑하니 뚫려 나가는 우주의 실체 모습, 곧 생명의 진여(眞如)를 만난다고 하는 데서는 차이가 없다. 그러나 소태산으로서도 다 모르고 꾸어온 ○이 삼신의 맥, 삼신의 호흡에서 출발했다고 하는 것만은 원불교의 삼동윤리(三同倫理)에서도 단적으로 나타난다.

동원도리(同源道理), 동기연계(同氣連契), 동척사업(同拓事業)—이것이 삼동윤리다. 무엇이 동원도리인가? 모든 생명의 근원이 한 울에서 발원해 나왔다는 도리이다. 한울에서 나왔기 때문에 동기연계가 된다. 한 기운으로 연대어 결합된 생명들일 뿐이다. 그러므로 동척사업이다. 유정 · 무정의 삼라만상이 각기 제 분수를 따라서 얽히고 설킨 듯하지만, 크게 보면 무위이연(無爲而然)한 한 생명체의 일일 뿐이다.

동원도리는 생명의 본원인 체(體)를 드러낸 것이요, 동기연계는 개개의 상(相)을 말한 것이요, 동척사업은 용(用)의 소식이다. 체 · 상 · 용은 보는 관점에 따라 그러할 뿐이지 통으로 보면 늘 하나다. 성부(聖父) · 성자(聖子) · 성신(聖神)의 삼위일체라고 하는 것이나, 천 · 지 · 인의 삼재(三才)라고 하는 것이나, 불(佛) · 법(法) · 승(僧) 삼보(三寶)나, 삼신이라고 하나 체(體)와 상(相)과 용(用)으로 나뉘고 돌아가는 그것은, 생명의 리듬이 세마치 장단으로 감기고 풀리는 우주적 호흡원칙이 바탕이 되어서 그러할 뿐이지, 조금이라도 타(他)에서 비롯되는 것은 아니다.

생명의 현상은 작게 보면 붓 끝에 찍히는 먹점 하나로도 오히려 크다 할 것이지만, 크게 보려고 들면 우주의 허공을 가지고도 아니라고 할 만큼 말로는 다 못하는 그 속의 들숨 날숨의 관계이다. 이것을 누가 큰 것이다, 작은 것이다 함부로 단정할 수 있으랴. 그러기 때문에 그것이 언설(言說)이 되고 지침표가 될 수 있음이다.

말은 원래 말 자체가 목적이 아니다. 속 생각을 나타내자는 소리의 부호가 말일 뿐이다. 그러자니 말이 문제가 아니라 생각이 문제이다. 무슨 생각을 머금었느냐이다. 생각은 어디서 나올까? 생각이 나오는 것은 아무리 더듬어도 알 수가 없다. 생명에서 나오기 때문이다.

생명은 원래로 우주적인 것이며 한울적인 것이다. 무한대로 트여나간 허공이 그것 자체로서 생명이다. 그러나 인간의 작은 두뇌로서 허공까지를 생명이라 한다면 얼핏 이해가 안될 밖에 없다. 그래서 인간의 지성은 한 티끌에 불과한 자기로부터 시작하여 생명인 것과 생명이 아닌 것을 나누기 시작한다. 가령 돌멩이나 흙덩이는 생명이 아닌 것 같고, 나무나 풀 따위는 생명인 것처럼 착각한다. 세계야말로 인간의 착각이 만든 한계일지도 모른다.

이 착각은 말로 닿을 수 없는 생명에 대하여 더러는 종으로 획을 긋고 더러는 횡으로 획을 그어 대어, 어떤 것은 애써 까뭉개고 어떤 것은 굳이 세워서 그것으로 양심을 만들고 도덕의 틀을 만든다. 문화와 문명이 거기에서 비롯한다. 인간의 이런 삶의 작업은 결국 생명 그 자체의 완성에 목적이 있어서이다. 말과 글이 약속의 부호로서 당연히 끌려 나오지만 그것이 목적일 수 없다는 것은 이런 논리에서다.

원불교의 일원상이 삼동윤리(三同倫理)로 되어 있다는 것은 이미 말한 바지만, 삼동윤리말고도 여러 가지 윤리가 그 안에 포함된다. 천지의 은혜와 부모의 은혜, 동포의 은혜와 법률의 은혜를 말한 사은(四恩)이 있는가 하면, 남녀동권(男女同權)과 지우(智愚)차별, 인격교육과 사회적 공로에 대한 포상을 요구하는 사요(四要)도 있다. 인격의 수양을 위한 삼강령(三綱領)이 있고 팔조목(八條目)도 있다. 사대경륜(四大經倫)이 있는가 하면 삼학(三學)의 중요성도 강조한다.

그 모든 것이 생명의 완성에 닿으려는 노력이며, 종 · 횡으로 선을 그어서 만든 윤리의 궤칙들이다. 원불교의 규범이 아름다운 것은 그것이 사회적 생명의 정화에 있었기 때문이다. 특히 무교의 원한이 하나같이 현세적 불안에 근거해 왔던 조선 역사를 떠올릴 때, 사은(四恩) · 사요(四要) 등의 윤리는 내놓을 만하지 않을까?

그러나 원불교의 윤리는 서양종교의 윤리처럼 사회제도에의 도전이나 기성체제에 대한 저항만을 정면에 세우는 식의 정화가 아니다. 물론 병든 이 세상을 구제하려는 그들 목적 속에는 그런 것들이 조금치라도 소홀히 다루어진 빈틈이 없는 것이 사실이지만, 세상에 전해 오는 비결문이나 도참사상까지를 그대로 수용하여 그것을 도(道)의 개벽으로 말하는 태도에는 동학의 숨결과 정신이 면면히 흐르고 있어서 가장 삼신적인 정화를 이룩했다 할 것이다.

은혜를 가르쳐 감사와 고마움을 알게 하여 원한이라는 고질적 병통을 없애고, 자력적 생활을 하게 해서 의뢰심을 없애고, 사회적인 모든 기관에 인재를 등용하여 인격의 차별병을 낫게 하고, 교육을 장려해서 답답함과 기만의 무지가 없어지고, 저와 나를 나누지 않는 대아(大我)를 가르쳐서 이기주의의 병증이 없어지도록 하는 것이 다 그런 것일 수가 있다.

그래서 오늘의 원불교는 대규모 기업을 육성하고 교육재단을 만들어 명실상부한 종교로 틀이 잡혀 있다. 그러나 그 속에는 원시반본(原始返本)이라는 보다 생명 깊은 명제가 근간이 되는 탓에 도참과 비결문이 용납되는 한국적 종교이지, 문명개화의 물결 속에 휩쓸려가는 서양종교가 아님이다.

소태산은 일찌기 "영천영지영보장생(永天永地永保長生) 만세멸도상독로(萬歲滅度常獨露) 거래각도무궁화(去來覺道無窮花) 보보일체대성경(步步一切大聖經)"이라는 주문을 남긴 것이 있다. 뜻을 새겨 보면 "영원한 하늘 영원한 땅이여, 영구토록 장생(長生)을 보존하소서. 만세 후에 인간의 제도 따위가 어찌 되어도 오히려 홀로 드러나리니, 들숨 날숨에 나는 일체 것이 그대로 대성경(大聖經)이니다" 이다.

다시 정산(鼎山)에게도 영주(靈呪) 하나가 있으니 "천지영기아심정(天地靈氣我心定) 만사여의아심통(萬事如意我心通) 천지여아동일체(天地與我同一體) 아여천지동심정(我與天地同心正)"이다. "천지의 영검한 기운이 내 속에 들었으니 모든 것이 그들 뜻대로 내 맘에 통해진다. 천지는 나로 더불어 한 몸을 삼았고, 나는 천지와 함께 마음이 맞닿았다."

단군신화에 나오는 홍익인간의 큰 뜻이 수운재에 와서 선약(仙藥)이니 태극이니 궁궁(弓弓)이니 하는 모호한 말로 부각되다가, 강증산의 동학에 와서 인신합발(人神合發)의 천지공사로 행사되다가, 원불교에 들어오면 하늘과 사람이 한 덩어리로 맞통하는 완성의 홍익인간 쪽으로 나타나고 있다는 느낌이다.

그러나 원불교도 아직 최상의 것이라고 단정하기에는 이르다. 다만 이제까지의 살펴 온 바로써 우리의 맥과 숨줄이 그렇게 닿고 있다는 하나의 가설이었을 뿐이다.

제 4 부

물신숭배의 시대

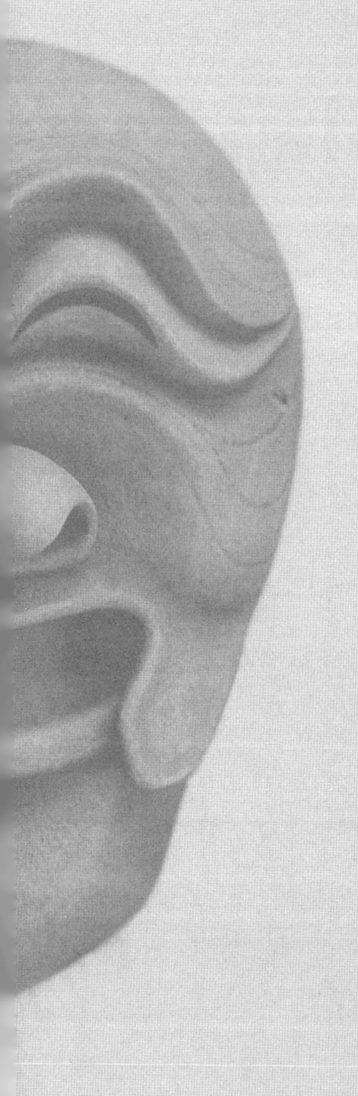

01
무교의 몰락

생명이 원래로 진화인 것은 아니다. 생명이라고 하나 생사(生死)가 없는 것이 생명이다. 무엇이 생(生)이고 무엇이 사(死)고 무엇이 명(命)인가? 언제나 색즉시공(色卽是空)이고 공즉시색(空卽是色)일 뿐이다. 생명은 씨[因子]가 없어서다. 눈 앞의 현상—色—이 가장 확실한 대답이고 증거 같지만, 그 현상의 실체는 늘 인식과 직관의 대상—空—이 되고 만다는 것을 우리는 경험으로 알고 있다. 그리하여 생은 나타나는 순간에 소멸한다는 것을 이야기한다. 생즉멸(生卽滅)이요 멸즉생(滅卽生)이다. 이 둘은 서로가 서로에 즉(卽)한다.

마치 손등과 손바닥이 다르면서도 서로 즉해 있기 때문에 손일 수 있듯이 사물은 그런 음양의 관계로 묶여진 영원한 변이의 과정이요 반복의 리듬이다. 그러므로 생사(生死)는 하나인 관계요, 생명은 씨가 없다는 것이다. 밤과 낮의 변화관계가 그런 것이고, 사계의 모습이 그런 것이고, 밀물 · 썰물이 그렇고, 삼라만상 일체의 것이 모두가 다 그런 것이다. 한

번의 들숨——吸——과 한번의 날숨——呼——에서 태양은 제 궤도를 도는 것이고 사람은 나서 또 죽는다. 이성도 아니고 감성도 아니다. 유현적묘(幽玄寂妙)한 법리(法理)라는 말이 기중 뜻에 가까울 것이다.

티끌 하나를 들어서 일체를 다 볼 수 있는 것이요, 많은 것 속에 변재해 있는 것의 하나다. 하나가 일체(一切)에 즉(卽)해 있다면 일체는 하나에 즉한다. 인식도 아니고 대상도 아니고 직관조차도 아니다. 그러나 역시 그런 논리, 그런 변증을 통해서만 사람은 생명에 닿을 수가 있다. 삶과 사람과 생명이 한 뜻의 다른 표현이라는 지적은 앞에서 했던가? 그래서 생명을 알자는 것은 사람만의 소이(所以)이다.

사람은 생명의 두려움에서부터 삶을 시작한다. 생명은 시간이나 공간마저의 개념도 아니다. 그것들을 훨씬 초월해 있는 뿌리쯤에 해당하는 무엇이다. 그러나 생명이 삶이 될 때는 땅 위의 현실이므로 시간과 공간을 요구하게 된다. 어느 때라는 것이 있어야 하고 어느 곳이라는 것이 정해져야 한다. 거기에 누구라는 것이 나타날 때, 그 사람은 제 환경과 제 풍토의 조건을 가지고 비로소 제 두려운 신앙의 삶을 시작하는 것이다. 그리하여 신앙이 종교로 진화해 오는 동안에 언어가 생기고 문명이 생기고 제도가 생기고 지배와 복종이 생기고 전통과 문화가 생겨서 자라 왔던 것이다. 풍토를 따라서 도덕의 풍습이나 전통의 윤리가 구분되었던 것은 당연하고도 자연스런 일이다.

그런데 사람이 제 만든 전통과 제도에 갇혀서 늘 자유하고자 하는 것은 무얼까? 이런 아이러니를 탓하기 전에 먼저 인간 사이의 풍속이나 도덕관념이 본래는 그 풍토의 환경적 산물이었다는 점에 다시 눈을 돌릴 필요가 있다. 아마도 그 고장 바람과 이슬과 햇빛이 그들의 육질(肉質)을 형성하면서 함께 만들어 낸 것이 그들의 도덕관념이었을 것이다.

그것은 인위가 아니고 자연이다. 우주의 숨결이 저절로 그리 만들어서 된 것이다. 모든 도덕이 그렇게 된 탓에 사람은 그 자유를 그리는 것이 아닐까? 그래서 검둥이에게는 검둥이의 도덕과 자유가 있을 것이고, 흰둥이에게는 흰둥이 식의 관습과 질서가 있을 것이다. 그들의 자연환경이 다른 것 만큼이나 그들 도덕관념 속에 비치는 풍토의 빛깔과 맛이 또 다를 것이다. 모든 민족 모든 핏줄마다에는 역사의 날이 새기 전서부터 흘러온 그들만의 전통의 맥이 뛸진대는 우리의 핏줄에도 우리만의 피의 까닭이 마디마디 뛸 것이다.

그 맥박의 흐름이 무엇이며 정신은 무엇인가? 단군의 도덕이요 신화의 소식이다. 환인이 살아 있고 환웅이 숨을 쉬고 있다. 홍익인간이 핏대에 흐르고 재세이화(在世理化)가 맥맥히 뜀이다. 세 개의 천부인(天符印)과 경천숭조(敬天崇祖)의 제단이 허물어지지 않고 여기에 전승됨이다. 당골임금—단군왕검—의 방울이 울리는 소리요, 만주벌판을 타누르던 조상님네의 기백이다.

역사가 어찌 되어 왔건 정치가 무슨 줄타기 재주를 했건 근본에서 본다면 식은 재 속에다 간수해 온 불씨처럼, 우리들 핏줄 속에 숨겨 오는 훈붉의 가능성이다. 흰둥이도 검둥이도 될 수가 없고, 왜(倭)놈도 호(胡)놈도 될 수가 없는 우리들만이 간직한 우리네 숨줄의 까닭이다. 그런데 이 피 속에 얼마나 어지러운 타문화 정신, 타민족의 혼이 섞였길래, 지금 바야흐로 우리는 근본없는 민족으로 버려지려 하는가?

이쯤에서 우리는 해방 이후의 자취를 다시금 뒤돌아보고 오늘이란 이 역사현장이 어떤 북극성의 좌표에 끌려드는지나 알아야 할 것이다. 해방 이후——소위 개화기라는 새 바람을 이 땅 위에 쏟아 부은 것은 기독교였다. 하기야 그 전까지의 인류 역사가 민족주의와 국가주의를 지상의 것으로 여겨, 산골에 흐르는 시냇물마냥 테두리가 작았던 데에 문제는 있었다. 그러던 것이 두 차례의 큰 전쟁을 경험하는 사이 그런 지상주의(至

上主義)의 둑은 무너지게 되었고, 세계는 비로소 한 울타리가 되어야 한다는 자각이 들었던 것이다.

우리의 해방은 그 무렵의 것이므로 개화바람이 들어 온 것은 그런 역사적 추세에 의한 것으로 볼 수도 있다. 그러나 동양의 오랜 전통과 조선의 낡은 사회제도를 개혁하여, 새 풍조의 제도 준비를 도운 것으로는 역시 기독교를 들지 않을 수가 없다.

무엇보다 봄비 내린 뒤의 화초밭처럼 교회당이 고을고을에 들어섰다. 그러면서 신교육에 대한 열의가 불길처럼 일어나 문맹자가 없어져 갔고, 푸닥거리 · 역병퇴치가 의사의 손으로 다스려졌다. 양반 상놈이 없어지고, 적서(嫡庶)의 차별법이 없어지고 남존여비가 남녀평등으로 바뀌었다. 살 만한 세상이 아닐 수가 없었다. 자동차가 들어오고 신식 연애가 들어오고 거추장스러운 바지 저고리가 간편한 양복으로 탈바꿈을 하였다. 상투머리가 하이칼라가 된 것도 그 중의 하나다.

가히 이런 회오리같은 변화가 아직도 조선적 관념 속에 사는 소수의 노인들에게는 덜 반가왔던 게 사실이긴 했다. 그러나 나라의 장래를 짊어질 젊은 엘리트들, 특히 일본이나 미국 등지에서 커피맛을 배워 온 인텔리들에게 있어서는 이런 문화적 면모가 저으기 반가운 것이었고, 가슴 뛰는 흥분이기조차 했다.

젊은 흥분은 그것에서 끝나지 않았다. 나라살림의 국정교과서가 그들에 의해서 만들어질 때, 비과학적이고 비논리적이던 동양문화의 대부분은 요령있고 합리적인 서구정신으로 말쑥하게 대치되었던 것이다. 우리는 여기서 한 가지 사실을 또 기억하면서 넘어가야 한다. 이제까지 민족 정신을 가로타고 지배해 왔던 유교의 관념이 앞으로는 기독의 손에 붙여지게 되었다는 점이다.

기독교의 역사는 개화바람에서 시작된 것만은 아니다. 이 땅에 실학이 싹트던 조선 중엽부터 주자학을 미워하던 사류(士流)들에 의해서 은근히 기다려졌던 한 숙원일 수도 있다. 다만 그 숙원이 역사의 새날을 맞아 새 역사의 주역들에 의해 공인되었다는 것 뿐이다.

이 대목에서 미리 내다볼 수 있는 건 가부장적인 주자학의 껍데기뿐인 윤리가 실질적이고 전투적인 기독정신에 의해 철저하게 깨지고 말 것이라는 점이다. 허장성세의 종적인 도덕체제를 저들의 횡적인 정신이 어떻게 절충하여 새로운 제도장치로 정비해 낼 것인지, 그것만이 궁금함이다. 그러나 이 예견은 해방 이후 반세기가 안되는 동안에 이미 우리 앞에 나타나 있는 오늘의 현실이 그 대답이 될 것이다.

기독교에게 자리를 비켜 주어야 했던 건 유교만이 아니다. 삼신정신 역시 플러스가 되든 마이너스가 되든 한 각오를 하지 않으면 안될 판이다.

더우기 기독은 하나님을 앞세우고 들어왔다. 그것이 히브리민족의 야훼가 유일한 신인 데서 번역된 하나님이기는 하지만, 좌우간 한울님이든 하나님이든 이 사람들로서는 낯익은 이름이고 반가운 이름이 아닌가?

부당하게 빼앗기고 걷어채이면서도 아야 소리 한 번을 크게 못 내던 버려진 사람들에게 박애와 평등의 기치를 들고 기독의 하나님은 구세주로서 나타난 것이다. 인내와 순종 외에는 더 배운 것이 없는 백성들이니, 기독은 이 착한 양들에게 무엇인가를 쉽게 줄 수가 있을 것이다. 그것이 약이든 독이든 간에.

해방 직후에 소위 신파극이라는 것이 있었다. 본래의 신파극과는 상관없이 관중에게 눈물깨나 우려내던 대중연극이다. 〈이수일과 심순애〉 〈홍도야 울지 마라〉 등이 그런 것이다. 그것들의 눈물어린 호소력과 설움의 가락이 왜색적(倭色的)이라는 비난도 있었지만 무방비 상태의 대중을 울리는 데는 그만한 것이 드물었을 정도였다.

연극만 그런 것이 아니라, 노래도 전에 못 듣던 그런 비슷한 것들이

판을 쳤다. 말하자면 걸직한 사설의 판소리나 유장한 육자배기에서 짤막 짤막한 애환을 실은 남인수의 유행가 목소리가 심금을 울릴 만큼 대중의 노래 취미도 시절을 탔던 것이다.

그런데 그런 대중가요일수록 미지의 세계, 가보지 못한 고장의 아리송한 이름들이 흔했던 것이 한 특색이었다. 홍콩의 밤거리, 태평양 로맨스, 아메리카 차이나타운, 마도로스 순정, 요꼬하마 푸른 등, 아리조나 카우보이, 무슨 샹들리에, 이별의 플렛트 홈……신카나리아, 이런 것들은 서구문화에 대한 동경과 신천지에 대한 맹목적인 예찬의 기분에서 그랬던 것이 아닐까?

육이오 이후에 미군부대가 주둔하자마자 금방 오케 할로 따위의 발음에 신명나 하던 것이 이 사람들이다. 도대체 그들 가슴속에 언제 제 키보다 몇 곱씩 큰 서양바람 서양문화가 들어와 있었던 것일까? 이것이 무슨 넌센스일까? 중국인은 세계 어디를 가도 자기 풍속 자기 말을 잃는 법이 없다는데…….

그러나 이런 대중의 기분 뒤에는 그 나름으로 가늠해 볼 만한 이유가 있어서였다. 막혔던 가슴이 신천지 소식에 두근거려서였을 것이요, 억압만을 요구하던 윤리에서 도망치려는 해방감같은 충동이 꿈틀거려서였을 것이다. 어쩔 수 없는 우리들로서의 까닭에서다.

대동강 물을 팔아먹었다는 김선달 이야기를 들으면 공연히 재미가 솟고, 김삿갓이나 정수동의 해학을 되작거려 숨통을 터왔던 사람들이다. 그런 이야기일수록 독이 있고 저항이 깔리게 마련이지만, 민중은 은연중 그런 모험을 자기 것으로 만드는 묘한 아이러니를 체험함으로써 질식의 상황을 견디어 왔던 것이다.

그래서 그 무렵의 한국인은 돈을 벌어도 미두(米豆)나 금점(金店) 따위의 투기사업을 벌리기 일쑤요, 도막 따위의 요행과 우연에다 생심을 내는 경우가 흔했다. 희망이 없는 사람들—어제와 오늘은 있지만 내일이 없는 사람들이 어찌 십년 후 백년 후를 위해 오늘을 다져가야 할 필요를 느낄 것인가?

모든 것이 임시 임시였다. 수단 방법을 가리지 않더라도 이 당장만 거머쥐고 움켜쥐어 배 부르고 등 따수면 그만이라는 생각이 고루고루 다 들어 있다. 이런 막된 풍토, 황량한 정신의 폐허에서 만드는 물자가 제대로 될 리가 없으며 내 것이라고 아끼자는 생각이 안들 것도 뻔하다. 외제물건이 판을 치고 사기와 협작이 난무했다. 양심같은 것은 지키는 놈이 바보였다.

해방 후의 불안정과 전쟁의 무질서적 파괴가 족히 그런 상황을 빚어내게는 되어 있었지만, 한국인은 근본에서 자존심을 포기한 것 같았다. 일본은 태평양전쟁으로 바닥이 났었으나 자기들끼리는 아끼고 우애할 줄을 알았으며, 독일은 잿더미에 주저앉았다가도 라인강의 기적을 나타내는 끈기를 보였다. 그러나 한국인은 그럴 줄을 몰랐다. 서로가 서로를 못 믿어 하고 혹 살 만한 이웃이라도 있으면 그 꼴을 못 보았다. 사촌이 논을 사면 배가 아프다 했으니, 그러고도 무슨 나라 살림이 되기를 바랄 수가 있을까?

이것이 어찌 하루 이틀에 된 일이며 한 해 두 해에 걸쳐 이루어진 시기, 질투인가? 다 수백 년 아니 수천 년 동안 쌓은 공이 있고, 들인 밑천이 있어서 나오는 짓들이다. 그리하여 우리 스스로가 스스로를 깎는 비열한 말들을 입에 담기를 서슴지 않는 데까지 왔다. "한국놈은 별 수 없어" "한국놈인데 어련할려구" "글쎄 한국놈은 괭이 성질이라니까……" 이런 식민지적 언어를 누가 만든 것인 줄도 모르고 아직까지 입에 올리는 우리들이다.

춘원은 그의 「민족개조론」에서 한국인의 이런 불신풍토와 이기적

행위는 지성인의 각성과 동맹에 의해서 그것이 거국적인 운동으로 번질 때에만 본래의 도덕에 새롭게 닿을 것이라고 역설했었다.

그러나 춘원은 문제를 단순하고 소박하게만 보았던 사람이다. 문맹자가 너무 많아 세상이 그리 어두운 시절이어서 대강 그렇게만 하면 될 줄로 알았지만, 문맹자가 거의 사라졌다고 볼 수 있는 오늘에 와서도 문제는 오히려 새로운 측면에서 심각하게 던져지고 있지 않은가? 대중사회의 기풍의 청탁은 지식의 유무에 있는 것이 아니다. 하나의 옳은 도덕정신이 서고 안 서는 데 있음이다.

올곧은 정신이 서 있어서 그 정신이 높은 이상을 바라보는 국민은 저절로 단합이 되고 어떤 역경을 만나도 뚫고 나가는 기량이 생기지만, 정신이 되어 있지 않은 국민은 많이 배울수록 오히려 헌법의 조문이나 늘어가게 못된 짓이나 하는 법이다. 작금의 이 나라 꼴이 그것 아니고 무언가?

한 나라의 도덕정신이 서고 안 서는 것이 교육만의 결과라고 생각한다면 피상적인 생각이다. 교육은 그들 국민의 전통적인 기질과 넋을 그러쥐고 있는 심원하고 엄숙한 종교가 바탕에 깔릴 때 비로소 그 직분을 해내는 법이다. 그런 종교가 없는 교육은 인간을 한낱 지식의 상인으로나 길러 낸다. 결과는 그 사회를 저들 이권의 시장터로 만들 뿐이요, 몰염치한 이기주의 · 출세주의의 공해가 있을 뿐이다.

춘원이 닿지 못한 것은 이 종교토양의 중요성이었다. 그래서 지식인의 동맹을 쉽게 말했을 것이다. 그러나 동맹은 욕심과 뜻으로써 되는 것이 아니다. 하나의 목표를 향해서 한 뜻의 배를 타고 있는 사람들은 동맹이라는 말을 않고도 이미 한 꿰미의 동지요, 동맹그룹이 되는 것이다.

성급한 말이 될지는 모르겠으나, 오늘의 우리 사회가 서구식 교육을 직수입하여 서양의 기계주의와 문서주의 따위의 횡포를 저들과 똑같이 나누고 있다면, 교육의 수입과정에서 이 땅의 도덕과 정신전통을 당초부터 무시했다는 비판이 한 번쯤은 있어야 하지 않을까? 그들의 수학과 과학이 어떤 토양의 조건에서 이루어졌는가를 알고, 그것으로써 우리의 부족함을 메꿀 자세였다면, 저들의 횡적인 윤리와 물질문명이 허술하고 실속없는 동양의 종적 정신에 제대로 보탬이 되었을 것이다.

종과 횡은 본래 하나를 만들기 위한 두 개의 선이지 그것이 따로따로일 수는 없다. 왜 그것을 하나로 수용하지 못하고, 횡에만 치우치다가 잘못된 오늘을 만들었는가?

편지 봉투 하나를 써도 우리는 주소를 먼저 쓰고 이름을 나중에 쓰지만, 저들은 이름부터 쓰고 나서 주소를 나중에 쓰는 사람들이다. 저들은 먼저 내가 있고 나서야 이웃도 있고 사회도 있고 세계도 있다는 식이다. 그것은 먹을 것 때문에 발뿌리부터 살펴서 차차 먼 곳으로 시점을 옮겨 나가는 습관에서 된 짓이다. 그들의 개인주의라는 게 그런 버릇이 엉글어서 나온 것 아닌가?

그들은 사생화(寫生畵)를 그려도 분명한 원근법을 가진다. 내가 서 있는 시점에서부터 사물을 이해하는 버릇이다. 그것이 발전하면 삼각형 사각형 따위를 추상적인 기하학 구도로 응용해 보는 취미의 그림이 나타난다. 그들의 과학은 그런 것에서 시작된다고 볼 수 있다.

그러나 우리는 다르다. 어느 산수화를 보아도 원근법을 발견할 수가 없지만, 서양 미술처럼 인위적으로 된 성벽이나 다리, 웅장한 저택을 그리는 일조차 드물다. 산을 많이 그리고 강을 많이 그린다. 거기에 그려지는 작은 정자나 조각배는 있어도 그만 없어도 그만이다. 그러나 있으니까 더 운치가 있고 맛이 있다. 그런 것에 의지한 사공이나 노인 역시 과장되는 법이 없다. 그저 가는 선 몇 개로 표현되는 사람이 있음으로써 그림은 훨씬 풍성해지고 활기를 띤다.

이렇게 원근법이 무시되고도 그림이 넉넉해지는 까닭이 뭘까? 동양의 산수화는 시점을 그림 너머에다가 설정하기 때문이다. 다시 말해 현재라는 전체를 보기 위해서는 어제로 거슬러 올라가서 보아야 되는 식의 시점이다. 이것은 현재가 과거와 미래의 중간임을 아는 사람들만이 할 수 있는 짓이다.

시점이 그러하니 그림 전체가 위에서 한꺼번에 내려다보듯 통으로 보일 밖에 없다. 이것이야말로 시방삼세(十方三世)를 일념(一念)으로 수용하는 종교풍토 속에서 살아온 사람들의 습관일 것이다. 편지봉투를 세계에서 나쪽으로 당기면서 쓰는 것도 그런 까닭에서다.

기독교가 가져온 선물 중에 위대한 것의 하나는 과학정신이라고 할 수 있다. 과학이야말로 오늘의 서양문명을 일으킨 동력이요, 서양을 서양되게 한 힘일 것이다. 그런데 이 과학정신을 한국인은 바로 수용하지 못하고 우상으로 수용해 버렸다.

후진국의 후진성은 곧 과학의 후진성이라고 생각한 것이다. 잘 먹고 잘 살아 보기 위해서는 과학을 배워야 하고 과학에 의해서만 밝은 장래가 올 것으로 너나없이 쉽게 믿었다. 바야흐로 과학만능주의가 상륙한 것이다. 초등학교 학생한테 장차 어떤 사람이 되고 싶으냐고 물으면 열에 여덟이 '과학자' 라고 대답할 정도면 다한 말이다. 딴에는 주자학의 허세에 속아 실질을 배척하다가 잘못 살아온 사람들의 후예이니 원한이 져서라도 과학은 했어야 할 것이다.

그리하여 기계가 과학이요, 농사가 과학이요, 정치 경제도 과학이요, 철학과 예술도 과학으로 했고, 의학이 완전히 과학이 되는 사이 인간도 과학으로만 보려고 들었다. 이렇듯 모든 것을 과학에만 의존하려고 했을 때 과학은 우상이 될 수밖에 없었다. 그런 결과는 이 땅 본래의 숨결과 정신이 보이지 않는 쪽에서 엄청난 손실을 입는 것으로 나타났다.

우리의 문화, 우리의 정신 속에는 과학 따위로 어림할 수 없는 것들이 얼마든지 있다. 그런 것들을 일일이 과학적 지식으로만 어림하여 그 척도에 맞지 않는 것이면 무조건하고 미신이라는 딱지를 놓아 배척하려고만 들었으니 과학의 횡포가 이럴 수가 있을까?

가령 삼신의 자손들은 아득한 옛적부터 우주와 인간을 한 끈으로 꿴 생명의 절대성을 믿어 오는 동안에 과학으로서는 불가사의한 여러 속신(俗信)과 도참(圖讖) 등을 생활의 밑바닥에 깔고 있다. 이를테면 사주 · 궁합을 본다거나 택일을 한다거나 명당 터를 잡는 것 등이 그런 것이다.

이런 것은 과학적 근거나 컴퓨터 장치 위에서는 아무 것도 나타나는 것이 없으므로 허황되고 무기력하지만, 종교에서 볼 때는 그것대로의 진실과 생명이 있는 법이다. 그런 예로 명당 터 이야기를 하나 해보자. 우선 『동의보감』 첫 머리에 이런 상식이 적혀 있다.

> 천지는 제 안에 사정(四正) · 사유(四維)의 팔방(八方)을 정한다. 둥근 것은 하늘의 모습이요, 모난 것은 땅의 생김새다. 하늘에 사시(四時)가 있어서 사람에게는 사지(四肢)가 있고, 하늘에 오행(五行)이 있으므로 사람에게 오장(五臟)이 있다. 하늘에 육극(六極)이 있으므로 사람에게 육부(六賦)가 있고, 하늘에 12시(時)가 있어서 사람에게 12경맥(經脈)이 있다. 하늘에 구성(九星)이 없다면 사람에게 구규(九竅)가 없을 것이요, 24절기가 있는 것은 사람에게 24유(兪)가 있는 것이다. 365도(度)가 있는 것은 뼈마디가 365개 있는 것과 같고, 일(日)과 월(月)은 곧 두 눈이 된다. 밤과 낮은 자고 깨는 것이요, 우뢰하고 번개치는 것은 인간에게서 희로(喜怒)로 나타난다. 우로(雨露)는 체읍(涕泣)이요, 음과 양은 체온의 한(寒)과 열(熱)이다. 땅에 샘과 물줄기가 있음은 사람에게 혈맥(血脈)으로 나타나고, 초목(草木)이 얼크러진 것은 모발이 그와 같다. 땅에 금(金)과 석(石)이 있으므로 사람에게는 치아가 있는 것이다.

이것을 한 마디로 하면 사람은 소우주라는 소리다. 이런 이야기를 왜 길게 하는가? X-레이와 수술이 전부인 양의(洋醫)에게는 잘 통하지 않을 말이지만 사람 몸뚱이는 곧 산하대지(山河大地)의 자연과도 맞통한다. 우리 몸에 혈맥・풍맥(風脈)이 있다면 산하의 맥도 그런 이치로 되어 있어야 한다. 막힌 기(氣)가 침 한대에 뚫리고 뜸 한방에 경맥(經脈)이 원상(原狀)으로 돌아간다면, 산맥에도 그런 적소와 급소의 장풍지수(藏風止水)가 있어서 발복(發福)할 터가 있고 손해볼 자리도 있다는 뜻이다. 어찌 음택(陰宅)・양택(陽宅)의 명당이 없을까?

믿지 못하겠거든 호박을 심어 놓고 호박 달리는 것을 관찰해 보라. 덩굴이 메마르고 야위었다고 해도 어딘가 한 두 군데는 호박이 달리는 법이며, 덩굴이 무성하고 충실하다고 해도 호박이 여기저기 함부로 달리는 것은 아니다. 반드시 호박 달릴 곳이 따로 준비된 다음 호박은 거기서 달린다. 명당자리라는 것도 호박덩굴 마냥 뻗어 간 산세(山勢)에 호박이 달리는 어느 부분 정도로 생각하면 납득에 도움이 될 것이다.

이렇듯 과학으로 설명 안되는 생명이 속신과 도참 속에 있는 법이다. 또 그런 생명이 있고 없고 간에 여러 천 년을 이 터전 위에서 한 풍속 외줄기 역사로 살아 온 우리들로서는 우리의 풍속 속에 간직해 오는 변질할 수 없는 맥이 전승될 밖에 없다.

정월이면 온 마을이 한덩어리져서 지내는 부락제의 걸직한 굿판, 당산굿, 샘굿, 집집마다 드나들며 울리는 징・장구의 지신밟기, 그런 협동정신이며, 혼인잔치 마당에서 나누는 국수 인심, 상례(喪禮)・제례(祭禮) 등에서 보는 굴건제복(屈巾祭服)의 치렁치렁한 끈 달린 의식, 또 여타한 세시풍속들, 동구 밖에 서 있던 장승이며 외진 소릿길목에서 만나는 서낭당, 들길에 서 있는 벅수나 돌무더기, 오색 헝겊이라도 줄레줄레 달린 서낭당을 보면 공연히 무서움증이 들어 혼자 다니기가 싫던 어렸을 적 기억들이 있으련만, 그것은 어느 때부터인지 자취를 감추었다.

조상님네의 원한진 숨결들이 이끼로 파랗게 덮여, 거기에 우리들의 그림자가 걸리는 것만으로도 마음 그득하게 만들던 것들이 미신타파라는 이름으로 철거된 것이다.

이런 전통적인 신앙의 대상들이 무너진 뒤에 온 것은 무엇인가? 우리는 그 얻은 것과 잃은 것을 반반씩으로 말할 수가 있다. 과학을 얻은 만큼 신앙을 잃었으며, 밥을 얻은 대신에 정신을 빼앗긴 것이다. 결국 껍데기를 취하다가 알맹이를 놓친 꼴이었다.

우리는 이렇게 된 책임을 기독교에게 물어서 좋을 것이다. 왜냐하면 서양의 과학이라는 것이 기독교의 한 사생아같은 관련성에서도 그렇지만, 기독교의 계명 자체가 자기 외의 신을 무조건 우상으로 몰아붙이는 억지를 당위로 삼고 있기 때문이다. 또 실제 삼신의 숨통을 조인 것이 과학이기보다 기독의 손이었고, 과학의 어떤 횡포나 실수도 기독교가 후견인 노릇을 해 주었다는 점에서다.

기독의 첫 계명은 "내 앞에 다른 신을 두지 마라"이고, 둘째 계명은 "너를 위해서 우상을 만들지 말며, 위로 하늘에 있는 것이나 아래로 땅에 있는 것이나, 땅 아래 물 속에 있는 것에 무슨 형상이든지 만들지 말고 거기 절하지 마라. 나 야훼는 질투하는 신이니, 나를 미워하는 자에게는 죄를 자손의 삼사 대에까지 갚되, 내 계명을 지키고 나를 사랑하는 자에게는 자손의 천 대에까지 은혜를 주리라"이다.

얼른 보면 이 신은 사랑보다도 복수 쪽에 더 가깝다는 인상을 받기가 쉽다. 스스로를 말하되 질투하는 신이니 자기를 미워하는 자에게는 죄를 삼사 대에까지 내리겠다고 협박한다. 히브리의 계명이 태어나는 배후의 사정과 『성서』의 전말을 잘 이해 못하는 사람이 이 구(句)를 액면대로 곧이 듣다가는 식은땀이 흐를 것이다. 그리고 이런 복수적인 신의 비위를 덧내면서까지 다른 신을 믿겠다는 용기가 도저히 안 생길 것이다.

우리는 앞에서 히브리 풍토와 그 사람들의 기질에 대해서 살펴 온 바가 있으므로, 여기서는 왜 형상을 만드는 것이 우상이 된다고 하는지나 짚고 넘어갈 작정이다. 여기서 필요한 것은 그것 정도로 보여서다.

인간의 지혜가 덜 깨인 때, 그러니까 제정일치가 엄격한 시절일수록 신은 인간보다 크게 비친다. 그럴 때 인간이 신을 대하는 태도를 보면, 대개는 우상을 만들어 놓고 그것을 신으로 받든 흔적이 많다. 또 동양보다는 서양 쪽에서 그런 경향이 현저했다. 모세의 종족은 그런 이들 중에서도 대표될 만한 종족이었다.

그들은 야훼를 끊임없이 형상으로 만들고 싶어한다. 그래서 십계명을 주던 날 야훼는 모세에게 "너희는 나를 비겨서 은으로 신상(神像)이나 금으로 신상을 너희를 위하여 만들지 마라"(출애굽기 20:23)고 당부하는 것이 보인다. 기독교인들이 어떤 신상이건 우상으로 간주하는 당위는 여기서 비롯된다. 말하자면 모세 이전의 습관이 모세 이후에 와서 뒤집혀서 오히려 배척되고 있다는 이야기다.

그러나 우리는 이 대목을 어물어물 넘겨서는 안된다. 우상에 대한 정의를 확고하게 해두지 않은 한, 오늘의 우리조차 3500년 전의 모세의 우화에서 놓여나지 못할 것이기 때문이다.

우상(偶像)이라고 할 때의 우(偶)는 허수아비란 뜻이니 상(像)이 붙어서 허수아비 형상이란 뜻이 되지만, 그러나 우상은 반드시 사람의 형상만을 의미하지는 않는다. 고목나무건 바위건 또 무엇이건 요컨대 인간의 정성을 받는 신앙, 혹은 제사의 대상이 되는 물건이 있을 때는 그것이 그대로 우상이 된다. 기독교 성격의 우상 내용도 무슨 형상이든지 만들지 말라고 한 것을 보면 그런 뜻이다.

그러나 이 평면적인 논리는 우리들의 새 해석이 첨가되어야 한다. 무은 형상이든지 만들지 말라고 했지만 기독교는 그 후 십자가를 만들었다. 물론 십자가는 훨씬 이전에 로마가 만든 사형틀이던 것이, 예수가 거기서 죽음으로써 그 의미가 사랑과 구원으로 바뀌었다는 것을 모르지 않는다. 그래서 그 십자가를 통해, 인간 세상의 죄를 대신하여 번제물이 되어 버린 예수의 큰 희생과 신의 아픈 섭리를 되새긴다는 것도 안다.

그렇게 볼 때 십자가는 그것 이상의 큰 뜻과 의미를 보려는 하나의 매개체이지 그것 자체가 목적인 것은 아니다. 그렇게만 보면 우상이 아닐 수가 있다. 그러나 확실한 것 하나는, 신의 섭리와 예수의 사랑정신은 반드시 십자가를 놓고 그 십자가를 통해서만 보게 되어 있다는 점이다. 물론 십자가가 아니어도, 다시 말해 교회와 사제가 없는 『성서』 한 권만으로도 우리는 기독의 사랑과 섭리에 도달할 수는 있다.

그러나 진정으로 그럴 수 있는 사람이 과연 몇이나 될까? 아마도 다수의 기독교인은 어디를 향해 고개를 숙이며, 무엇을 대상으로 기도를 해야 할지 불분명해질 것이다. 그럴 때에 십자가는 어쩔 수 없이 끌려 나온다. 그것을 꼭지로 해서 기독교적인 모든 설명과 이해가 그것에서 출발하여 그리로 돌아오게 할 수가 있어서다.

오늘날 십자가라고 했을 때, 누가 본래의 로마를 떠올릴 것인가? 그저 기독교의 상징으로 말해질 뿐이다. 이 상징은 기독교가 만들어 낸 한 우상일 수가 있다.

이런 논리는 불교의 불상의 경우에도 똑같이 적용된다. 차이가 있다면 모양이 다르다는 것 뿐이다. 그러나 금물 칠한 불상을 통해 석가모니가 현시한 진리를 보려는 점에서는 차이가 없다. 불상이 우상이라면 십자가도 우상일 것이다. 그러나 십자가가 우상이 아니라면 불상도 우상은 아니다.

그러면 이 나라 강산 도처에 서 있던 장승과 벅수[돌장승]들, 그 남근

(男根) 상징의 우직한 선의 표현들은 우상이냐? 그것 자체가 길 · 흉 · 화 · 복을 주고 안 주고라고 생각해서 고개를 숙였다면 우상이다. 또 문맹의 다수가 그런 대상으로 바라보았다는 것도 사실이긴 할 터이다. 그러나 그런 유물을 통해 선인(先人)들의 얼과 정신을 새기며 고개를 숙였다면 어찌 우상일까?

내 앞에 다른 신을 두지 말라고 강요하는 기독교가 과학을 앞세우고 와서 이 땅의 신앙을 짓밟기 시작한 첫 단서는 과학을 근거로 한 교과서 편저였다. 그들은 이 나라 사람들의 정신 속에 여러 도참사상과 길흉사상, 주술신앙, 음양풍수신앙 등의 무속정신이 깊이 박혀서 나라살림에 고질이 되고 있으므로 그 병통을 과학정신으로 수술하려 했을 것이다.

그리하여 교회가 마을마다 세워지고 학교의 종소리가 높아간 30년 동안, 과학을 우상화하게 된 사람들은 과학으로 설명 안되는 속신신앙(俗信信仰)의 자취가 도처에 산재한 이 나라 국토가 부끄럽게 되었고, 이 나라 국민된 것이 탄식될 지경에까지 이르렀다. 돈있고 세력있는 사람들은 서양으로 나아가 서양문명을 배우고 서양문화에 탐닉하는 동안, 숫제 그곳 사람 행세를 하려고 드는 일까지 있게 되었다.

한때 뉴욕에서 한국미술을 전시한다는 소문이 떠돌자, 그곳 한국 유학생들이 누구 망신을 시키려고 그러는 거냐고 항의의 열까지 올린 적이 있지 않은가? 그게 꼭 전부는 아니라고 하더라도 그만한 지식층에 있는 사람들의 태도가 그러했다면, 그게 곧 상류사회의 풍조를 대표한 것이었다고 한대서 잘못일까?

단기(檀紀)가 서기(西紀)로 바뀌고, 도시마다 공업단지가 들어서고, 잘살아 보자는 새마을 노래가 전 국토에서 울려 퍼지는 동안에 구시대적인 유물들은 슬금슬금 자취를 없애 갔다. 기독교를 모르고야 지성인 소리를 못 듣는다 할 만큼 기독교는 민중 속의 새로운 종교로 뻗어 간다. 골짜

기마다에 들어선 뾰족당에서는 부흥회가 그칠 새가 없다. 그러는 동안에 나라살림에 변동된 것이 있다면 먹을 것이 넉넉해진 것이고, 의복이 말쑥해진 것이고, 양풍(洋風)의 프리 섹스와 자학(自虐)과 젊은 지성들의 자아분열이 싹트기 시작했다는 것 등이다.

기독교가 이 땅에서 환영되었던 건 물론 과학보다 더 큰 것이 있어서다. 민주주의, 공산주의를 품안에서 길러 낸 종교니 만치 인간사회의 평등, 특히 이름없는 풀로 엉크러져 사는 서민 대중의 이익을 위해서는 어떤 것보다 철저하게 옹호하고 나서는 정신이 바닥에 깔린다. 그런 부드럽고 아름다운 정신이 의붓자식마냥 천대받던 이 땅 백성을 감싸고 들었을 때, 서민대중은 무조건 경도했을 밖에 없다.

기독교가 이 대중을 향해서 내건 목표 역시 잘사는 사회였다. 헐벗고 굶주리고 온갖 제도적인 악의 그물에 걸려서 사람된 자격조차를 포기하고 있는 군중을 향해, 그 그물을 걷어 주면서 능력껏 잘 살 수 있는 사회를 약속하고 나선 것이다. 그리고 그 약속을 마침내 이루어 내었다. 기독교가 원래 그런 면에서 강한 종교임에랴.

우리는 역사 이래로 견디어야 했던 춘궁기의 보릿고개가 그냥 우연하게 물러갔다고 생각해서는 안된다. 또 1960년대에 들어서면서 일어난 이른바 '노오만의 녹색혁명'의 추세에 의한 것이었다고만 할 수도 없다. 물론 그런 것이 인류살림에다 혁명적인 변화를 불러일으킬 때는 그런 풍년의 덕택을 앉아서도 입게 되는 것이 전체 살림이지만, 애초에 그것을 수용할 만한 터전의 준비가 없고는 큰 성과를 못 얻는 법이다. 우리는 그런 경제살림을 들어 말할 때, 기독교가 이룩한 공로를 인정하는 데 인색치 말아야 할 것이다.

잘 살게는 되었다. 또 더 잘 살고 더 행복해지기 위해서 더 많은 기반을 착실히 다져 가고 있다. 이런 경제신장은 인류역사상 획기적인 것이라고 한다. 유류파동이다 뭐다 해서 다른 나라에서는 현상유지가 어렵다는데 이 나라 경제성장 그래프는 그러거나 말거나 계속 상승했었다.

그런 속에서 또 들리는 것이 잘 살기 위해서만 애쓰는 이 사회공기가 과연 옳으냐는 회의론자들의 음성이다. 그리고 그런 회의론자들일수록 사회첨단의 지식계급이라고 한다. 선진개념을 비로소 다시 보려는 태도요, 진정한 선진은 물질의 부(富)보다 정신의 부(富)가 아니겠느냐는 식들이다.

이미 낡은 말이 되었지만, 인간의 삶의 의미는 잘 살고 행복한 데에 있는 것이 아니라 생명의 가치와 자존을 드러내는 데 있다고 교과서는 가르친다. 그러나 그런 지표와는 상관없이 우리들 사회는 물질의 여유와 쾌락적인 행복만을 위해서 치달리는 것이 사실이다. 이 현장 그대로가 옛 소돔성의 모습인 셈이다.

기독교에서도 이 세상은 생명의 근원에 닿기 위해서 사는 세상이라고 가르친다. 신의 뜻대로 살아야 한다는 소리가 그 소리다. 뜻을 드러내기 위해서 사는 삶이요, 목적을 이루려고 바쁜 들숨 날숨이다. 그런데 이것을 놓친 우리 시대는 행복 때문에 산다고 내놓고 말들을 한다.

오늘 이 땅의 젊은이들이 자아분열의 병증으로 미쳐 가는 것도 행복이 인생의 목표처럼 된 과학정신에서 생긴 것이요, 잘사는 것만을 강조해 온 기독교의 도덕이 낳아 놓은 일이다. 아무리 본의가 아니라고 발뺌을 해도 그 책임이 어디로 갈 것인가?

자기 줏대를 상실해 가는 젊은이들은 사방에서 들고 일어나서 질서를 휘젓고 다닌다. 재즈 음악에 발을 구르고, 고고장에서 광란의 밤을 새운다. 마시고 취하고 이성을 잃는 일이 반복된다. 유흥비를 위해 음모를 꾸미고 폭력과 도둑질이 다반사다. 더 많은 돈과 쾌락을 찾아 방황하는 젊은이들이 골목마다 쌓이고, 그들의 순간적인 기분 저하는 살인과 폭동의 원인이 될 수도 있다. 지구 끝까지 와 버린 듯한 작태, 내일이 없는 몸짓들은 서양의 히피에 비해 손색이 없을 정도다.

몰라서 오류를 범할 때는 아직 희망이 있을 때다. 오늘의 젊은이는 알면서 질서를 파괴하고 기성의 전통에 원한이 진 것처럼 발악을 해댄다. 사람 많이 모이는 유원지나 관광지마다 눈살 찌푸릴 짓을 하는 것은 무식한 시골 농투산이 아니라 책 속에 사는 도회의 젊은이들이다. 이것이 무슨 넌센스이며 아이러니일까?

스스로의 치부를 노출하여 옆사람을 당황하게 만듦으로써 얻어내는 묘한 쾌감과 스릴은 우리끼리나 나누는 자학취미라고 그들은 대답하고 싶을 것이다. 동양정신의 지표가 사라지고 삼신의 윤리가 무너진 땅에서, 과학의 대기나 마시고 사는 심장들이 답답하다 못하여 토해내는 생명의 절규일 밖에 없다.

그러나 이런 세태는 잘못된 시절을 만난 생명들이 한 번씩 겪어야 하는 역사의 한 매듭일 뿐이다. 샘 속으로 흘러 든 흐린 물이 솟는 샘줄기에 의해서 맑아지듯 우리 땅에 흘러 든 서양문화는 끝내는 우리 역사에서 보탬으로 전환될 것이다.

본래 삼신의 피는 어느 문화 어느 종교가 들어오건 그것으로 마찰을 일으킨 적이 없다. 낮으면서도 너른 가슴을 벌려 모든 강물을 받아 소화해 내는 바다처럼 삼신의 무심한 호흡과 가락은 스스로 철썩이다 쉬는 리듬일 뿐이다.

기독교만일 것이 아니라 종교의 백화점이라고 할 만큼 온갖 잡동사니 종교가 흘러들어 터를 잡고 있지만, 그런 포화상태에서도 이 땅은 아직 아무 소리가 없다. 그러나 마침내는 그것들을 이 땅의 숨줄에 불어넣어 이 땅의 것으로 만들어 버릴 것이다. 그것이 우리가 믿는 삼신의 진정한 생명이다.

불교가 들어와서 이미 무당불교가 되었지만, 기독교 역시 무당기독교가 되어 가는 것을 지금 우리 눈으로 보고 있다. 못나고 어리석어서 무던한 것이 아니라 대인(大人)의 풍모는 본래로 그런 것이고, 보이지 않는 것으로 다스려 이기는 법이다.

그 끈기, 그 정신이 아시아의 동쪽 물가에 붙어서일망정 온갖 험난한 비바람들을 견디게 했고, 5 · 16 이후의 절망 속에서도 우리는 경제성장의 안정을 보였다. 불과 수십 년의 스포츠 역사를 가지고 세계를 제패하기 시작한 종목이 이미 하나 둘이 아니며, 한국인들 손재주의 극치는 몇 차례의 기능 올림픽이 증명해 주었다. 산에서 살아 온 이들의 꺾일 줄 모르는 인내와 창조성이 그렇게나마 나타나고 있다는 것으로 우리의 가난한 위로를 삼으려 해서이다.

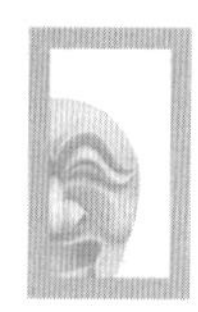

02 적과 동지인 유교와 기독교

이제까지의 정치적 상황은 유교 선비들이 만들어 온 것이므로, 유교 정신의 시작하고 끝닿는 데만 알면 설명이 가능했다고 볼 수 있다. 그러나 해방 이후의 상황에서는 그럴 수가 없다. 서양에서 들어온 새 사조에 유교는 자리를 내어 주고 뒷전에 예비역으로 물러났다는 것부터 지적해야 될 참이다.

사화와 당쟁으로 날을 저물게 하던 유교의 악습이 결국 한 탯집 형제끼리 국토에 삼팔선을 긋게 하는 현실을 만들게까지 하였지만, 그 다음 일은 대개가 서구적인 기독교를 한 끈으로 묶는 까닭이 여기에 있다.

얼핏 보아 유교와 기독교는 처음에는 서로 비슷한 점을 가진 듯이 보인다. 종교적인 견지에서 괴력난신을 말 못하게 하는 유교의 현실주의가 과학과 수학에 의존해서 문명을 일궈 온 서양정신과 맞통할 것 같아서다. 그들의 이 세상적이요, 육체적이요, 현재적인 가치체계는 어딘가 비슷한 느낌이 든다는 이야기다. 기독교가 내세적이고 영적인 미래의 전망을 이야기하지만, 과거 생(生)을 생각해 본 적이 없다는 점에서 유교의 엄숙한 조상 제사의식 속에 담길 만한 분량의 것이지 않을까? 적어도 이 점만이라면 이 둘은 서로가 조금씩 양보하여 손을 잡을 수도 있을 것이다. 그러나 성장해 온 풍토가 다른데서 오는 이질감은 근본적인 데서 서로가 등을 돌린다.

가령 서구인들은 이성을 기초로 한 대중의 토론에 의해서만 정치적 도덕에 닿을 수 있다고 믿어 왔다. 그것이 아득한 그리스의 폴리스 시절부터 길들여진 그들의 습관이다. 사람과 사람끼리 나누는 이해관계가 우선이 되고, 이 당장의 득실의 여하에 따라 우정과 의리는 결정이 된다. 자연히 사회적인 질서가 요구되고 법률이 그들을 지배할 밖에 없다. 그들의 사상이나 도덕이란 것도 역사적으로 형성되어 가는 사회적 요구에 의해서 생겨났고 수용되어서 발전해 온 것들이다.

그러나 유교는 처음부터 하나의 도덕적 사상에 의해서 역사적인 사실들이 만들어져서 발전해 왔다. 법철학 따위를 중요시하지 않았다. 서양에서는 14세기부터 법학이 신학에서 해방되어 각 대학에서 사회학과의 대표적인 학문으로 강의가 되었다지만, 동양에서 중요하게 여긴 것은 법률이 아니라 인의(仁義)였다. 독서만권(讀書萬卷)이나 부독률(不讀律)이다. 만 권의 책을 읽었어도 법조문의 책을 손대지 않은 것이 선비의 자랑일 수가 있었다.

그만큼 법은 있어도 하찮은 것이었고, 있어도 아랫것으로 쳤다. 또 신법이 구법을 깨면서 발전해 온 것이 서양 법윤리의 원칙이라면, 동양에서는 거꾸로 구법이 신법을 구속하는 역사였던 것이다.

이런 동양사회가 늘 으뜸으로 친 것은 수신(修身)의 윤리다. 그 중에서도 유교는 격물(格物)·치지(致知)·성의(誠意)·정심(正心)·수신(修身)·제가(齊家)·치국(治國)·평천하(平天下)라는 구체적인 수행체계를 만들어서 우주의 도덕에 닿기 위해 노력해 왔다.

유교사상에 있어서 정치적 질서란 곧 우주의 절대적 질서를 체득하는 것을 말한다. 통치자는 이 우주적인 질서를 체득함으로써만 우주의 질서에 합치되는 예적(禮的) 질서를 인간사회에 구현할 수 있다고 믿은 것이다. 서양이 귀납적인 역사를 살아왔다면 동양은 연역적인 역사를 고수해 온 셈이다.

그런데 이렇게 상반되는 두 개의 원칙이 이 민족살림을 감당하게 된 현실이다. 누구의 잘잘못이라기보다는 해방을 기점으로 한 인류의 역사가 그렇게 되어서다. 다시 말해서 이제까지 민족주의니 국가지상주의니 하여 저들대로 도란거리던 시냇물 줄기들이, 마침내 제 골짜기를 버리고 나와 한 곳에서 합수쳐 도도한 강하(江河)로 흐르기 시작했다는 뜻이다. 이미 그래 온 것처럼 삼신의 피는 여전히 가라앉은 채 이것들의 부침(浮沈)이나 지켜보면 될 것이다.

기독교는 정체된 이 나라 도덕풍토에다 곧 가로 세로 금을 긋고 수술을 시작했다. 도대체가 관(冠) · 혼(婚) · 상(喪) · 제(祭)의 예법 따위가 너무 많은 시간과 재물을 낭비해 왔다는 것이다. 사람끼리 더불어 살면서 서로 서로의 관계에 중점을 두는 사회제도가 없이 개인 속에다 우주 전체를 수용하려는 삶이 무엇이냐고 따진다. 세계가 복잡해지고, 모든 것이 조직과 제도로써 판가름되는 오늘을 향해 그런 낡은 관념은 버려야 되지 않느냐는 주장이었다.

말하자면 서양의 횡적 윤리가 동양의 종적 윤리에게 합리적인 설교를 퍼부은 것이다. 사실이 옳은 말이었고 안 들을 재간이 없게 되어졌다. 유사 이래 중화존대(中華尊大)의 사상이 뼈속까지 사무쳐 있던 중국인조차도 서양의 정치 · 경제 · 문화에 압도된 나머지 무조건의 전반서화(全盤西化)를 들고나올 정도였고, 그보다 앞서 일본은 명치(明治) 때 유신(維

新)을 내걸어 이미 서구의 문물과 제도를 받아들여 나라의 살림틀거리를 짜놓은 후라는 것을 비로소 깨우쳤다.

주변의 나라가 이미 이러하다면 생각해 보고 말고 여부가 없는 일이다. 새 것만 보면 따져 보기도 전에 반해 버리는 배달의 기질은 곧 개화의 문을 활짝 열고 저들의 문화와 과학 등 여러 측면의 제도를 무조건 수용하기 시작했다. 그리하여 내 것을 잃어 가며 서양 것을 최선의 것으로 치는 사이, 그것들은 우상이 되어 한국인의 머리를 누르기 시작한 것이다. 뒤늦게야 내 것, 내 피의 뿌리를 더듬어 전통을 바쁘게 외쳤지만, 이미 전통은 고속도로 포장 속에 깔린 뒤의 일이었다.

이런 넌센스가 왜 생긴 것일까? 한마디로 쓸개를 간수 못했기 때문이었다. 세계 역사가 한쪽에서 어떻게 되거나 말거나 우리는 우리대로 국조(國祖) 단군의 기치를 높이 세우고, 그런 내 정신의 바탕 위에서 서양 것을 수용했더라면 이런 후회는 없었을 것이다.

한국인은 아직도 누구 욕을 하려 들면 조상을 들먹거려 가며 욕을 한다. 바로 가건 모로 가건 잘 살기만을 힘써 온 서양사회의 윤리로서는 얼른 이해가 안될 우리들 사회의 내놓을 만한 전통이다.

조상의 터에서 조상의 유업을 지키고 강산과 함께 늙는 동안, 잘 사는 것보다는 가난하더라도 사람 노릇으로 살기를 바라 온 이들의 어쩔 수 없는 관념이다. 이 착한 도덕의 전통을 중시했어야 했다.

그러나 이런 정신을 교과서화하여 뼈대있는 국민으로서 국가살림을 경영하기에는 삼신의 정신이 너무 쇠약해 있었다. 과학을 가지고 온 기독교는 야훼의 노여움 앞에서 어떤 신도 인정하려고 들지를 않았으며, 인류는 그저 한 아비의 자손일 뿐이라고 생억지를 쓰기 일쑤였다. 지금까지도 단군신화를 한갓 후진민족의 무식의 소치로 간주하려고 드는 것이 기독교인 아닌가?

같은 동양이지만, 일본은 서양문명을 우리처럼 마구 받아들이지를 않았다. 그들 국민은 무엇보다 자존심이 있었다. 천조대신(天照大神)의 자손이라는 선민적(選民的) 긍지를 잃어 본 적이 없는 일본의 지식층은 어떤 놀랄 만한 것을 보아도 서두름없이 자기네 숨줄을 불어넣어 가며 차근차근 수용했던 것이다.

그랬기 때문에 도꾸가와[德川]의 정권이양이 역사적으로 후회가 없는 것이며, 왕정복고를 내건 메이지[明治]의 봉건제가 오히려 자본제의 초석이 되어서 명실상부한 명치유신을 이루어 낼 수가 있었다.

역사 속에서 강하게 나타나는 민족은 언제라도 제 문화 제 정신을 잃지 않는다. 히브리 민족이 3천 년이나 유랑으로 떠돌다가도 끝내 역사의 무대로 올라오고 만 것이 바로 히브리적인 자존과 정신을 놓지 않은 덕분이지만, 몽골같은 강한 나라가 오늘날 흔적도 없이 되고 만 것도 다 제 고유의 것을 지키지 못한 탓에서다.

장차의 세계가 한 울타리에서 마주 앉게 되리라는 건 역사의 흐름으로 보아 오래진 않을 것이다. 그러나 한 마당에 모여 서로가 한 형제의 우정을 나눌 때라고 해서 문화도 민족도 정말 다 필요가 없는 것일까?

그렇지는 않다. 아무리 이웃과의 우애가 커도 내 가족끼리 나누는 정분이 따로 있듯, 한 마당에 모이는 자리일수록 제 문화 제 도덕을 가지고 참석해야 그 자리가 값이 나간다. 도대체 흰둥이 검둥이가 한배 새끼일 수도 없고, 그런 가정만으로도 어처구니가 없을 노릇이지만, 한 마당 자리에서 제각기의 개성 제각기의 문화 특색이 없고서야 그것이 무슨 의미가 있을까?

배달의 피에서 가장 끈끈한 근원은 말할 것도 없이 제사다. 한 옛적 단군 시절부터 환인(桓因)의 홍익인간(弘益人間), 환웅(桓雄)의 재세이화(在世理化)에 닿고자 지내던 제사요, 씨뿌리고 추수할 적마다 하늘을 우러르고 조상을 기리어 단(壇)을 묻어 오던 핏줄들의 고향이다.

시절이 아름다우면 감사하는 마음으로, 시절이 어두우면 기원하는 마음으로 잠시 잠깐도 놓지 못하고 온 이 땅의 유업(遺業)이다. 조선 5백 년의 하늘에서는 원한으로 어리던 숨결이요, 애꿎게 건어채이고 짓밟힐 적마다 벙어리 냉가슴으로나 울어 오던 땅의 한(恨)이다. 이 국토 어느 산천에 상여소리 모르는 흙이 있고, 소쩍새 피울음 안 묻은 진달래가 있을까?

전깃불 들어오면서 도깨비떼가 없어지고 과학의 덕택에 미신이 없어진 것 같지만, 아직도 사주 보고 궁합 맞춰야 직성이 풀리고 안택경(安宅經)이라도 읽어야 이사가 개운한 사람들이다. 큰 사업가일수록 부적을 안 가지면 안심이 안되고, 고사를 않고는 출어(出漁)를 하지 못하는 어촌 풍속이 건재하고 있다. 그들이 미신을 모르고 대학을 안 나와서가 아니다. 과학을 배웠지만 과학보다 더한 것이 한 쪽에 있을 것만 같아서다.

그래서 교과서가 어찌 됐건 할 만한 사람들은 명당 자리에 묻히기를 원하고, 돈있고 세력이 있는 사람일수록 조상 무덤을 허술하게 하는 법이 없다. 밤새 꿈자리만 사나와도 종일 마음을 졸이고, 총각귀신 처녀귀신끼리도 짝을 맞추지 않으면 동티가 생기는 것이 아직 이 땅이다.

사리에도 안 맞고 설명으로도 모자라 되다 만 소리 같지만, 이것이 또한 과학 속에 산다는 우리들의 정신주소 그대로가 아닌가? 기독교는 이것을 참고하고 제사를 인정해야 한다. 무슨 미신을 편들고 권장하자는 수작이 아니다. 네 핏대 내 핏대 속에 한결같이 끈적이는 제사라는 근원을 알아야 된다는 생각에서다.

이런 풍토의 숨줄을 바로 이해만 한다면 삼신과 기독교는 날금과 씨금으로 무엇인가를 할 수 있을 것이다. 과거에 유교가 그것을 알았지만 일부러 모른 체하고 억지로 타누르다가 끝내 경직된 관료주의, 억압된 집단주의, 실질과 상관없는 형식주의로 끝장을 보았다는 것을 기억해야 한다.

유교의 정치이념은 우주의 질서를 체득한 통치자가 그런 예적(禮的) 질서를 인간사회에 구현하는 데 목표를 두었다는 것, 그래서 개인의 수행을 사회적인 법질서보다 우위로 쳤다는 것은 앞에서 말한 대로다.

그런 개인은 서양의 개인주의와 같은 개인이 아니라 전체로서의 개인이 된다. 거듭 말하면, 나라는 개인은 대중사회를 구성하는 유기적인 관계의 개인이 아니라, 나 속에 사회 전체가 수용되는 전체로서의 개인, 그런 통짜배기 개인이다.

그러기 때문에 서양사회의 교육은 그들 사회에서 필요한 사람, 곧 어느 분야에나 없어서는 안될 사람을 만드는 것이 목적이 되지만, 사회적 가치나 인생의 의미를 쪼개고 나누어서보다 통으로 보아 온 동양인은 전인(全人)을 만드는 것이 교육의 목표였다.

이런 동양사회가 개인에게 요구하는 덕목도 자연 충(忠)·효(孝)가 될 밖에 없었다. 충·효의 반석이 부실해서는 어떤 수행도 바로 설 수가 없기 때문이다. 그런데 유교는 삼신신앙을 무시하고 단군 자손들의 제사 정신을 덮어 버리는 동안 충·효의 의미를 잘못 말해 오게 되었다. 충·효가 마치 전제군주를 위해 있는 것처럼 호도해서 선전해 온 것이다.

하기야 사군이충(事君以忠)에서 빼낸 충(忠)이요 사친이효(事親以孝)의 효(孝)이니 끌어다 쓰기에 따라서는 그렇게 쓸 수도 있다. 화랑의 세속오계에 있는 말이고 보면 본래 우리 쪽에서 가지던 관념일지도 모른다. 충(忠)은 중(中)과 심(心)이 합쳐서 된 글자다. 중(中)은 하늘과 땅을 꿴 것인데 그것을 붙잡는 마음이 충(忠)이다. 하늘을 섬기는 두려운 마음, 경천숭조(敬天崇祖)라고 할 때의 경천(敬天)하는 심리이다.

『중용』에서 충(忠)을 진기지심(盡己之心)이라, 몸과 마음을 다하는 정성이라고 주를 놓은 것도 이것을 말함이다. 밖에서 오는 요구가 아니라 스스로 우러남이요, 나로서도 모르는 맹목적인 경건스러움이다. 마치 거대한 손에 등을 떠밀려서 영문 모르고 거기에 와 버린 그런 심정일 수 있다. 그래서 임금은 하늘을 섬기듯 두려운 마음—곧 충으로써 섬겼다. 내 생명의 꼭지에 서 있는 지극히 검스러운 이에 대하여, 자발적인 정성을 드리는 것을 뜻한다. 나와 임금이 둘이 아닌 경지에서 나보다 임금을 더 위하자는 간절한 뜻이 충이다.

효(孝)는 늙은이를 아들이 어깨로 떠받치고 있는 형상으로 되어 있다. 아비를 부축하고 받드는 것이 가르쳐서만 아는 것일까? 부자(父子)는 천성(天性)의 친(親)이라고 했다. 태어날 때에 이미 가지고 나는 친(親)의 마음이다. 조상은 하늘보다 가까운 나다. 그 가까운 내 뿌리를 위하는 것—숭조(崇祖)—역시 저절로 그런 마음이지 깨우쳐 주어서가 아니다.

격물(格物) · 치지(致知) · 성의(誠意) · 정심(正心) · 수신(修身) · 제가(齊家) · 치국(治國) · 평천하(平天下)는 이 우주질서를 정리해서 내놓은 표현이다. 충 · 효와 한가지로 저절로 그렇게 되어 가는 이치이며 하늘과 땅과 사람을—곧 세계와 인생과 생명을 한 심지로 꿰어 세운 종적인 도덕의 윤리다.

이런 정신 줄가리는 신축성있는 인간, 신축성있는 사회를 목적으로 했지, 노예근성의 예속성이나 비겁한 관료주의의 경직으로 군중을 억압하는 따위의 형식주의를 만들자는 것이 아니다. 품질이 좋은 나무라고 해서, 꽃이 많다고 해서 풍성한 열매가 약속되는 것은 아니다. 장차 오는 일기조건만이 열매를 결정할 것이다. 그것이 역사 속의 일일수록 더욱 그런 법이다.

이 국민이 바탕이 잘못된 사람들이 아니련만, 거친 역사의 비바람을 견뎌 오는 사이 겨우 벌레먹은 열매 몇 개가 수확의 전부로 달리게 되었다.

춘원이 우리 민족의 속성을 지적하여 허위, 비사회적 이기심, 게으

름과 겁유(怯懦), 사회성의 결핍을 지적한 것이나, 육당으로 하여금 "결속력도 없고 조직력도 없고, 흐리멍덩하고, 이상도 없고, 그러면서도 낙천적이고 형식 위주고, 거기에 모화사상(慕華思想)이 강하고 의뢰심만 많은 사람들"로 탄식케 했던 것이 다 그런 것이다. 육당인들 단재의 국수주의적 우월감을 뒷받침해 보자는 생각이 없었을까만, 비치는 것들이 워낙 그러했으므로 어쩔 수가 없었을 것이다.

물론 춘원이나 육당의 주장은 변절 이후에 나온 소리이므로 할애의 여지가 있다는 것을 모를 바는 아니다. 그렇더라도 『삼국유사』에 나오는 개국신화 자존심을 지키기 위해 애쓴 육당의 여러 열성과 노력을 헤아릴 적에 자국민을 향해 던지는 이런 아픔은 따로 소중하다고 나는 생각한다.

육당의 탄식은 다시 혁명의 정화가 없는 조선 역사를 두고 "미지근하고 답작지근하고 하품나고 졸음까지 오는 기록의 연속이 조선 역사의 외형이다. 혁명없는 역사는 영혼 들지 아니한 인형과 같은데, 조선의 역사는 아주는 아니어도 거의 그러함을 슬퍼할 것이다. 도대체 이런 민족이 강대한 이민족들 사이에서 그 생명을 유지해 왔다는 것이 하나의 수수께끼요, 세계 역사 위의 기적이다"라고 말을 맺을 정도였다.

그러나 이것은 육당이 살던 때까지를 한계로 해서 본 한 시대의 마감이다. 또 그래야 한다. 겨울이 한 해를 마감하지만, 이슥고 봄은 또 온다. 거기서 새로운 매듭의 한 해가 또 시작될 것이다.

해방 이후의 몇 십 년에 기독교는 여러 가지 볼만한 새 제도를 마련하여 그 성과를 이미 상당한 선까지 올려놓았다. 인간 상호의 평등과 함께 사(士)·농(農)·공(工)·상(商)의 직업차별 병이 없어진 것만으로도 기독교는 훌륭한 일을 한 셈이다.

거기에다 고속도로를 뚫어 전국토를 하루의 생활권으로 묶었고, 하루씩 한나절씩 걷던 꼬부랑길들이 포장되어 시내버스가 내달리게 만들었다. 춘궁기를 걱정할 것이 없고 남루한 의복을 꺼리어 남 앞에 못 나설 사람이 없이 되었다. 농촌에 전기가 들어가고 산간까지 텔레비전이 들어갔으니, 앉은참 세계형편을 천연색으로들 본다. 정부는 드디어 서정쇄신의 기치를 내걸고, 모든 관료는 민중의 공복자임을 자처한다.

과연 살 만한 세상이 온 것 같다. 만나는 얼굴마다 자신감으로 넘치고, 갈지자로 느리게 걷던 걸음들이 바쁘게 돌아간다. 어디를 보든 넉넉하고 어제 죽은 귀신이 이 재미를 못 누려 억울할 판이다.

이렇게 된 데는 정치의 공로도 있고, 소 팔고 논 팔아 가며 면무식(免無識)이나 시키자고 아들을 학교로 좇아 보낸 부모네의 원한진 바람도 있지만, 기독교의 바람이 닿지 않고 잘 살아 보기 계몽이 없었던들 이런 성과는 쉽지 않았을 것이다.

그러나 우리로서 궁금한 것은 기독교의 이런 인애(仁愛)와 평등정신을 쉽게 볼 만한 무엇이 있을까 말까? 꼭 그럴지는 모르겠으나 사도신경이 있다. 가톨릭에서는 신앙개조(信仰個條)의 표현으로서 기도로나 쓰이지만, 개신교에서는 예배 때마다 무시로 외우는 경이다. 몇 자 안되는 경이니 기회에 한번 옮겨 보자.

> 전능하사 천지를 만드신 하나님 아버지를 내가 믿사오며, 그의 외아들 우리 주 예수 그리스도를 믿사오니, 이는 성신으로 잉태하사 동정녀 마리아에게 나시고, 본디오 빌라도에게 고난을 받으사 십자가에 못박혀 죽으시고, 장사한지 사흘만에 죽은 자 가운데서 다시 살아나시며 하늘에 ㅇㄹ사 전능하신 하나님 우편에 앉아 계시다가, 저리로서 산 자와 죽은 자를 심판하러 오시리라. 성신을 믿사오며 거룩한 공회(公會)와 성도(聖徒)가 서로 교통하는 것과 몸이 다시 사는 것과 영원히 사는 것을 믿사옵니다. 아멘.

여기 "거룩한 공회와 성도가 서로 교통하는 것과"라고 한 것이 바로 동양의 종교에서 볼 수 없는 역사관이요, 기독교의 독자적인 사회관이다.

공회는 사회다. '성도들이 교통하는 것' 을 강조하듯 써 넣은 것은, 사회적으로 제기될 수 있는 모든 관계문제를 일단 정당하고 당연한 것으로 수용하겠다는 태도다. 그렇게 볼 때, 애초에 횡적으로 뻗어 나갈 수밖에 없는 서양사회의 불가피한 환경조건에서 기독교가 어떤 소금 노릇을 했으리라는 건 자명해지는 일이다.

이 공회관념은 그들 사회의 오래된 평등정신에서부터 나왔다고 볼 수 있다. 그리스의 폴리스에서 시작된 의회정치가 로마 귀족사회의 원로원 의회로 바뀌고, 그것이 게르만 민족의 이동 이후에 구라파 여러 나라의 정치적인 초석이 되는 동안, 그들 사회의 이윤분배를 불만없게 하기 위해서는 불가불 전통적인 평등의 질서가 요구되었던 것이다. 그것이 오늘날의 평등과는 달랐다고 하더라도 하나의 평등은 평등이다.

이 묘한 평등정신이 기독교로 하여금 마침내 공회정신을 구축하기에 이른다. 그리하여 기독교가 공정무사한 평등의 원칙을 세우고 공회를 선포했을 때, 그 공회는 기독교의 전통과 신의 권위를 배경에 세움으로써 절대적인 진리로 받아들여졌던 것이다. 그 후 기독교의 이 공회정신은 전쟁과 약탈로 살아 온 2천 년의 서구사회가 한결같이 믿고 따라 온 도덕이요 의지처였다.

허나 이 공회의식 속에는 발달된 평등정신은 있지만, 이 평등이란 것이 동양사회의 생리와는 전혀 반대되는 내용이었다는 것을 알아야 한다. 그것이 처음부터 그르다는 것은 아니다. 이쪽 사회의 것이 저쪽 사회에 가면 전혀 쓸모없는 것이 생기는 것처럼, 그들의 평등 속에는 우리로서 납득할 수 없는 부분이 있더라는 이야기다.

서정쇄신의 기치 아래에도 관(官)자에 주눅들어 하는 민중의 모습이 우리에게는 그냥 있다던가? 나라꼴이야 어찌 되었건 내 손이 닿을 때 먹고 보자는 손 큰 한탕주의가 간혹 생기더라는 따위의 불만이 아니다. 그런 것들은 워낙 수백 년 묵은 밑천이 있어서 그렇지, 앞에 오는 안정과 함께 서서히 없어질 것이라는 것을 믿는 터다. 요는 저들의 평등윤리가 옆 사람과의 교통을 의식하여 눈을 거기에 돌리는 동안에 발전해 온 것이므로, 자기 자신을 사무치게 관조해 내는 내면의 눈을 떠 온 우리네 습관으로는 이해가 안되는 것들이 있다는 뜻이다.

저들의 횡적인 사회구조는 전체가 요구하는 어떤 방식에 의해서 개인의 삶이 달라지고 결정된다. 그러나 우리는 삶을 대하는 개인의 자세와 태도에 따라 사회적인 방식이 생겨난다. 이렇게 한 사람을 놓고 서로 보는 초점에 따라 동양과 서양은 등을 나누었다고 할 수 있다.

이제 우화 한 토막을 빌어 이런 동서의 차이점을 한번 설명해 보자.

> 요(堯)가 허유(許由)에게 천하를 주고 싶었지만 허유가 마다하므로 자주지보(子州支父)를 찾아갔다. 천하를 맡아달라고 하니 왈, "나를 임금 삼겠다고 하는 건 너로서 그럼직한 일이다. 그렇긴 하지만 내게는 지금 조그만 속병이 하나 있다. 이제 그 병을 다스려야겠으므로 천하 다스릴 틈이 없다. 천하는 지중(至重)한 것이다. 하여 그 생명을 해롭게 못할 것이어든, 거기에 나까지 해를 입어 되겠는가? 진실로 천하를 마음에 두지 않는 사람, 그를 찾아가서 천하를 부탁하게" 하고 거절했다.
>
> 순(舜)도 자주지백(子州支伯)에게 천하를 맡기려고 찾아갔다. 자주지백도 속병이 있다는 이유를 들어 천하를 사양했다. 그러면서 하는 말이, "천하가 큰 것이지만 제 생명하고는 바꾸지 않는 것이다. 이것이 도(道)를 아는 사람의 짓이요, 속인(俗人)과 다른 점이다" 했다.

작은 속병이라면 위장병이나 신경통 정도였을지 모른다. 그런데 그런 병 하나를 다스리기 위해서 핑계를 대가며 천하백성을 외면한다는 것이 수도하는 사람으로서 차마 할 짓이 아니라고 생각할 것이다. 그는 천하보다도 제 몸 속의 속병 따위를 더 크게 치는 이기주의자라는 비난을 들음직하다. 있을 수 없는 일이다. 성급한 사람이 이런 말을 들었더라면, 네까짓 놈이 무슨 도를 닦는다고 흰소리냐고 화를 낼 것이다. 속병 정도가 아니라 제 한 몸쯤 죽여서라도 천하가 이롭다면 그쪽을 택하는 것이 수도자의 태도라고 여길 것이다.

그러나 모자라는 생각이다. 천하는 지중한 것이므로 그 생명을 해롭게 못할 것인데, 어찌 나까지 해를 입겠느냐고 한 뜻을 새겨야 한다. 수행자가 속병이 있다는 건 그 수행에 적신호가 생겼다는 소리이다. 그 몸 가지고는 수행을 잘 할 수가 없다. 천하를 만지는 것은 먼저 내 수행이 잘 되어 가는 연후에, 그 수행의 힘으로 천하가 저절로 끌려올 만해야 만지는 법이다. 제 수행도 잘 못하는 사람이 천하를 맡는다면 저도 천하도 둘 다 죽이는 결과를 부르게 된다.

그래서 자기는 자기 수행부터 바로 하기 위해 속병을 돌보아야겠으니, 천하를 위하자는 생각조차 없는 사람을 찾아서 천하를 부탁하라고 한 것이다. 그만큼 맑게 비워진 사람만이 천하를 만질 자격이 있다는 이야기다. 또 순임금이 찾아간 자주지백(子州支伯)도 그런 뜻에서 천하를 가져 좋긴 하겠지만 천하보다는 내 생명을 다스리는 일이 더 소중하지 않겠느냐고 사양을 하는 것이다.

이런 이야기가 서양사람에게 쉽게 납득이 안될 건 뻔하다. 그들 생활풍토에서는 이런 관념이 있을 이유조차 없었기 때문이다. 한마디로 우리는 이렇게 살고 저희는 저렇게 살았다는 이야기다.

유교의 관료주의, 양반 상놈의 차별주의, 그런 속박주의의 끈들을 기독교의 평등정신이 없애 준 것은 좋다. 그러나 늙은 부모를 양로원이나 기도원에 보내는 따위의 핵가족제도나 무분별하게 떠드는 남녀평등주의는 배부르게 잘사는 행복만을 힘써 온 저쪽 사회에서나 있을 것이지, 우리까지 덩달아 반가와 할 일은 아니지 않을까?

핵가족제도를 본뜨기 시작하면서 제 부모를 귀찮게 여기는 자식들이 늘어나고 있다는 건 비단 어제 오늘만의 이야기가 아니다. 못된 것일수록 쉽게 배우는 법이니 그렇기도 할 것이다. 서양 늙은이들처럼 그런 풍속이 몸에 배어 있는 사람들도 아니요, 갑자기 내 풍속이 깨지면서 생기는 이변이라 부작용도 더 클 밖에 없다.

처녀가 시집을 가려면 맏며느리보다는 작은며느리가 되기를 원하고 아예 외아들한테 가기를 원하는 풍조까지 생겨 간다. 시부모가 없다면 더 좋을 일이다. 이게 무슨 망할 놈의 풍조일까?

젊어 혼자 되어서 자식한테만 희망을 걸고 살아온 어머니들이 우리들 주변에는 많다. 고픈 배를 틀어쥐고 견디면서도 아들 크는 재미로 위안을 삼고, 오는 사람 가는 손님에게 술잔이라도 팔면 보탬이 될 줄은 알지만, 아들의 장래에 미칠 영향이 두려워 그 짓도 못하고 산 어머니들이 있다. 낮으로는 막일에 시달리고 밤으로는 석유등잔 아래 물레인지 한숨인지를 돌려서 아들의 뒤치다꺼리를 해 온 어머니들이시다. 그러나 그 아들이 성장해서 일단 장가를 들고 나면 달라지기 시작한다.

어떻게 전화를 놓고 냉장고를 들일까만 관심사고, 틈나면 아파트 칸이나 얻어서 저희끼리 살 궁리를 한다. 텔레비전 프로도 저희들 입맛대로 짜고 돌린다. 도대체 어머니 따위가 안중에 없는 것이다. 일찍 손자라도 본 어머니는 손자 업는 재미라도 있지만, 가족계획에 뒤로 미루어진 어머니는 그나마 허구한 날을 시절 탓이나 할 밖에 없다.

토인비같은 이가 동양을 부러워한 것 중에 하나가 우리네 가족제도라고 한다. 그러나 토인비가 우리네 가족제도의 깊은 뜻을 얼마 만큼이나 알았을까? 어떤 가정이건 늙은이가 있는 집은 벌써 분위기가 다르다. 늙은이는 그 집안 살아 있는 조상이요 정신살림의 꼭지다. 세상의 쓴맛 단맛을 다 지나와서 더러는 이 세상 일보다 저 세상 일을 더 염려하는 닿을 수 없는 경지에서, 안팎살림의 요모조모를 빈틈없이 만져 가는 늙은이는 그 집안의 소금이고 태양이다.

네 집일 내 집일이 따로 없이 늙은이가 해야 될 일이면 다 다독거리고 다니고, 일손이 바쁜 철에는 이웃집 아이들까지 떠맡아서 구넌 묵은 마을 이야기, 누구네 가풍 이야기, 조상적 옛 이야기들을 시름없이 엮어 소일을 하는 동안 마을은 일체감으로 묶이고, 아이들은 어떤 영향을 받으면서 자라난다. 제 집안 가풍을 중히 여기고, 제 고향을 사랑하는 젊은이일수록 할매 냄새 할아버지 냄새를 진하게 그리워하는 것이 다 그런 까닭에서다.

그러나 앞으로는 그런 젊은이를 구하기가 점점 힘들게 되어 간다. 세상이 어차피 그렇게 돌기로 작정을 한 바이니, 그런 할머니들이 사는 마을이라고 해도 젊은이들 자체가 벌써 편리하게 사느라고 옛것을 팽개쳐 가고 있다.

우리 어머니들은 자녀를 낳으면 여섯이건 일곱이건 당신의 젖꼭지를 물려서 키워 왔다. 달리 방법이 없어서이기도 했겠지만 있었다 해도 용납이 안되었을 것이다. 큰 놈에게 물린 젖꼭지를 작은 아들이 물고 다시 밑에 아이가 물고, 이렇게 차례로 내리 무는 동안에 이들은 자기들이 한 형제라는 걸 서로 깊이 확인한다. 가르쳐서가 아니라 그들 정신 속에 이미 그런 맥이 서로 통해서 흐르는 것이다. 그 속에서 형제의 우애가 촉발되고, 부모의 사랑이 옮겨져서 효심이 길러지고 하는 것 아닌가?

그런데 요즈음은 그것이 우유로 대치되었다. 그런 새끼는 장성해도 조상이 어떻고 효도가 어떻고 여간 떠들어서는 잘 납득이 안될 것이다. 그런 것이 꼭 있어야 되느냐고 되물을 것이요, 형제간의 정분이나 의리도

반밖에는 모를 것이다. 철저한 제 개인주의가 될 것이며, 효도는 소한테나 바칠 것이다. 늙은이를 마다하고, 젖꼭지도 폐쇄하고, 부부 중심의 행복이나 바라서 만들어 낸 것이 남녀평등이다.

평등이라고 한다. 아니 평등하자고 한다. 지금까지는 남녀 사이에 등차가 있었다는 이야기다. 역사를 그런 졸가리에다 관심을 두고 보면 동서를 막론하고 사내들은 여자에게 공정한 대우를 안 해 왔던 게 사실이다. 여자는 그저 애들이나 낳아서 길러 내고 집안살림이나 만져 주는 존재고, 남자의 원색적인 충동과 욕망을 해소하는 도구 정도로나 생각해 왔다. 이런 관념은 역사를 깊이 파들어 갈수록 굵은 선으로 나타난다. 좀 나쁘게 말하면 남자들의 재산목록 속에나 집어넣어 관리해 왔다고 할 수 있다.

전쟁에서 이긴 남자가 진 쪽을 향해 "저것 나 줘" 하면 꼼짝 못하고 제 마누라를 내주어야 하는 식이다. 싸우고 정복하고 지배하는 것만을 전부로 알아 온 사회의 윤리일수록 여자 따위를 무시하게 마련이었다. 서양 여자는 지금도 결혼을 하면 남자의 성을 따른다.

동양에서는 삼종지도(三從之道)—삼종지의(三從之義)—니 칠거지악(七去之惡)이니 해서 여자의 권리나 자유를 남자 손에 붙여 버렸다. 그것이 세계를 일궈 온 남자들의 기분이고 취향이었던 셈이다. 공자같은 사람도 여자를 평하여 "가깝게 하면 방종하고, 멀리 하면 원망하는 하잘것 없는 것"이라고 하여 시세도 안 보려 했고, 석가도 끝까지 선택하는 자리에는 여자를 앉힐 수 없다고 거부했다.

그러나 여자도 학문을 하고 사회이치를 깨닫는 금세기에 들어서자 남자의 세계라는 것을 알 만하게 되었으며, 어제까지의 질서가 여자에게 터무니없이 가혹했다는 것을 알만큼 되었다. 뿐만 아니라 일방적인 복종으로 일관해 오는 사이에 누적된 수천 년의 수치심과 불만이 맹렬한 노여움으로 치솟아 올랐다. 남자 여자가 같은 값으로 거래되지 못할 이유가 없다고 생각한 것이다. 남자들도 그것을 옳게 받아들였다. 여자의 존재가치를 늦게야 알고 대등한 입장에 세운 것이다. 이것이 서양의 남녀평등이다.

그러나 이것은 착각이다. 평등을 이해하고 받아들인 것이 대단한 관용이고 선심같지만 실수였다고 볼 수 있다. 동양에서는 옛부터 남녀를 하나로 보아 왔다. 평등사회에서는 그것을 둘로 보았기 때문에 등급(等級)이 평준하다는 식의 평등이지만, 하나로 보는 사회에서는 그 말이 성립되지 않는다. 그저 하나가 있을 뿐이다.

어떤 하나냐? 왼 다리와 오른 다리 같은 관계상의 하나다. 나뉘어져 있지만 동시에 하나이다. 만약 오른 다리 왼다리가 나뉘지 않고 붙어 있다면 버티어 설 수도 없고 앞으로 걸을 수도 없다. 생명은 거기서 끝난다. 그래서 나뉘어 있다. 손의 앞면 뒷면 같은 것이고, 한 번 들이쉬면 한 번 내쉬는 밤과 낮의 차이다. 일음지(一陰之) 일양지(一陽之)가 그대로 도(道)인 것처럼 남과 여는 원래로 그런 하나다. 이 하나적인 생명이 사람의 현실에서는 제 직분을 가지고 나뉘어 선다.

가령 남자의 튼튼한 근육과 너른 어깨는 천재지변에 저항하기에 알맞다. 그러나 여자의 약한 근육과 섬세한 사고방식은 그런 거친 것에 맞설 수가 없다. 그래서 불가불 남자의 죽지 밑으로 기어든다.

남자는 험난한 계곡과 처음 발을 디뎌 본 숲속의 여기저기를 뛰면서 먹이를 찾는다. 예측할 수 없는 위험이 도처에 도사리고 있고, 자기보다 강한 적을 만나면 피나는 싸움을 피할 수가 없다. 때로는 뼈가 부러지고 더러는 가죽이 터지고 살이 찢겨 만신창이가 되지만 이윽고 밤이 온다. 밤은 휴식의 시간이다. 쉬는 시간이므로 싸움은 내일로 미루고 일단 제 둥지로 들어온다. 둥지를 지키는 것은 여자다. 암독수리가 제 깃털을 뽑아서 보금터를 만들듯, 캄캄한 옛적부터 인간은 둥지를 암컷한테 맡기는 것을 원칙으로 해왔다. 암컷은 저를 위해서라기보다 수컷을 위해서 포근

한 둥지를 만든다. 수컷이 편히 쉬는 것이 곧 제가 편히 쉬는 것이어서다.

둥지에 돌아온 수컷은 부러진 돌칼과 몽둥이를 내던지며 암컷을 향해 까닭없이 으르렁거린다. 저보다 강한 적을 만나서 가졌던 위축감과 싸움에서 얻은 상처가 새삼스럽게 쑤셔서다. 그러나 암컷은 맞서지 않는다. 그 성냄의 이유를 알고 있다. 오히려 수컷의 가슴속에서 그런 울화가 남김없이 다 쏟아져 나오는 것이 자기들을 위해 플러스가 된다는 것까지 안다. 그래서 미소와 애교로 친절을 다하고 다친 상처를 싸매 준다.

이런 현명한 암컷을 거느린 수컷은 제 둥지에서 다시 완강한 힘을 되찾는다. 암컷이 사랑스럽고 새끼들이 귀여운 동안, 저는 저 혼자가 아니라 전체라는 것을 깨닫는다. 그들을 위해서는 어떤 강한 놈도 쓰러뜨려야 된다는 결의가 시퍼렇게 살아난다. 그리하여 해가 솟고 다시 싸움에 나갈 때, 그 수컷은 저보다 강한 적을 이길 수가 있는 것이다.

암컷이 한 것이 무엇일까? 실제적인 싸움에서는 아무 것도 한 것이 없다. 오히려 수컷이 목숨을 걸고 싸울 동안에 콧노래나 부르며 새끼를 얼렀거나, 헐어진 둥지의 한두 군데를 기워낸 정도가 고작이다. 어쩌다 수컷의 안위를 염려하여 잠깐 초조했을지도 모른다. 그러나 이 관계를 역으로 뒤집으면 이런 암컷과 둥지를 가졌기 때문에 수컷은 혼신의 힘으로 싸울 수가 있었으며, 그 결과로 상대를 이길 수가 있었던 것이다. 수컷의 강한 힘은 모두 암컷에서 얻은 것이고, 수컷의 강함이야말로 암컷이 창출해 낸 것으로 말해질 수가 있다.

이것이 암수가 본래로 하나 되어 사는 비밀인 것이요, 강하고 거친 것일수록 약하고 부드러운 것에서 나와지는 이치이다. 또 맹수만이 아닌 모든 철들어 사는 삶들의 실상이고, 강약관계 곧 음양관계로서의 생명의 법칙이다.

그런데 서양의 남녀평등이 들어오고 나서 한국사회는 종래의 가정적 평화를 잃어 버렸다. 잘 살아보기가 소원인 사람들에게 잘 사는 길이 트여서, 여자가 남자처럼 바지를 입고 생활전선으로 뛰어들었다. 서양사회가 그렇게 해서 잘사는 것을 배웠으니 일찍부터 그렇게 못살아 온 것이 뉘우쳐지는 심정이다. 그렇게 안팎으로 맞벌이를 해서 죄이던 살림들이 우선 나아지고, 전체적으로 경제의 통계표가 엄청난 신장을 보이게도 되었다. 모두들 좋아졌다고 떠들어대고 살 만해졌다고 야단이다.

그러나 아내를 생활전선에 내보낸 남자는 돌아갈 가정이 없다. 제 피로와 짜증을 들고 가봐야 아내는 예전 치마를 입던 아내가 아니다. 오히려 못난 남편을 만나서 힘들게 고생하는 저쪽의 눈치를 먼저 살펴 주어야 할 판국이다. 그러니 월급봉투가 얇은 사내들은 끼리끼리 어울려 대포집같은 데서 밤중을 기다린다. 가난한 이야기, 진급된 동료의 이야기, 고약한 상사의 이야기를 안주삼아 서로 위로하고 서로 의지하면서 서로의 억울한 것들을 풀어놓는다. 초라한 어깨들이 그러다 손을 나누고 헤어져 집에 돌아가면 독살이 오른 아내는 남편을 숫제 하숙생 취급이다. 그러니 돈푼이나 만지게 된 남자일수록 고분고분한 첩살림을 벌일 밖에 없다.

가부장적인 제도, 그래서 잘살건 못살건 돈은 밖에서 벌어다 주는 것으로 분수 맞게 살아오던 사람들이 멋 모르고 서양풍속을 좋아하다가 당하는 고초다. "가난했지만 예전 풍속이 그립다" "핵가족이고 남녀평등이고 다시 수출해 버렸으면 좋겠다" 고 푸념하는 남자들을 자주 만난다.

평등주의가 가져온 또 하나의 웃지 못할 선물은 동물과 인간 사이의 평등이다. 사람과 짐승이 한자리에서 친구지간으로 논다는 이야기다. 그것도 텔레비전 아동 프로에서 흔히 나타나는 풍경이고 보면, 평등주의의 독소는 훨씬 심각하고 깊은 곳에까지 미쳐 버렸다는 느낌이다. 도대체 방송국이나 교육행정에서는 그렇게 생각들이 없어서 하는 짓들일까?

곰, 토끼, 여우 따위의 위장동물들이 나와서 어린이들과 태연히 어울리는 것을 보노라면 섬찟하고 무서운 생각까지 든다. 프로가 진행되는 것도 인간이 동물의 비위를 맞추려 하고, 동물이 오히려 인간을 가르치고 계몽해 가는 경우가 허다하다. 이것을 보면서도 이런 행위들이 단순한 동물과의 우애라고만 생각해 두는 사람은 뱃속 편한 사람이다.

인간이 동물과 한마당에서 논다고 해서 그것 자체를 탓하는 게 아니다. 그것 자체만이라면 재미도 있는 일이고, 오늘같은 메마르고 삭막한 세상을 살아야 할 어린이들의 꿈과 낭만을 위해서 권하고도 싶은 일이다.

문제는 인간이 인간성을 상실해 가는 부도덕한 이 시대의 윤리와 타락한 정신에 있다. 이런 시대에서는 그런 것이 인간의 정서를 돕는 면보다 짐승으로 이끌어 갈 위험이 더 큰 법이다. 불길을 누르자고 석유를 뿌린대서야 말이 될까? 그리고 그런 효과는 천진하고 순수한 어린이들일수록 깊은 독을 마시게 마련이다.

인간성을 잃어 가는 시대이므로 인간성을 회복시키는 교육이 이루어져야 한다. 인간성의 회복은 그리 먼 데에 있는 것이 아니다. 제 근본을 돌이켜서 거기에다만 붙잡아 매면 되는 일이다.

무엇보다 하늘을 가르치고 땅을 가르치고 그 속에 인간을 가르쳐서 사람이라는 것이 이 우주간에서 무엇이라는 것을 먼저 알게 해야 한다. 조상을 가르치고 그 조상의 뿌리를 추어 올라가 아득한 시절의 신화와 그 신화보다도 더 깊은 알 수 없는 생명까지가 인간의 핏줄 속에서 어떻게 뛰는 맥인가를 알게 하는 일이다.

그런 교육이 수십 종의 인종이 모여 사는 서양사회에서는 어떨지 모르지만, 동양의 사회, 특히 우리처럼 단일민족으로 살아온 사람들로서는 마음만 먹으면 어렵지 않을 일이다. 단순한 논리다. 인간의 삶에는 반드시 어느 때라고 하는 종의 시간이 있고, 어디서라는 횡의 공간이 있다. 이 시간과 공간이 가로 세로 짜여서—종은 가로, 횡은 세로—전해진 역사다. 사실 역사의 내용이란 것이 그것 아니고 무언가? 그 안에 생명이 있고 삶이 있는 것이다.

그런 교육은 저절로 내 민족을 알게 하고 동포애를 알게 하고 충과 효를 알게 한다. 삼강오륜이 절로 터득되고 문명이니 문화니가 한 눈에 잡힐 것이다. 거기서 세계의 관계가 보이고, 더불어 사는 여타한 동물의 삶까지가 보일 것이다. 그러면서 그것들이 내 한 생명과 동일한 것으로 내 속에 수용이 될 것이다.

생명은 종적인 줄가리부터 세운 다음 횡적인 것이 배치되어야 탈이 없다. 우리가 텔레비전 프로를 보면서 한숨을 쉬는 것도 이런 종적인 줄가리를 없애 버린 채 횡적인 공간쪽으로만 확산해 가는 장차의 도덕윤리가 두려워지기 때문이다.

물론 방송 관계자들 생각에는 좋은 면을 먼저 본 것이고 내용을 재미있게 해보자 해서 그러했겠지만, 텔레비전의 효과는 거기서 끝나지 않는다. 백화점의 아동복들이 동물들 그림을 앞뒤 없이 새겨 넣게 되고, 그런 옷을 즐겨 찾는 취미들이 쏠리다 보니 너나없이 동물 새겨진 옷들을 입고 산다. 어떤 옷은 숫제 디자인이 토기 모양으로 된 것도 있다. 유치원 반 편성에 병아리반이 생기고 토끼반이 생기고, 그러다가 장차 무슨 짐승반이 생길지 아리송하다. 어린이 공원의 동물들이 웃을 노릇이다.

한 때 ET라는 우주인이 소개되자 ET가 일으킨 선풍을 기억할 것이다. 아이들 책가방, 필통뚜껑, 공책표지에 ET가 그려지는 것은 물론이고, 서울의 길거리에 ET 마네킹이 등장했을 정도였다. 물론 가슴에 ET가 달린 옷도 나왔다. 아마 그 옷을 입은 아이들은 제 심장속에 ET가 스며 배이는 동안 자연스럽게 우주인이 되어 갔을 것이다. 더우기 〈황금철인〉 따위의 우주만화영화가 때없이 신명을 돋구니, 필경에는 제 에미 애비가 우주인이 아닌 것이 한 되지나 않았을까?

뭣한 얘기지만 서구인들이 아프리카 대륙을 침략하던 때의 이야기를 읽으면 이것이 사실일까 싶은 의구심이 든다. 그만큼 그들은 비인간적이고 비도덕적인 짓을 태연히 해낸다. 그들의 휴머니즘이란 말이 원래 대지(大地 : Humu)에서 비롯됐었다는데, 땅에 대한 욕망 때문에 그런 것일까? 어쨌든 휴머니즘이란 것에 경악을 느끼게 한다.

그들이 아프리카를 정복할 때에 들고 간 것은 기독의 성서다. 다 아는 상식이지만, 기독의 신은 자기 백성이 어느 땅에 발을 디딜 때 "이 땅을 너와 제 자손에게 주리라"는 식의 약속을 곧잘 한다. 또 그것이 그대로 율법이 된다. 아브라함이 그렇고 야곱이 그렇고, 나중에 이집트에서 홍해를 건너온 모세도 가나안 땅을 그렇게 얻어 버린다.

이런 율법의 전통이 2, 3백 년 전까지 아프리카에 들어간 사람들에게도 당위로 받아들여졌대서 이상해 할 것은 없다. 그들은 그 검은 대륙을 자기들이 약속받은 땅이라고 믿고 개척을 시작한다. 자연히 그 땅에서 조상 대대로 땅을 지키며 살아온 원주민과의 충돌은 피할 수 없이 된다. 요는 어떤 태도로 그 충돌을 해결할 것이냐가 관심거리다.

믿어지지 않는 이야기지만 이 흰둥이 개척민들은 그 땅의 검둥이가 사람인지 짐승인지를 몰라 당황한다. 재미있는 이야기로, 코뿔소 한 마리가 문제되어서 총을 든 개척민들이 마을을 포위하는 일이 생겼다. 무서운 살육이 벌어질 찰나인데 갑자기 마을에서 개 짖는 소리가 들려왔다. 그들은 깜짝 놀라서 코뿔소를 포기하고는 가 버린다. 개를 기르는 것을 보니 사람일시 분명하다는 것이다. 왜 그랬을까? 그 무렵 유럽에는 4천만 마리의 개가 호강 속에서 애호와 귀염을 받고 있었다. 사냥과 도둑질과 약탈의 역사로만 살아 온 사람들이니 일찍부터 개를 길들여 함께 살아 온 습관에서였을 것이다. 같은 시기에 인도에서는 1억이 넘는 인구가 굶주림으로 죽어 갔는데……. 이런 사람들이 내세우는 인간애, 도덕정신이라면 아프리카가 어떤 식으로 정복되었을지 알 만한 일이다. 또 그들의 평등정신의 이면에는 이런 것도 있다는 것을 참작해야 할 것이다.

몇 번 서양인들이 입은 T셔츠의 가슴에 날개 달린 천사 그림이 그려진 것을 본 적이 있다. 어떤 것은 샛별만 하나 덩그렇게 붙은 것도 있었다. 물론 무심하게 한 짓들이겠지만, 그런 하찮은 표현일수록 가슴속의 정신이 드러나 보이는 법이다. 또 그런 상징들이 끊임없이 숨을 쉬면서 부적의 효과를 내는 것도 사실이다. 아마 그런 정신들이 서구문명과 문화를 창조했고, 지금도 이끌어 가는 힘일 것이다. 어느 쪽에서는 동물과 우주괴물까지를 친구삼는 평등정신이 한창인 때에.

03 불교는 가능성이 있는가

인류역사와 민족간의 도덕적인 변수관계는 사람의 의복과 개성의 차이 정도로 말해질 수가 있다. 바지 저고리 위에 두루마기까지 입는 한복은 행동을 느리고 점잖도록 만들지만, 간편한 양복은 사람을 씩씩하고 날렵하게 한다. 그거야 양복을 입든 한복을 입든 제 취향이고 제 필요에 의해서가 아니냐고 해 버리면 그만이지만, 역사와 민족의 변수에서는 그렇지가 않다.

넓은 지역에서 제각기의 터를 잡고 저쪽 사정을 알 것 없이 내 생각 내 방식대로 살아온 동양의 한유(閑遊)한 민족성들은 이제 세계 역사가 내수는 옷을 입고 도리없이 역사 대열에 참여하게 되어져서이다.

이제 세계 역사가 바라보는 것은 하나의 방향이다. 혈거 시절의 떠돌이에서 부족으로 모이고, 부족이 민족으로 커지고, 그 민족들이 연합하여 국가지상주의를 해보고, 그런 여러 천 년의 살림에서 안 해본 것이 없고 시험 안된 것이 없었다. 그러나 그 모든 것들이 틀렸다는 결론에 이르러 마침내 지구촌을 만들어야 한다고 나선 것이다.

공산주의, 자본주의가 다른 것 같지만 근본적으로는 한 뿌리에서 갈린 두 가지의 현상일 뿐이다. 공정한 분배와 평등이 요구되어 온 서양사회에서 계급주의를 싫어하여 계급없는 평등사회를 이루고, 자신의 노동력으로 살아가는 하층민까지라도 같은 분배의 같은 자격으로 살아 보자는 것이 공산주의요 사회주의라면, 착취와 억압의 고통에서 헤어나지 못하는 민(民)을 주인으로 하여 그들에게 사람 대우를 해 주자는 것이 자본주의요 민주주의다.

이 민(民)과 프롤레타리아는 개념상으로 같다. 이들을 중심으로 잘 사는 행복한 사회를 이루자고 제 나름의 옳은 방법을 찾아 갈린 것이 오늘의 이데올로기라면, 근본에서는 하나의 맥이 흐를 밖에 없다. 결국 두 개의 강줄기가 한 바다로 흘러 드는 과정이다.

이런 틀거리 안에서는 민족성이란 것이 세계 역사를 만들어 가는 한 부분의 힘 정도로 줄어들 밖에 없다. 종교의 사명도 이제까지 덜 자란 역사를 부축하느라 이것저것 자잘한 상대가 되어 왔던 데에서 벗어나, 종교 본래의 생명인 역사 방향의 북극성을 강조하여 내걸 때가 되었다. 다시 말해 사회 전반에 걸친 여러 분야의 살림을 한 꼭지로 이끌어 가는 정치가 영원히 바라볼 수 있는 분명한 한 점의 항해노선을 제시해야 된다는 뜻이다.

생명의 본처(本處)를 새삼 보아야 되고, 모든 민족 모든 사회의 개개인이 끄덕거릴 만한 불편하지 않을 목표를 뚜렷이 내걸어야 한다. 그런 종교만이 종교의 자격을 가질 것이며, 이 역사 위에 내세울 수 있는 참 종교가 될 것이다.

그렇다면 오늘의 한국 불교는 종교로서의 자격이 있는 것일까? 물을 것도 없다. 이미 대부분의 지성이 고개를 가로젓는 중이다. 더우기 기독교가 횡적인 역사관을 내걸고 제도적인 여러 모순을 과감하게 개선해 가는 현실참여의 태도 앞에서 불교는 드러나게 빛을 잃고 있을 뿐더러, 일부 지성인들로부터 역사관을 제시해 달라는 요청까지 받고 있다. 그러나 이렇다 하게 내놓는 말이 없다.

구시대적인 언어와 낡은 도덕으로 중언부언 씨 안 밴 소리나 해댈 뿐이다. 그것으로 어떻게 이 시대 위기와 고질병통을 고쳐낸단 말인가? 지금 이 중생들에게 필요한 것은 인연이니 과보니 전생이니 내생이니 하는 신라적 처방법이 아니라, 현실을 현실로서 척결해 낼 비상시의 약이 우선 급하다. 그만큼 병증이 급하고 미룰 수가 없이 되었다.

당장에 웅덩이가 말라 죽어 가는 붕어떼에게 석 달 후쯤 한강 강물을 끌어다 준다고 해봐야 소용이 없다. 이 당장 한 동이의 물이 그들에겐 더 시급할 뿐이다. 그런데 아무리 귀를 열어도 무슨 비전될 만한 소식은 없고, 오히려 귀를 막고도 듣는 것은 시비다툼의 종단사태요, 정치에 잘 보이려는 아첨의 소리이다. 이것이 정녕 불교의 면목일까?

불교는 어느 종교보다도 생명을 자각으로써 체득하자는 종교고, 그런 수행의 기반에서만 서는 종교다. 그런 종교는 어떤 비상사태와 위기를 만나서도 그것을 지혜롭게 극복하는 처세의 비술이 있는 법이다. 그런데 해방 이후 이 나라 사회 대중이 보고 들은 것이 무엇인가? 민중의 문제와는 아무 상관도 없는 자기네 이권 다툼이 아니면, 그 이권 다툼을 은폐하기 위해 내걸어 온 호국불교가 고작이었다. 거기에 승군단까지 창설하는 열의를 보였다. 그것을 공공연한 종교행위로 드날린 것이다.

지성이 침을 뱉으면서 분노하고 사회 대중이 한숨으로 등을 돌렸건만, 소수를 제외한 다수의 승려는 자기들이 모여들었던 호국승단의 기치를 아직까지 장하게 여기는 성싶다. 확실히 넋이 나간 집안이요, 쓸개를 잃어 버린 종교의 추태였다.

그런 끄트머리에서 일어난 것이 1980년의 법난(法難)이었다. 정치는 그것을 불교정화라고 했다. 불교와 불법에서 보면 법난이었지만, 승려들의 작태로 보아서는 정화라는 말이 맞는 말이다. 왜? 늙은이가 늙은이 노릇을 포기하고 젊은 정치의 바짓가랑이를 붙들고 수청들길 원하다가 정신 좀 차리라고 걷어 채인 것이니, 그것이 정화 아니면 무얼까?

지금도 그 일을 두고 생각들이 많고 이것저것 원망들을 하지만 심었기 때문에 거두었던 것이요, 그런 인과의 법칙이었을 뿐이지, 한 획이라도 그에서 더하고 덜할 것이 없는 일이다.

정치와 종교의 관계는 본래로 그런 것이다. 정치가 빗나가면 종교가 회초리질을 해서 고치지만, 종교가 부패하면 정치가 수술의 칼을 디미는 법이다. 지상의 여러 나라에서 건져 보는 불교사가 매번 그런 것이었고 기독교사도 그 점에서는 예외일 수가 없다. 또 역사는 그것을 옳은 것으로 간주한다.

늙은이가 늙은이 노릇을 잘못했대서 때리고 구박한 것을 용서 못하는 것은 인간적인 관계에서다. 역사의 관계에서는 그 일이 당위로 받아들여지기 때문에 역사 자체가 높은 곳을 향해 나갈 수 있는 것이다

물론 승군단 창설의 호국불교나 총무원의 시비문제는 일부 행정승들의 짓이지 산 속의 수행승들과는 상관이 없는 일이라고 할 수도 있다. 그러나 덜된 말이다. 산 속에서 공부하기 바쁜 스님들—한 쪽에서 그런 일이 있는지 없는지 알려고조차 하지 않는 분들—이 많다는 것을 안다. 백척간두에 앉아 형형(炯炯)한 눈빛을 쏘는 납자(衲子) 스님들이 있고, 밤잠을 아껴 가며 경전을 파고드는 학인(學人) 스님들이 있고, 이 시간에도 자기 참회와 중생의 죄업을 녹이려고 목탁치는 기도승들이 많다는 것을 알고 있다.

그런 스님들이야 총무원 행정에 참여해 본 적이 없고 그럴 겨를도

이유도 없지만, 그래서 그 스님네 짓는 복으로 이 오죽잖은 불교나마 지탱하는 것이 사실이지만, 그러나 참선하고 경전 읽는 스님들의 의식 속에 사회대중을 염려하는 생각이 바로 들어 있었다면 총무원 싸움이 왜 오래 가며, 목이 말라 쳐다보는 중생들에게 약이 될 소리 한 마디쯤 왜 못 내놓을까?

한 집안의 가풍이 바로 서 있으면 못난 아들의 탈선도 이내 제 자리에 돌아가는 법이다. 엉터리 승군단 창설과 그런 호국불교와 좀체로 쉴 것 같지 않은 조계종 비구들의 시비 등은 그대로 산 속에서 정진하는 스님들의 책임이지 않으면 안된다. 이 스님들이야말로 어떤 의미의 마지막 정신이요, 한국 불교의 뿌리며, 나타나지 않은 늙은이들일 수 있기 때문이다.

그러므로 이 스님들에게서 사회대중을 염려하는 역사의식이 없다면 한국 불교는 종교의 자격을 잃은 것이나 다를 것이 없다. 오늘을 구원하지 못하는 종교라면 오늘의 역사에서는 설 자리가 없다는 것이 당연하지 않은가? 정녕 한국 불교는 그 끝자리에까지 온 것일까?

아무래도 그럴 것 같지는 않다. 문제는 지금까지의 우리 사회가 세계 역사 속의 한 부분이었기보다는, 우리 민족은 우리 민족대로라고 하는 작은 울타리 안에서 잘했건 못했건 우리들 동양적 관념에 의해 살림을 해왔던 데에 있다. 그것이 어느 날 세계 역사 대열의 한 부분으로 옮겨져 휩싸이다 보니, 급격히 달라져 버린 질서와 전에 없던 구호들이 널려서 생소한 기분을 감당 못하는 사이에 벌어지는 상황이 이러할 뿐이다.

불교는 근본에서 호법(護法)이라는 북극성을 가지고 자기를 투시하고 세계를 성찰한다. 이 호법이 그대로 완전한 역사의 지표다. 어느 역사이건 어느 도덕이건 그런 조건은 문제가 되지 않는다. 그런 제각기의 것에 넉넉한 애정과 연민을 가지다가도, 어느 새 하늘 복판을 내달리는 달처럼 그것들을 훨씬 초월하여서 두렷이 내려 비치기 때문이다. 그래서 호법은 종의 역사관이지 횡의 역사관이 아니다. 종이기 때문에 동시적으로 횡일 수도 있는 사관(史觀)이다.

이 법은 불교정신의 바닥에나 깔려 있는 앙금 정도의 것이 아니라, 시작과 끝이 이 법 자체로 되어 있다. 일찌기 석가모니가 이 큰 법을 깨닫기 위해 왕궁을 버리고 나섰고, 역대 조사의 푸른 눈들이 이 법을 전수해 온 등불이었다.

호법(護法)의 법(法)은 자아(自我)를 말한다. 자기를 찾아서 간수한다는 뜻이다. 얼른 들으면 겨우 이것이냐고 할지 모르지만, 여기서 말하는 자아는 그런 상대적인 자아가 아니다. 더 자세하게 말하면 내가 나를 사무치게 파고들어서 만나는 무아(無我)로서의 자아다. 너와 나 혹은 이것과 저것이 둘일 수 없는 절대의 자아, 곧 대(對)가 끊긴 상태의 자아이므로 내가 곧 세계이고 진리이고 질서가 된다. 내가 곧 일체이며 일체가 그대로 나다. 내 한 마음이 밝지 못하면 세계가 그대로 어두울 것이요, 내 한 마음을 아름답게 하면 시방세계(十方世界)의 온갖 국토가 저절로 아름다와지는 무한한 자유로서의 자아다.

오늘의 역사는 바야흐로 이 호법을 바라보아야 할 때다. 이 호법의 북극성을 바라보는 동안에만 호국도 저절로 이루어질 것이다. 한 탯집을 긁고 나온 형제끼리 총을 잡고 마주 서서 서로를 괴뢰라고 욕을 퍼붓는 못난 현실이 다 탐(貪)·진(嗔)·치(癡) 번뇌와 잘못된 이기심의 고통에서 된 짓들이어서다. 정치적 현실은 그것이 틀린 것인 줄을 알면서도 피할 수 없는 조건이 있는 것이므로 부득이해서 하는 짓이다. 그런 현실을 지양해 나가는 것이 불교의 자비요 종교적 사명 아닌가?

화약무기가 터진 이후 승군단 창설 따위의 호국으로는 미사일 무기를 막을 수 없다는 것을 잘 알았을 것이다. 이 호법을 그토록 입버릇마냥 외우고 있는 절집에서 종단분쟁을 눈가림하자는 생각이 설마 좀 급했기로서니 그렇게도 생각이 막혀 있었더란 말인가?

지금도 늦지는 않다. 불교는 어서 호법의 본 자세에 돌아가 민족을 보고 역사를 보라. 그리하면 우울과 공포와 자기학대증에 걸려 있는 퇴폐 사회의 공기도 한결 맑아져서, 인류가 혈거시절부터 꿈꾸던 재세이화(在世理化)와 홍익인간(弘益人間)의 봄바람이 마침내 불어올 것이다.

그러면 불교는 상구보리(上求菩提) 하화중생(下化衆生)할 수 있는 넉넉한 자량(資量)을 가지고 있으면서도, 어째서 근본과는 상관없는 시비 다툼이나 하고, 조선조 민중이 해오던 기복신앙에다 민중을 묶어 둔 채로 그들의 의식성장까지를 방해하고 있는가? 이유는 두 가지다. 해방 이후에 와서 탁발을 폐지시킨 종헌제도(宗憲制度)의 실수가 그 하나요, 당초 만해의 불교유신론의 오류를 아무 비판없이 가져다가 한국 불교의 주춧돌을 삼아 버린 잘못을 두 번째로 지적할 수 있다.

만해 스님의 유신론의 내용이 무언가? 여러 가지가 있지만 산신각 등의 토속신앙 철폐와 비구 취처론이 그 골자가 될 것이다. 왜 만해 스님은 하필 그런 혁신을 들고 나온 것일까? 오래 생각하지 않아도 그 무렵의 불교상황이 불가불 그 조건을 요구하고 있어서였을 것이다.

먼저 취처론이 나왔다면, 산중의 승려가 먹을 것을 구하려고 마을이나 도회로 나와 탁발 행각을 하는 동안에 생길 수 있는 여러 구설과 민폐, 거기에 사회 대중으로부터 받는 모멸감과 적대감정을 생각할 수 있다. 이미 보아 온 것처럼 조선조의 승려는 관청에서 쓸 기름과 종이, 신발 따위를 만들어 바치고, 또 각종 잡역에까지 시달리는 사이 서민 중에서도 바닥 천민이 되어 도저히 사람축에 들 수가 없었다.

민중의 숨결 속에 불교가 있다고는 하나 자기들의 기복(祈福)을 위한 수단일 뿐이지 중은 근본에서 다른 피가 흐르는 것으로 여겨 왔던 것이 사실이다. 그런 조건에서는 포교나 대중화가 생각뿐이지 이루어질 턱이 없다. 가장 직접적이고 현명한 방법은 승려가 결혼생활로 자립하여 민중 속에서 직접 포교해 가는 수뿐이다. 이런 생각이었을 것이다.

그러나 실수였다. 부처님이 성욕을 선도 악도 아닌 그 이전의 무기(無記) 상태라고 하시면서도 비구들에게 한사코 불음계(不淫戒)를 주신 것은 그것으로의 까닭이 있기 때문이었다. 정신의 생명은 하나로 모일 때에만 옹글어지는 법이다. 마치 잔가지 없는 나무일수록 하늘을 향해 높이 치솟는 것처럼.

결혼한 비구가 수행이 익어서 보살이 되었거나 나한(羅漢)의 경지에라도 올랐다면 모를까, 탐(貪) · 진(嗔) · 치(癡)를 못 버린 범부라면 수행보다 생활을 하게 되고 정진(精進)보다 타락에 떨어질 것은 뻔하다. 만해 스님도 이 대목에서 어찌 생각이 없었을까만, 워낙 형편이 급해서 망설일 수가 없었을 것이다. 뭣한 소리지만 취처론에 대한 해답은 오늘 우리 주변의 대처 스님들의 실상 그대로가 아닐까?

또 하나 만해 스님의 유신론이 저지른 큰 실수는 산신각 · 칠성각 등의 토속신앙 철폐론이다. 뿐만 아니라 절집의 여러 부처님—아미타불, 미륵불, 약사여래, 비로자나, 노사나불 등—을 석가모니불로 통일시키라고 한 점이다.

산신 · 칠성에 대해서라면 지금까지 해 온 것이 많으므로 여러 말을 할 필요가 없을 것이다. 또 불안한 역사 속을 더듬어 온 조선 민중들의 칠성불공 · 산신불공이 얼마나 치열했으며, 여타한 토속신앙에 대한 기복행위들이 얼마나 차고 넘쳤을까도 짐작이 되는 터다.

그러나 석가모니 불상만을 덩그렇게 모신 절간이나 불교를 우리는 생각할 수가 없다. 그저 중생은 제 근기(根氣) 따라서 제 좋은 것이 있고, 제 의지하고 싶은 것이 있는 법이다. 그 중생의 근기가 대체 얼마나 되는 것일까? 중중무진(重重無盡)의 법계중생(法界衆生)이 다 제 근기, 제 업으로 된 것이니 말로는 다 할 수가 없다.

석가모니불이 중생들한테 8만 4천이나 되는 법문(法門)을 설했다면, 중생의 근기가 그것만으로도 8만 4천이나 된다는 뜻이다. 석가모니 한 분이 어찌 능히 중생의 귀의처가 될까? 다 제 인연 따라 제 기분 따라 이런 부처 저런 신을 믿는 것이 중생의 신앙이다. 하물며 그 충동, 그 욕구가 제 피 속의 근원에서 울려오는 것임에랴.

조선조의 무식한 민중이 이미 그러했을 터이지만, 오늘까지도 절에 오는 무식한 할매들은 부처님이 그리워서가 아니라 삼성(三聖)님이 그리워서 절에 온다. 우선 삼성이 무엇인지부터 설명해 놓고 이야기를 해보자.

절에서도 원래는 산신 · 칠성을 따로 모셔야 옳지만, 웬만한 절에서는 그러지를 못하고 산신각에다 칠성 · 산신을 함께 모신다. 그러면서 둘만으로는 짝이 안 맞는지 독성(獨聖)이라 하여 옆에다 나반존자(那畔尊者)의 탱화를 다시 건다. 그런데 이 나반이 문제다. 같은 동양권이라 하여도 중국이나 일본에서는 이런 신앙이 없을 뿐더러, 불교사전에서조차 이런 이름을 찾을 수가 없다. 그러니까 우리한테만 있는 신앙이다.

그런데 옛 『신사기(神事記)』에서는 ᄒᆞᆫ울가람[松華江]에 첫 남자와 첫 여자가 있었는데 그 이름이 나반과 아만이었다고 적고 있다. 그들은 동과 서에 있어 처음에는 서로 오가지 못하다가 나중에 짝이 되어 인류의 조상이 되었다고 한다. 이것은 단군을 낳던 환웅과 웅녀의 소식을 그대로 전하는 것처럼 보인다.

그렇다면 삼성각(三聖閣)의 나반은 『신사기』에 나오는 나반이 아닐까? 이 나반을 불교적 관념에서 독성(獨聖)이라 한 것인데, 그 뜻은 무불세(無佛世)에 홀로 연기법(緣起法)을 깨달은 독각불(獨覺佛)이란 말이다. 무불세에 독각불이란 말이 괴이쩍게 여겨짐직도 하나, 화엄사를 창건한 신라의 연기조사(鷰起祖師)도 어떤 근거에선지 석가모니불의 대각(大覺)

은 우리 조상의 가르침에 의한 것이었다는 이야기를 전하는 것을 보면 곡절이 있어 보인다.

어쨌든 산신과 칠성만으로 될 터인데 독성(獨聖)을 굳이 함께 모셔 온 속뜻이 무얼까? 여기서 칠성을 환인천왕, 산신을 단군왕검, 독성을 환웅천왕으로 보면, 구월산에 모신 삼신(三神)의 삼성사(三聖祠)가 절집에 와서 삼성각(三聖閣)으로 들어앉았을 것으로 풀이된다.

할매들이 절에 와서 맨 처음에 가는 곳은 석가모니 부처님이 계시는 대웅전이다. 그러나 오래 머무르진 않는다. 천 원짜리 한 장을 올려 놓고 형식적인 절 몇 번을 하면 곧 삼성각으로 달린다. 백동전 몇 닢을 꺼내어 산신님 앞에 놓고 칠성님 앞에 놓는다. 내놓는 돈은 그것이 전부다. 그러나 하는 태도는 대웅전에서보다 몇 곱이나 정성스럽고 은근하고 진지하다. 웬 절이 그리도 많고 사설이 긴지, 가만히 들어 보면 하고 싶은 말은 여기서 다 하고 수명장수도 죄다 여기서 빈다.

그럴 바에야 처음부터 이쪽으로 왔으면 큰돈을 놓을 수 있어 생색도 나고, 소원도 빌기 좋지 않느냐고 하면 머뭇거리는 대답들이 한결같다. 절에서는 부처님이 어른인데 어떻게 이곳을 곧바로 올 수 있느냐다. 옳은 말이다. 님이 그리워 님 찾아간 젊은 신랑이 안방 어른들께 인사의 절차가 없고야 어찌 님을 뵈올까? 만해 스님도 당신 뜻에서 스스로 읊어 낸 구절이 있다. "님만 님이 아니라 그리운 것은 다 님이다. 이태리가 마찌니의 님이라면 철학은 칸트의 님이다."

결국 만해 스님의 산신각 철폐 주장은 자기모순이요 자가당착인 셈이다. 아직도 우리는 만해 스님 말씀이라면 무조건 옳고 지당한 것으로 생각들을 하지만, 그런 태도는 종당에 가서 만해 스님을 우상화하겠다는 저열한 자세에 지나지 않는다.

만해 스님이 훌륭했다면 굽히지 않은 항일정신이 훌륭했고, 공약삼

장(公約三章)이 훌륭했고, 대쪽같은 기개와 「님의 침묵」과 사내로서 보여 준 거연(巨然)한 점들이 훌륭했으므로 그것을 높이 산다는 것은 가(可)하거니와, 토속신앙 철폐운동이나 비구승의 취처론까지를 지지하는 것은 불가(不可)하다.

일언이폐지하고, 한국 불교는 산신과 칠성 · 독성에 대한 재평가와 새로운 인식이 있은 다음, 견고하고 확실한 그 기반 위에서만 무엇이든 해 나가야 옳게 설 것이다. 거기에 왜냐는 이유는 없다. 그 님들이 바로 우리들의 님이요, 부처님처럼 꾸어들인 님이 아니라는 점에서 그러하다. 또 한국 불교가 전혀 그 님들의 감각 위에서 구축된 무당불교라는 것을 알 때에 더욱 그러하다.

이제 탁발 폐지에 대한 것을 검토해 보자. 해방 후의 한국 불교는 조선조 스님들이 근근히 남겨 주고 간 재산이 있었으므로 다행히 경제 걱정을 안할 수 있었다. 거기에 5백 년이나 천대 속에서 계속되어 온 탁발이 너무 지겹기도 해서였을 것이다. 총무원은 탁발 폐지의 명분을 사회적인 질시감정과 민폐들을 계산해 넣은 끝에 "이제부터는 탁발의 시주물을 받지 말고 모두 갚는 쪽으로 해보자"라고 내세웠다.

내 것을 먹고 한 공부를 사회 대중에게 조건없이 쏟아 붓겠다는 뜻이었다. 말인즉슨 들음 직하고 또 그렇게 되어야 불교의 자비가 실천될 듯했지만, 이치로 보면 날숨만 쉬고 들숨은 쉬지 않겠다는 선언이었다. 그것은 저만 죽는 것이 아니라 사회 대중도 동시적으로 죽이는 일이 된다.

아닌 게 아니라 탁발 폐지가 있고부터 곧 나타난 것이 조계종 자체 내의 분열과 혼란이었다. 따라서 사회 대중도 걷잡을 수 없는 정신의 병증이 여기저기서 나타나기 시작했다. 당연하다. 사회는 들숨은 쉬었지만 날숨을 못 쉬었고, 승단도 날숨은 쉬었지만 들숨의 숨통이 막혔으니 쌍방이 다 질식할 수밖에 없어서였다.

우리는 새삼스럽지만 부처님이 절에다 솥을 못 걸게 하신 이유를 다시 살펴야 하고, 그분이 실제 탁발을 다니면서 보고 듣고 느끼는 동안에 가르쳐 간 세상의 질서가 어떤 것이었던가를 되새겨 보면 저절로 뜻이 환해질 것이다.

하루 한 끼로 연명을 하는 비구가 그 밥을 얻기 위해 시중(市中)에 들어가서 만나는 사람들은 누구이며, 보고 듣는 것이 다 무엇일까? 그대로 사회 대중의 삶이요, 역사의 현장 아닌가? 그렇게 하루 한 번씩 현장에 뛰어들어 살을 맞비빌 때, 비구승들은 어떤 느낌 어떤 생각을 가지고 돌아올 것이며, 일곱 집 밥을 한 그릇에 담아 놓고 내려다보는 비구의 눈에 중생의 삶이 어떻게 비쳐들까? 더구나 그 밥덩이 속에 들어 있는 그들의 말없는 염원과 온갖 번뇌가 비구승의 몸뚱이를 먹여 기를 때, 그 정신 그 수행이 어찌 한가할 수 있으며, 자기는 자기 혼자만이라는 생각을 감히 가질 수가 있을까?

탁발은 겉으로 보면 비구승의 경제수단이다. 그러나 깊이 보면 승단과 사회 대중을 연결하는 끈이다. 이 끈이 있으므로 사회는 승단의 율법과 수행을 우려내어 사회를 맑게 할 수 있고, 승단은 승단대로 사회적 삶의 어려움, 온갖 희비의 번뇌를 바리때에 담아 와서 그것으로 수행의 밑천을 삼을 수가 있다. 어느 한 편만의 이해관계가 아니라, 이 둘은 탁발이라는 형식을 통하여 동시에 나눌 수 있는 제 숨줄의 들숨 날숨이다.

이런 관계에서만 불교는 진정 불교일 수가 있고, 역사의식을 요구하는 사람들에게도 여유있는 미소를 지어 보일 수가 있을 것이다. 이런 역사의식은 구호를 내거는 것하고도 달라서 역사의식이란 생각도 없이 사회와 나를 하나로 묶어 버린 상태의 엄숙한 역사의식이 되기 때문이다.

우리에게는 이미 절간에 솥이 있으므로 밥을 얻으러 나갈 일은 없다. 그러나 어떤 형식으로든 탁발의식은 다시 시작하지 않으면 안된다.

말 많은 민중이 무슨 소리를 하든, 사기 협잡에 능통한 사이비 중들이 또 어떤 음모로 신도를 울리든 그런 것은 그때그때에 대책을 세워 가더라도 탁발의 문은 다시 열려야 한다. 시장 주변, 공장지대, 술집골목, 또 아파트촌과 호화주택 등 중생이 사는 곳이면 어디든지 드나들면서 어두운 마음 우울한 마음들에게 두루 목탁을 울려야 한다.

높낮은 곳이 없고, 멀고 가까운 곳이 없도록 차근차근 비는 차제걸이(次第乞已)의 동냥질을 쉬임없이 해 나가는 동안에 승단과 사회가 하나가 되고, 그래서 교만한 마음, 간사한 마음, 비굴하고 몰염치하고 온갖 번뇌로 찌그러진 마음들이 서로서로 풀려서 온화하고 겸손한 풍속의 바람을 한번 일으킬 것이다.

착의지발(着衣持鉢)하시고 사위성(舍衛城)에 동냥질 가시던 부처님 마냥, 파랗게 깎은 머리에 흰 고무신을 신고 가사를 두른 사문(沙門)이 위의(威儀)를 갖추고 탁발을 해 나가면, 사회도 승단도 비로소 막혔던 숨통들이 트여질 것이다. 그때에만 비구가 포마(怖魔)라 제악(除惡)이라 불리는 제 본분에 들어갈 것이요, 신문과 텔레비전이 아닌 현실의 체험에서 비로소 나타나지 않는 것을 듣는 관세음의 귀가 열릴 것이다. 지옥의 이 세상을 불국토(佛國土)로 만들려는 지장보살의 원력이 무엇인지 새삼 다가설 것이기 때문이다. 도시 복판에 단청집 짓고 금강경이나 틀어주는 포교당식 포교가 중생구제에 큰 도움이 안된다는 것도 동시적으로 알 것이다.

탁발에다 지나친 기대와 조급한 성과를 걸자는 것은 아니다. 그러나 이 나라 역사와 불교 상황을 생각할 때 지금으로선 달리 어째 볼 도리가 없다. 만일 탁발만 옳게 된다면, 불교가 아직까지 못 내놓은 역사정신도 거연하게 일어날 것이고, 세계역사가 찾는 북극성의 지표 노릇도 능히 해낼 것이다.

산문(山門)에서 찾는 역사의식

그런데 여기서 궁금한 것은 스님들의 일상생활과 의식 내용이다. 왜냐하면 불경은 기독교의 『성서』와는 달라서 『팔만대장경』 어느 구석에도 오늘 우리들이 읽고 만족할 만한 역사 이야기는 단 한 줄도 없기 때문이다. 말하자면 가진 자와 못 가진 자 사이의 알력문제나 사회관계의 제도장치문제, 분배문제, 법질서 등의 관심이 전혀 결여되어 있고, 그저 생명이 전생으로부터 내생으로 흘러가는 동안에 야기되는 우주적인 문제, 연기니 과보니 인연이니 하는 것들이 저 세상의 이야기처럼 아득하게 엮어지고 있어서이다.

그렇다면 경전 속에서 직접적인 것들을 발췌해 내기란 어려울 밖에 없다. 오히려 그 불경을 제 풍토적 기질과 역사습관으로 이해하고 수용하는 범상한 의식과 사소한 생활내용에서 찾아야 된다는 결론에 이른다. 스님들의 산사생활과 의식의 속뜻을 살피려는 까닭이 이러해서다. 만약 여기서 실패한다면, 사회 대중과 승단 사이에 탁발보다 더한 숨줄이 트인다고 해도 우리들의 역사 생명은 이미 살아날 수가 없을 것이다.

그런데 여기 사문(沙門)의 예법이나 여러 격식을 보면 우선 그것들이 무속적인 데 놀란다. "지심귀명례(至心歸命禮)……"로 시작되는 아침 · 저녁 예불이나, 음식을 차려야만 드리는 불공과 제사 · 사시마지(巳時摩旨) · 관음시식(觀音施式)은 말할 것도 없고, 구병시식(救病施式)은 더욱 무당의 굿판 내용을 불교 형태로 바꿔 낸 것일 밖에 없다.

태국이나 세일론 등지의 남방 나라들은 예불을 해도 목탁 두드리고 앉아서 정해진 경전이나 읽어 마치는 단순한 것인데, 우리는 천지신명께 구복을 하던 습관 그대로 이마와 코가 땅에 닿도록 절을 해 가며 지극지성으로 비는 형식의 예불이다. 또 합장을 한 채로 곡조를 붙여서 엮어 외우는 행선축원(行禪祝願)의 내용도 뜻을 새겨 보면 바로 그런 뜻이다.

朝夕香燈獻佛前 아침 저녁 향 사루어 불전에 드리옴은
歸依三寶禮金仙 삼보에 귀의하여 부처님 섬김이니
國皆安寧兵革消 나라마다 평안하고 온갖 무기 녹아져서
天下泰平法輪轉 천하가 태평하고 법륜 늘 구르소서
願我世世生生處 원컨대 저희 모두 세세생생 나는 곳에
常於般若不退轉 반야의 큰 지혜 늘 물러섬이 없게 하여
十方世界無不現 온누리 일체처에 곧이 곧 나투어서
普令衆生入無爲 각양각색 온갖 생명 열반에 닿게 하여이다.
聞我名者免三途 내 이름 듣는 자는 삼악도를 면케 하고
見我形者得解脫 나의 모습 보는 자는 해탈지혜 얻어낼 제
如是教化恒沙劫 이와 같이 교화하고 무량토록 제도하면
畢竟無佛及衆生 마침내 부처 중생 둘이 아닌 세계 되리
山門肅靜絶悲夏 산문이 고요해져 근심걱정 쉬어지고
寺內災殃永消滅 사중에 궂은 일들 영영 소멸하여이다
蠢動含靈登彼岸 굼실대는 벌레들도 해탈세계 닿아져라
世世常行菩薩道 세세생생 한결같이 보살도를 닦고 닦아
究境圓成無上覺 구경에 생명자리 둥두렷이 드러내세
摩訶般若波羅密 우리 모두 큰 지혜로 성불하여지이다

이처럼 행선축원의 내용은 횡적인 것이기보다는 거의 종적인 원력으로 사무쳐 있다. 본래 무교의 정신이 그래 왔던 탓이다. 그러면서도 생명세계를 한 심지로 꿰어 얽는 짱짱한 무엇이 있다.

또 새벽 예불시의 종을 치는 쇳송에는 출가를 허락한 민족의 은혜와 낳고 길러 주신 부모님 은혜, 정법(正法)을 유통케 하는 스승의 은혜, 의 · 식 · 주 · 약(藥)을 걱정하는 시주의 은혜, 또 서로 탁마하여 도업(道

業)을 이루어 가는 도반(道伴)의 은혜들을 새겨 감사하는, 다섯 가지 은혜 감사가 있다.

그러나 가장 내보일 수 있는 것은 역시 점심시간의 식사 풍경이다. 절에서는 식사 자체를 공양(供養)이라 한다. 내 속의 부처님께 진지를 올린다는 뜻이다. 본래 이 법(法)은 석가모니 부처님의 하루 한 끼 식사를 법답게 전해 오는 것인데, 1년 365일을 매일 가사와 장삼으로 엄격한 위의를 갖춘 다음, 밥 담긴 바리때를 똑같이 이마 높이로 들어올려 오관게(五觀偈)를 외우고야 수저를 든다.

計功多小 量彼來處, 討己德行 全缺應供 防心而過 貪等爲宗, 正思良藥 爲療形枯, 爲成道業 應受此食.

이 밥이 여기 오기까지 공로를 헤아리면, 내게는 밥 먹을 자격 전혀 없지만, 마음 속에 과한 탐욕 등을 억제하여서, 정히 양약으로 알고 피골이 상접하는 걸 막을 요량으로, 도업을 이루기 위해 이 밥을 먹는다.

여기에는 중생의 노고와 피땀을 치하하는 연민이 그냥 드러난다. 절에다 솥을 걸었다고는 하나, 일곱 집 밥을 얻어다 놓고 내려다보면서 그 밥을 그냥 먹을 수 없어서, 제 밥 먹을 명분을 스스로 만들고, 그 뜻에 어긋나지 않으려고 다짐하는 원래적인 결의가 분명하게 나타난다.

공양이 끝나면 다시 합장을 하고 다짐한다.

飯食已訖色力充 威振十方三世雄 廻因轉果不在念 一切衆生獲神通.

밥을 먹고 나니 힘이 불끈 솟는다. 시방삼세에 영웅이나 된 듯, 인연이니 과보니 그딴 것에 매이지 말고, 모든 중생이 신통을 얻도록만 애쓰겠다.

인연이나 과보조차도 마음에 두지 않고 중생의 도업을 이루는 데만 힘쓰겠다고 하는 원력은, 밥을 먹기 전에 한번 다짐하는, 내 수행 돌아다 보면 밥 먹을 자격이야 없지만 내 도업을 이뤄내기 위하여 먹어두겠다는 것과 한 줄거리의 맥이다. 그것이 그대로 호법의 별을 바라보고 나가는 수행 태도요, 그런 내 원력 속에 중생은 어느새 들어와 있는 내 분신들이다.